한국과
일본의
역사인식

독도
야스쿠니
위안부
교과서 문제의
근원과 쟁점

나남
nanam

나남신서 1353

한국과 일본의 역사인식

독도·야스쿠니·위안부·교과서 문제의 근원과 쟁점

2008년 10월 20일 발행
2014년 5월 2일 2쇄

편자_ 玄大松
발행자_ 趙相浩
발행처_ (주) 나남
주소_ 413-120 경기도 파주시 회동길 193
전화_ (031) 955-4601 (代)
FAX_ (031) 955-4555
등록_ 제 1-71호 (1979. 5. 12)
홈페이지_ http://www.nanam.net
전자우편_ post@nanam.net

ISBN 978-89-300-8353-9
ISBN 978-89-300-8001-9 (세트)

책값은 뒤표지에 있습니다.

나남신서 1353

한국과 일본의 역사인식

현대송 편

독도
야스쿠니
위안부
교과서 문제의
근원과 쟁점

Historical Perspectives of the Koreans and Japanese

Edited by

Daesong Hyun

nanam

독도

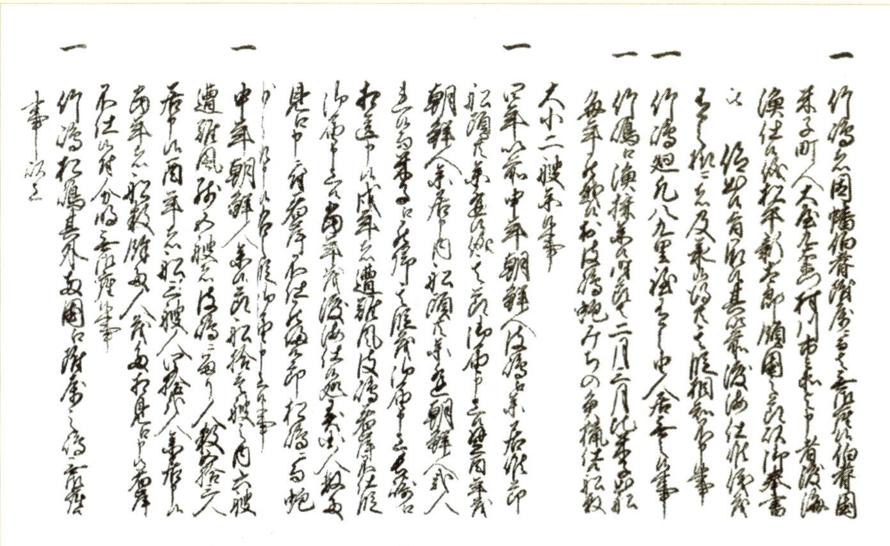

1695년 12월 25일, 돗토리 번(鳥取藩)이 막부에 다케시마(竹島=울릉도)와 마쓰시마(松島=독도)는 이나바(因幡)·호키(伯耆)에 부속한 섬이 아니라고 회답한 문서

소장처 : 돗토리 현립박물관

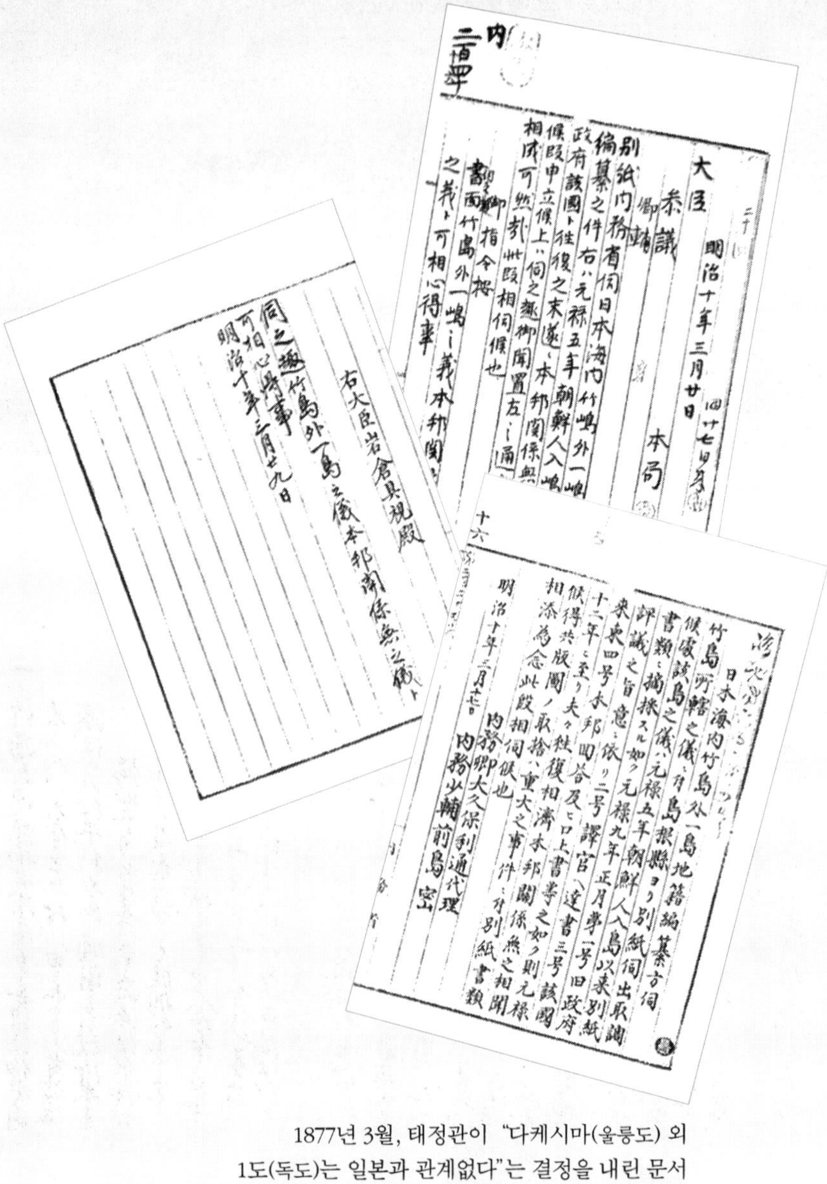

1877년 3월, 태정관이 "다케시마(울릉도) 외
1도(독도)는 일본과 관계없다"는 결정을 내린 문서
소장처 : 일본 국립공문서관

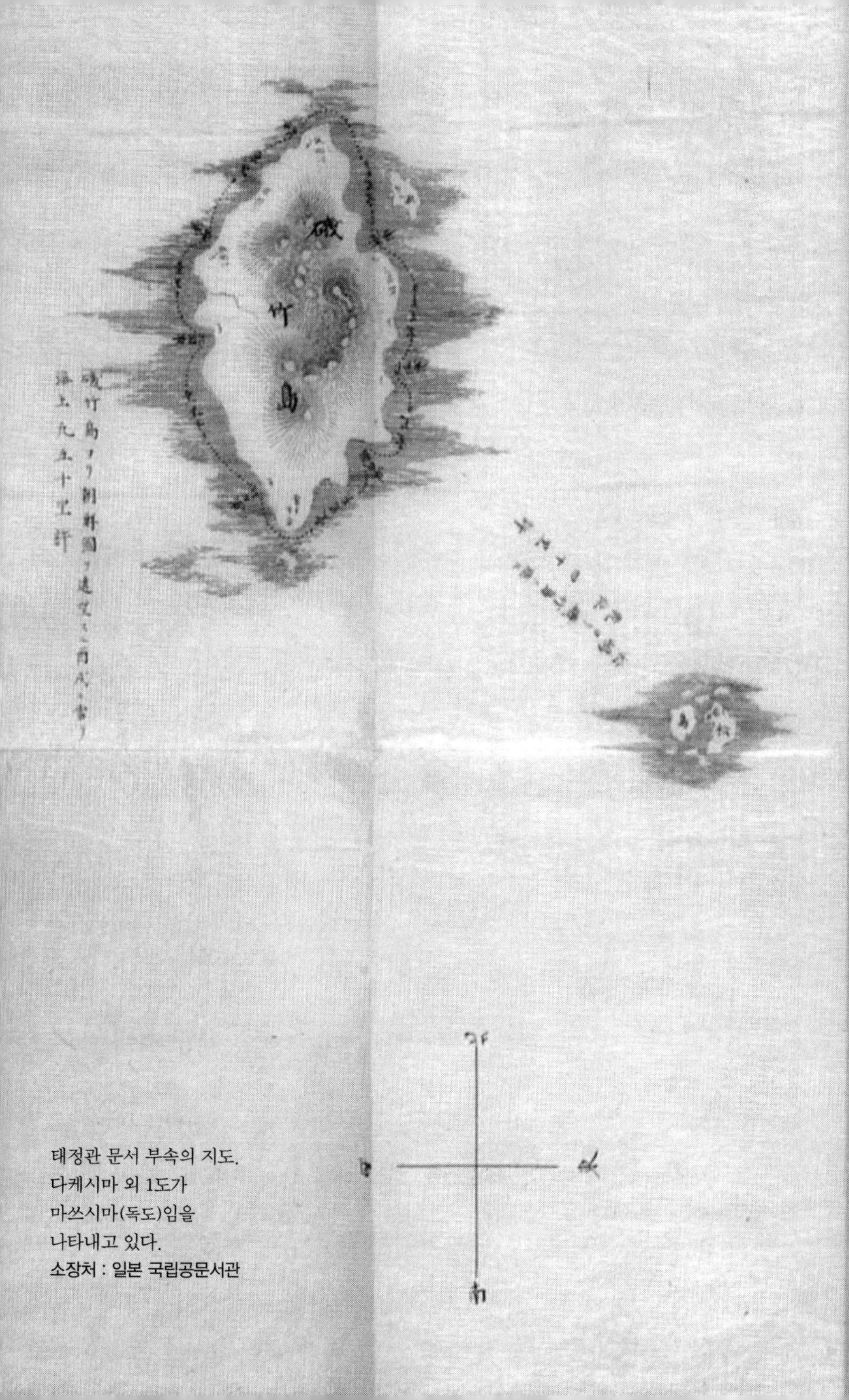

태정관 문서 부속의 지도.
다케시마 외 1도가
마쓰시마(독도)임을
나타내고 있다.
소장처 : 일본 국립공문서관

1938년 2월 창간되어 1945년 7월까지 발행된 〈사진주보(寫眞週報)〉(내각정보부 발행)가 전하는 야스쿠니 신사의 제례. 소장처 : 일본 국립공문서관 아시아역사자료센터

어느 국가를 막론하고 '국가 이성'(國家理性, raison d'Etat)의 관점에서는 '국경선의 1밀리, 해변의 모래 한 알'이라도 타국에 양보할 수 있는 것이 아니다. 그런데 시대는 변하고 있다. 극지(極地)를 제외한 전 세계가 국경선으로 분리되어 있던 웨스트팔리아 체제가 허물어지고, 물리적인 영토를 획득함으로써 국경선을 확대하던 제국주의 시대 역시 이미 20세기 중반에 종언을 고했다. 이제 우리는 국경선을 아랑곳하지 않는 글로벌 세계에 살고 있다. 한일 간만 하더라도 하루에 만 명을 훨씬 넘는 한국인과 일본인이 국경을 넘어 왕래한다. 그러나 여전히 양국민의 관념은 국경의 틀에 갇혀 있고, 한일관계는 부(負)의 역사의 늪에서 빠져나오지 못하는 것처럼 보인다. 독도, 야스쿠니, '일본군위안부', 교과서 …, 국가 이데올로기에 의해 자행되었던 과거사의 유산이 한국과 일본의 단열선(斷裂線)이 되고 있다.

그러나 이러한 문제를 대하는 양국의 인식에는 현저한 차이가 있다. 한국에서는 대통령이 직접 나서 '외교전쟁'을 언급하고, 온 국민이 일본과 '일전'을 각오할 정도로 중요하게 생각하는 독도 문제가 일본에서는 정책적인 면에서도, 사회적 관심도의 면에서도 한국과는 비교할 수 없을 정도로 그 비중이 낮다. 야스쿠니, 일본군위안부, 역사교과서 등의 현안 문제에서도 다르지 않다. 그렇다고 과거사 문제에 대한 한국 측의 이해도가 앞서 있다고 단언하기도 어렵다. 학계와 언론계의 일방적인 대일(對日) 논리와 담론, 과거사 문제에서는 '일본 = 악(惡)' 이라는 고정관념이 역사적 진실을 찾는 노력과 깊이 있는 성찰의 진전을 방해하고 있기 때문이다.

한국과 일본이 과거의 상처를 극복하고 우호적인 관계를 이루기 위해서는 이 책의 필자들이 한결같이 주장하듯이 무엇보다도 먼저 역사적 사실을 정확히 인지하는 것이 필요불가결하다. 그런 다음 대화를 통해 서로의 입장과 역사 인식의 차이에 대한 이해를 도모하며 양자 간의 인식의 격차를 줄여가야 할 것이다.

나는 지금 우리가 한일관계의 인식의 전환을 해야 할 시기에 와 있지 않은가 라고 생각한다. 이때까지 한일 간의 대화는 브로델(Fernand Braudel)의 표현을 빌리자면 "귀가 먼 사람들끼리의 대화"였다. 거기에는 1차적으로는 침략전쟁과 식민지지배에 대한 반성과 청산을 회피해 온 일본 정부에 책임이 있지만, 모든 책임을 일본 정부에만 전가하고 국내적으로 해결해야 할 과거사의 청산을 소홀히 해온 한국의 역대 정권에도 책임은 있었다고 본다. 그 모든 피해는 국민들에게 고스란히 돌아오는 것이지만, 특히 태평양전쟁의 희생자, '위안부' 피해자, 강제연행 피해자와 그 유족들이 고통 속에서 감당해 왔다.

한편으로 광복 60년이 지난 지금도 일본을 일제시대의 군국주의적 이미지만으로 재단하는 풍조가 만연하는 것은 달리 생각하면 한국 사회가 '영혼의 탈식민지화'를 이루지 못하고 있는 것은 아닌지 생각이 들 때도 있다. 이 책에서 다룬 문제들은 20세기 초 근대의 시작과 더불어 약 반세기에 일어난 역사의 유산이다. '역사의 가해자 일본, 피해자 한국'의 도식은 2000년의 역사를 가진 한일관계를 일원적 관계로 단순화시키는 것이며, 단편적인 이해로 끝나게 할 우려가 많다. 더욱이 한일 양국의 전후(戰後) 세대에게 그러한 역사관만을 강조하는 것은 한일관계를 위해서도, 한국사회를 위해서도 바람직하지 않을 것이다. 일본과 마찬가지로 우리에게도 지난 역사에 대한 반성과 교훈은 필요하다. 우리에게는 과거사보다 미래사가 더욱 중요하기 때문이다.

역사의 상처를 치유하기 위해서는 '가해자' 측의 반성뿐만 아니라 '피해자' 측에서도 용서와 화해를 위한 노력이 필요하다. 그러한 자세로서 양국이 서로 귀와 마음을 연 대화를 통해 신뢰를 쌓은 연후에야 양국이 과거사의 속박에서 벗어나 진정한 성신교린(誠信交隣)의 관계를 구축할 수 있을 것이다. 이 책은 그러한 미래를 위한 대화를 위하여 한일 양국의 연구자들이 힘을 합해 만들어 낸 것이다.

이 책이 햇빛을 보기까지는 많은 사람들의 노력과 도움이 있었다. 시작은 한일관계에 관한 개설적인 영문판 책자의 필요성에 대한 한국해양수산개발원 유미림 박사의 제안이었다. 한일관계의 현안에 관한 책이니만큼 양국의 연구자가 참여하여 양국의 관점을 균형적으로 볼 수 있도록 하는 것이 좋겠다는 유 박사의 제안에 동의하여 일본측 기고자의 섭외를 맡게 되었는데, 너무 나서다 보니 황망중에 편집까지 떠맡게 되었다.

책을 만들어가는 과정에서 원고를 접한 한국해양수산개발원 최재선 독도·해양영토 연구센터장이 모처럼 받은 전문 연구자들의 귀한 원고를 한국의 독자들에게 먼저 소개하는 것이 좋겠다고 주선해 주셔서 영문판에 앞서 한글판이 나오게 되었다.

일본측 필자들도 한글판 출판에 흔쾌히 동의해 주었다. 특히 호리 카즈오 교수의 논문이 정식으로 한글판으로 나오게 된 데는 한국어판 번역의 허락을 먼저 받았던 일본 가나자와 교회의 우루시자키 히데유키(漆崎英之) 목사의 양보가 있어 가능하였다. 두 분의 호의에 감사드린다.

필자들의 옥고가 열매를 맺을 수 있도록 한국해양수산개발원 강종희 원장께서 물심양면으로 도움을 주셨다. 일본측 원고의 번역은 유미림 박사가 수고해 주셨고, 조은희 연구원과 이주하 연구원이 연표작성 등에 많은 도움을 주셨다. 일본어 원고와 연표는 편자의 책임 아래 감수·작성되었으므로 내용에 대해서는 편자에게 책임이 있다.

많은 분들의 노력이 근사한 책으로 탄생하게 된 것은 나남출판 편집부 직원 여러분들이 수고를 아끼지 않은 덕분이다. 도움을 주신 많은 분들의 헌신적인 노력에 대해 필자를 대표하여 진심으로 감사하다는 말씀을 드린다.

2008년 9월 30일

현 대 송

나남신서 1353

한국과 일본의 역사인식

독도·야스쿠니·위안부·교과서 문제의 근원과 쟁점

차례

제 2부 야스쿠니·위안부·교과서 문제

제 3부 과거를 넘어서: 해방 후 한일 갈등의 기원과 변천

일러두기

1. 독도의 일본측 명칭인 竹島(다케시마)의 표기는 직접 인용, 문서명 등에서 고유명사로 사용되는 경우에는 편의상 다케시마로 표기하였다. 또한 울릉도와 독도를 일본측에서 다케시마(竹島), 마쓰시마(松島)로 혼용하는 경우가 있는데 그런 때에는 괄호에 울릉도와 독도를 병기하였다.
2. 동해의 일본측 명칭인 일본해의 표기는 위의 독도의 표기와 마찬가지로 직접 인용, 문서명, 사건명에 일본해라고 표기한 것은 그대로 두었다.
3. 한국의 국호에 대해서 이 책에서는 1897년 대한제국부터 1919년 임시정부 수립까지는 대한제국 또는 구(舊) 한국, 임시정부 수립 이후의 국호는 대한민국 또는 한국이라 표기함을 원칙으로 한다. 다만, 고유명사로서 사용되는 경우와 문맥에 따라 식민지시대 한국의 국호에 대해서 조선, 국민에 대해서 조선인으로 표기하는 경우가 있다.
4. 전문학술용어, 법률·법안명, 법률에 의한 조직 및 제도 등의 표기에 있어서, 문장부호의 사용, 띄어쓰기 등은 필자의 사용법을 존중하여 일반적인 표기법에 따르지 않는 경우가 있다.
5. 일본인 인명과 지명은 외래어 표기법을 따르는 것을 원칙으로 한다. 다만, 인명은 전체를 하나의 고유명사로 보고 두음에는 탁음을 쓰고 뒤의 이름에 대해서는 일본어 소리나는 대로 표기했다.
6. 총리대신, 수상, 외무대신, 외상 등 일본의 관직명은 정식명칭과 통칭을 혼용하고 있다.
7. 일본 필자의 원고에서는 필요할 경우 역자 주와 편자 주를 붙였고, 그러한 경우는 주의 말미에 괄호로 표시하였다.

서(序)

한국과 일본의 역사인식

현대송

“소인을 대할 때에는 엄하게 하기가 어려운 것이 아니라 미워하지 않기가 어려우며, 군자를 대할 때에는 공손하기가 어려운 것이 아니라 예를 바르게 갖추기가 어렵다”(待小人, 不難於嚴, 而難於不惡. 待君子, 不難於恭, 而難於有禮).[1] 《채근담》(菜根譚)의 한 구절이다. 국가 간의 관계는 인간관계와 다르므로 대인관계의 아날로지로 설명하는 것은 피하고 싶으나, 일본을 대함에 있어 언제나 ‘미워하지 않기가 어려운’ 한국인의 대일감정이 바로 이와 같을 것이다.

도쿠가와 이에야스(徳川家康)가 1603년에 일본의 천하통일을 이룬 뒤, 임진왜란 이후 단절되었던 일본과의 국교회복을 위해 1607년에 조선통신사가 파견되었다. 그로부터 1811년까지 조선통신사는 12회를 왕래하게 된다. 그 중 1719년에 파견된 제9차 통신사절은 제8대 장군이 된 도쿠가와 요시무네(徳川吉宗)의 장군직 계승을 축하하기 위한 사절이었다. 사절단 중에 신유한(申維翰)이라는 인물이 있었다. 그는

1) 홍자성(洪自誠) 지음, 도광순(都珖淳) 역주, 《신역 채근담》, 문예출판사, 1978, p. 35를 참조하여 필자가 현대어로 윤문하였다. 주 4)도 마찬가지다.

통신사의 문서를 담당하는 제술관으로, 261일간에 달하는 일본기행의 기록인 《해유록》(海游錄)을 남겼다. 그 《해유록》의 부편 〈일본 견문록〉에는 통신사를 에도까지 수행했던 쓰시마 번(對馬藩)의 유학자 아메노모리 호슈(雨森芳州)와 신유한 사이에 있었던 다음과 같은 대화가 적혀 있다.[2] 먼저 아메노모리가 신유한에게 말했다.

> 일본과 조선은 바다를 사이에 둔 이웃나라이며, 서로 신의를 다한다. 일본의 백성은 모두 조선의 국왕과 우리의 주군이 예를 갖추어 서신을 주고받는 것을 알고 있으므로, 공식 비공식의 문서를 막론하고 조선에 대해 언급할 때에는 지극함을 다한다. 그러나 얼핏 조선인이 저술한 문집을 보니, 거기에 일본을 언급할 때는 반드시 왜적, 야만인이라 칭하고 추하고 음란하다고 하여 멸시하는 등, 차마 입에 담을 수도 없을 정도이다. 제6대 장군 도쿠가와 이에노부(德川家宣)가 말년에, 우연히 조선의 문집을 보고 군신들에게 말하기를, “어찌 생각이나 했으랴, 조선이 나를 깔보는 것이 이 정도에 이를 줄을…”이라 하며, 평생 유감으로 생각하고 있었다. 오늘날 당신들은 이 뜻을 아는가 모르는가?

그러자 신유한이 답했다.

> 말하려 하는 뜻은 쉽게 알겠지만, 생각해보건대, 일본이야말로 잘 모르고 있는 것 같다. 당신이 본 조선의 문집이 누가 지은 것인지는 모르겠으나, 아마도 그것은 모두 임진왜란 후에 간행된 것일 것이다. 도요토미 히데요시는 조선의 천추의 원수이며, 왜란은 종묘사직의 치욕, 만세에 없었던 변이다. 조선의 신하와 백성된 자로서 누구인들 도요토미의 살을 갈가리 찢어 씹어 먹으려 하지 않는 자가 있었겠는가. 위로는 고관대작부터 아래는 노비에 이르기까지 도요토미

---

2) 申維翰 著, 姜在彦 譯注, 《海游錄: 朝鮮通信使の日本紀行 (東洋文庫; 252)》, 平凡社, 1974, pp. 316~317.

를 악당, 도적이라고 하여 업신여기고 그것이 문장에 반영되었다 한들, 그건 애초부터 당연한 일이다.

임진왜란으로부터 약 130년 후의 신유한의 대답은, 일본의 침략이 한국인에게 남긴 상흔이 얼마나 뿌리 깊은가를 잘 보여준다. 프린스턴 대학의 역사학 교수였던 마리우스 잔센(Marius Jansen)은 아메노모리와 신유한의 대화가, 현대의 일본과 한국의 지식인 사이에 주고받는 대화라 해도 전혀 이상하지 않은 내용이라고 평했다.[3)]

소중화주의적 세계관에 젖어 미개한 오랑캐라 무시하던 왜국에게 허무하게 유린된 통한(痛恨)의 상처는 그로부터 약 300년 후 다시 일본에게 강제병합되어 식민지시대를 겪으면서 영원히 치유될 수 없는 트라우마가 되어 한국인의 가슴에 남아 있다.

한일 간의 비극적 역사는 언제까지 계속되고 또한 기억될 것인가? 삼일절, 광복절, 개천절, 한글날 등 주기적으로 반복되는 국경일과 기념일뿐만 아니라 양국의 내정문제에서 촉발되는 외교문제가 끊임없이 아픈 역사의 기억들을 되살리게 한다.

베르그송은 "장미의 향기를 맡아 과거를 회상할 경우, 그것은 장미의 향기에 의해 과거가 연상되는 것이 아니다. 과거의 회상을 장미의 향기 안에서 맡는 것이다"라고 했다. 식민지 지배의 역사인식 문제, '위안부' 문제, 독도 문제 등 한국인들은 한일 간에 간헐적으로 분출되는 과거사와 관련된 현안문제의 냄새로부터 식민지시대의 기억을 맡게 된다.

그러나 이러한 과거사와 관련된 문제들은 일단 표면화되면 피해자 입장의 국민감정을 자극하기 때문에 이성적 접근이 쉽지 않다. 게다가 역사문제를 진실과 화해의 장으로 가져가기보다는 왜곡과 갈등의 장으

---

3) Marius B. Jansen, 加藤幹雄 譯, 《日本と東アジアの隣人: 過去から未來へ》, 岩波書店, 1999, p. 42.

로 몰고 가려는 선동가들이 한일 간의 문제를 더욱더 얽히게 한다. 도를 넘는 도덕적 분노의 표현과 과잉행동도 그것이 일본을 향한 것이라면 쉽게 용납되고 심지어 영웅시되기까지도 한다.

학계와 언론계의 역사적 사실에 관한 주장들은 반드시 철저한 검증을 받아야 하고, 비판의 시련을 견뎌야 한다. 그러나 작금의 한일 양국의 과거사 문제에 대한 공론의 장에서는 진실과 먼 무분별한 주장이 민족주의의 허울을 쓴 채 활개를 치고 있는 것도 현실이다.

한국과 일본이 '역사인식'을 둘러싸고 대립하고 있다는 것은 누구나 인정하는 일이다. 그러나 그때의 '역사인식'이 도대체 무엇을 의미하는 것인가는 차치하고서라도 '역사인식'이란 용어 자체에 대해 한일 간에 의미의 공유가 이루어지고 있는 것인가에 대해서는 의문의 여지가 있을 것이다. 여기에서 잠깐 이 책에서 언급하는 역사인식에 대해 간단하게 짚어보는 것이 좋을 듯하다.

역사인식 혹은 역사의식은 좁은 의미에서는 '역사를 어떻게 보느냐'는 역사관(歷史觀)과 동일한 의미로 사용되는 경우가 많다. 그러나 '역사'라는 용어 자체가 본질적으로 다의성(多義性)을 지니고, 더욱이 '인식'의 구성요소에 감각, 지각, 기억, 사고, 성향, 가치 등이 들어가므로 '역사인식'에 대해 간단히 정의하기는 어렵다.

먼저 '역사'에 대해서 보면 현대의 사조(思潮)에서는 카(E. H. Carr)의 '역사란 역사가와 사실 사이의 상호작용 과정이며, 현재와 과거 사이의 끊임없는 대화다'라는 정의와 크로체(Benedetto Croce)의 "모든 역사는 현재의 역사다"라는 명제처럼, 역사적 사실의 상대성과 역사해석의 주관성 등이 강조된다. '인식'에 대해서는 인식을 나타내는 영어 단어 cognition의 어원이 라틴어 cognoscere로 '아는 것'이며 또한 '인식'과 '의식'을 뜻하는 동의어인 awareness, consciousness, perception 등에서 지각, 자각, 감정, 이해의 뜻을 내포하고 있는 것을 알 수 있다.

위와 같이 보면 역사인식은 역사관보다는 포괄적인 의미를 지니는 것이며 역사관의 기저를 이루는 것으로 파악된다. 따라서 역사인식은 '역사에 대한 관점이 나타나는 전(前) 단계의 정신작용'이라고 정의할 수 있겠다. 다시 말해 역사관이 그 하위범주인 황국사관(皇國史觀), 식민사관(植民史觀) 등 갖가지 사관(史觀)의 구체적인 형태로서 발현하기 전의 정신작용이 역사인식일 것이다.

이와 같이 어떠한 역사인식을 가지냐에 따라서 '역사적 사실을 어떻게 보고 이해하느냐, 역사기억을 어떻게 받아들이느냐'의 역사관이 나타나고, 그에 따라 '과거의 역사적 사실에 대한 평가, 현재의 세계에 대한 시각'의 역사상(歷史像)이 생겨난다고 할 수 있다.

현재의 한일 간의 역사인식 문제는 시간적 관념, 자기상(自己像)의 인식, 세계상(世界像)의 인식 등의 문제, 역사적 서술에 대한 태도, 역사를 이해하는 틀 등 '방법론으로서의 역사인식'에 관한 것이 아니라, 역사인식의 결과로서의 '역사상에 대한 평가'를 둘러싼 대립이라고 보는 것이 이해하기 쉬울 것이다.

결국 한국과 일본의 역사인식을 둘러싼 문제는 일본이 일으킨 침략전쟁과 식민지 지배의 역사를 어떻게 '평가'하느냐의 문제로 귀결된다. 김준섭이 지적하듯이 "과거 식민지 지배와 침략전쟁에 대한 평가에 있어서 일본 국민들이, 식민지 지배를 당하거나 침략을 당한 나라의 국민들과 공통된 인식을 가질 때만이 비로소 일본과 그 밖의 나라와의 사이에 진정한 상호신뢰가 가능하며, 그와 같은 상호신뢰가 공동번영의 출발점이 된다"[4]는 것은 자명한 일이다.

그러나 한편으로는 한국 사회 내에서조차 '식민지 근대화론', '민족주의론' 등의 논쟁에서 보듯이 개개인의 역사인식은 다양한 형태로 나

---

4) 김준섭, "전후 일본인의 역사인식에 관한 고찰", 〈한국정치학회보〉 제34권 4호, 2000. 12, p. 260.

타난다. 또한 '인식으로서의 역사'[5]를 논하는 한, 세계관과 가치관이 다른 한일 간에 공통된 역사인식을 가진다는 것은 불가능에 가깝다고도 할 수 있다. 또한 진리·진실은 하나밖에 없다는 것이 "인간의 영위로서의 역사인식에서는 현실적으로 존재할 수 없는 이상(理想)에 속하는 것"[6]이고, 우리가 할 수 있는 것은 "진리·진실 그 자체에 될 수 있는 대로 가까운 거리에 접근하기 위한 노력"[7]이 가능할 뿐이라는 것이 현실이다. 그럼에도 불구하고, 한일 양국의 미래를 위하여 역사인식의 갭을 메우기 위한 지적(知的)·실천적 노력은 계속되어야 한다는 것이 필자의 생각이다.

이에 뜻을 같이하는 한국과 일본의 학자들이 한일 간 현안문제의 역사적 기원과 현황을 살펴보았다.

이 책은 3부로 구성되어 있다. 제1부는 독도 문제, 제2부는 야스쿠니 문제, 위안부 문제, 교과서 문제의 쟁점에 대해 살펴보고, 제3부에서는 그러한 문제의 기원과 변용, 극복방안에 대해 논한다.

제1장 현대송의 논문은 독도의 영유권을 둘러싸고 한일 양국이 전개하고 있는 주장에 관해, 그 쟁점이 무엇이고 왜 지금까지 문제가 되는지에 관한 것이다. 현대송은 독도 문제의 쟁점을 역사적, 국제법적 그리고 태평양전쟁에서 한일기본조약의 체결에 이르는 조치의 해석으로 3분하여, 양국 정부의 외교문서를 통한 공식적인 주장을 중심으로 살펴본다.

제2장 호리 카즈오의 논문은 1987년 처음 발표된 이래, 한국과 일

---

5) 佐藤正幸, 《歴史認識の時空》, 知泉書館, 2004, pp. 218, 288~291. '역사인식학'(*Historiology*)을 제창하는 사토 마사유키(佐藤正幸)는, 역사인식을 '인간이 과거에 대치하는 자세', '역사에 대한 자세' 등으로 간단히 정의한다(pp. vi, 42).

6) 정창렬, "역사인식의 주제와 역사인식", 〈내일을 여는 역사〉 제5호, 2001. 봄·여름 합병호, p. 45.

7) 위의 글.

본에서 큰 반향을 일으켰으며, 독도 문제를 논할 때에는 반드시 짚고 넘어가야 하는 대표적 논문이다. 호리 카즈오는 이 논문에서 일본의 독도 영유권 주장의 전거(典據)가 되는 가와카미 켄조의 '우산도 비(非)존재설'을 비판적으로 검토하여 우산도가 오늘날의 독도임을 논증한다. 또한, 1877년 메이지 정부의 최고기관이었던 태정관(太政官)이 울릉도와 독도를 일본의 판도 외로 결정한 사실과, 일본 정부가 1905년의 시점에 독도를 일본 영토에 편입한 목적과 경위에 대해 상세히 밝힌다.

제3장 나이토 세이츄의 논문은 일본 외무성이 홈페이지에서 제시한 고유영토론 주장의 오류를 지적하고 있다. 특히, 조선 영토인 울릉도에 대해서 막부가 내린 '다케시마 도해면허'와 '다케시마 도항금지'에 대한 기술의 문제점, '도해면허장'의 실상, 외무성 홈페이지에 나타나 있는 '다케시마 일건'과 '안용복의 공술과 그 의문점'에 대한 오류 등을 상세히 밝힌다.

제4장 와다 하루키의 논문은 일본측에서 볼 때 '고유영토'가 외국에 의해 부당하게 점거된 케이스인 독도 문제와 북방영토 문제를 일괄적으로 파악하여, 일본 정부의 정책을 검토하고, 문제의 해결방안을 제시한 것이다. 와다의 논문은 포츠담 선언의 수락 후부터 최근까지 영토 문제에 임하는 일본측의 인식과 정책과정을 잘 보여준다.

제5장 다카하시 테쓰야의 논문은 일본군국주의 상징 야스쿠니 신사에 일본 수상이 참배하는 논리, 야스쿠니 신사가 A급 전범(戰犯) 합사를 포기하지 않는 논리에 대해 살펴보고, 그것이 왜 문제가 되는지를 논하고 있다. 또한 한국인 합사문제와 합사취소 소송의 경위에 대해 살펴보고, 이 문제가 향후 심각한 외교문제로 발전할 수도 있음을 지적한다.

제6장 윤명숙의 논문은 '위안부' 문제의 두 가지 핵심논쟁인 강제연행 여부와 공창(公娼) 제도와의 관련에 대해, 일본군위안소제도를 중

심으로 검증한다. 그 후 군위안소제도가 국제법에 위배되는 사안을 포함한다는 사실을 인지하면서도 '적극적인 관여'와 '적당한 은폐'를 통해 이를 창설·운영한 일본 정부에 법적 책임이 있음을 밝힌다.

제7장 정재정의 논문은 고이즈미 수상의 야스쿠니 신사 참배, '새로운 역사교과서'의 문부과학성 검정 합격 등으로 촉발된 최근의 한일 양국의 역사인식을 둘러싼 갈등과 이를 극복하기 위한 한일 역사대화의 성과를 역사교과서 문제에 초점을 맞추어 논하고 있다. 또한 한일 양국이 역사화해를 이룩하기 위해 취해야 할 자세에 대해 제언한다.

제8장 강덕상의 논문은 일본의 대한(對韓) 내셔널리즘의 역사적 배경과 그 성격에 관한 것이다. '공격적'인 일본의 내셔널리즘과 '방위적'인 한국의 내셔널리즘의 성격을 한국과 일본의 역사적 사실에서 추출하여 논증하고 있다. 한일 간의 역사모순을 온몸으로 겪은 재일 한국인 학자로서, 최근 한일 양국의 일부 논자들의 안이한 탈(脫)내셔널리즘 담론에 대해 경종을 울린다.

제9장 김창록의 논문은 1965년 한일기본조약 등의 해석에서 한일 간에 이견을 보이는 핵심은 일본의 한반도 지배의 성격과 개인 청구권 문제의 해결 여부라고 지적한다. 또한 한일 양국이 진정한 우호관계를 구축하기 위해서는, 1965년에 해결되지 않은 문제들이 해결되지 않으면 안 되며, 그때 실패한 '역사적 사실'과 '정의의 기준'의 공유를 이루어내지 않으면 안 될 것이라고 주장한다.

제10장 기미야 타다시의 논문은 한일관계를 제약하는 세 가지 조건, 즉 지정학적 조건, 식민지 시대의 유산, 냉전체제 중에서 특히 냉전체제가 그 외 두 가지 조건을 어떻게 '변질' 또는 '강화'시키면서 양국관계에 영향을 미쳤는가를 분석한 것이다. 특히 냉전체제와의 연관하에서 미국이 한일관계에 어떻게 영향을 미쳤는지를 냉전과 한일 국교정상화 교섭의 전개를 따라 분석한다.

제11장 최봉태의 논문은 노무현 정부 때 '일제 강점하 강제동원 피

해 진상규명 특별법'의 제정과 한일회담 관련 외교문서의 공개를 이끌어 낸 자신의 경험을 바탕으로, 문서공개와 그에 따른 한일 양국 정부와 피해자들의 권리구제 현황과 쟁점에 대해 검토한 것이다. 한국측 문서의 전면 공개로 양국이 일제(日帝) 피해자들을 협상의 카드로 이용했다는 사실이 밝혀진 이상, 일본도 문서를 전면 공개하여 양국이 피해자에 대해 책임을 져야 할 부분에 대해 명확히 법적 견해를 밝혀 정의가 회복될 수 있게 해야 한다고 역설한다.

제12장 공로명의 논문은 국민감정과 직결되기 쉬운 과거사 문제와 독도 문제에 임하는 일본측의 역사인식의 결여 및 독도 영유권 문제의 결정적인 자료를 외면하는 일본측의 태도를 지적하고 있다. 그러나 또한 한일관계의 중요성에 비추어 볼 때, 독도 문제나 역사교과서 문제는 한일관계의 전부가 아니라 그 중의 일부라는 인식과 균형감각을 가질 필요가 있다는 것을 지적한다.

모두(冒頭)에 인용한 《채근담》에는 마찬가지로 다음과 같은 구절도 있다. "굼벵이는 매우 더럽지만 매미가 되어 가을바람에 이슬을 마시고, 썩은 풀은 빛이 없지만 반딧불이 되어 여름 달밤에 빛을 낸다. 진실로 깨끗함은 언제나 더러움에서 나오고, 밝음은 언제나 어둠에서 생겨난다는 것을 알 수 있다"(糞蟲至穢, 爲蟬而飮露於秋風. 腐草無光, 化爲螢而耀采於夏月. 固知潔常自汚出, 明每從晦生也).[8]

한일관계가 적대적 관계에서 협력적 관계로 발전하는 데 과거사의 구원(舊怨)은 결코 제약에 머무는 것만은 아니다. 슬기롭게 극복할 수만 있다면 오히려 한일 양국이 현재의 파국적인 관계에서 서로 '미워하지 않으며 예를 갖추는' 우호적 관계로 발전하는 굳건한 바탕이 될 수도 있을 것이다.

이 책은 그러한 인식 위에 미래지향적으로 한일관계의 과거를 바라

8) 앞의 책, p. 26.

보고, 관계개선과 문제해결의 실마리를 찾고자 하는 노력의 일환이다. 개개의 논증들은 아직 비판의 여지가 있을 것이다. 독자 여러분의 기탄없는 지적과 질책을 기대하며 본론으로 들어가고자 한다.

1부

독도 문제

독도 문제의 쟁점, 그 기원과 현황*

현대송**

1. 머리말

한국인의 생활에 독도는 구조적으로 일상화되어 있다. 한국의 1년은 독도의 해돋이에서 시작되고, 한국인은 매일 일기예보에서 독도를 접하며 생활한다. 그러한 독도가 일본과의 과거사 문제에 직간접적으로 관련되어 거의 매년 문제가 되고 있다. 또한 해방 후부터 지금까지 약 10년 주기로 쓰나미처럼 몰려와 한일관계를 파괴적으로 훼손하고 있는 것이 독도 문제다.

독도 문제가 한일 양국의 중대한 외교문제로 표면화한 것은 1952년 1월 18일, 이승만 대통령이 '인접 해양에 대한 주권 선언'[1]을 선포하

---

* 이 장은 현대송, 《영토 내셔널리즘의 탄생》(領土ナショナリズムの誕生), 미네르바 서방(ミネルヴァ書房), 2006의 제1장 "전후 한일관계와 독도/다케시마 문제"를 기본으로 하고, 2008년 5월 9일 공개된 일본 외무성의 한일회담 문서 중 'XV 竹島問題' 부분을 보충하여 가필 수정한 것이다.

** 국민대학교 일본학연구소 연구교수.

1) 1952년 1월 18일 국무원 공고 제14호, "인접해양에 대한 주권선언", 대한민국 외무부, 《대한민국 외교부 연표: 부 주요문헌 1948~1961》, 1962, pp.228~229 수록.

고, 독도 외측에 '평화선'(일본명 · 이승만 라인)을 설정했을 때부터다. '인접 해양에 대한 주권 선언' 선포 열흘 후인 28일, 일본 외무성이 주일 한국대표부에 "한국은 이 선언에서 독도에 대한 영토권을 주장하는 듯하지만, 이런 주장은 인정할 수 없다"[2]고 항의하는 구상서를 보낸 것을 시작으로, 독도 문제를 둘러싼 한일 양국 간의 구상서 공방전은 지금까지 되풀이되고 있다.

일본 외무성은 1953년 6월, 관계 성청(省廳)을 모아 세 차례 대책을 협의하여 '다케시마 문제 대책요강'을 결정하였다.[3] 그리고 7월 13일, 독도 영유의 근거를 이론적으로 상술한 견해를 작성하여 이를 한국측에 송부했다. 9월 9일 한국측이 일본의 주장에 대해 반박하는 견해를 보내자, 일본 외무성 조약국은 동년 10월부터 다음해인 1954년 1월까지 독도 문제에 대해 식견을 가진 학자들을 모아 연구회를 개최하였다. 외무성은 그 성과를 바탕으로 2월 10일 한국측의 견해에 반론하는 구상서를 작성하여 한국에 송부했고,[4] 9월 25일 한국측이 재반론하자, 당일 독도 문제를 국제사법재판소에 부탁(付託)할 것을 제의했다. 10월 28일 한국측은 이를 거부했다.

1956년 9월 20일 일본측이 제3회 견해를 밝힌 데 대해, 1959년 1월 7일 한국 정부가 다시 반론을 제기하고, 1962년 7월 13일 일본 정부가 제4회 견해로 다시 반박했다.

한일 간에 국교가 정상화되기 하루 전인 1965년 12월 17일, 한국측은 일본의 제4회 견해에 대해 "과거 수차에 걸쳐 이미 논의의 여지가

2) 외무부, 《독도관계 자료집(Ⅰ): 왕복 외교문서(1952~76)》, p. 1(이하, 《왕복 외교문서》로 쓴다).

3) 일본 외무성 한일회담문서 제6차 공개문서(2008년 5월 9일) "XV 竹島問題", p. 8(이하, "XV 竹島問題"로 쓴다). '다케시마 문제 대책요강'은 2페이지로 되어 있으나, 제6차 공개에는 포함되지 않았다.

4) 위의 문서, p. 47.

없음이 분명해졌으며", "일본 정부가 행하는 독도 영유권 주장에 대해서는 어떤 주장도 전혀 고려의 대상이 될 수 없다"[5]고 하여 이를 묵살하고, 영유권 논쟁을 접었다.

이 장에서는 위와 같이 1953년부터 약 10년간에 걸쳐 벌어진 한일 양국 정부의 외교문서에 의한 공식적 논쟁을 중심으로, 독도 문제의 쟁점이 무엇인지 살펴보고, 아울러 독도 문제의 기원과 변용에 대해 살펴보고자 한다.

2. 독도 영유권 문제의 쟁점과 연구의 개략

한일 양국 정부의 견해는, 1953년 7월 13일자 일본 정부의 제1회 견해부터 1954년 9월 25일자 한국 정부의 제2회 견해 때까지 서로 두 차례 양국의 상세한 자료와 고증을 들어 자국의 영유권을 주장했다. 그 후에도 일본 정부가 두 차례, 한국 정부가 한 차례 더 견해를 밝혔으나 이는 앞선 두 차례의 견해에 대한 보충적 견해 및 부분적 견해에 그친다. 국제법에는 이미 표명한 자기 언행과 모순되는 행위를 할 수 없다는 '금반언의 원칙'(禁反言의 原則, *estoppel*)이 있긴 하지만, 양국 정부의 주장은 1950년대 초의 최초의 주장에서 현재까지 별다른 입장 변화를 보이지 않고 있고, 양국 논자의 대부분의 주장이 이때의 주장을 답보하고 있다.

일본의 독도 영유권 주장의 근거는, 대체로 '고유영토론'과 '선점론'의 두 가지로 나눌 수 있다. '고유영토론'이란 역사적으로 독도는 근세 초엽 이래, 일본 고유의 영토이며, 1905년의 편입조치는 단지 이것을 재확인한 것에 지나지 않는다는 논의이다. 한편, '선점론'은 1905년의

---

5) 위의 문서, p. 46.

시점에 독도는 '무주지'(無主地, *res nullius*)였기 때문에, 선점에 의한 편입으로 일본의 영토가 되었다고 하는 논의다.

그 중에서 다카노 유이치(高野雄一, 1962), 미나가와 타케시(皆川洸, 1963, 1965), 우에다 토시오(植田捷雄, 1965), 다이쥬도 카나에(太壽堂鼎, 1966, 1998), 세리타 켄타로(芹田健太郎, 1999, 2002) 등에 의한 국제법적 연구는, "1905년 시점에 독도는 무주지였다. 그것을 일본이 선점한 것뿐이다. 그때, 대한제국에서 항의는 없었다"고 하며 국제법적으로 독도가 일본의 영토라고 주장한다.[6)]

한국에서의 국제법적 연구는 이러한 일본측 주장의 부당성을 지적하는 데 중점을 둔다. 1950~1960년대의 박관숙(1956, 1960), 황상기(1965), 이한기(1965, 1969)에서 최근의 김명기(1987, 1999, 2001), 김찬규(1996, 1998, 2004, 2005), 나홍주(1996, 2000), 홍성근(2003), 김영구(2003, 2005, 2008) 등에 이르기까지, 한국의 국제법학자들은 전술한 일본측의 선점론의 부당성을 지적한다.[7)] 그들은 이구동성으로

---

6) 高野雄一, 《日本の領土》, 東京大學出版會, 1962; 皆川洸, "竹島紛爭と國際判例"《前原光雄教授還曆記念 國際法學の諸問題》, 慶応通信, 1963, pp. 347~371; 皆川洸, "竹島紛爭とその解決手續き", 〈法律時報〉 第37巻 第10号, 1965. 9, pp. 38~44; 植田捷雄, "竹島の歸屬をめぐる日韓紛爭", 〈一橋論叢〉 第54巻 第1号, 1965, pp. 19~34; 太壽堂鼎, "竹島紛爭", 〈國際法外交雜誌〉 第64巻 第4・5合併号, 1966. 3, pp. 105~136; 太壽堂鼎, 《領土歸屬の國際法》, 東信堂, 1998; 芹田健太郎, 《日本の領土》, 中央公論新社, 2002; 芹田健太郎, 《島の領有と経濟水域の境界畫定》, 有信堂高文社, 1999.

7) 박관숙, "독도의 법적 지위", 〈국제법학회 논총〉, 1956. 2, pp. 29~49; 박관숙, "독도의 국제법상 지위", 〈사상계〉 8호, 1960. 8, pp. 144~151; 황상기, 《독도 영유권 해설》, 근로학생사, 1965; 이한기, "Minquiers 및 Ecrehos 제도의 주권에 관한 국제판례와 독도 문제", 〈아세아학보〉 1호, 1965. 12, pp. 491~503; 이한기, 《한국의 영토》, 서울대학교 출판부, 1969; 김명기, 《독도와 국제법》, 화학사, 1987; 김명기, 《독도의용수비대와 국제법》, 다

다음과 같이 일본의 주장을 반박한다.

> 일본은 1905년 2월 22일에 시마네현 고시 제40호에 의해 '독도'를 시마네현에 편입했다고 주장한다. 그러나 이것이 국제법상 유효한 것으로서 인정되기 위해서는, 영역취득에 있어서 선점의 세 가지 요건을 충족시키지 않으면 안 된다. 첫째, 그 지역이 무주지가 아니면 안 된다. 둘째, 영토취득의 국가의사가 있어, 그 의사를 대외적으로 공표하지 않으면 안 된다. 셋째, 그 지역의 실효적 점유가 없으면 안 된다. 그러나 1905년 시점에 독도는 무주지가 아니었고, 일개 지방관청인 시마네현의 고시는 영토를 취득한 국가의 대외적 의사표시로서는 불충분하다. 또 일본이, 독도를 편입하기 반년 전인 1904년 8월 22일에는 한일협약을 강요하고 대한제국의 외교권을 빼앗았기 때문에, 대한제국은 일본의 독도편입에 대하여 아무런 항의도 할 수 없었다. 해방 후에도 연합군 최고사령관 지령(SCAPIN) 677호에 의해 독도가 일본 영토에서 분리된 후, 1951년 대일평화조약에 의해 연합국이 독도를 일본 영토에 포함시킨다는 적극적 결정이 없었던 한, 독도가 일본 영토에서 분리된 것은 명확하다. 일본의 영토처리 문제에 관한 한, 연합국의 기본적 태도가 카이로 선언에 나타나 있듯이 일본을 청일전쟁 이전의 상태로 회귀시키려는 것이었기 때문

물, 1998; 김명기, 《독도의 영유권과 국제법》, 투어웨이사, 1999; 김명기, 《독도의 영유권과 실효적 지배》, 우리영토, 2007; 김찬규, "배타적 경제수역의 설정과 독도", 〈국제문제〉 309호, 1996. 5, pp. 16~29; 김찬규, "동아시아 도서분쟁과 독도", 〈국제문제〉 331호, 1998. 3, pp. 15~25; 김찬규, "국제법 사례연구", 〈국제법평론〉 제20호 2004, pp. 133~153; 김찬규, "국제법 사례연구", 〈국제법평론〉 제21호, 2005, pp. 71~95; 나홍주, 《일본의 "독도" 영유권 주장과 국제법상 부당성》, 금광, 1996; 나홍주, 《독도의 영유권에 관한 국제법적 연구》, 법서출판사, 2000; 홍성근, "독도 영유권 문제의 해결방법에 관한 국제법적 연구", 한국외국어대학교 대학원 박사논문, 2003; 김영구, 《독도 문제의 진실》, 법영사, 2003; 김영구, 《독도: 어디로 가려는가?》, 다솜출판사, 2005; 김영구, 《독도, NLL문제의 실증적 정책분석》, 다솜출판사, 2008.

에, 독도의 법적 지위는 한국의 영토이다.[8]

다시 말해, 국제법적 연구에서 논쟁의 중심은 1905년 2월의 시점에 독도가 무주지였는가 아닌가 하는 점이다. 그렇다면 논쟁은 근대 국제법의 수용 이전에 한국이 독도를 자국 영토로 인식하고 실효지배하고 있었는가 아닌가 하는 역사적 연구로 옮겨진다.

'독도'라고 하는 명칭이 한국의 기록에 처음으로 등장하는 것은 일본이 1905년 2월 22일 독도를 일본령에 편입한 약 1년 후인 1906년 3월 29일, 울도 군수 심흥택의 보고서에서이다. 일본의 기록에서는 1904년 9월 25일자의 일본 군함 니타카(新高)의 〈행동일지〉에 '독도'라는 지명이 나온다. 거기에 리앙쿠르 암에 관해, "한인(韓人) 이것을 독도(獨島)라고 쓰고, 일본 어부들은 생략해서 량코 섬이라고 칭한다"고 기록되어 있다. 한국측은 고문헌에 등장하는 우산도(于山島), 삼봉도(三峯島), 가지도(可支島) 등이 오늘날의 독도라고 주장하며, 한국이 일본보다 훨씬 이전에 독도를 한국의 영토로 인식하고 실효적으로 지배해 왔다고 주장한다.

신석호(申奭鎬)는 《세종실록》 지리지, 《동국여지승람》, 《성종실록》, 《숙종실록》 등의 문헌에 등장하는 '우산도', '삼봉도'가 현재의 '독도'이며, 후술하는 17세기 안용복(安龍福)의 활동으로 인해 일본이 울릉도와 함께 독도도 조선의 영토라고 인정했다고 주장했다.[9]

이선근(李瑄根)도 《삼국사기》, 《고려사》 등의 기사를 들어, 한국측이 신라 이래 울릉도를 개척해 온 사실이 있고, 《태종실록》의 우산무릉등처 안무사(于山武陵等處按撫使) 김인우(金麟雨) 관계의 기사, 《성종실록》의 삼봉도에 관한 기사, 그리고 안용복이 "울릉우산 양도 감세장"(鬱陵于山兩島監稅將)이라고 칭한 것 등을 들어 예로부터 한국

8) 박관숙, 위의 책; 이한기, 위의 책, pp. 270~296.

9) 신석호, "독도 소속에 대하여", 〈史海〉, 1948. 12, pp. 72~77.

이 독도를 울릉도의 속도(屬島)로서 인식해 왔다고 주장했다.[10]

한편, 이병도(李丙燾)는 명칭의 유래로 보아도 독도가 울릉도의 속도라고 주장했다. 그는 '우산'은 원래 모도(母島)인 울릉도의 이름이었지만, 그 후 울릉도가 '우산' 이외에 우릉(于陵, 芋陵)·울릉(鬱陵)·무릉(武陵) 등의 명칭을 가지게 되었기 때문에, '우산'이 그 속도인 독도만을 가리키는 명칭으로 전칭된 것이다[11]고 주장했다. 또한, 일본측이 울릉도와 독도를 죽도, 송도로 명명한 것은 '소나무'와 '대나무'가 일반적으로 연칭되는 문자이기 때문에, 두 섬의 밀접한 지리적 관계를 증언하는 것으로, 두 섬은 "불가분의 협동 운명체적 관계를 가지는 본(本)·속도(屬島), 혹은 모자도(母子島)"[12]라고 주장했다.

현재, 한국측의 역사적 연구에서는, 1940년대 후반부터 주장되어 온 신석호, 이선근, 이병도의 설이 계승되어 통설이 되고 있어, 한국의 독도에 대한 인지가 신라 시대인 6세기까지 거슬러 올라간다고 주장한다.

한편 일본에서 '고유영토론'의 대표적 역사 연구는, 독도 문제를 둘러싼 한일 정부 간의 공방에서 당시 외무성 조약국의 사무관으로서 일본 정부의 독도영유에 관한 견해를 총괄 작성하는 역할을 한 가와카미 켄조(川上健三, 1953, 1966)를 비롯해, 다가와 코조(田川孝三, 1954, 1989), 다무라 세이자부로(田村清三郎, 1965), 오쿠마 요시카즈(大熊良一, 1968), 모리타 요시오(森田芳夫, 1961), 나카무라 히데타카(中村榮孝, 1961), 쓰카모토 타카시(塚本孝, 1983, 1985, 2002), 시모죠 마사오(下條正男, 1999, 2004) 등의 연구가 있다.[13] 이들의 역사적

10) 이선근, "울릉도 및 독도 탐험 소고: 근세사를 중심으로", 《독도》, 대한공론사, 1965.

11) 이병도, "독도의 명칭에 대한 역사적 고찰", 《독도》, 대한공론사, 1965, pp. 67~76.

12) 위의 글.

연구는 한국의 고문헌 내용에 대해 조목조목 의문을 제시하고 우산도가 지금의 독도를 말하는 것인지는 알 수 없다고 주장한다.

그러나 야마베 켄타로(山辺健太郎, 1965), 가지무라 히데키(梶村秀樹, 1978), 호리 카즈오(堀和生, 1987), 나이토 세이츄(內藤正中, 2000, 2007) 등은 일본의 '고유영토론'을 부정한다. 또한 이케우치 사토시(池內敏, 1999, 2006), 오니시 토시테루(大西俊輝, 2003, 2007)는 가와카미 켄조, 시모죠 마사오 등의 일본측의 사료해석의 오류를 지적하고 있다.[14)]

한편, 한일 양국은 태평양전쟁에서 한일기본조약의 체결에 이르는 일련의 조치의 해석을 둘러싸고도 정면 대립하고 있다.

---

13) 川上健三, 《竹島の領有》, 外務省條約局, 1953; 川上健三, 《竹島の歷史地理學的硏究》, 古今書院, 1966; 田川孝三, "竹島領有に關する歷史的考察", 〈東洋文庫書報〉 第20号, 1988, pp. 6~52; 田村清三郎, 《島根縣竹島の新硏究》, 報光社, 1965; 大熊良一, 《竹島史稿》, 原書房, 1968; 中村榮孝, "竹島の歸屬問題に寄せて", 《日鮮關係史(上)》, 吉川弘文館, 1970; 森田芳夫, "竹島問題", 吉澤清次郎監修, 《日本外交史 第28卷: 講和後の外交(Ⅰ)》, 鹿島硏究所出版會, 1973; 塚本孝, "サンフランシスコ條約と竹島", 〈レファレンス〉 第33巻 6号, 1983. 6, pp. 51~63, 塚本孝, "平和條約と竹島(再論)", 〈レファレンス〉 第44巻 3号, 1994. 3, pp. 31~56; 塚本孝, 〈竹島領有權問題の経緯〉, 國立國會図書館 ISSUE BRIEF NUMBER 244, 1994. 4; 下條正男, 《日韓・歷史克服への道》, 展轉社, 1999; 下條正男, 《竹島は日韓どちらのものか》, 文春新書, 2004.

14) 山辺健太郎, "竹島問題の歷史的硏究", 〈コリア評論〉 第52号, 1965, pp. 4~14; 梶村秀樹, "竹島＝獨島問題と日本國家", 〈朝鮮硏究〉 第182号, 1978, pp. 1~37; 堀和生, "一九〇五年日本の竹島領土編入", 〈朝鮮史硏究會論文集〉 第24集, 1987, pp. 97~125; 內藤正中, 《竹島(鬱陵島)をめぐる日朝關係史》, 多賀出版, 2000; 池內敏, "竹島渡海と鳥取藩", 〈鳥取地域史硏究〉 第1号, 1999년; 池內敏, 《大君外交と"武威"》, 名古屋大學出版會, 2006; 大西俊輝, 《日本海と竹島: 日韓領土問題》, 東洋出版, 2003; 大西俊輝, 《續日本海と竹島續: 日韓領土問題の根本資料「隱州視聽合紀」を讀む》, 東洋出版, 2007.

연합국은 태평양전쟁 동안, 한국을 일본 제국(帝國)에서 해방한다고 몇 번이나 선언했다. 그리고 그 중심에 선 미국은 일본 전후의 영토에 관해 주도면밀한 준비로 세밀한 청사진을 가지고 있었으나 해방되는 한국의 영토에 관해서는 구체적인 계획이 없었다. 이오키베 마코토(五百旗頭眞, 1985)가 《미국의 일본점령 정책》[15]에서 극명하게 그려낸 것처럼 일본에 대한 미국의 전후처리 정책은 전쟁 발발의 초기단계부터 서서히 형성되어 대일평화조약에서 완성된 것이었다. 따라서 오늘의 독도 문제의 근원을 이해하기 위해서는 미국의 전후처리 정책의 관점에서 일본 영토가 어떻게 결정되었는지 그 과정에까지 거슬러 올라가 고찰하지 않으면 안 된다. 미국의 전후처리 정책의 형성과정에서 한일국교정상화 교섭에 이르기까지 독도 문제의 처리를 둘러싼 한·미·일의 정치과정을 국제정치와 국내정치의 연동의 시점에서 밝힌 것으로는 현대송(2006)의 연구가 있다.[16] 같은 시점에서 정성화(1991)는 미국의 일본 점령기(1945~1952)를 중심으로 한일 영토분쟁을 둘러싼 한·미·일의 정책을 분석했다.[17] 대일평화조약에서 독도/다케시마의 영토규정이 어떻게 변천했는지에 대해서는 쓰카모토 타카시(1983, 1994)와 이석우(2003, 2004) 등의 연구에 자세히 밝혀져 있다.[18]

---

15) 五百旗頭眞, 《米國の日本占領政策: 戰後日本の設計図(上·下)》, 中央公論社, 1985.

16) 졸저, 《領土ナショナリズムの誕生》, ミネルヴァ書房, 2006.

17) Sung-Hwa Cheong, The Politics of Anti-Japanese Sentiment In Korea-Japanese-South Korean Relations Under American Occupation, 1945~1952 (New York: Greenwood Press, 1991).

18) 塚本孝, "サンフランシスコ條約と竹島", 〈レファレンス〉 第33巻 第6号, 1983, pp. 51~63; 塚本孝, "平和條約と竹島(再論)", 〈レファレンス〉 第44巻 第3号, 1994, pp. 31~56; 이석우, 《일본의 영토 분쟁과 샌프란시스코 강화조약》, 인하대학교 출판부, 2003; 이석우, 《독도 분쟁의 국제법적 이해》,

3. 역사적 근거를 둘러싼 쟁점

1) 우산도(于山島)는 독도인가, 울릉도인가?

한국의 고문헌에 등장하는 우산도가 독도인가, 울릉도인가 하는 문제는 역사적 근거를 둘러싼 쟁점에서 가장 핵심적인 문제이다.

일본 정부는 1953년 7월 13일자 제1회 견해에서, 이전에 일본과 한국 사이에 분쟁이 있던 다케시마(竹島)는 울릉도를 말하는 것으로 현재의 다케시마(한국명 독도)가 양국 사이에서 문제가 된 적은 없었다는 점과 한국과 일본의 고문서와 지도 등은 현재의 다케시마를 마쓰시마(松島)라는 이름으로 부르며 일본 영토로서 인식하고 있었음을 명확히 보여준다고 주장했다.[19] 그리고 그 근거로서 "일본 에도(江戶) 시대의 문헌과 지도뿐만 아니라 조선의 이수광(李睟光)이 1614년에 지은 《지봉유설》(芝峰類說) 2권 지리편에서도 '최근 왜인(倭人)들이 죽도(竹島)를 점거하고 있다고 한다. 기죽(磯竹)이라고도 하는 그 섬은 울릉도다'라고 하고 있다"[20]는 것과, "1694년 9월에 조선의 예조참판이 쓰시마 번주에게 보낸 서간에도 '죽도는 울릉도로서, 1도 2명(一島二名)이다'고 하고 있다"[21]는 사실을 들었다.

즉, 1693년에 울릉도에서 일어난 일본인과 조선인의 분규[22] 때문에

학영사, 2004.

19) 앞의 책, 1953년 7월 13일자 일본측 구상서, 《왕복 외교문서》, pp. 15~16.

20) 위의 책, p. 15.

21) 위의 책.

22) 오야(大谷)가의 어부가 울릉도에서 안용복 일행을 오키로 납치한 사건을 말한다. 이 사건을 계기로 조선과 일본의 영토 분쟁으로까지 발전하였으며, 《춘관지》에서는 이를 '울릉도 쟁계'라 하고, 일본 사계(史界)에서는 '다케시마 일건'(竹島一件)이라 칭한다. 한국의 연구서에서는 '죽도 일건'이라 부르는 경우가 많다.

도쿠가와 막부가 내린 '다케시마 도해금지령'과 1881년의 '다케시마 도항금지령' 등 "지금까지 일본과 한국 사이에 발생한 모든 충돌에서 언급된 다케시마는 울릉도로서, 현재의 다케시마(독도)가 양 정부 사이에서 문제가 된 적은 없었다"[23] 고 주장했다. 그러나 "1840년에 간행된 시볼트 (Philipp Franz von Siebold)의 일본 지도가 울릉도를 마쓰시마(松島)라고 잘못 쓰고부터 유럽에서 만들어진 지도에서 점차 울릉도가 마쓰시마로 바뀌었다. 그 잘못된 이름이 다시 일본에서도 사용되어 울릉도가 마쓰시마로, 마쓰시마로 불리던 작은 섬이 다케시마(竹島)가 되었다"[24] 고 주장했다.

이와 같은 일본 정부의 주장에 대해 한국 정부는 약 2개월 후인 9월 9일자 견해에서 "예로부터 울릉도는 무릉(武陵) · 우릉(羽陵)이라고 불렸으며 독도는 우산도·삼봉도 등으로 불렸다"[25] 고 주장하고, 그 근거로서 《세종실록》(1454)과 《동국여지승람》(1481)[26]의 기사를 들었다. 즉, 《세종실록》 권 153의 "지리지" 강원도 울진현조에는 "우산과 무릉, 두 섬이 현의 정동쪽 바다 가운데 있다. 두 섬의 거리가 멀지 않아 날이 맑으면 바라볼 수 있다"[27] 는 기록이 있다고 주장했다.

이러한 한국 정부의 주장에 대해, 일본 정부는 제 2회 견해[28]에서 "한국의 문헌에 등장하는 삼봉도 혹은 우산도는 울릉도다"[29] 고 반박했

---

23) 앞의 책, 1953년 7월 13일자 일본측 구상서, 《왕복 외교문서》, p. 16.

24) 위의 책, pp. 15~16.

25) 위의 책, 1953년 9월 9일자 한국측 구상서, 《왕복 외교문서》, p. 31.

26) 《동국여지승람》〔1481년 간행, 1486년 증산(增刪) 수정, 1499년 개수〕은 현존하지 않지만, 《신증 동국여지승람》(1530년) 안에 그 내용이 전부 기재되어 있다.

27) 위의 책, 1953년 9월 9일자 한국측 구상서, 《왕복 외교문서》, pp. 32~33. 김자주(金自周)의 기술은 《성종실록》 권 72, 성종 7년 10월 정유조에 실려 있다("于山 武陵二島 在縣正東海中 二島相去不遠 風日淸明 則可望見").

28) 위의 책, 1954년 2월 10일자 일본측 구상서, 《왕복 외교문서》, pp. 44~45.

다. 그 근거로서 "《세종실록》의 우산·무릉에 대한 기술에는 한국 정부가 언급한 기술 뒤에 '그 섬은 신라 때에는 우산국으로 불렸고, 울릉도로도 알려져 있다'고 기술되어 있으며《동국여지승람》의 기술에도 '일설에 우산과 울릉은 본래 하나의 섬'이라고 적혀 있다"[30]는 것을 들었다. 또한 "《문헌촬록》(文獻撮錄)[31]에도 '울릉도는 울진현의 정동쪽 바다 가운데 있다. 날씨가 좋으면 섬의 정상과 구릉이 역력히 보인다. 섬의 토지가 넓고 비옥하다. 대나무가 무성하기 때문에 죽도(竹島), 세 개의 봉우리가 있기 때문에 삼봉도라고 한다. 우산(于山), 우릉(芋陵), 울릉(鬱陵), 무릉(武陵), 기죽(磯竹)은 잘못 전해진 것이다'고 기록되어 있으며, 삼봉도, 우산도, 울릉도가 하나의 섬임을 기술하고 있다"[32]고 하여 "다케시마(竹島)가 한국인에게 독도로 알려져 있었다는 점에 관하여 한국의 어떤 고문헌과 고지도에도 그런 이름은 보이지 않는다"[33]고 반박하며 한국 정부의 주장을 일축했다.

이에 대해 한국 정부는 다시 제2회 견해에서 "문헌상의 우산도가 현재의 독도를 가리키는 것에는 의심의 여지가 없다"[34]고 주장하면서, 《세종실록》 지리지와《신증 동국여지승람》의 본문에서 명확히 두 개의 분리된 섬으로 기술되어 있음에도 불구하고, 일본 정부가 '본문'을 인정하지 않고 '일설 운운'이라고 한 주기(注記)를 들어 '본문'의 기술을 부인하는 태도를 비판했다.[35] 또한 한국 정부는, 지리적 지식이 발달

---

29) 위의 책.

30) 위의 책. 《동국여지승람》 권 45 울진조의 원문은 "于山島 鬱陵島 一云武陵一云羽陵 二島在縣正東海中 三峯岌嶪撑空 南峯稍卑 風日淸明 則峯頭樹木及山根沙渚 歷歷可見 風便則二日可到 一說于山鬱陵本一島".

31) 1851년(철종 2년)에 정원용(鄭元容, 1783~1873)이 편찬한 일종의 백과전서.

32) 앞의 책, 1954년 2월 10일자 일본측 구상서, 《왕복 외교문서》, pp. 45~46.

33) 위의 책, p. 46.

34) 위의 책, 1954년 9월 25일자 한국측 구상서, 《왕복 외교문서》, p. 78.

35) 위의 책, p. 79.

되지 않았던 시대에는 동일 지역에 이칭(異稱)이 생기고 이것이 원명(原名)과 혼용하여 오다가 2도 2명으로 판명되는 실례는 일일이 열거하기 어려울 정도로 많으며, 특히 일본학자 다보하시 키요시(田保橋潔)가 "지리적 지식이 결핍되어 있던 메이지 초기에 송도, 죽도라는 명칭이 울릉도 1도를 지칭하였고 그것이 다시 울릉도와 독도를 각각 지칭하게 되었다. 동시에 울릉도를 가리키는 죽도라는 명칭이 독도의 명칭으로 되었다는 사실을 학구적으로 논증한 바 있었다"[36] 고 주장하였다.

또한 일본 정부가 《문헌촬록》(文獻撮錄)을 들어 우산도, 삼봉도, 울릉도가 사실은 하나의 섬이라는 논거로 하는 데 대해서는, 그것이 조선 말엽의 단순한 개인의 문헌에 지나지 않으며 《세종실록》에 비해 역사적·지리적 사실과 그 변천을 명확히 하기에는 문헌적 가치가 전혀 없다는 것을 지적하고, 그와 같은 논거에 따라 일본 정부가 내리는 결론이야말로 견강부회의 논리에 지나지 않는다[37] 고 비난했다.

이에 대해 일본 정부는 제3회 견해에서도 여전히 《삼국사기》, 《고려사》 지리지, 《세종실록》 지리지의 '우산국'은 울릉도다고 강조했다. 또한 " 《신증 동국여지승람》과 《증보 문헌비고》(增補文獻備考)는 2도설을 취하면서도 1도 2명(一島二名)이 아닌가 의심하고 있으며, 《지봉유설》과 《문헌촬록》처럼 1도 2명설을 고집하는 등 후대까지도 우산도와 울릉도 두 섬의 관계는 확신이 없이 기술되어 있다. 특히 주목해야 할 것은 2도설을 취하는 사료에서도 전문(全文)은 울릉도에 대한 설명으로 일관하며, 우산도에 대해서는 아무런 구체적인 설명도 없다는 점이다. (중략) 결국, 우산도와 울릉도가 별개의 섬이라는 데 대해 많은 의문이 있는 이상, 거기서 말하는 우산도가 지금의 독도에 해당한다고 단정하기는 곤란할 것이다"[38] 고 주장했다.

---

36) 위의 책, 1954년 9월 25일자 한국측 구상서, 《왕복 외교문서》, p. 80.

37) 위의 책.

38) 위의 책. pp. 140~141.

이에 대해, 한국 정부는 제3회 견해에서 "우산국을 울릉도로 하거나 울릉도를 우산국으로 한다 해도 그 어느 것도 울릉도 부근의 무인(無人) 소도(小島)가 우산국에 포함되어 있지 않았음을 말하는 것은 아니며, 일본측은 《세종실록》 지리지 중 하나의 주기를 인용하여 그로써 우산 무릉 두 섬을 울릉도로 했다고 견강부회하나, 본문에 '우산과 무릉 두 섬은 현의 정동쪽 바다 가운데 있어' '두 섬의 거리가 서로 멀지 않아 날이 맑으면 서로 바라볼 수 있다'고 하듯이, 다른 호칭의 두 섬으로 명백히 인지되고 있었다는 사실에는 조금도 의문의 여지가 없다"[39] 고 반박했다. 또한 "《증보 문헌비고》에 '《여지지》(輿地志) 에 이르기를, 울릉과 우산은 모두 우산국으로 우산은 왜(倭)가 말하는 송도라고 하였다'고 명기한 기술은 일본 정부의 곡해(曲解)를 일소(一掃) 할만한 것"[40] 이라고 주장했다.

위와 같이 우산도가 독도인가, 울릉도인가에 대해 근 10년에 걸쳐 한일 양국이 논쟁을 벌였으나 의견 차이는 조금도 좁혀지지 않았다.

다가와 코조(田川孝三)처럼, 후술하는 안용복 사건에 등장하는 '울릉도에서 북동쪽으로 희미하게 보이는 섬' 우산도가 비록 방위나 크기에서 오차가 있지만, 당시의 지리적 지식에서는 있을 수 있는 일로 보기도 하여 우산도를 독도로 보기도 하지만,[41] 대다수의 일본인 학자들은 우산도가 독도임을 증명하기 위해서는 보다 정확한 기록이 있어야 한다고 주장한다.

우산과 울릉이 한 섬이냐 별개의 섬이냐 하는 논란은 17세기 중엽부터 있었다. 1756년(영조 32년)에 저술된 신경준(申景濬)의 《강계고》(疆界考)는 1656년에 간행된 유형원의 《여지지》(輿地志)를 인용하여

39) 위의 책, 1959년 1월 7일자 한국측 구상서, 《왕복 외교문서》, pp. 189~190.

40) 위의 책, p. 190.

41) 田川孝三, "于山島について", 《竹島問題研究資料》, 10. 島根縣圖書館藏, 1953, p. 102.

다음과 같이 논하고 있다.[42]

> 내가 살피건대 《여지지》에 이르기를, '일설에 우산과 울릉은 본래 한 섬이라고 했으나, 여러 도지(圖志)를 상고하면 두 섬이다. 그 중 하나는 왜(倭)가 말하는 송도(松島)다'라고 했으니, 대체로 두 섬은 모두 다 우산국이다.[43]

그런데 신경준은 《동국문헌비고》(1770년, 영조 46년) 편찬사업에도 참여하여 《여지고》(輿地考)의 편찬을 담당했는데 《여지고》에서는 《여지지》의 기사를 다음과 같이 인용하고 있다.

> 《여지지》에 이르기를, '울릉과 우산은 모두 우산국의 땅이다. 우산은 왜(倭)가 이르는바 송도다'라고 하였다.[44]

송병기는 이와 같은 《강계고》에서 《여지고》에 이르는 기록의 변화를 우산이 곧 송도(현재의 독도)임을 간결하면서도 확실하게 밝힌 것으로 파악하고, 그동안 모호했던 울릉 우산의 위치가 17세기 중엽에 유형원의 《여지지》에 의해, 우산은 곧 송도로 매듭지어졌다고 주장했다.[45]

그러나 시모죠 마사오는 《여지지》에서 《강계고》를 거쳐 《여지고》에 이르는 울릉도와 우산도에 대한 지리적 지식의 심화를 오히려 원전의 개찬(改竄)이라고 주장하였다.[46] 나아가 그는 신경준이 이맹휴(李

---

42) 유형원의 《여지지》는 유실되어 현존하지 않는다. 2005년 발견된 《동국여지지》는 《강계고》에서 인용된 내용이 들어 있지 않아 유형원의 《여지지》와는 다른 본으로 보인다.

43) 원문은 "愚按輿地志云 一說于山鬱陵本一島 而考諸圖志 二島也 一則倭所謂松島 而盖二島 俱是于山國也".

44) 원문은 "輿地志云 鬱陵于山皆于山國地 于山則倭所謂松島也".

45) 송병기, 앞의 책, pp. 118~120.

46) 下條正男, "《竹島紀事》と《春官志》覺書", 《國際開發學研究》 第2卷 第4

孟休, 1713~1750)의 《춘관지》(春官志, 1745) 중에서 "'울릉도 쟁계'와 '안용복전'을 무비판적으로 인용했지만, 그것은 초록이라고 하기보다 표절이었다. 그뿐만 아니라 이맹휴가 우산도와 울릉도를 동도이명(同島異名)으로 한 분주(分註)는, 신경준에 의해 '우산도는 왜의 이른바 송도'라고 개찬되어, 후세를 곤혹스럽게 만들었다"[47] 고 하며 신경준의 기록 자체를 폄하했다.

그런데 최근에 17세기 말엽의 기록에 나타나는 우산도가 독도임을 주장하는 주목할 만한 연구가 나왔다. 유미림은 조선 후기 박세당(朴世堂, 1629~1703)의 《울릉도》와 장한상(張漢相, 1656~1724)의 《울릉도 사적》(蔚陵島事蹟)을 분석하여, 그들이 울릉도와 우산도를 분명히 구분하여 인식하였다고 주장했다.[48]

《울릉도 사적》은 삼척 영장(營將) 장한상이 안용복 사건 직후인 1694년 9월 19일부터 10월 3일까지 울릉도를 수색하고 남긴 기록이다. 거기에 '동쪽으로 바다를 바라보니 동남쪽에 섬 하나가 희미하게 있는데, 크기는 울릉도의 3분의 1이 안 되고, 거리는 300여 리에 지나지 않는다'[49] 고 나와 있다. 한국측은 이 '동남쪽에 희미하게 보이는 섬'을 독도라고 주장해 온 데 대해 일본측은 근거가 미약하다고 부인해왔다. 그런데 장한상과 동시대 인물인 박세당의 《울릉도》에 우산도에 관하여 다음과 같은 기사가 실려 있다(번역은 유미림에 따른다).

> 대개 두 섬이 여기[50]에서 그다지 멀지 않아 한 번 큰 바람이 불면 이를 수 있는 정도이다. 우산도(于山島)는 지세가 낮아 해기(海氣)

号, 2003, p. 79.

47) 위의 글, p. 81.

48) 유미림, 《〈울릉도〉와 〈울릉도 사적〉 역주 및 관련기록의 비교연구》, 한국해양수산개발원, 2007.

49) 원문은 "東望海中有一島杳在辰方 而其大未滿蔚島三分之一 不過三百餘里".

50) 영해(寧海) 지방을 이르는 것으로 추정된다.

가 매우 맑지 않거나 최고 정상에 오르지 않으면 보이지 않는다. 울릉이 조금 더 높다.[51]

유미림은 위 기사의 최고 정상의 시점(視點)을 울릉도의 정상으로 보고, 박세당이 날씨가 매우 맑거나 최고 정상에 오르지 않으면 우산도가 보이지 않는다고 한 사실에서 적어도 우산도가 울릉도 옆의 죽도(竹嶼島)나 관음도가 아니라는 것을 알 수 있으며, 울릉도를 다룬 종래의 문헌이 1도설과 2도설이 혼용되어 있음에 비해 장한상과 박세당의 글은 '울릉 · 우산'을 분명히 구분한다고 주장했다.[52]

확실히 《세종실록》 지리지(1432), 《고려사》 지리지(1451), 《신증 동국여지승람》(1530)의 우산(于山)에 관한 기록은 본문의 내용을 주기에서 부언하면서 결국 본문 내용의 신빙성을 떨어뜨리는 형식이 되어 있다. 《세종실록》 지리지, 《신증 동국여지승람》이 본문에서 우산 무릉(울릉도) 2도를 취하면서 주기에서 1도설을 들고, 《고려사》 지리지에서는 본문에서 울릉도 1도설을 취하면서 주기에서 우산 무릉 2도설을 들고 있다.

그러나 18세기에 조선과 일본 사이에 오늘날의 독도를 둘러싼 분쟁이 없어 신경준이 고의로 사료를 개찬할 만한 이유가 없고, 신경준의 《강계고》(1756)와 《여지고》(1770)에 기록상 차이가 있다면 당연히 지리적 지식이 심화되는 후반부의 기록이 보다 정확할 것이다. 더욱이 《강계고》와 《여지고》의 《여지지》 인용부분은 표현 형식은 다를지언정 그 내용에 있어서는 울릉과 우산을 별개의 섬으로 인식한다는 것은 분명하고, 그 중 우산도에 대해 일본에서는 송도라고 부른다고 하여 우산도가 오늘날의 독도임을 말해 주고 있다. 《여지지》의 '우산도=왜

51) 유미림, 앞의 책, p. 6. 원문은 "盖二島去此 不甚遠 一飄風可至 于山島勢卑 不因海氣極淸朗 不登最高頂 則不可見 鬱陵稍峻".

52) 유미림, 위의 책, pp. 102~103.

의 송도' 인식은 《강계고》, 《여지고》를 거쳐 《만기요람》(萬機要覽, 1808) 군정편(軍政篇)과 《증보 문헌비고》(1908)의 기록에도 그대로 계승되어 오늘에 이른다.

2) 석도(石島)는 독도인가, 관음도인가?

대한제국 정부는 1900년 10월 25일, 칙령 제41호 "울릉도를 울도(鬱島)로 개칭하고 도감(島監)을 군수(郡守)로 개정하는 건"을 발표했다. 칙령 제41호 제2조는 울도 군수의 관할 구역을 '울릉 전도와 죽도(竹島), 석도(石島)'로 했다. 한국측은 여기서의 죽도는 울릉도 부근에 있는 죽서도(竹嶼島)를 가리키고 석도는 독도를 가리킨다고 주장하면서 이 칙령으로 독도가 행정구역상 울도군의 관할 하에 놓여졌다고 주장한다.[53)]

한국 정부는 제1회 견해에서 독도가 현재의 이름으로 된 것에 대해 돌 또는 바위를 의미하는 경상도의 방언 '독'에서 돌섬 또는 바위섬을 의미하는 독도가 되었고, 그것이 이도(離島)를 의미하는 현재의 독도(獨島)의 발음과 같았기 때문에 한국인에 의해 독도라고 불리게 되었다고 주장했다.[54)]

독섬으로 불리던 섬이 칙령 제41호에서 석도로 실리게 된 경위에 대해서 송병기는, 울릉도 시찰위원(視察委員) 우용정(禹用鼎) 등이 1900년 5월부터 6월 중순까지 울릉도 상황을 조사하면서, 당시 전라남도 연해민들이나 도민들이 독도를 '독섬' 혹은 '돌섬'이라 부르는 것을 듣고, 이를 '석도'(石島)로 한역하여 울릉도 관제 개편안에 반영시켰다고 추론한다.[55)]

---

53) 《구한국관보 제7권(하)》, 아세아문화사, 1973, p. 1113; 국회사무처 법제예산실 편, 앞의 책, p. 35.

54) 앞의 책, 1953년 9월 9일자 한국측 구상서, 《왕복 외교문서》, p. 32.

이와 같이 한국의 학자들이 석도가 독도라는 것을 어원학적으로 찾고, 한국인의 언어 감각에서는 쉽게 납득이 가는 이러한 논리도 일본인은 이해하기가 어려운 것이 사실이다.

후나스기 리키노부(船杉力修)와 사사키 시게루(佐々木茂) 등은 2007년 5월 시마네현의 다케시마 문제연구회가 낸 최종보고서에서 칙령 제41호에서 이르는 죽도는 죽서(竹嶼)이며, 석도는 관음도로 보는 편이 타당하다고 주장한다.[56]

이에 반해, 오니시 토시테루(大西俊輝)는 석도를 관음도로 볼 수도 있지만, '울릉 전도(全島)'라는 문구가 있음에도 불구하고, 일부러 도명을 지적하여 행정관할 구역으로 포함시킬 만큼 관음도가 울릉도에서 지리적으로 떨어져 있지 않다는 것을 들어 석도가 독도임을 알 수 있다고 주장한다.[57]

한편, 쓰카모토 타카시(塚本孝)는 "울릉도의 해안 가까이에는 오늘날 관음도라 불리는 섬을 비롯하여 몇 개의 암초도인 '돌섬'이 있으므로 칙령에서 말하는 석도가 그 주변 암초도의 총칭 내지 그 대표격인 관음도가 아닌 독도라고 하기 위해서는 조금 더 증명이 필요하다고 생각한다. 또한 칙령에 있는 '석도'를 독도라 한다 해도 법령에서 울도군의 관할 구역으로 규정했다는 어구 하나만을 갖고 국제법상 독도가 한국의 영유가 되었다고 말할 수는 없다"[58] 고 주장한다.

55) 송병기, 앞의 책, pp. 165~202.

56) 佐々木茂, "領土編入に關わる諸問題と資・史料", 《竹島問題硏究會 最終報告書》, 2007, p. 58.

57) 오니시 토시테루 저, 권오엽, 권정 옮김, 《독도》, 제이앤씨, 2004, pp. 81~89.

58) 塚本孝, "竹島領有權問題の経緯", 〈調査と情報〉 244號, 1994, p. 5.

3) 한국과 일본 어느 쪽이 독도를 실제로 '경영'해왔는가

일본 정부는 제2회 견해에서 에도 초기 3대 장군 도쿠가와 이에미쓰(德川家光) 시대에 오야(大谷)와 무라카와(村川) 양가(兩家)가 다케시마(울릉도)를 막부로부터 배령하여 울릉도에 도항할 때 임시 정박지로 사용하는 등 실제로 경영한 역사적 사실이 있다고 했다.[59] 그리고 그 사실을 기록한 문헌으로 《은주시청합기》(隱州視聽合紀, 1667), 《오야 쿠에몽 수기》(大谷九右衛門手記, 1691), 《오야 쿠에몽 카쓰노부 청서》(大谷九右衛門勝信請書, 1681), 《죽도도설》(竹島圖說, 1750~1763), 《장생죽도기》(長生竹島記, 1801) 등을 들었다.

이에 대해 한국 정부는 오야(大谷), 무라카와(村川) 양가에 대한 막부의 '다케시마 도해면허'를 주인장(朱印狀)으로 간주, "주인(朱印)이라는 것이 외국과의 무역을 공인한 선원(船員)에 한해 발행된 증명서라는 것은 일본 사료에서도 명백히 나타난다. 이 사실만으로도 죽도(울릉도) 지역이 당시 한국의 주권 하에 있었다는 것을 스스로 인정하고 있었음을 확실히 알 수 있다"[60]고 주장했다. 또한 오야(大谷), 무라카와(村川) 양가는 "울릉도 방면의 먼 바다로 출어하는 허가를 얻은 것일 뿐 일본 정부가 주장하듯이 '울릉도를 지배하도록' 허가된 것은 아니었다"[61]고 반박했다.

이에 대해 일본 정부는 제3회 견해에서 "일본에 울릉도는 이미 1004년경에 '우루마 섬'으로 알려졌고 (《權記》), 1379년에는 일본인이 울릉도에 도항한 사실이 전해진다(《고려사》). 그러나 이 섬이 조선 초기에 완전히 공도화되어 조선 정부에 의해 사실상 방기되자 일본인의 왕래가 차차 늘어나, 임진왜란(1592) 후 약 백년에 걸쳐 완전히

59) 앞의 책, 1954년 2월 10일자 일본측 구상서, 《왕복 외교문서》, p.53.

60) 위의 책, p.83.

61) 위의 책, p.89.

일본인의 어채지(漁採地)가 되었다. 특히 1618년에는 호키(伯耆)국 요나고(米子)의 상인 오야 진키치(大谷甚吉)와 무라카와 이치베(村川市兵衛) 등이 번주인 마쓰다이라 신타로(松平新太郎)를 통해 다케시마(울릉도)로의 도해 면허를 받아 그 경영에 종사했다. 이 울릉도에 왕복하던 도중, 배가 들르던 곳으로서, 그리고 전복 등의 어채지(漁採地)로서 이용된 것이 당시 마쓰시마(松島)라는 이름으로 불리던 현재의 다케시마다. 이 섬에 대해 오야와 무라카와 양가가 울릉도와 마찬가지로 막부로부터 도해 면허를 받게 된 것은 1656년 또는 그 이전의 일이었다"[62] 라고 하여, "일본측은 적어도 1600년 후기에는 이를 숙지하고 있었다"[63] 고 주장했다.

또한 "오야, 무라카와 양가가 막부로부터 받은 것은 주인장이 아니다. 그것은 다케시마(울릉도)에 대한 도해면허라는 것으로, 양가는 그 면허에 기초하여 장군가의 문양을 한 선인(船印)을 세워 다케시마(울릉도)로 가서는 전복과 강치 등을 잡거나 목재의 벌채 등에 종사하였고, 특히 전복은 죽도의 전복이라고 하여 장군가를 비롯하여 중신들에게 헌상하기를 예사로이 했으니, 말하자면 이는 이 섬의 독점적 경영을 허가받은 것이었다. 이미 다케시마(울릉도)에 대해 이러한 이상, 그 도항 도중에 1656년 또는 그 이전에 똑같이 막부에서 도해를 허가받은 마쓰시마(지금의 독도)에 대하여 사람들이 일본 영토라고 생각하

---

62) 위의 책, p. 142. '다케시마 도해면허'의 발급 시기에 대해 이케우치 사토시(池內敏)는 쓰시마번 소 가(宗家) 사료에 보이는 무라카와(村川市兵衛) 배의 조선 표착에 관한 기록에서, 도해면허가 발급된 것은 1625년이라고 주장한다(池內敏, "竹島渡海と鳥取藩", 〈鳥取地域史研究〉 第1号, 1999, p. 32). 또한 나이토 세이츄는 외무성의 '마쓰시마 도해면허' 주장은 가와카미의 설로서 "기껏해야 '막부의 양해를 얻은' 정도의 실태를 가와카미가 과장한 것에 의한 잘못"으로, '마쓰시마 도해면허'는 존재하지 않는다고 지적한다(內藤正中・金柄烈, 《史的検証 竹島・獨島》, 岩波書店, 2007, pp. 14~15).

63) 위의 책, p. 143.

고 있었음은 말할 것도 없다"[64]고 주장했다.

일본 정부가 제2회 견해와 제3회 견해에서 언급했듯이, 조선 왕조는 왜구 대책과 조세 징수를 위해 1403년에 울릉도에 거주하는 자의 본토 이주를 명했고[65] 1417년에는 울릉도 도항을 금했다.[66] 그때부터 1882년 울릉도 개척령을 내려 이주를 권하게 되기까지 약 470년간 조선 왕조가 울릉도에 대해 '공광책'(空曠策) 또는 '공도정책'(空島政策)[67]을 취했기 때문에 울릉도는 오랫동안 조선 정부의 행정권이 미치지 않는 땅이 되었다.[68]

이에 대해 한국 정부는 "울릉도에 대한 '공광책'(空曠策)은 울릉도와 그 속도(屬島)인 독도에 대한 영유권과 행정권의 방기를 의미하지 않음은 명백하다. 일본 정부는 이른바 '공광책'에 대해 논박하고 있으나, 3년에 한 번씩 울릉도의 독도 지역에 한국 수토관이 파견되었던 것도 상기해야 한다"[69]고 반박했다.

---

64) 위의 책, pp. 144~145.

65) 《태종실록》, 태종 3년 8월 병진조.

66) 《태종실록》, 태종 17년 2월 을축조.

67) 신지현은 공도정책은 울릉도뿐만 아니라 중앙의 행정력이 미치기 어려운 지역에는 일관되게 실시되었다고 주장한다(신지현, "독도 영유에 관한 일연구: 신라로부터 조선 초기까지를 중심으로", 〈인천교육대학 논문집〉 22집, 1988년, pp. 95~126)

68) 태종 17년(1417)에 조선 정부는 김인우를 "武陵等處按撫使"에 임명, 군역을 피해 울릉도로 도망간 자들을 본토로 데려왔다. 섬에 간 김인우는 섬에 15호, 86명이 거주하고 있음을 확인하고 그 중 세 사람을 본토로 데리고 돌아왔다. 또한 세종 1년(1419), 세종 5년(1423), 세종 20년(1438)에는 조선 본토에서 부세를 피해 울릉도에 잠입한 백성을 조선 본토로 데리고 돌아오기도 했다. 그러나 정부의 공도정책에도 불구하고 울릉도에 가서 거주하는 자들이 끊이지 않았으므로 울릉도에 대한 조선 왕조의 공도정책이 철저했다고 말할 수는 없다. 자세한 것은 內藤正中, 앞의 책, pp. 18~23을 참조.

69) 앞의 책, 1954년 9월 25일자 한국측 구상서, 《왕복 외교문서》, pp. 89~90.

조선이 일본의 강압에 의해 1876년 2월 조일수호조규(강화도조약)를 체결하여 개국한 뒤로 삼림 벌채 등을 목적으로 하여 울릉도에 건너가는 일본인이 증가했다. 이에 대하여 당시 고종 황제는 1882년 4월 검찰사 이규원(李奎遠)을 울릉도에 파견하여 울릉도에 타국인이 함부로 왕래하는 일과 울릉도 가까이 있다고 하는 '송죽도'와 '우산도'(芋山島)에 대해 조사하도록 명했다.[70]

고종은 같은 해 6월, 이규원의 검찰 보고를 받은 후, 일본인이 울릉도에 '송도'라고 쓴 표목을 세운 것에 항의하는 공한을 하나부사 요시모토(花房義質) 주한 일본 공사(公使)와 일본 외무성에 보내라고 명하고,[71] 1883년 3월에는 김옥균을 '동남제도 개척사'(東南諸島開拓使)로 임명하는 등 종래의 공도정책(空島政策)을 폐기하고 울릉도 개척 정책으로 전환했다.[72] 한국측은 이런 사실과 김옥균의 직책이 '울릉도 개척사'가 아닌 '동남제도 개척사'라는 점을 들어 조선의 대응을 울릉도와 독도에 대한 행정권의 행사라고 주장했다.[73]

4) 안용복의 활동은 어디까지 사실인가?

앞에서 기술했듯이, 에도 막부는 울릉도가 조선령이라는 인식이 없는 채, 1625년, 오야와 무라카와 양가의 요청에 응해 "다케시마 도해면허"를 내주었다. 그때부터 양가에 의한 울릉도에서의 어로활동이 약 70년간 지속되었다. 그런데 1693년, 오야 가의 어부들이 울릉도에서 조선의 어부와 조우했을 때 그들은 안용복(安龍福)과 박어둔 두 사람을 '월경(越境)한 증인'으로 연행해 갔다. 이 사건은 조선과 일본이 울릉도

70) 《승정원일기》, 고종 19년 4월 7일조.

71) 《승정원일기》, 고종 19년 6월 5일조.

72) 《승정원일기》, 고종 20년 3월 16일조.

73) 김병렬 편, 《독도: 독도 자료총람》, 다다미디어, 1998, pp. 213~214.

의 영유권을 다투는, 이른바 '울릉도 쟁계'(다케시마 일건)로 발전해 갔다. 그리고 이 사건은 에도 막부가 울릉도가 조선령임을 인정하고 1696년 1월에 '다케시마 도해금지령'을 내림으로써 일단 매듭지어졌다.

그러나 일단 조선으로 돌아온 안용복이 같은 해 5월에 오키에 다시 나타났다. 돗토리번이 안용복의 내방(來訪)을 막부에 보고하자, 막부는 즉각 돌려보낼 것을 지시했다. 8월에 안용복 일행은 귀국하게 되었으나 당시는 조선도 쇄국정책을 취하던 중이었으므로 그들은 국외로 도항한 혐의로 처벌받게 되었다.

한국 정부는 제1회 견해와 제2회 견해에서 《숙종실록》과 《증보 문헌비고》의 상기 사건의 기술을 들어 "1696년에 안용복을 비롯한 조선의 어부는 울릉도와 독도에 가서 이 두 개의 섬이 조선령임을 알리고 일본 어선이 울릉도와 독도에 접근하지 않도록 강하게 경고했다"[74]고 주장했다.

이에 대해 일본 정부는 제2회 견해에서 "《숙종실록》의 기술은 비변사(備邊司)에서 이루어진 안용복의 진술에 의한 것으로 그 진술은 거짓말이다"[75]고 주장했다. 그리고 그 논거로 "안용복이 일본 어부들과 만났다고 하는 1696년 5월에는 막부로부터 이미 울릉도 도해를 금지하는 지령이 내려져 있었으므로 일본인은 도항하지 않았다"고 주장했다. 또한 제3회 견해에서는 안용복의 증언은 그가 "귀국 후 비변사에서 일방적으로 진술한 것에 지나지 않으며, 이를 일본측에 남겨진 상세한 안용복 도래에 관한 기록과 대조해 보면 그의 진술에는 허위가 많고, 자신의 행동을 과장되게 윤색했기 때문에 사실이 아닌 것이 분명하다. 뿐만 아니라 그가 어떤 언동을 했다 하더라도 일개 사인(私人)인 그의 언동은 한국이 독도 영유를 주장하는 근거로 하기에는 아

---

74) 앞의 책, 1953년 9월 9일자 한국측 구상서, 《왕복 외교문서》, p.33; 1954년 9월 25일자 한국측 구상서, 《왕복 외교문서》, p.82.

75) 위의 책, 1954년 2월 10일자 일본측 구상서, 《왕복 외교문서》, p.46.

무 도움이 되지 않는다"[76] 고 논박했다. 한국측은 《숙종실록》 권 30에 기재된 안용복의 기사를 사실(史實)에 비추어 비판적 고려 없이 인용하여 그가 울릉도와 독도 수역을 일본 어민의 침범으로부터 지켰다고 칭하고 있다[77] 고 주장했다.

이에 대해 한국 정부는 제 3회 견해에서 "안용복의 도일 담판사건은 우리나라의 많은 관찬과 사찬 기록에 분명할 뿐만 아니라, 일본측의 기록(《통항일람》(通航一覽))에도 나타나는 분명한 사실이며, 이것이 당시 일본 정부에 큰 충격을 주어, 결국 이로써 일본측이 자국민의 이 방면에의 출어를 금한 것은 분명한 사실이다. 이에 대해 일본측은 출어 금지 후에도 송도(독도)에의 도항에는 문제가 없었다고 한 문헌을 인용했으나 반복해서 말했듯이 이는 일종의 침구(侵寇) 행위에 지나지 않는다. 일본인이 이처럼 침구행위를 위한 기항지 내지 정박지로서 인간의 상주가 불가능한 작은 바위섬인 독도를 이용했다고 말함으로써 이 섬의 경영을 운운하는 것은 전혀 상궤(常軌)를 벗어난 논리 전개라 하지 않을 수 없다"[78] 고 비난했다.

그러자 일본 정부는 제 4회 견해에서, "한국측의 기록에 있는 안용복의 공술에 의하면, 안용복은 오키에서 호키로 향하면서 '울릉 자산양도 감세장'이라고 했다고 하지만(《증보 문헌비고》에는 '울릉 감세관'이라 칭했다고 기록되어 있다), 조선에 이런 관명은 없으며, 후에 그는 조선 정부로부터 어떤 위임도 받지 않았다", "《숙종실록》에 의하면 안용복은 최초로 도일했을 때(1693)에 '울릉·자산 등의 섬을 조선의 지계로 정한다'는 서계를 에도 막부로부터 받았으나 쓰시마의 번주가 그 서계를 빼앗았기 때문에, 두 번째 도일했을 때(1696) 이 일과 그

76) 위의 책, 1956년 9월 20일자 일본측 구상서, 《왕복 외교문서》, p. 143; 1959년 1월 7일자 일본측 구상서, 《왕복 외교문서》, pp. 241~242.

77) 위의 책, 1959년 1월 7일자 일본측 구상서, 《왕복 외교문서》, p. 143.

78) 위의 책, 1959년 1월 7일자 한국측 구상서, 《왕복 외교문서》, pp. 192~193.

밖의 다른 불법행위를 에도 막부에 진정하려 하자 일본측은 당혹하여 먼저 조선의 국경을 범한 일본인 15명(울릉도에서 안용복을 체포한 오야 가의 수대(手代) 등)을 처벌했다고 쓰고 있으나, 사실은 이 공술과 전혀 다르다", "한국 정부는 안용복의 도일 담판 사건이 당시 일본 정부에 큰 충격을 주어 이로써 일본이 자국민의 이 방면 출어를 금했다고 하지만, 안용복이 두 번째 도일에서 호키에 도착한 것은 1696년 6월 초이며 요나고의 오야와 무라카와 양가의 울릉도 도해금제(渡海禁制)가 쓰시마 번주와 호키 국주(國主)에 전해진 것은 이보다 전인 1696년 1월 28일이다"[79]는 점 등을 지적했다.

안용복의 활동에 관해서는, 한국측은 《조선왕조실록》의 기록을 토대로, 일본측은 돗토리번의 이케다(池田) 가(家) 문서, 《인부년표》(因府年表), 《죽도고》(竹島考) 등의 사료를 들어 쌍방의 주장을 전개해 왔다. 일본측의 사료는 돗토리번에 구속되어 있던 안용복을 어떻게 처우했는가, 그리고 요나고와 돗토리, 나가사키의 루트를 따라 송환시킨 일이 중심이다. 그에 대해 한국측의 사료는 안용복의 비변사에서의 진술에 바탕을 두고 있어 안용복의 족적도 오키, 호키, 에도 막부, 나가사키, 쓰시마로 되어있어 일본측의 기록과는 크게 차이가 난다.[80] 따라서 오키에서의 안용복의 활동에 대해서는 그 진위가 불분명한 점이 많았다. 그런데 2005년 5월, 안용복을 취조한 조서 "원록 9 병자년 조선배 착안 한 권의 각서"(元祿九丙子年朝鮮舟着岸一卷之覺書)가 시마네현 오키노시마의 무라카미(村上) 가(家)에서 발견되었다.[81] 이 문서는 오키 대관소(代官所)의 관리 나카세 단에몽(中瀨彈

79) 위의 책, 1962년 7월 13일자 일본측 구상서, 《왕복 외교문서》, pp. 241~242.

80) 內藤正中・朴炳涉, 《竹島=獨島論争－歴史資料から考える》, 新幹社, 2007. p. 62.

81) 〈山陰中央新報〉, 2006년 2월 15일. 원록 9년은 병자(丙子)년으로, 1696년

右衛門)이 안용복을 취조한 내용을 기록하여 이와미국(石見國=石州, 현재의 시마네현 서부) 관청(御用所)의 야마모토 세이에몽(山本清右衛門)에게 보고한 것이다. 발견되고서 약 1년 후인 2006년 2월에야 비로소 공개된 그 문서에는 안용복이 "울릉도와 같은 도(강원도) 안에 자산(子山)이라는 섬이 있다. 이를 송도라고 한다. 이 두 섬 모두 팔도지도(八道之圖)에 있다"고 주장한 사실이 기록되어 있어, 그가 죽도(울릉도)와 송도(독도)를 조선 영토라고 주장했다는 사실이 일본측 기록에 의해 다시 한 번 입증되었다.

5) 일본의 서북(西北) 한계(限界)는 어디인가?

《은주시청합기》(隱州視聽合紀)는 1667년에 마쓰에번(松江藩) 이즈모(出雲=雲州)의 번사(藩士)인 사이토 토요노부(齋藤豊宣)가 번의 명령으로 오키 섬을 순시했을 때 듣고 본 바를 채록(採錄)한 것이다.[82] 《은주시청합기》의 "국대기"(國代記)에 다음과 같은 기술이 있다.

> 은주(隱州)는 북해 가운데 있으므로 오키(隱岐) 섬이라고 한다. (중략) 서북간으로 이틀 낮 하룻밤을 가면 송도가 있고, 또 하루 일정에 죽도가 있다. 속설에 기죽도(磯竹島)에는 대나무와 어록(魚鹿)이 많다고 한다. 이 두 섬은 무인도로서 고려(高麗)를 보는 것이다.

82) 일본 문헌 가운데 독도에 관해 최초로 언급하고 있는 것은 《隱州視聽合紀》로 알려져 있으나, 이케우치 사토시(池內敏)는 1650년대 초엽의 것으로 추측되는 오야 가의 문서 안에 이미 '송도'라는 이름으로 독도가 등장하는 것을 들어 이를 부정하고 있다. 또한 《은주시청합기》의 저자도 여태까지 알려진 사이토 호센(齋藤豊仙)이 아니라 그의 부친인 사이토 토요노부(齋藤豊宣)임을 밝히고 있다(池內敏, 《大君外交と"武威"》, 名古屋大學出版會, 2006, pp. 258, 398).

> 이 마치 운주(雲州)에서 은주(隱州)를 바라보는 것과 같다. 그렇다면 일본의 서북부는 이 주(此州)를 한계로 한다.[83]

일본 정부는 1956년 9월 20일자 제3회 견해에서 '이 주를 한계로 한다'(以此州爲限矣)의 이 주(此州)가 죽도와 송도이며, 따라서 "죽도 및 송도를 일본의 서북부의 한계로 본다"[84] 고 해석했다. 이에 대해 한국 정부는 1959년 1월 7일자 제3회 견해에서 "은주(隱州)는 북해 가운데 있으므로 고려를 보는 것이 마치 운주(雲州)에서 은주를 바라보는 것과 같다. 그렇다면 일본의 서북부는 이 주(此州)를 한계로 한다"는 기술의 주체는 은주이며, 은주가 일본의 건지(乾地, 서북 한계)가 되어 있다고 반박했다. 또한 한국 정부는 위의 구절을 "송도(현재의 독도)와 죽도(현재의 울릉도) 이 두 섬에서 고려의 본토를 바라보는 거리 관계는 마치 운주에서 은주를 바라보는 것과 같다. 따라서 일본의 서북부는 이 주(此州=隱州)를 한계로 한다"는 해석을 취하여 일본측의 해석이 커다란 오류라고 지적하면서 "《은주시청합기》의 기술이야말로 정당한 견해라고 보지 않으면 안 된다"[85] 고 주장했다.

일본 정부는 1962년 7월 13일자 제4회 견해에서, 이 내용에 대해서는 언급하지 않고 "《은주시청합기》는 오키의 어부들이 실제로 보고 들은 것을 기록한 것이지만, 권 1에 '오키 섬 … 서북 방면으로 이틀

---

83) 원문은 "隱州在北海中故云隱岐島(中略)戌亥間行二日一夜有松島又一日程有竹島 俗言礒竹島多竹魚鹿 此二島無人之地 見高麗如自雲州望隱州 然則日本之乾地 以此州爲限矣" 가와카미(川上健三)는 이 구절을 울릉도의 옛 이름이 죽도였다는 증거로서 들고 있을 뿐 위의 구절 안의 "此二島無人之地 見高麗如自雲州望隱州然則日本之乾地以此州爲限矣"의 해석은 피하고 있다(川上健三, 앞의 책, p. 50).

84) 앞의 책, 1956년 9월 20일자 일본측 구상서, 《왕복 외교문서》, pp. 143~145.

85) 위의 책, 1959년 1월 7일자 한국측 구상서, 《왕복 외교문서》, pp. 191~192.

낮 하룻밤을 가면 송도(지금의 다케시마)가 있고 다시 하루 정도를 가면 죽도(지금의 울릉도)가 있으며 이 두 섬은 사람이 없는 무인도이다 …'고 적고 있다"[86] 고 말하는 데 그치면서 제 3회 견해보다 후퇴한 기술을 하고 있다.

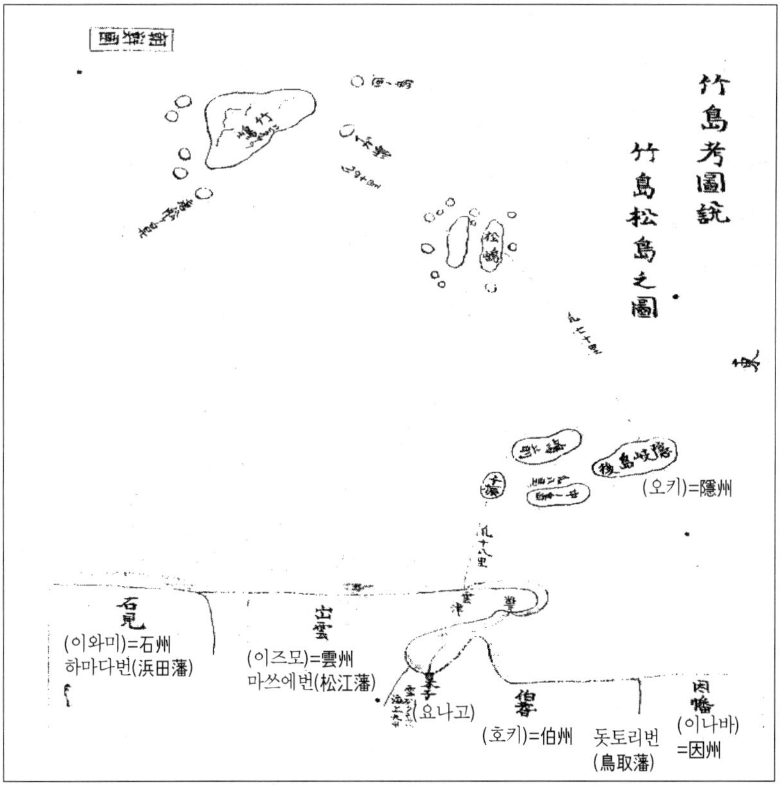

오카지마 마사요시 《죽도고》(1828년)의 다케시마·마쓰시마 지도(소장처: 돗토리 현립박물관)

86) 위의 책, 1962년 7월 13일자 일본측 구상서, 《왕복 외교문서》, pp. 236~237.

일본 정부는 논쟁을 피했으나, 그 후 한일 양국의 학자 간에 일본의 서북 한계를 울릉도로 보는 측과 오키로 보는 측 사이에 논쟁이 계속되고 있다.

다가와 코조(田川孝三)는 "《은주시청합기》의 기사는 오키 섬에서 동서남북, 각 방향을 따라 다다르는 땅을 일단 설명한 것이다. 이 《은주시청합기》를 모방하여 기술한 《오키국기》(隱岐國記, 1720)에 "… 예로부터 이를 기죽도(磯竹島)라고 한다. 대나무가 무성한 큰 섬이므로, 여기서 조선을 바라보면 은주에서 운주를 보는 것과 같으며, 지금은 조선인이 와서 살고 있다"고 하는 기술 및 나가쿠보 세키스이(長久保赤水)의 "일본 여지 노정전도"(日本輿地路程全図, 1775) 이후 에도시대에 간행된 같은 계통의 여러 지도에 송도와 죽도를 그려 넣고 죽도의 방주(傍註)에 "見高麗猶雲州望隱州 一曰磯竹島"라 기록하여, "고려를 보는 것이 운주에서 은주를 바라보는 것과 같다고 한 것은 죽도(울릉도)와 고려 본토와의 거리가 운주와 은주 간의 거리와 비슷하다는 것을 말한 것으로, 죽도(울릉도)가 일본의 서북 방향의 한계인 것으로 읽지 않으면 안 된다"[87] 고 주장했다. 마찬가지로 시모죠 마사오(下條正男)도 "오키 섬에서 볼 때 서북 사이에 있는 일본의 영토로서 송도(현재의 다케시마)와 죽도(현재의 울릉도)를 든 것으로, 그곳에서는 운주(이즈모)에서 은주(오키)가 보이듯이 고려(조선)가 보인다는 그 지리적 특성을 나타낸 것이다"[88] 고 주장한다.

그러나 이한기는 "見高麗如自雲州望隱州 然則日本之乾地 以此州爲限矣 "의 부분을 "이 두 섬에서 고려(한국) 본토를 바라보는 거리 관계가 마치 운주(雲州)에서 은주(隱州)를 망견하는 것과 같다. 따라서 일본의 서북부는 이 주를 한계로 한다"[89] 고 해석하고, 일본측이 이

87) 田川孝三, 앞의 책, pp. 41~43.

88) 下條正男, 《竹島は日韓どちらのものか》, p. 170.

89) 이한기, 앞의 책, p. 243.

를 오독(誤讀)하여 '앞의 두 섬'을 일본의 서북부의 한계로 한다고 한 것은 커다란 오류다고 주장했다. 송병기, 신용하 등 다른 한국학자의 견해도 다르지 않다.

한편, 오니시 토시테루(大西俊輝)는 한국측과 같은 해석을 하여, '이 주'를 오키국(隱岐國)으로 한다.[90] 이케우치 사토시(池內敏)도 《은주시청합기》에 등장하는 66개의 '주'(州)를 모두 '구니'(國)의 의미로 읽을 수 있다는 사실로부터 '이 주'를 '오키국'으로 읽을 수밖에 없다고 주장한다.[91] 다만, 오키국을 일본의 서북 한계라고 하더라도 울릉도와 독도가 조선의 영역에 속한다고는 어디에도 쓰여 있지 않으므로 이 사료를 독도의 귀속을 보여주는 역사적 근거로 사용하는 것은 한국과 일본 모두에게 적절하지 않다고 지적한다.[92]

6) 독도는 일본의 판도(版圖)안에 있었는가?

19세기 말, 일본에서 가마쿠라 막부 이래 700년 가까이 지속되어 온 무사정권이 종말을 고하고, 천황을 중심으로 하는 신정부가 수립됨에 따라 일본과 조선은 외교관계를 재구축할 필요가 있었다. 메이지 정부는 1869년 12월, 지금까지 쓰시마번이 행해 온 대(對)조선 외교를 중앙 정부로 이관하는 기초 준비와 조선의 사정을 내탐하기 위해 사다 하쿠보(佐田白茅), 모리야마 시게루(森山茂), 사이토 사카에(齋藤榮) 등에게 14개 항목의 조사사항을 지령하고 조선에 파견했다.[93]

---

90) 大西俊輝, 《續 日本海と竹島: 日韓領土問題》, 東洋出版, 2007; 大西俊輝, 《日本海と竹島: 日韓領土問題》, 東洋出版, 2003, p. 179.

91) 池內敏, 《大君外交と"武威"》, 名古屋大學出版會, 2006, p. 351,

92) 위의 책, p. 352.

93) 日本外務省調査部 編纂, 《大日本外交文書 第二卷 第三冊》, 日本國際協會, 1938, pp. 265~269 참조.

사다 하쿠보 등은 다음해 4월에 귀국하여 태정관과 외무대신에게 "조선국 교제 시말 내탐서"라는 조사 결과를 보고했다. 그 속에 "죽도와 송도가 조선에 부속하게 된 사정"이라는 제목으로 "이 건은, 송도는 죽도에 이웃한 섬으로 송도에 대해서는 지금까지 게재된 문서가 없고(후략)"[94] 라는 기술이 있다.

한국측은 일본 외무성과 태정관이 사다 하쿠보 일행을 조선에 파견했을 때 "죽도(현재의 울릉도)와 송도(현재의 독도)가 조선에 부속하게 된 사정"을 조사하도록 지시한 "조선 파견 관원에 대한 조사사항 지령에 관한 품의서 및 그에 대한 태정관의 결정"과 그 보고서인 "조선국 교제 시말 내탐서"가 그 시기에 일본 정부가 죽도와 송도를 조선의 영토로 인식한 명백한 실증 자료라고 주장했다.[95]

이에 대해 쓰카모토 타카시는 "죽도와 송도가 조선에 부속하게 된 사정"이 송도에 대해서는 "죽도에 이웃한 섬으로, 송도에 대해서는 지금까지 게재된 문서가 없고"라고 하고 울릉도에 대해서만 쓰고 있을 뿐, "죽도와 송도가 조선에 부속하게 된 사정"에 대해서는 쓰고 있지 않으며, 표제에 대해서는 사다 일행에게 미리 준 조사 사항의 하나라고 추측되지만 "조선 파견 관원에 대한 조사 사항 지령에 관한 품의서 및 그에 대한 태정관의 결정"과 외무성이 기안해서 태정관의 결재를 받은 "조선에 파견되는 자가 명심할 것을 전달하는 안"에는 그러한 조사 사항의 명목이 없어 상세한 것은 분명하지 않다고 반론한다.[96]

막부 말기에서 메이지 초기에 걸쳐 울릉도와 죽도에 대한 일본의 인식에는 심한 혼란이 생겼다. 여기에는 두 가지 이유가 있었다. 우선,

---

94) 外務省調査部 編纂, "外務省出仕佐田白茅等ノ朝鮮國交際始末內探書", 《大日本外交文書　第三卷》, 日本國際協會, 1938, p. 137.

95) 愼鏞廈 著, 韓誠 譯, 《史的解明　獨島(竹島)》, インター出版, 1997, pp. 97~100; 국회사무처 법제예산실 편, 《독도 문제》, 1996, pp. 31~32.

96) 塚本孝, "竹島領有權問題の経緯", p. 4.

지금까지 울릉도, 독도와 직접 관계가 있던 쓰시마번과 돗토리번 대신에 중앙 정부가 대(對)조선 관계를 맡게 됨으로써 구번(旧藩)과 막부의 이들 섬에 대한 지식이 신정부에 충분히 전달되지 않은 점, 울릉도와 죽도를 발견한 영국과 프랑스 선박의 위치 측량에 의한 유럽측의 부정확한 정보가 19세기 말에 구미와 접촉함으로써 들어온 점이다.

호리 카즈오(堀和生)는 메이지 정부가 지적(地籍)을 편찬하는 과정에서 울릉도와 독도에 관한 이런 혼란된 지식이 정리되어 가면서, 1877년 일본의 최고 국가기관인 태정관이 시마네현과 내무성이 상신(上申)해온 〈일본해 내 죽도 외 일도 지적 편찬 방사〉(日本海內竹島外一島地籍編纂方伺)에 기초하여 당시 울릉도와 독도 두 섬을 일본령이 아니라고 공적으로 선언함으로써 이들 섬 영유권의 귀속이 확정되어 독도가 조선의 판도로 인정되었다고 주장했다.[97] 그 경위에 대해서는 다음 장에 호리 카즈오 자신에 의해 자세히 밝혀져 있으므로 여기서는 생략하기로 한다.

한편 쓰카모토 타카시는 "1877년에는 우대신(右大臣)이 지적 편찬에 관해 주고받은 죽도(울릉도) 외 일도(송도, 현재의 독도)를 '본방(本邦)과 관계없음을 알 것'으로 지시한 적도 있었다(《태정유전》(太政類典) 2편 96권 19)."[98]고 인정하면서도, "1905년의 영토편입은 역사적 권원을 갖는 섬에 대해 국제법상 영유권을 확실히 한 것으로 설명된다. 이 시점에 일본 영토가 아니었다 해도 일본은 선점에 의해 유효하게 영유권을 취득한 것이다"[99]고 주장한다.

한편 고유영토로서의 인지와 판도 논란에 있어서는 고지도 등에 독

---

97) 堀和生, 앞의 글, pp. 103~104; 太政官 編, 《公文錄》, 1877, 內務省之部參照.

98) 塚本孝, "竹島領有權紛爭が問う日本の姿勢", 《中央公論》, 2004. 10, p. 118.

99) 위의 책.

도가 어떻게 표시되어 있는가가 논의의 한 축이 되어왔다.

그러나 근대 이전의 지도는 관찬 사찬을 불문하고 어느 것도 독도/다케시마를 정확히 그린 것은 없다. 지리학적 지식이 부족했던 당시로서는 어쩔 수 없는 한계이기도 하다. 또한 지도상에 그려져 있다 하더라도 그것만으로 근대 국제법 질서 하에서 섬의 영속을 주장할 수는 없다. 지금까지의 국제사법재판소의 판례로 보면 지도는 하나의 정보에 지나지 않으며 지도의 존재만으로는 영역의 권원을 구성하는 것이 불가능하다.[100] 지도가 '공문서'의 일부가 되는 등의 분명한 경우를 제외하면, 지도는 재판부의 사실판단에 채용될지 어떨지 의심스러운 증거의 하나에 지나지 않는 것이다.

4. 국제법적 견해를 둘러싼 쟁점

1) 1905년 시마네현 편입과 실효적 지배를 둘러싼 문제

1904년 9월 29일, 시마네현의 기업가인 나카이 요자부로(中井養三郎)가 내무, 외무, 농상무 세 대신 앞으로 "량코 섬 영토편입 및 대하원"을 제출했다.

이러한 나카이 요자부로의 출원을 받은 일본 정부는 시마네현의 의견을 물었다. 시마네현은 이 섬을 "오키 섬의 소관으로 하는 데 이의 없음"과 예로부터 '다케시마'로 알려진 울릉도가 1880년 이래 '마쓰시

100) Case Concerning Sovereignty over Pulau Ligitan and Pulau Sipadan (Indonesia/ Malaysia), Judgment of 17 December 2002 - General List No. 102, para. 88; Frontier Dispute (Burkina Faso/Republic of Mali), Judgment, I. C. J Reports 1986, p. 582, para. 54; Kasikili/Sedudu Island (Botswana/Namibia), Judgment, I. C. J. Reports 1999 (II), p. 1098, para. 84.

마'가 되었기 때문에, 예로부터 '마쓰시마'로 불린 작은 섬은 "다케시마로 명명하는 것이 적당하다"는 의견을 상신했다.[101] 일본 정부는 이런 의견에 근거하여 1905년 1월 28일 다케시마의 영토편입을 각의 결정했다. 각의결정을 받아 내무대신 요시카와 아키마사(芳川顯正)는 2월 15일, 시마네현 지사에게 고시를 훈령하였고 마쓰나가 타케요시(松永武吉) 시마네현 지사는 2월 22일자 시마네현 고시 제40호로 "북위 37도 9분 30초, 동경 131도 55분, 오키 섬에서 서북 85리 떨어진 도서를 다케시마로 칭하며 이제 본현 소속 오키 도사(島司)의 소관으로 정한다"고 고시했다.[102]

그러나 한국측은 일본 정부가 독도를 시마네현에 편입한 과정에 대해 다음과 같이 주장한다. 즉, 1904년 러일전쟁 직후, 시마네현의 나카이 요자부로가 독도에서의 강치잡이 독점권을 한국 정부로부터 얻기 위해 일본의 농상무성에 그에 대한 교섭을 요청했다. 즉 나카이 요자부로가 독도를 "조선 영토로 생각하여 1904년 동경의 농상무성에 가서 다케시마에 대해 설명하고, 같은 해 9월 25일, 내무성에 청원하여 조선 정부로부터 대하 허가를 받도록"[103] 했을 때, 일본 해군성 수로부장이 나카이를 불러 한국 정부에 대하원을 내지 말고 일본 정부에 신청하도록 종용했다고 주장한다.

이는 한국 정부가 시마네현 교육회가 편집한《시마네현지(縣誌)》(1923)의 제5장 "다케시마 연혁고"의 기사에 근거하여 주장한 것이다. 이에 대해 일본 정부는 이 기사가 "《시마네현지》편집자의 오해의 결과"이며 "당시의 다케시마가 현재의 다케시마가 아니라 울릉도라는 사

101) 위의 책, pp.46~49.

102) 위의 책, p.21; 內藤正中,《島根縣の歷史》, 山川出版社, 1969, pp.160~161, 田村淸三郞, 앞의 책, pp.51~52;《島根縣歷史大年表》, 鄕土出版社, 2001, p.465.

103) 앞의 책, 1953년 9월 9일자 한국측 구상서,《왕복 외교문서》, p.36.

실을 몰랐던 무지의 결과"라고 주장했다.[104)]

한국측의 다른 주장을 요약하자면 다음과 같다. 일본 정부는 러일전쟁 개전 전인 1903년 12월 30일, 이미 "대러(對露) 교섭이 결렬될 때 일본이 취해야 할 대청한(對淸韓) 방침"으로 "한국을 어떤 경우에도 실력으로 우리의 권세 아래 두지 않아서는 안 된다"[105)] 고 각의 결정했다. 또한 1904년의 한일의정서로 인해 일본 정부는 사실상의 군사지배를 조선 전역에서 전개하고 있었으나, 나카이 요자부로의 개인적 생각과는 전혀 별개로 러일전쟁 수행이라는 전략적 입장에서 독도에 대한 새로운 이용가치를 발견하게 되었다. 특히 일본 해군은 독도가 한국 영토라는 것을 알고 있었으나 해군의 감시 망루를 설치하기 위해 독도를 침탈하려 한 것이다. 따라서 일본 정부는 1905년 1월 28일에 나카이의 청원서를 승인하는 형태로 독도를 일본 영토로 편입하는 각의 결정을 내렸고, 시마네현은 같은 해 2월 22일 현고시 제 40호로 독도를 일본 영토로 편입했다. 요컨대 이 영토편입 조치는 오히려 독도가 그 시점까지 일본의 행정관할에 속해 있지 않았음을 반증하는 것이라고 주장했다.[106)]

또한 한국측은 나카이가 한국 정부로부터 독도를 대여받기 위해 운동했거나 운동하려 했던 것은 일본이 독도를 시마네현에 편입하기 1년 전의 일이며, 이즈음 일본인이 독도를 한국 영토라고 믿고 있던 것은 독도가 본래 한국 영토라는 명백한 증거라고 주장했다.[107)]

이에 대해 일본측은 "다케시마의 편입조치는 지금까지 일본 영토로 역사적으로 믿고 있던 소속 미정의 다케시마를 근대 국제법의 형식에

---

104) 위의 책, 1954년 2월 10일자 일본측 구상서, 《왕복 외교문서》, p. 49.

105) 外務省 編, 《日本外交年表竝主要文書 1840~1945(上)》, 原書房, 1955, p. 219.

106) 앞의 책, 1959년 1월 7일자 한국측 구상서, 《왕복 외교문서》, p. 194.

107) 위의 책, 1954년 9월 25일자 한국측 구상서, 《왕복 외교문서》, p. 85.

따라 영유의사를 확인하여 공시한 것으로, 각의결정을 거쳐 부현(府縣)이 공시하는 것은 당시 일본의 관행(1898년의 미나미 토리시마(南鳥島)[108]의 예 등)을 따른 적법한 편입 조치였고, 편입 당시도 그 이전에도 다케시마가 한국 영토였던 적은 없으며 국제법상 일반적으로 조약상 특별 의무를 지는 경우(예를 들어, 콩고지역에 관한 1885년 베를린 의정서)를 빼고는, 영토 취득을 타국에 통고할 의무는 국제법상 없으며 통고는 선점의 요건이 아니다"[109]고 반박했다.

2) 1906년 울도 군수 심흥택의 내부(內部) 보고

대한제국이 일본의 독도침탈을 처음 인지한 것은 1906년 3월 28일, 시마네현의 지방관이 울릉도에 들러 심흥택 군수에게 영토편입 사실을 구두로 통고했을 때이다. 다음날 심흥택이 "본군 소속 독도가 일본에 편입되었다고 하는 것을 들었다"[110]고 강원도 관찰사를 통해 내부에 보고했다. 내부대신은 "독도를 일본의 속지(屬地)라고 하는 것은 전혀 이치에 맞지 않는 것으로 아연실색할 일이다"[111]고 경악했다. 그리고 참정대신 박제순(朴齊純)은 1906년 4월 29일(음력) 지령 제3호에서 "독도가 일본의 영토라고 하는 것은 전혀 근거가 없는 것으로 독도의 상황과 일본인이 어떤 행동을 하고 있는가에 대해 조사하여 보고할 것"을 지시했다. 이처럼 대한제국 정부는 독도침탈 사실을 알자마자

108) 일본 본토에서 1,800 km 떨어진 일본의 최동단의 섬으로, 오가사와라(小笠原) 제도(諸島)의 일부를 이루고 있다. 영어권에서는 Marcus Island라고 한다.

109) 앞의 책, 1956년 9월 20일자 일본측 구상서, 《왕복 외교문서》, p.150; 1962년 7월 13일 일본측 구상서, 《왕복 외교문서》, p.246.

110) 위의 책, 1953년 9월 9일자 한국측 구상서, 《왕복 외교문서》, p.33.

111) 신용하, "독도에 대한 일본의 1905년 이른바 영토편입의 불법성과 불성립", 《독도 영유의 역사와 국제관계》, 독도연구보전협회, 1997, pp.148~149.

즉각 반론했다고 한국측은 주장했다.

이에 대해 일본측은 "진자이 요시타로(神西由太郎) 시마네현 제3부장을 장으로 하는 40여명의 조사단이 다케시마의 조사를 끝내고 돌아가는 길에 울릉도에 들러 심흥택을 만나 다케시마에서 잡은 강치를 선물했다. 그때 심흥택은 진자이(神西)의 방문과 선물에 감사의 뜻을 표했다. 만약 군수가 다케시마를 울릉도의 부속도서로 생각하고 있었다면 진자이(神西)를 그처럼 응접했을 리가 없다. 또한 한국 정부는 강원도에도 조사하도록 지령했을 뿐 일본 정부에 항의한 기록은 없다"[112]고 반론한다.

일본측의 반론에 대해 한국측은 1905년 11월 17일에 제2차 한일협약이 체결되어 대한제국이 일본의 피보호국이 됨으로써 외교권을 완전히 박탈한 후였기 때문에 항의하는 외교문서를 일본 정부에 전달할 수 없었던 것뿐이라고 주장한다. 또한 "진자이가 심흥택에게 강치 한 마리를 선물했다는 등의 일본 주장은 사실무근이며, '군수가 … 진자이를 그렇게 응접했을 리가 없다'고 하는 일본 정부의 주장은 조작에 지나지 않는다. 진자이 등이 불법으로 한국 영토에 상륙해서 조사 등을 자행할 수 있었던 것은 진자이 일행이 울릉도를 방문하기 1개월 전인 1906년 2월에 일본 제국의 통감부가 설치되고 조선이 그 지배하에 있었기 때문이다"[113]고 주장한다.

3) 국제사법재판소 제소 문제

일본 외무성은 독도 문제에 관한 제1회 견해를 한국에 송부한 약 1개월 후인 1953년 8월, 아시아국 제2과가 '다케시마 문제 처리방침'을 기안한다. 외무성은 덴마크와 노르웨이 사이의 동부 그린란드 사건 등

---

112) 앞의 책, 1954년 2월 10일자 일본측 구상서, 《왕복 외교문서》, p.48.

113) 앞의 책, 1954년 9월 25일자 한국측 구상서, 《왕복 외교문서》, p.84.

의 예와 같이 국제사법재판소에 제소할 것을 검토하고 이의 "실행에 있어서는 한국의 반응 및 국제 정세를 충분히 살펴본 뒤에 적당한 시기를 고르는 것이 필요"[114]하다고 판단하였다.

또한 1954년 6월 3일, 일본 외무성은 독도 문제에 대한 관계 성청회의에서 "국제사법재판소 제소도 생각할 수 있지만, 국제사법재판소 제소에는 한국측의 합의가 필요하다"고 발언하고, 같은 해 9월 8일 참의원 외무위원회에서도 아키야마 슌이치로(秋山俊一郎) 외무 정무차관은 "국제사법재판소 제소는 미결정"이라고 답변하였다. 그러나 9월 24일에 이르러 일본 정부는 각의에서 독도 문제를 국제사법재판소에 제소할 방침을 결정한다[115]. 다음 날, 25일 오쿠무라 카쓰조(奥村勝藏) 외무차관은 김용식 주일공사를 외무성으로 불러 독도 문제를 국제사법재판소에 제소할 것에 대하여 한국 정부의 동의를 구하는 구상서를 전달했다.[116] 그러나 약 1개월 후인 10월 28일, 한국 정부는 "독도 문제를 국제사법재판소에 제소하려는 일본 정부의 제안을 거부한다. 그러나 독도가 한국 영토의 불가분의 일부임을 일본 정부가 납득할 때까지 어떤 의문에도 회답할 용의가 있다"는 구상서를 전달했다.[117]

그러나 일본측은, 1962년 3월의 한일 외상회담, 9월 3일의 제6차 한일회담의 정치회담 예비교섭에서도 국제사법재판소 제소에 응해줄 것을 요청했다.[118] 11월 12일의 제2회 김종필·오히라 회담에서도 일본측은 서면으로 "'국교 정상화 후에 이 건의 국제사법재판소에의 제소에 응한다'는 것만은 반드시 미리 약속받고 싶다. 더구나 영토 분쟁 등에 관한 이런 종류의 재판이 선례에서도 분명하듯이, 제소에서 판결

114) "XV 竹島問題", pp. 184~185.

115) 위의 문서, p. 186.

116) 위의 문서.

117) 위의 문서, pp. 189~194.

118) 위의 문서, pp. 207~208.

까지 적어도 2년 내외가 걸리므로, 독도에 관한 판결이 내려지는 것도 국교 정상화 후 상당기간이 경과하고 나서의 일이다. 당분간 쌍방의 국민감정을 자극할 염려는 없다는 사실을 알았으면 한다"[119] 고 주장했다. 이에 대하여 김종필 부장은 "제3국의 조정(調停)에 맡기기를 희망한다. 제3국이 한일관계를 고려하면서 조정의 타이밍과 내용을 탄력적으로 처리하는 것이 가능할 것이다"[120] 라고 말하며, 일본측의 요구를 물리쳤다. 그 후 일본측은 12월 중순에 한국측에 제시한 문서 안에서 양국의 주장을 절충한 타협안을 내놓고, 이로써 문제가 해결되지 않을 경우에는 이 문제를 국제사법재판소에 부탁하기로 제안했으나, 한국측은 12월 21일, 예비교섭 제20회 회합에서 "제3국에 의한 거중조정 이외에 적당한 방법은 생각할 수 없다"[121] 며 이를 거절했다.

일본측이 독도의 영유권 문제를 국제사법재판소에 부탁할 것을 집요하게 제안한 것은 한국의 실효지배에 대한 "장기간 저지적(沮止的) 가치를 보유한다"[122] 고 생각하기 때문이다. 또한 일본에서는 한국이 사법적 해결에 응하지 않으려는 것은 한국에 승산이 없고 불리하기 때문이라는 해석이 주류를 이룬다.[123]

4) 독도 영유권 문제에 관한 '결정적 기일'

국제법적으로 영역 분쟁을 해결하기 위해서는, '결정적 기일'(*critical date*), 즉 "당사국 사이에 분쟁이 발생하거나 영역 주권의 귀속이 결정적으로 되었다고 인정되는 시기"[124] 의 확정이 중요하다. 국제사법재판

---

119) 위의 문서, pp. 209~210.

120) 위의 문서, p. 212.

121) 위의 문서, p. 213.

122) 皆川洸, "竹島紛爭と國際判例", 《前原光雄教授還曆記念: 國際法學の諸問題》, 慶応通信, 1963, pp. 347~371.

123) 入江啓四郎, 《領土・基地》, 三一新書, 1959, p. 24.

소는 부탁된 분쟁에 대해 영역 권원 취득과 관련된 사실을 인정하기 위한 기준으로 결정적 기일을 정해, 원칙으로서 그 이전에 존재한 사실 또는 행위에 한하여 영역주권의 근거가 되는 사실의 증거력으로 인정한다. 그리고 결정적 기일 이후, 분쟁 당사국이 자신의 입장을 유리하게 만들기 위해 행한 행위에 대해서는 그 증거력을 인정하지 않는다.[125]

독도의 영유권 문제에서 결정적 기일이 어느 시점인가에 대해서는 한일 양국의 학자 간에도 의견이 분분하다. 미나가와 타케시(皆川洸)는 한일 간에 영토 분쟁이 일어난 것은 1952년 1월 18일 한국측이 "인접 해양에 대한 주권선언"을 하고 이에 일본이 정식으로 항의한 1952년 1월 28일이며, 따라서 이 날이 결정적 기일이라고 주장했다.[126]

이에 대해 이한기(李漢基)는 독도 영유권 문제에는 다섯 가지의 결정적 기일이 있을 수 있다고 지적했다.[127] 이한기는 그 다섯 개의 가능성 중에서 일본이 국제사법재판소 부탁을 제의한 1954년 9월 25일이 가장 타당할 것이라고 하면서도 "결정적 기일 이후의 제 사실(*post-critical materials*)도 그 이전의 지위를 증명하는 증거로서 무시해서는 안 된다. 그런 사실 역시 그 사실로서 결정적 기일이다"[128]고 주장했다. 이와 같이 양국 학자 간에는 의견 대립이 보인다.

지금까지 국제사법재판소의 판례에 한해 보더라도 팔마스 섬 사건

---

124) 山本草二, 《國際法(新版)》, 有斐閣, 1996, p. 281.

125) 위의 책, p. 282.

126) 皆川洸, 앞의 글, p. 354.

127) 이한기, 앞의 책, pp. 183~192. 이한기는 일본 정부가 독도를 편입했다고 주장하는 1905년 2월 22일, 대일평화조약이 체결된 1951년 9월 8일, 한국측의 '인접 해양에 대한 주권 선언'에 대해 일본으로부터 정식 항의가 있던 1952년 1월 28일, 일본이 국제사법재판소에 부탁을 제의한 1954년 9월 25일 그리고 장래 국제사법재판소에 정식으로 부탁되는 날이 결정적 기일이 될 수 있다고 지적한다.

128) 위의 책, p. 191.

과 동부 그린란드 사건에서는 결정적 기일이 명확하게 설정되었으나 망키에·에크레오 사건에서는 부분적으로 밖에 설정되지 않는 등, 결정적 기일을 인정하는 방법은 국제법상 아직 명확히 확립되어 있지 않다. 이에 대하여 하연수(河錬洙)는 "일본이 독도에 대한 영역 권원으로서 '선점'을 주장한다면, 동부 그린란드 사건과 같이 선점을 행했다고 하는 1905년 당시 독도가 무주지였는가 하는 문제가 중요하며, 이 시점이 결정적 기일로 설정될 지도 모른다. 그러나 1962년 7월 13일자의 일본 정부 견해에서도 보이듯이 일본이 최종적으로 '원시적 권원의 존재와 상대적으로 강한 실효적 지배·점유에 의한 영토권의 성립'을 주장한다면 망키에·에크레오 사건과 같이 결정적 기일을 특정하기는 곤란할 것이다"[129] 고 지적한다.

5. 태평양전쟁에서 한일기본조약에 이르는 일련의 조치의 해석을 둘러싼 대립

1) 카이로 선언과 포츠담 선언

1943년 11월 27일, 미·영·중 3개국 수뇌가 서명한 카이로 선언은 일본이 "폭력 및 탐욕으로 일본이 약취한 일체의 지역으로부터 구축(驅逐)되어야 한다"고 하였고, 또한 "한국인이 노예상태임에 유의하여 한국을 자유롭고 독립된 국가로 할 결의를 다진다"고 했다.

또한 1945년 7월 26일의 포츠담 선언은 제 8항에서 "카이로 선언의 조항은 이행되어야 하며, 또한 일본의 주권은 혼슈(本州), 홋카이도(北海道), 규슈(九州) 및 시코쿠(四國)와 연합국이 결정하는 작은 섬

---

129) 河錬洙, "竹島紛争再考: 領域權原をめぐる國際法の觀点から", 〈龍谷大學大學院法學研究〉 第32卷 第2号, 1999, pp. 265~266.

들에 국한될 것이다"고 하였다. 1945년 8월 15일, 일본은 포츠담 선언을 수락하여 연합국에 항복, 이를 법적으로 확정한 같은 해 9월 2일의 항복문서에 서명했다. 이처럼 일본의 작은 섬 중에 어느 것이 일본으로부터 분리되는지의 결정은 연합국의 판단에 위임되었다.

이에 대한 한국측의 주장은 다음과 같다. 연합국 최초의 기본 방침은 확실히 일본 영토를 청일전쟁 이전의 상태로 돌리고자 한 것이며, 1905년 일본이 한국 정부에 외교고문을 파견, 재정고문과 경찰고문까지 파견해 두고 시마네현 고시라는 일개 지방 자치단체의 고시로 편입시킨 독도는 말할 것도 없이 "폭력 및 탐욕에 의해 약취한 지역"[130]이다. 따라서 일본은 이러한 지역에서 "구축되어야 한다"는 것이다.

그러나 일본은 독도는 원래 조선 영토가 아니며, 전후 일본이 반환한 지역은 1910년 8월의 한일 병합조약 당시의 한국 영토이며 그 전인 1905년에 일본 영토에 편입된 지역이 아니라는 점, 그리고 독도는 '폭력 및 탐욕에 의해 일본이 약취한 지역'으로서 일본에서 분리되어야 하는 지역이 아니라고 주장한다.[131]

2) SCAPIN 677호 및 1033호

연합군 최고사령관 총사령부(이하, GHQ)는 1946년 1월 29일자 SCAPIN 677 "약간의 외곽 지역을 일본으로부터 정치상 및 행정상 분리하는 것에 관한 각서"를 발행하여 일본 정부에게 '일본 국외의 모든 지역'에 대한 정치상·행정상의 권력 행사를 정지하도록 지령했다. 이 지령의 제 3항에서 일본 영토는 "홋카이도(北海道), 혼슈(本州), 규슈(九州) 및 시코쿠(四國)와 북위 30도 이상의 류큐(琉球) 제도(諸島)와 쓰시마를 포함한 약 1000여 개의 인접 제 소도로 구성된다"고 정의

130) 앞의 책, 1959년 1월 7일자 한국측 구상서, 《왕복 외교문서》, p. 198.
131) 위의 책, 1956년 9월 20일자 일본측 구상서, 《왕복 외교문서》, p. 153.

했다. 그리고 여기서 인접하는 제 소도에 포함되지 않는 지역에 '울릉도와 독도, 제주도'가 명기되었다. 따라서 한국은 SCAPIN 677에 의해 독도가 주한 미군정 당국에 이관되어 1948년 8월 15일 대한민국 정부의 수립과 함께 자동적으로 독도를 포함하는 전 영토가 반환되었다고 주장한다.[132] 또한 한국은 GHQ가 1946년 6월 22일 SCAPIN 1033 "일본의 어업 및 포경업 허가 구역에 관한 각서"에서 일본의 선박 및 국민이 독도의 주변 12해리 이내에 접근하거나 독도에 접근하는 것을 금했다. 이는 독도가 한국 영토이기 때문에 일본 어부와 선박이 접근할 수 없도록 선포한 것이라고 주장한다.[133]

이에 대해 일본측은 SCAPIN 677은 GHQ의 권한에 비추어 볼 때 일본 영토에 대한 규정이 아닌 행정상의 임시 조치임이 명백하고, 이 지령에서도 "이 지령 중의 조항 어느 것도 포츠담 선언의 제8항에 있는 제 소도의 최종 결정에 대한 연합국측의 정책을 나타내는 것으로 해석해서는 안 된다"고 기술하고 있다. 마찬가지로 SCAPIN 1033의 제5항에서도 "이 허가가 해당구역 또는 그 외의 어떤 구역에 대해서도 국가 관할권, 국경선 또는 어업권에 대한 최종적인 결정에 관한 연합국의 정책을 표명한 것이 아니다"[134] 고 말하고 있다고 반박했다.

3) 대일평화조약 제2조 (a)항

대일평화조약의 성립과정에서 독도의 귀속문제는 조약안 제1차 초안부터 1949년 11월의 제5차 초안까지는 한국영토로서 명기되어 있다가 12월의 6차 초안부터는 일본의 영토로, 1951년 들어 미국과 영국

---

132) 위의 책, 1953년 9월 9일자 한국측 구상서, 《왕복 외교문서》, p. 38.

133) 위의 책.

134) 위의 책, 1953년 7월 13일자 일본측 구상서, 《왕복 외교문서》, pp. 17~18; 1956년 9월 20일자 일본측 구상서, 《왕복 외교문서》, pp. 151~152.

이 공동초안을 작성하는 과정부터는 독도가 조약안에서 빠져, 최종적으로는 대일평화조약 제2조 (a)항에 "일본은 조선의 독립을 승인하여 제주도, 거문도 및 울릉도를 포함한 조선에 대한 모든 권리와 권원 및 청구권을 포기한다"고 결정되었다.135)

일본은 대일평화조약 제2조 (a)항에 독도가 빠져 있고, 대일평화조약으로 일본이 한국의 독립을 승인했으나 합병 이전의 일본 영토를 한국에 양도한다는 내용은 조약에 전혀 없으며, 따라서 독도가 일본 영토라는 점은 의심의 여지가 없다고 주장한다.136)

이에 대해 한국측은 제2조 (a)가 일본에서 분리되는 모든 도서를 열거한 것이 아니라는 것은 한국의 도서가 제주도, 거문도, 울릉도뿐만이 아니라는 사실에 비추어보아도 명백하며, 또한 그런 논리에서 독도를 일본 영토라고 한다면 한국의 제주도와 거문도, 울릉도 이외의 모든 섬에 대해 영유권을 주장할 것인가137) 하고 반문하였다. 또한 SCAPIN 677이 독도를 한국 영토라고 규정한 사실을 대일평화조약이 부정하려면 명시적 규정이 필요하지만 이 조약에는 그런 규정이 없다고 주장한다.138)

한편 일본측은 1951년 7월 한국의 주미 대사가 대일평화조약 개정 영미(英美) 초안 제2조 (a)항에 대한 한국의 수정요구를 미국 국무장관 앞으로 제출했으나, 미국 국무성이 수정요구를 거부한 것으로 볼 때 SCAPIN 677에 의한 분리와 모순되는 규정이 없는 이상, 평화조약 체결 당시의 현실이 그대로 확정된다고 한 한국의 주장은 틀린 것이며, 또한 거꾸로 평화조약상으로 독도는 일본이 소유한 섬으로 확정되었다고 반박한다.

135) 졸저, 앞의 책, pp. 72~80.

136) 앞의 책, 1953년 7월 13일자 일본측 구상서, 《왕복 외교문서》, p. 19.

137) 위의 책, 1953년 9월 9일자 한국측 구상서, 《왕복 외교문서》, p. 39.

138) 위의 책, p. 38.

또한 일본측은 1952년 2월 28일 조인된 미일안보조약의 제3조에 따른 행정협정에 의해 미일합동위원회의 미일 대표 간에 결정된 1952년 7월 26일의 "시설과 지역의 군사적 사용에 관한 결정"에 의해 독도가 미 공군의 사격 연습장으로 사용되었고, 1953년 3월 19일, 미일합동위원회의 분과위원회가 독도를 사격연습장에서 제외한 것 등은 독도가 일본의 영토라는 사실을 전제한 것이라고 주장했다.[139]

이에 대해 한국측은 그 전제라는 것은 일본 정부의 '자위(自慰)적 해석'에 지나지 않으며 미 공군 사령관은 한국 정부의 항의로 1953년 2월 27일자로 미 공군의 사격 연습장에서 독도를 제외했음을 한국 정부에 공식 통고했다고 지적했다.[140]

4) 한일기본조약의 교환공문

미국의 강력한 정책적 요청에 의해 한일회담 교섭 타결을 서두르게 되는 1962년경부터, 한일 양국 정권은 독도 문제의 처리를 위해 여러 가지 고육지책을 내놓게 된다. 이때부터 독도 문제를 일단 보류하고 회담타결을 우선하자는 '보류론'이 자주 언급되기 시작하였다. 또한 1962년 9월 3일 동경에서 있었던 제6차 한일회담 예비교섭에서 일본 외무성의 이세키 유지로(伊關祐次郎) 국장이 '독도 폭파론'을 제시한 적이 있었고, 이어 김종필·오히라 회담이 있었던 11월에는 청구권 문제와 독도 문제의 일괄타결을 주장하며 국제사법재판소 부탁을 요구하는 일본측에 대하여 당시 김종필 중앙정보부장이 '제3국 조정안'을 제의하기도 하였다. 그리고 1963년 1월 오노 반보쿠(大野伴睦) 자민당 부총재가 '독도 공유론'을 제기하는 등 여러 가지 해결 방안이 모색되었

139) 위의 책, 1953년 7월 13일자 일본측 구상서, 《왕복 외교문서》, pp. 19~20.

140) 위의 책, 1953년 9월 9일자 한국측 구상서, 《왕복 외교문서》, pp. 39~40.

으나 독도 문제의 처리는 마지막까지 진통을 거듭하였다. [141]

그런 와중에도 다른 현안문제에서는 진전을 보여 한일 양국은 1965년 4월 3일, 어업, 청구권, 재일 한국인의 법적지위 및 경제협력에 관해 우선 합의요강(合意要綱) 형식으로 가조인하기에 이르렀다. 합의사항에 서명한 후 사토 총리대신은 이동원 외무부 장관에게 "한일 간에 남은 이야기는 독도 문제뿐이며, 이는 국교 정상화 전에 해결의 목표를 세우고 싶다"[142] 고 말했다.

한일기본조약 조인을 5일 앞둔 6월 17일, 제 협정안의 조문화 교섭이 최종 단계로 들어가 독도 문제 해결을 위한 조문화 교섭이 시작되었다. 그때 우시바 노부히코(牛場信彦) 심의관은 총 5조로 구성된 '분쟁 해결에 관한 의정서'안을 김동조 대사에게 제시했다. 이를 본 김동조 대사는 제 1조에서 독도를 특기(特記)한 것과 제 4조에서 중재위원회의 재정에 구속력을 준다는 데 반대 의견을 표시했다.[143]

당일, 한국측은 독도를 명기하지 않고, 양국 간의 분쟁에서 외교상의 경로로 해결할 수 없는 것은 양국이 합의하는 제 3국에 의한 조정(調停)에 의해 해결을 도모한다는 취지의 '교환공문안'을 제시하였다. [144] 다음 날 일본측은 의정서 안을 철회하고, 외교상의 경로를 통해 해결하지 못한 때는 중재위원회에 맡긴다는 취지의 교환공문안을 한국측에 제시하였다. 이로서 한국의 제 3국 조정안과 일본의 중재위원회안이 맞서는 형태가 되었다.

한일기본조약의 조인을 위해 이동원 장관이 6월 20일 방일, 다음날인 6월 21일, 시이나 에쓰사부로(椎名悦三郎) 외상과 이동원 장관

---

141) 졸저, 《일본 국회에서의 독도논의에 대한 연구》, 한국해양수산개발원, 2007, pp. 44~55.

142) "XV 竹島問題", pp. 215~216.

143) 위의 문서, pp. 220, 220~2.

144) 위의 문서, p. 226.

사이에 제1회 외상회담이 열렸다. 이때 일본측은 독도 문제 해결에 관한 일본측 최종안을 제시했다. 이 안은 17일의 한국 안에 가깝게 '제3국에 의한 조정'을 '합의하는 절차에 따라 중재에 부탁'하는 것으로 바꾼 점이 큰 차이였다.[145] 회담 석상에서는 다음과 같은 대화가 있었다.

이동원 장관: 박 대통령은 독도 문제를 한일회담의 의제 밖으로 하도록 지시했으며 동시에 이 건은 한국 정부의 안정과 운명에 관계되는 중대 문제이며, 만일 한국측이 수락할 수 있는 해결책이 없다면 한일회담을 중지해도 좋다고까지 했다.

시이나 외상: 일본측으로서는 독도를 포함한 일괄 해결은 지상명령(至上命令)이다.

이동원 장관: 일본측으로서도 섬 자체의 가치에 실리가 있는 것은 아닐 것이므로, 어떻게든 서로 국회에서 설명할 수 있는 방식을 내놓았으면 한다. 어떻게 하든지 간에 '독도' 문제로서 특기(特記)하는 일은 절대로 곤란하다.[146]

그날 밤, 김동조(金東祚) 대사, 연하구(延河龜) 아주국장, 우시바 노부히코(牛場信彦) 심의관, 우시로쿠 토라오(後宮虎郞) 아시아국장 사이에 독도 문제의 처리에 대해 실무적 교섭이 있었다. 이때 한국측에서는 "중재(仲裁)는 절대 받아들일 수 없으며, '조정(調停)'이 겨우"라는 것과, 한일 간에 현존하는 분쟁은 제외하고, 한일 간에 '장래 발생하는' 분쟁에 대해서만 분쟁 해결 절차를 규정하는 방식을 취함으로써 독도 문제를 제외할 수 있는 의미의 조문을 제안했다.[147]

---

145) 위의 문서.

146) 위의 문서, pp. 236~237.

147) 위의 문서, p. 239.

이는 일본측에서는 도저히 받아들일 수 없는 것이었다. 일본측은 적어도 중립적 표현을 취하여 '한일 간의 분쟁'이라고 해야 한다고 주장했으나, 한국측은 한일 간에 '생기는' 분쟁이라는 표현을 고집하였다. 결국 이 교섭은 타협을 보지 못한 채 다음날 시이나 외상과 이동원 장관의 회담으로 넘어가게 되었다.[148]

6월 22일 오전 제2회 한일 외상회담이 개최되었다. 이 때 한국측은 종래의 '기본 관계에 관한 조약 부속의 교환공문'이라는 명칭을 '한일 양국 간 분쟁의 평화적 처리에 관한 교환공문'이라고 바꿨다. 회담에서 이동원 장관은, 독도 문제에 관해 박정희 대통령과 전화로 연락한 결과라며 "분쟁 해결에 관한 교환 공문의 문언을 '양국 간에 발생하는 분쟁'으로 하고, 문언 중에서 '중재'를 삭제하고 싶다"고 강하게 주장했다.[149]

그러자 일본측은 '발생하는'이란 문구를 넣는 것을 거부하고, 한국측이 '양국 간의 분쟁'이라는 안을 받아들일 경우는 '중재'를 빼고 '조정'으로 할 수 있음을 제안했다.[150] 결국 이 최후의 안을 잠정적 결론으로 하여 일본측은 이 문제를 총리 레벨까지 가져가게 되었다. 그러나 이 문제를 총리 레벨까지 가져가는 것은 어디까지나 한국의 국내 정치를 고려한 쇼였으며, 김동조 대사는 이 시안(試案) 그대로 결정해도 어쩔 수 없다는 뜻을 암시했다.[151]

6월 22일 오후 4시 15분부터 사토 총리대신과 이동원 장관이 최후의 담판을 가졌다. 오후 5시로 예정된 조인식을 불과 45분 남긴 시점이었다. 이때 일본 외무성에서는 만일에 대비하여 조인용 교환공문으로 '양국 간에 발생하는 분쟁'이라는 안과 '양국 간의 분쟁'이라는 안을

148) 위의 문서, p. 240.

149) 위의 문서, p. 245.

150) 위의 문서.

151) 위의 문서.

준비했다.[152)]

회담에서 이동원 장관은, 독도 문제에 언급하여 "이에 대한 일본측의 입장도 이해는 하지만, 한국으로서는 특별한 국내 사정도 있어, 이것은 다이너마이트 같은 것이다. 한국의 야당과 대중들은 일본 야당과는 비교가 되지 않을 정도로 위협적이므로, 독도 문제는 정부의 사활이 걸린 문제임을 이해해 주었으면 한다. 지금까지 일본측 제안은 원안과 비교하여 상당히 양보해주었으나, '양국 간에 발생하는 분쟁'처럼, '발생하는'이라는 말을 삽입해주었으면 한다. 지금까지 외무성 사무당국과의 교섭에서 이 점만 남기고 타결했으므로, 이번에 총리의 마지막 결단으로 '발생하는'이라는 문구를 넣어주었으면 한다"고 간청했다.[153)]

그러자 사토 총리대신은 "독도 문제는 일본으로서도 중대 문제이며 지금까지의 일본측 안(案) 조차 자신의 예상을 넘은 양보이므로, 자신으로서는 불만이지만 대국적 견지에서 이를 승인하기로 한 실정이다. 그러므로 더 이상의 양보는 불가능하다"[154)] 고 말했다. 그러자, 이동원 장관은 "그러면 할 수 없다, 일본측 최종안을 받아들이도록 하겠지만 한 가지 부탁이 있다"고 한 다음, "한국측 대표단이 귀국한 후에 이 건을 납득하기로는 독도가 포함되어 있지 않다는 취지로 말하는 일이 있더라도, 일본측이 공식적으로 바로 반론을 하지 않았으면 한다. 우리 운명에 관계된다. 더구나 일본에서 후일 국회에서 독도를 포함한다는 뜻의 답변을 삼가달라고까지 부탁할 생각은 없다"고 말했다. 이에 대하여 사토 총리대신은 알았다고 답변하였다.[155)]

이렇게 해서 독도 문제 해결을 위한 분쟁 해결에 관한 교환 공문은, 한일조약 제 협정 조인식의 25분 전에 확정되었다. 최종적으로는 "양

152) 위의 문서, p. 246.
153) 위의 문서, pp. 246~247.
154) 위의 문서, p. 247.
155) 위의 문서, p. 248.

국 정부는 별도의 합의가 있는 경우를 제외하고, 양국 간의 분쟁은 우선 외교상의 경로를 통해 해결하도록 하며, 이것으로 해결할 수 없는 경우는 양국 정부가 합의하는 절차에 따라, 조정에 의해 해결을 도모한다"라고 하는 극히 기계적인 문언으로 낙착을 보게 된 것이다.

이와 같이 당시 양국 정부는 한일회담의 타결을 우선하여 '독도 문제'를 서로의 국내정치적 요소를 고려하여 애매모호하게 처리하기로 합의하고, 마침내 국교를 정상화하였다. 그러나 이때 남긴 독도 문제의 불씨는 그 후 양국관계의 정상화를 항상 방해하는 걸림돌이 되고 있다.

6. 맺음말

한국 정부가 일본 정부와의 논전에서 1905년의 독도 편입조치는 한국 정부의 외교권과 재정권이 박탈되고, 러일전쟁으로 일본군이 조선에 상륙했을 때 이루어진 것이므로 무효다[156]고 거듭 밝혔듯이, 한국에서는 일본의 독도 영토편입조치를 한반도에 대한 일본 제국주의 침략과정의 일환에서 이루어진 일로 본다. 그러나 일본 정부가 "한일조약 제2조는 "한국은 일본 정부가 추천하는 외국인 한 명을 외무부의 외교고문으로 고용하여 초빙한다"는 것을 규정한 것이며, 한일의정서 제4조도 "러일전쟁 시 한국 영토를 보호하기 위해 필요에 따라 전략적 장소를 일시적으로 사용하는 것을 결정한 것에 지나지 않으며 다케시마를 일본 영토로 편입한 것과는 아무 관계도 없다"[157]고 주장한 것에서 알 수 있듯이, 일본은 한국강점과 독도 영토편입을 전혀 별개의 사안으로 본다. 독도 영토편입 100년을 맞이한 2005년의 시마네현의 '다

156) 앞의 책, 1953년 9월 9일자 한국측 구상서, 《왕복 외교문서》, pp. 34~36; 1954년 9월 25일자 한국측 구상서, 《왕복 외교문서》, p. 87.

157) 위의 책, 1954년 2월 10일자 일본측 구상서, 《왕복 외교문서》, p. 51.

케시마의 날' 조례제정이 상징적으로 보여주듯이 전후 60년이 지난 지금도 독도 문제를 보는 기본적 역사인식에서부터 한일 간에는 메울 수 없는 간극이 존재한다.

또한 한일 양국의 자국중심적 역사관도 문제를 더욱 해결 곤란한 것으로 만든다. 한일 양국 정부의 약 10년에 걸친 논전에서 보아 왔듯이 한일 양국의 사료해석은 각자에 유리한 사료의 일부분만 편취되어 아전인수적으로 이용되거나, 자국의 영유권 주장에 불리한 경우는 무시되는 것이 많다.

예를 들어, 일본 외무성은 지금도 "역사적 사실에 비추어도 국제법상으로도 독도는 명백한 일본의 고유영토"라고 주장하고 있다. 그러나 1695년 12월 24일, "다케시마(울릉도) 외에 이나바(因幡)·호키(伯耆) 양국(兩國)에 부속한 섬이 있느냐"는 막부의 질문서(〈御尋の御書付〉)에, 바로 다음 날 에도(江戶)에 있는 돗토리 번저(藩邸)에서 "다케시마(울릉도)와 마쓰시마(독도)는 이나바·호키 양국에 속하지 않는다"(〈亥十二月廿四日, 竹島の御尋書の御返答書〉)고 답한 사실과, 1877년 3월 29일, 태정관이 "다케시마(울릉도) 외 1도(독도)는 일본과 관계없다"는 결정을 내린 사실에 대해서는 언급하지 않고 있다. 한국측은 전후(戰後)의 일시적 행정조치에 불과한 연합군 총사령부 지령(SCAPIN) 677호와 1033호를 영유권 주장의 유력한 증거로 내세우고, 샌프란시스코 강화조약과 한일국교정상화 교섭에서의 '정치적 타협'과 '미처리 부분'에 대해서는 외면하고 있다.

이와 같이 독도 문제를 보는 역사인식과 역사관에 한국과 일본이 서로 다른 시점에 서 있어, 이러한 아포리아를 해결할 수 있을 단초는 좀처럼 보이지 않는다. 현 단계에서 유일한 평화적 해결 시스템인 국제사법재판소는 '제소 없이 소송 없다'(ne procedat judex ex officio)가 원칙이다. '제소'에는 양국 정부의 합의가 필요하다. 그러나 현재 독도를 실효 지배하고 있는 한국 정부가 이에 응할 리가 없으므로 국제사법재판소의 판결에 의한 해결은 기대하기 어렵다. 또한 국제연합헌장은 안전보장이사회가 분쟁의 평화적 해결을 위해 분쟁 당사자에게 "법률적 분쟁이 국제사법재판소 규정(規定)에 따라 당사자가 원칙으로서 국제사법재판소에 부탁하지 않으면 안 된다는 점도 고려하지 않으면 안 된다"는 것을 권고할 것을 요구한다. 그러나 그런 권고는 1947년 4월에 한 번 행해졌을 뿐, 그 후로는 전혀 기능하지 않고 있다.[158] 이렇게 되면 일본측으로서는 최종 해결에 이르는 동안 "법적 관점에서는 평화적 해결을 제안한다는 것 외에 적극적으로 유효한 항의를 반복하는"[159] 것밖에 없다. 일본측에서 보면, 당연한 이런 정책은 한국인으로 하여금 일본 식민지 통치라는 굴욕적인 역사에 대한 기억과 직결되어 반일 감정의 심연을 자극한다. 독도의 영유권을 주장하는 일본측의 어떠한 발언도 한국인으로서는 일종의 침략 행위, 한국의 주권에 대한 도전으로 받아들여지는 것이다.

한국인에게 독도는 단순한 하나의 섬이 아니다. '독도는 한국 독립의 상징,' '일본에 대한 한국 주권의 상징'[160] 그 자체이다. 그러나 "독도는 일본의 한국 침략에 대한 일본 제국주의의 최초의 희생물"이라는 한국인의 일반적 인식은, 전후 60년이 지난 지금, 일본 시민의 눈에는 과민한 것으로 비쳐지는 것도 현실이다.

독도 문제를 둘러 싼 양국의 쟁점을 보는 한일 간 인식의 격차 크기는 양국관계의 성숙도를 나타내는 바로미터이기도 하다. 독도는 한일 양국의 영토 내셔널리즘을 자극하여 양국관계를 파국으로 몰고 가는 기폭제가 될 수도 있고, 과거의 불행했던 역사를 직시하게 되는 '반성의 돌'이 될 수도 있다. 전자가 될 것이냐 후자가 될 것이냐는, 오로지

---

158) 영국과 알바니아 사이의 코르푸 해협 사고에서 1947년 4월에 행해진 안보리 결의 22호(Security Council Resolution of 9 April 1947(S/324)).

159) 芹田健太郎, 《日本の領土》, 中公叢書, 2002, p. 162.

160) 앞의 책, 1954년 10월 28일자 한국측 구상서, 《왕복 외교문서》, p. 119.

양국 시민사회가 대결과 갈등을 조장하는 담론과 국가주의자의 선동에 휩쓸리지 않고, 얼마나 냉정하고 이성적으로 독도 문제에 접근하느냐에 달렸다.

1905년 일본의 다케시마(竹島) 영토편입*

호리 카즈오**

1. 머리말

영토 문제는 오랜 역사 속에서 뿐만 아니라, 지금도 여전히 여러 국제 분쟁의 원인이 되고 있다. 게다가 영토 문제는 몇 해 전에 있었던 포클랜드 분쟁처럼 이성적인 사고를 마비시켜 배타적 내셔널리즘으로 내모는 특징도 띤다.

현재 일본은 치시마(千島) 열도, 센카쿠(尖閣) 제도, 다케시마(竹島) 세 곳을 둘러싼 영토 분쟁에 관여되어 있는데, 그 어느 것도 현재 해결될 수 있을 것 같지는 않다. 현실에서 존재하는 영토 분쟁을 실제로 처리하는 수단은 국제법이다. 그러나 그 국제법을 관계당사국이 납득하도록 적용하려면 우선 분쟁에 대한 사실 인식 자체에 공통의 기반이 이루어지지 않으면 안 된다. 그렇다면 현재 쌍방의 현실적 국익과 국민감정으로 인해 교착상태에 빠져 있는 일본의 영토 문제에 대해서도 그 분쟁 대상지역의 역사를 보다 구체적이고 객관적으로 해명해 나

* 이 장은 "1905年日本の竹島領土編入", 〈朝鮮史硏究會論文集〉 第24集, 1987, pp. 97~125를 번역한 것이다.

** 堀和生, 교토(京都)대학 대학원 경제학연구과 교수.

가는 것이 무언가 진보적인 자극을 주는 것은 아닌가 여겨진다.

다케시마(竹島: 한국명 독도[1])를 두고 일본과 대한민국, 조선 민주주의 인민공화국 사이에 영유권다툼이 있어왔다. 종전 후 국가 차원의 분쟁은 1952년의 이른바 '이승만 라인' 설정 직후, 1965년 '한일기본조약' 체결 전후, 그리고 1977년 영해 200해리 문제가 등장한 시기에 특히 현재화(顯在化)되었으며, 그때마다 발표된 독도 문제에 관한 국제법과 역사학 문헌은 결코 적은 것이 아니었다.[2]

이 글에서는 연구방법으로 우선 가와카미 켄조(川上健三)의《다케시마의 역사지리학적 연구》(1966)를 비판적으로 검토하고 그와 대치(對置)하는 형태로 논리를 전개해 나가기로 한다. 이 책을 특별히 선정한 이유는 ① 일본에서 다케시마에 관한 역사 연구 중에 가장 '실증적'인 형태의 대저(大著)라는 점, ② 이 책의 저자는 본서 집필 당시, 현직 외무성 조사관이었으며 이 책이 바로 일본 정부의 요청에 따른 연구라는 점, ③ 이 책이 현재 일본의 다케시마 영유 정당론의 최대의 전거(典據)가 된 점 등 때문이다.[3]

이 글의 과제는 메이지 유신 이후의 일본이 독도와 어떻게 관여되었는지 그리고 왜 1905년에 독도를 영토편입하기에 이르렀는지를 밝히는 것이다. 다만, 논리 전개상 필요하므로 전(前)근대에 대해서도 간단하게 개관하기로 한다. 또한 국제법적 논의는 일체 하지 않기로 한

---

1) 다케시마(竹島)와 울릉도라는 호칭은 일본과 한국에서 복잡한 변천을 거쳐 왔다. 따라서 혼란을 피하기 위해 이 글에서는 역사적인 모든 섬 이름에 알맞은 현재의 도명(島名)을 필요에 따라 병기해 주기로 한다. 여전히 독도라는 것은 나무도 음료수도 없는 일반인이 살 수 없는 면적 2~3 정보(町步)의 작은 암서이다.

2) 양태진 편, 《독도관계 문헌목록》, 1978, 大口里子, "竹島(獨島)關係資料目錄"(國會圖書館, 〈アシア・アフリカ 資料通報〉17巻 11号, 1980) 참조.

3) 가와카미(川上)의 저작에 대해 일본에서는 梶村秀樹, "竹島=獨島問題と日本國家", 〈朝鮮硏究〉182号, 1978가 주로 논리 차원에서 비판하고 있다.

다. 가와카미는 자신의 저서에 대해 현실 분쟁에는 전혀 관여하지 않고 독도에 관한 사실관계를 어디까지나 있는 그대로 학문적 태도로 구명했다고 반복하여 말한다. 과연 그런가?

2. 다케시마의 인지와 영유의식

1) 조선 정부와 에도(江戶) 막부의 독도·다케시마 인식

조선측의 문헌에 오늘날의 독도가 등장한 것은 일본측보다 약 200년 정도 빠르다. 《세종실록》 지리지(실질적으로는 1432년, 형식적으로는 1454년 성립)의 강원도 울진현 항목에,

> 우산과 무릉, 두 섬이 울진현의 정동쪽 바다 가운데 있다. 두 섬의 거리가 서로 멀지 않아 날씨가 맑으면 바라볼 수 있다.

고 되어 있다. 결국 신라시대부터 알려진 울릉도와는 별개로 하나의 섬이 존재하여 날씨가 맑고 바람이 부는 날에는 서로 볼 수가 있다는 것이다. 한국에서는 이 우산도가 독도라고 되어 있다. 가와카미는 우산도라는 것은 존재하지 않고, 우산도가 오늘날의 독도에 해당한다는 일은 있을 수 없다고 주장한다.[4] 그는 다음 두 가지 사료를 든다. 우선 《고려사》 지리지(1451년)의 울진현의 항목에 "울릉도: 현의 정동쪽 바다 가운데 있다. 신라 때에는 우산국이라 칭해졌는데 무릉이라고도 하고 우릉이라고도 한다. … 혹자는 말하기를 우산(于山)과 무릉(武陵)은 본래 두 개의 섬인데 서로의 거리가 멀지 않아 날씨가 맑으면 바라볼 수 있다고도 한다"고 하였다. 또한 《신증 동국여지승람》(新增

4) 川上, 앞의 책, pp. 94~120.

東國輿地勝覽, 1531년)의 울진현 항목에는 "우산도·울릉도: 무릉이라고도 하고 우릉이라고도 한다. 두 섬이 현의 정동쪽 바다 가운데 있다. … 일설에 우산과 울릉은 본래 한 섬이라고 한다"고 되어 있다. 즉, 《고려사》는 본문에서 1도로 하고 2도설을 주기(註記)하며, 반대로 《여지승람》은 본문에서는 2도로 하고 1도설을 주기하고 있다. 가와카미는 《고려사》 지리지 본문의 1도설이야말로 정확한 것으로 다른 문헌의 2도설은 《고려사》 지리지에 있는 주기의 오류가 확대된 것이라고 단정한다.

그 근거로는 첫 번째 각 사료의 성립 연대이다. 전체로서는 《세종실록》이 《고려사》 지리지보다 더 오래된 문헌이라는 것은 가와카미도 인정한다. 그러나 두 사료의 울릉도 항목을 대조해 보면, 전자에는 후자에 없는 조선 세종 때의 사건이 기재되어 있다. 이 때문에 그는 《고려사》 야말로 더 오래된 기본문헌이라고 단정했던 것이다. 그러나 《고려사》 지리지가 조선시대를 다루지 않는 것은 당연하며 그것은 사료 자체의 신구(新舊)와는 전혀 관계가 없는 것이다.

두 번째 근거는 울릉도에서 독도는 보이지 않기 때문에 《세종실록》에 나온 우산도는 독도일 리가 없다는 것이다. 또한 가와카미는 《고려사》 지리지의 주(註)에 "날씨가 맑으면 바라볼 수 있다"고 한 것은 두 섬에 대한 것이 아니라 울릉도와 조선 본토와의 관계를 말한 것이라고 해설한다. 우선 가와카미가 문맥을 무시하고 주어를 바꾸어 읽는 것은 자의적이다. 또한 물리학적 계산으로도 울릉도에서 독도가 보인다는 것은 이미 결론이 났다.[5] 그리고 그 후 일본측의 문헌에도

---

5) 물리학적으로는 울릉도의 120m 이상의 지점으로부터 독도를 볼 수 있다(이한기, 《한국의 영토》 서울대학교 출판부, 1969, pp. 232~234 참조). 울릉도의 최고봉은 985m나 되는데 가와카미는 "울릉도는 밀림에 둘러싸여 있었으므로 가장 높은 곳에 오르는 것 자체가 매우 곤란했다"(p. 281)고 견강부회하고 있다.

다케시마=독도는 "맑은 날 울릉도 산봉우리의 높은 곳에서 볼 수 있다"[6] 라든지 "울릉도로부터는 50리(哩),[7] 바다 멀리 바라볼 수 있다"[8] 고 쓰여 있다. 이는 바로 《세종실록》의 기술과 일치한다. 《고려사》 본문에 약간의 혼란은 있지만, 15세기 초두에 조선인이 울릉도와는 별개의 섬의 존재를 인지하고 있었음은 분명하다. 그리고 그 문헌이 조선의 정사(正史) 중에 지리지라는 점에서 이는 바로 국가의 영유의식을 나타낸 것이라고 할 수 있다.

가와카미 저작의 큰 결함은 자신의 우산도 비(非)존재설에 의거하여 16세기 이후 많은 문헌과 지도에 등장하는 우산도를 모두 부정해 버렸다는 것이다.[9] 예컨대, 《숙종실록》(1728년) 30권에는 17세기 말 울릉도를 둘러싼 분쟁 때문에 일본에 두 번 건너간 안용복이 "송도는 바로 자산도이다. 이 역시 우리나라 땅이다", "울릉도와 자산도 등을 조선의 경계로 정했다"고 발언한 사실이 실려 있다. 가와카미는 안용복이 오늘날의 독도의 존재를 알고 있었음은 인정하면서도 그의 증언에는 허구가 많다고 함으로써 그 사료적 가치를 부정한다. 그러나 안용복의 증언의 신빙성은 별개로 하더라도 그가 독도를 자산도라 불렀고 울릉도와 함께 조선령이라고 발언한 사실은 가와카미의 우산도 비

6) 葛生修吉, 《韓海通漁指針》, 東京: 黑龍會, 1903, p. 123.

7) 리: 당시 일본의 1리는 조선의 10리에 해당된다. 따라서 여기서 50리는 500리이다(역자 주).

8) 〈地學雜誌〉 210호, 1906, p. 415.

9) 우산(于山)과 울릉(鬱陵)은 본래 동일한 말을 달리 한자로 표기한 것이었는데, 결국 다른 섬의 명칭으로 고정되어 간 것이다. 우산에는 간산(干山), 천산(千山), 자산(子山), 우산(芋山), 울산(亏山) 등의 오자(誤字)와 이자(異字)가 사용된다. 여전히 일부 일본 연구자는 우산도를 울릉도의 1해리 동쪽에 있는 죽서(竹嶼, Boussole rock)로 본다. 그러나 이는 '風日淸明, 則可望見'의 기술에 들어맞지 않는다. 또한 1899년 6월에 울릉도를 조사했던 부산 세관 라포테의 보고는 울릉도의 큰 속도(屬島)로서 우산도와 죽도 두 개를 들고 있으므로(〈황성신문〉 1899년 9월 23일자), 그 견해는 성립하지 않는다.

존재설을 뒤집기에 충분하다. 또한 《증보 문헌비고》(增補文獻備考, 1908)의 《여지고》에서도 "여지지에 말하기를, '울릉과 우산은 모두 우산국 땅이다. 우산은 바로 왜가 말하는 송도이다(輿地志云鬱陵于山皆于山國地, 于山卽倭所謂松島也)'고 했다", "송도는 바로 우산(芋山)인데 이 역시 우리나라 경계이다" 등과 같이 우산도를 바로 오늘날 독도의 호칭으로 사용하고 있다. 그리고 이 《증보 문헌비고》가 200년에 걸친 편찬사업의 소산으로서 《실록》을 보완한 관찬 문헌이라는 사실로 볼 때 조선 정부가 우산도에 대한 영유의식을 유지하고 있었음은 분명하다. 그 외에 조선과 일본의 문헌에서 오늘날의 독도·다케시마를 우산도로 기재한 것은 많다. 예컨대 장지연의 《대한신지지》(大韓新地志, 1907년)는 울릉도의 동남쪽에 우산도가 있다고 명기하고 있다. 또한 곤도 호로쿠(近藤保祿)의 《조선국 지지적요》(朝鮮國地誌摘要, 1876년)와 오타 사이지로(大田才次郎)의 《신찬 조선지리지》(新撰朝鮮地理誌, 1894년)도 동해에 울릉도와는 별개로 우산도가 존재한다고 적었다.

조선의 지도에서 울릉도와는 별개로 우산도가 등장한 것은 《동국여지승람》(1499년)이 최초이다.[10] 그리고 그 후 오늘날까지 발견되는 지도 중에, 우산도가 실려 있는 것은 수백 매에 이른다고 한다. 물론 그것들은 고지도이기 때문에 울릉도와 우산도의 위치관계와 크기가 반드시 정확하다고는 볼 수 없다. 그러나 이렇게 많은 지도가 두 섬을 병기하고 있다는 사실은 조선에서 우산도의 존재가 널리 알려져 있음을 나타낸다. 더구나 19세기 말, 조선 정부가 울릉도의 개발에 착수하자 우산도에 대한 인식은 더욱 정확해졌다. 그 시점의 조선측 인식을 나타내는 것이 대한제국 학부 편 〈대한여지도〉(大韓輿地圖, 1899년, 규장각 소장)이며, 고지도로서는 울릉도와 우산도가 거의 정확한 위치

10) 최서면, "고지도로 본 독도", 〈통일일보〉, 1981년 5월 27~29일자.

에 그려져 있다.

이상의 사실에 따라 가와카미의 우산도 비존재설이 이미 성립되지 않는다는 것은 분명하다. 즉 조선 정부는 15세기부터 독도를 우산도로서 자국령이라고 인식했으며, 혼란스런 시기도 있었으나 19세기 말에는 다시 영유의식을 명확하게 했다.

일본 문헌에 오늘날의 다케시마가 처음 나온 것은 이즈모(出雲) 번사(藩士)인 사이토 토요노부(齋藤豊宣)의 《은주시청합기》(隱州視聽合紀, 1667년)인데, 이 책에는 독도가 마쓰시마(松島)라는 명칭으로 나오며 다케시마(竹島)=울릉도와 병기되어 있다. 그리고 그 즈음부터 일본에서는 이들 두 섬의 형상이 매우 상세히 알려졌는데, 이는 일본인이 울릉도에 직접 진출하게 되었기 때문이다. 조선 정부는 15세기 중반부터 울릉도에 대하여 공도정책(空島政策)을 취하여 이 섬에 조선인이 나가지 못하게 했다.[11)]

1617년 우연히 요나고(米子)의 오야 진키치(大谷甚吉) 상선(商船)이 조난하여 울릉도에 표착, 그곳 물산이 풍부한 데 주목하고는 무라카와 이치베(村川市兵衛)와 함께 막부에 도항허가를 신청했다. 그리고 다음해 막부의 허가를 얻어 이후 오야(大谷)・무라카와(村川) 양가는 번갈아 이 섬에 배를 보내 벌목과 채취 등을 하였다. 다만 양가는 이를 '다케시마(竹島) 배령(拝領)'이라고 칭했는데, 막부가 부여한 것은 '도해면허'였다. 그리고 양가는 다케시마=울릉도에 건너가는 도중에 있는 마쓰시마(松島)=독도에서도 약간의 어업을 할 수 있을 것으로 여겨, 1661년경 새로 마쓰시마(松島) '도해면허'도 받았다. 다만 양가의 목적은 어디까지나 다케시마=울릉도로, 마쓰시마=독도는 울릉도를 왕복하는 도중 들르는 데 지나지 않았다. 또한 두 섬의 크기는 현격히 다르기 때문에 당시의 사료에서도 '다케시마 안의 마쓰시마'(竹嶋之內松嶋)[12)]

11) 왜구에 의한 피해가 많았던 것과 세금을 피하는 것을 막기 위해서이다.

'다케시마 부근의 마쓰시마'(竹嶋近邊松嶋)[13] '다케시마 근처의 소도'(竹嶋近所之小嶋)[14] 등과 같이 마쓰시마는 다케시마의 속도(屬島)로 취급되고 있었다. 이처럼 일본인이 울릉도 도항을 반복하던 시기, 막부는 원래 이 섬이 조선령이라는 사실을 몰랐던 것 같다.

그런데 1693년 울릉도에서 오야 가(大谷家) 일행과 경상도에서 고기잡으러 온 안용복 등 조선 어민과의 사이에 큰 충돌이 발생했다. 오야·무라카와 양가가 막부에 청원함으로써 이 문제는 일본과 조선의 외교 루트에서 다케시마=울릉도의 어업권과 영유권을 다투는 이른바 '다케시마 일건'(竹島一件)으로 발전했다. 이 외교교섭 도중에 쓰시마 번이 조선으로부터 울릉도를 빼앗으려 기도한 것은 분명하다. 조선 정부에서는 한 때 방침이 동요했으나, 안용복이 두 번 일본에 건너가 울릉도와 우산도는 조선령이라고 주장한 것이 계기가 되어, 영의정 남구만 등의 대일(對日) 강경자세가 지배적이 되었다. 역사적으로 울릉도가 신라시대부터 조선에 속했음은 명백했기 때문에 막부는 결국 쓰시마 번의 움직임을 누르고 대(對)조선 협조정책을 선택했다. 즉 1696년 1월 오야·무라카와 양가의 다케시마 도항이 금지되어 1699년 1월 일본이 울릉도가 조선령임을 정식으로 승인하는 것으로 이 '다케시마 일건'은 결착되었다[15]. 그리고 그 외교문서에 직접 마쓰시마라는 명칭은 없지만, 이 섬이 다케시마의 속도로 간주되고 있던 이상, 그 영유권도 똑같이 처리되었을 것으로 생각된다. 17세기 일본인의 마쓰시마=독도에서의 어업이라는 것은 어디까지나 다케시마=울릉도 진출에 부수적인 데 지나지 않았기 때문에 다케시마 도항금지와 함께 (마쓰시마

12) 가와카미, 앞의 책, p. 74.

13) 위의 책, p. 80.

14) 위의 책, p. 78.

15) 北澤正誠, 《竹島考證》 中, 1881. 기타자와도 여전히 울릉도와 우산도를 다케시마(竹島)와 마쓰시마(松島)로 이해하고 있다(上권과 같음).

도항도—역자) 끝날 수밖에 없는 것이다. 그 증거로는 그 후 오야・무라카와 양가가 마쓰시마만을 목적으로 도항한 일은 전혀 없었다는 것을 들 수 있다.

다만 이 겐로쿠(元祿: 1688~1703—역자 주) 연간 다케시마=울릉도에의 도항이 막부로부터 금지된 후에도 산인(山陰) 지방의 어민들이 몰래 이 섬에 건너간 적이 있었던 것 같다.[16] 또한 민간에는 마쓰시마=독도를 오키국(隱岐國) 소속이라고 쓴 책이 있으며,[17] 더구나 다케시마=울릉도가 조선의 소속임을 몰랐던 책조차 있다.[18] 그러나 책임이 없는 이들 민간인의 인식은 영토 주권의 귀속과는 관계가 없다.

'다케시마 일건' 이후의 막부의 영토의식을 나타내는 자료로서 정부 계열의 지도를 들 수 있다. 일본에서 정부 계열의 최초의 지도라고 부를 수 있는 것은 《대일본사》 지리지의 편찬에 깊이 관여한 미토번(水戶藩)의 지리학자 나가쿠보 세키스이(長久保赤水)의 〈일본 여지 노정 전도〉(日本輿地路程全圖, 1773년)이다. 이 지도는 경위선을 사용한 최초의 지도였다. 더구나 나가쿠보는 채색 목판본으로 인쇄한 〈일본 노정 여지도〉(日本路程輿地圖, 1778년)를 간행했다. 이 지도에서 특히 주목되는 것은 일본 본토와 그 부속지(附屬地)에는 모두 채색을 했는데, 다케시마(竹島)와 마쓰시마(松島)는 조선 반도와 함께 채색을 하지 않았다.[19] 즉 '다케시마 일건' 이후의 정부 계열 지도에서는 다케시마(竹島), 마쓰시마(松島)가 일본령으로 취급되고 있지 않는 것이다. 또한 고지도의 단계를 완전히 탈피한 것으로 여겨지는 관찬지도 이노 타다타카(伊能忠敬)의 〈대일본 연해 여지전도〉(大日本沿海輿地全圖, 1821년)에는 다케시마(竹島), 마쓰시마(松島)가 모두 포함되어

16) 戶田敬義, 〈竹島渡海之願〉 중의 "竹島之圖" 참조.

17) 北園通葊 編, 《竹島圖說》(宝歷 年間).

18) 松浦武四郎, 《他計甚摩雜誌》, 1854.

19) 최서면, 앞의 글.

있지 않다. 결국 17세기 중반에는 다소 애매했으나 17세기 후반 조선 정부와의 교섭을 경과한 후 막부는 마쓰시마(松島)=독도의 존재를 인지하고 있으면서 그것을 일본령으로 보지 않았던 것이다.

이상을 정리하면, 일본인이 17세기에 독도에 대해 깊이 알게 된 것은 어디까지나 일본인이 조선령 울릉도에 진출한 시기가 있었기 때문이다. 그리고 양국 정부의 교섭에서 울릉도의 조선 소속이 결정되자 그 속도인 독도도 매우 자연스레 일본의 판도로부터 떨어져 나간 것이다.

2) 메이지 정부의 다케시마 인식

막부 시절에서 메이지 초기에 걸쳐 구미와 접촉함으로써 일본의 울릉도와 독도 인식에는 심한 혼란이 발생하였다. 우선 18세기 말 동해에 진출해 온 프랑스·영국 선박이 잇달아 울릉도를 발견했다. 그런데 그 위치 측량이 정확하지 않았기 때문에 이 섬은 다쥬레와 아르고노트라는 별개의 섬으로 소개되었다. 독도는 뒤늦게 1849년 프랑스 선박에 발견되어 리앙쿠르라는 이름이 붙었다. 그 때문에 19세기 중반 구미의 지도에는 동해에 울릉도가 두 개 있거나, 독도를 합쳐 세 개의 섬이 그려지는 일이 생겼다. 구미측의 정보와 일본 종래의 다케시마, 마쓰시마 지식이 짜 맞춰지는 가운데 두 섬에 대한 인식이 혼란을 겪었다. 그 경과는 이미 종래의 연구에 의해 밝혀져 있다.

육군 참모국의 〈조선전도〉(朝鮮全圖, 1875년)와 문부성의 〈일본전도〉(日本全圖, 1877년)에는 울릉도가 다케시마(竹島)와 마쓰시마(松島) 두 개로 그려져 있고, 현재의 다케시마(竹島)=독도는 빠져 있다. 결국 아르고노트의 존재가 부정되자, 울릉도는 에도(江戶)시대와는 반대로 마쓰시마(松島)라는 명칭으로 불리게 되고, 동해에 일도(一島)만 있는 지도가 나왔다. 또한 민간에는 세 섬이 그려진 지도도 있었다. 어쨌든 1870년대부터 1880년 초엽에 걸쳐 일본 정부의 두 섬에 대한 인식은 상당히 혼란을 겪고 있었다. 3도설, 2도설, 1도설이 있고, 두 섬의 위치관계를 올바르게 파악하고 있던 것은 적었다. 이는 원래 다케시마(竹島)가 오랫동안 일본의 고유영토라고 주장해온 견해에 대한 반증이 될 것이다.

일본 정부 안에서 이런 혼란이 정리되어 가는 중에 섬의 영유권에 대한 귀속도 확정되었다. 다만 이를 각 기관이 통일해 간 것은 아니므로 개별적으로 보기로 하자. 우선 내무성이 두 섬의 소속에 대하여 최초로 결정을 내렸다. 1876년 10월 내무성 지리료가 지적(地籍)을 편찬하기 위해 시마네현 앞바다에 있는 다케시마(竹島)라는 섬의 정보를 조회한 것이 계기가 되었다.[20] 그러므로 시마네현은 17세기의 오야·무라카와 양가가 다케시마(竹島)=울릉도를 개척한 경위를 조사하여, 다케시마(竹島)=울릉도와 마쓰시마(松島)=독도 약도를 첨부하여 〈일본해 내 죽도 외 일도 지적 편찬 방사〉(日本海內竹島外一島地籍編纂方伺)를 내무성에 제출했다. 결국 시마네현 당국은 마쓰시마(松島)를 다케시마(竹島)의 속도로 이해하고 있었기 때문에 함께 다루었던 것이다. 내무성은 독자적으로 겐로쿠 연간의 '다케시마 일건'(竹島一件)에 관한 기록을 조사하여 시마네현이 알려온 정보와 합쳐 검토한 후에 이 두 섬은 조선령으로서 일본령이 아니라는 결론을 내렸다. 그러나 '판도의 취사는 중대한 사건'이므로, 내무성은 다음해인 1877년 3월 17일 태정관에 〈日本海內竹島外一島地籍編纂方伺〉를 제출하고 태정관의 판단을 기다렸다. 부속서류 안에 '외 일도'(外 一島)란 마쓰시마(松島)라고 명기되었고 그 위치와 형상도 올바르게 기술되어 있었다. 태정관 조사국의 심사에서는 내무성의 견해가 인정되어 다음과 같은 문장이 기초(起草)되었다.

20) 이 건에 대해서는 〈日本海內竹島外一島地籍編纂方伺〉(太政官 編, 《公文錄》 1877, 內務省之部 國立公文書館 소장)에 따른다.

별지로 내무성이 품의(稟議)한 일본해 내의 죽도 외 일도 지적 편찬의 건

상기 건은 겐로쿠 5년(1692)에 조선인이 입도한 이래 막부와 조선국 사이에 조회와 답신을 한 결과, 결국 일본과는 관계가 없다고 주장한 일에 대하여 품의(稟議)한 취지를 청취한 뒤 다음과 같은 지령이 있어야 하는지 이 건에 대해 문의합니다.

지령안

품의한 다케시마(현재의 울릉도—역자) 외 일도 건은 일본과 관계없음을 명심할 것.

이 지령안(案)은 우대신(右大臣) 이와쿠라 토모미(岩倉具視), 참의(參議) 오쿠마 시게노부(大畏重信), 데라지마 무네노리(寺島宗則), 오키 타카토(大木喬任) 등에 의하여 승인, 결정되었다. 그리고 같은 해 3월 29일 정식으로 내무성에 지령되었다. 즉, 당시의 일본 최고 국가기관인 태정관은 시마네현과 내무성이 상신한 다케시마(竹島)=울릉도와 마쓰시마(松島)=독도를 한 짝으로 본 이해에 기초하여 두 섬을 일본령이 아니라고 공식적으로 선언한 것이다. 이 지령은 4월 9일자로 내무성에서 시마네현에 전달되어 현지에서도 이 문제가 결착되었다.

외무성이 이 두 섬에 대해 최초로 알게 된 것은 1870년 조선을 시찰하러 보낸 외무성 출사(出仕) 사다 하쿠보(佐田白茅)의 보고를 통해서이다. 그 보고인 〈조선국 교제 시말 내탐서〉(朝鮮國交際始末內探書)에는 다음과 같이 되어 있다.[21]

1. 다케시마와 마쓰시마가 조선 부속이 된 시말

다케시마와 마쓰시마가 조선 부속이 된 경위

이 건은 마쓰시마는 다케시마 옆에 있는 섬인데, 마쓰시마 건에 관해서는 남아 있는 기록이 없다. 다케시마에 대해서는 겐로쿠 연간 이후에는 잠시 조선에서 거주를 위해 사람을 파견한 적이 있다. …

21) 《日本外交文書》 제3권, p. 137.

이 보고도 겐로쿠 연간의 '다케시마 일건'에서 마쓰시마(松島)=독도가 조선에 넘어간 것으로 이해하고 있는데, 이는 단순한 보고다.[22]

외무성이 이 두 섬의 소속에 대해 주체적인 판단을 강요당한 것은 1876년부터 있던 마쓰시마 개척 문제에 관해서이다. 같은 해 6월 무토 헤이가쿠(武藤平學)라는 자가 외무성에 '마쓰시마 개척지의'(松島開拓之議)라는 건의서를 제출했다. 그리고 그 후 2년여 사이에 고다마 사다아키(兒玉貞陽), 사이토 시치로베(齋藤七郎兵衛), 시모무라 린자부로(下村輪三郎) 등의 민간인과 블라디보스토크 주재의 무역사무관 와키세 히사토(脇瀨壽人)로부터 같은 취지의 건백(建白)과 요청이 반복하여 제출되었다.[23] 그 내용은 동해에 있는 일본령 또는 소속 불명의 마쓰시마에 대해 자연의 풍부함을 들어 개발 허가를 요청한 것이었다. 그리고 열강이 이 섬을 노리고 있다는 위기감을 부추긴 것도 공통적이다. 여기서 말한 마쓰시마란 물론 울릉도를 의미한다.

이들 개척 요청에 대한 외무성 관료의 의견은 제각각이었다. 기록국장 와타나베 히로모토(渡辺洪基)는 다케시마=울릉도는 조선령이라고 하면서 다케시마와 별개로 마쓰시마가 있다면 그것은 일본령으로 간주할 수 있다고 말했다. 이는 다케시마와 마쓰시마의 영유권을 나누는 견해로서, 후에 다케시마=독도 영토편입 이론의 선구로서 주목되었다. 그러나 그런 그도 울릉도에 부속된 우산도가 있다는 사실을 알고 있었고, 이 우산도의 처리로 인해 곤란해 하고 있었다.[24] 또한 그는 동해에 있는 것이 이도(二島)인지 삼도(三島)인지 확신이 없었으며,

---

22) 이 건에 대해서는 北澤正誠, 《竹島考證》 下권에 따른다.

23) 이들과는 별개로 1877년 1월 도다 타카요시(戸田敬義)가 '竹島渡海之願'을 동경부 지사에게 제출하였고 같은 해 6월에 각하되었다. 이것은 내무성의 관할이었기 때문에 처리가 신속했을 것이다. 여기서의 다케시마도 울릉도를 가리킨다.

24) 와타나베 히로모토는 우산도를 앞의 죽서(竹嶼)에 비정하고 있다.

무엇보다도 개척 요청의 대상인 마쓰시마가 실제로는 울릉도라는 사실을 몰랐다.

관료 갑(甲)은 마쓰시마란 조선의 울릉도에 속하는 우산도를 말하며, 그 마쓰시마 개척은 타국을 침략하는 것이 되므로 반대했다. 관료 을(乙)은 우선 마쓰시마와 다케시마를 시찰한 뒤에 그것들이 울릉도, 우산도, 또는 무주지인가를 판단해야 한다고 주장했다. 관료 병(丙)은 영유권에 대해서는 언급하지 않고 열강이 접근한다는 정보를 들어 마쓰시마에 사는 조선인에 대해서는 개의치 말고 이 섬을 조사할 것을 주장했다. 공신(公信) 국장 다나베 타이치(田辺太一)는 처음부터 마쓰시마 개척 요청의 대상이 조선의 울릉도라는 사실을 알고 있었다. 그러나 갑론을박 하는 사이에 타나베는 개척 요청이 있는 마쓰시마가 우산도라면 개척을 허가하지 말고, 마쓰시마가 소속 불명의 섬이라면 조선측과 교섭해도 좋다고 말했다.

마쓰시마라는 섬을 일본령으로 편입하려는 와타나베의 견해도 있었으나, 그것은 소수 의견이었다. 마쓰시마를 울릉도와 우산도 어느 쪽에 비정하는가에 차이는 있지만 마쓰시마의 조선 소속, 또는 이 섬에 대한 조선의 관여를 인정하는 것이 다수 의견이었다. 그러나 성 안에서는 결론이 나지 않았고, 결국 개척 요청의 대상인 마쓰시마를 실지로 조사하게 되었다.

1880년 7월 군함 아마기(天城)가 마쓰시마에 가서 측량한 결과 이 섬이 울릉도임이 판명되었다.[25] 오랫동안 관심을 집중시켜 온 풍부한 섬, 마쓰시마가 틀림없는 조선령이기 때문에 개척 요청은 모두 각하(却下)되었고 이 문제는 종결지어졌다. 또 하나의 다케시마=독도는 완전히 불모인 암서(巖嶼)에 지나지 않아 본래 아무런 관심의 대상이 될 수 없었기 때문이다. 그 후 1881년 11월 29일, 내무성은 다케시마

---

25) 〈水路雜誌〉 41, pp. 34~37.

와 마쓰시마를 판도 밖으로 한, 앞에 나온 태정관의 지령서를 첨부하여 외무성에 울릉도의 현상을 조회한 적이 있었다.[26] 이에 대하여 외무성은 아무런 이론(異論)을 내세우지 않았다. 그리고 그 후에도 1905년에 이르기까지 외무성이 다케시마와 마쓰시마의 영유권을 나누어 취급하는 일은 결코 없었다.

해군에 대해서는 당시의 원문서(原文書)가 남아 있지 않기 때문에 그 출판물에서 당국의 인식을 엿볼 수밖에 없다. 일본의 해군 수로부가 주로 의거하던 영국판 해도에는 1860년에 이미 두 섬의 소재가 확정되어 있었다. 이 때문에 일본 해군도 1870년대 말에는 그 점을 충분히 인식했던 것 같은데, 1880년대에 일본이 제작한 해도에는 두 섬이 정확히 그려져 있었다. 그러나 해도는 지리적인 인식만을 나타낼 뿐이므로 섬의 소속에 대해서는 그 해설서인 수로지를 중시해야 한다.

일본 해군은 1880년 3월부터 전 세계를 대상으로 하여 《환영 수로지》(寰瀛水路誌) 편찬을 시작했다.[27] 그 중의 한·러(韓·露) 편에 있는 제 2권 제 2판(1886년)에는 울릉도와 리앙쿠르 열암(列巖)이 실려 있다. 그러나 이것은 세계의 수로지이므로 소속의 근거는 되지 않는다. 그런데 1889년 3월 《환영 수로지》 편찬은 중지되었고 해군은 일본을 중심으로 한 동북아시아 해역을 중시하는 방향으로 방침을 전환했다. 우선 일본 영해를 다르게 구별하여 《일본 수로지》로 독립시켰고, 1892년부터 이를 순차로 간행했다.[28] 이 수로지에는 1895년의 시모노세키조약에 의해 일본의 새 영토가 된 대만과 팽호도(澎湖島), 그리고 치시마(千島) 열도와 최북단의 시무슈섬(占守島)까지 실려 있는데, 반면 대만의 대안(對岸)과 캄차카반도는 전혀 포함되지 않았다. 즉 이

---

26) 內務書記官 西村捨三の外務書記官宛照會, 〈外務省記錄〉 3824, 外務省 外交史料館 所藏, 이하 같음.

27) 海上保安廳 編, 《日本水路史》, 1971, pp. 69~70.

28) 위의 책, pp. 122~123.

《일본 수로지》가 다루는 범위는 어디까지나 일본의 영토와 영해에 한정되어 있었던 것이다. 그리고 중시해야 할 것은 이 수로지의 '일본해' 부분에서 리앙쿠르 섬=독도를 전혀 언급하지 않았다는 점이다. 당시의 일본 해도에 이 섬은 정확하게 위치 지어져 있었으므로 그 소재를 알고 있었다. 이 수로지의 1897년판 부속 지도와 이 섬을 일본에 영토편입한 후의 수로지의 부속 지도를 대조해 보면 사태는 명백하다. 즉 1900년 시점에서 일본의 해군 수로부 당국은 이 섬을 명백히 일본령에서 제외한 것이다. 그리고 다른 한편, 일본 해군의 《조선 수로지》 1894년판과 1899년판에는 울릉도와 나란히 리앙쿠르 열암이 실려 있다.[29] 결국 19세기 말에 일본 해군의 수로부 당국이 다케시마(竹島)=독도를 조선령으로 인식하고 있었다는 것은 의심할 여지가 없다.

요약컨대 메이지 유신 이후 일본 정부가 다케시마=독도에 독자적인 관심을 나타내는 일은 전혀 없었다. 그리고 인식의 정도에 강약은 있지만 일본 정부의 관계 제 기관 전부가 독도를 울릉도와 함께 조선령으로 보고 있었음은 분명한 일이다.

3. 조선의 변경에 있는 도서(島嶼)에 대한 일본의 침입

1) 울릉도를 둘러싼 양국의 갈등

메이지 유신 이후 대외팽창의 기운을 타고 정부 정책과는 별개로 일본인의 울릉도 도항이 시작됐다. 1881년 조선의 수토관은 울릉도에 많은 일본인이 침입하여 벌목과 어채(魚採)를 하는 것을 발견했다. 조선 정부는 바로 같은 해 6월 일본 정부에 정식으로 조회(照會)하여 도항

29) 일본 해군은 울릉도에 대해서는 몇 번인가 직접 조사를 했으나, 리앙쿠르 섬에 대한 정보는 모두 영국 해군의 수로지에서 얻은 데 지나지 않는다.

금지를 요구했다. 일본 외무성은 이미 전술한 마쓰시마 개척문제로 울릉도의 조선 귀속을 확인했기 때문에 그 잘못을 인정하고 조선측에 사죄했다. 그러나 일본 정부가 어떤 구체적 수단을 취하지 않아 일본인의 울릉도 침입이 끊이지 않았기 때문에 조선 정부의 항의가 반복되었다. 그런데 일본 정부도 이것이 외교 분쟁이 될 것을 걱정하여 1883년 3월 내무성과 사법성에서 울릉도 도항을 금지하는 취지의 내달(內達)을 내렸다. 더구나 같은 해 9월 일본 정부는 이 섬에 있는 일본인을 내몰기 위해 내무성 서기관과 선박을 직접 파견했다. 그리고 주로 벌목에 종사하던 254명의 일본인 전원을 강제로 귀국시켰다. 이것이 메이지 정부의 울릉도에 관한 최초의 외교교섭이었다.[30] 이 섬에서 쫓겨난 일본인은 본래 밀출국, 밀무역의 범죄자지만 실제로는 전원이 면소(免訴)·무죄가 되었다. 이 시점에 조선 정부에 대한 배려에서 외무성이 이처럼 전원 무죄로 하는 데 이론(異論)을 주창했던 점이 주목된다.[31]

조선 정부로서는 다수의 일본인이 몰래 조선 영토에 침입한 사건이 울릉도 정책을 전환시키는 계기가 되었다. 결국 수백 년간의 공도정책을 폐지하고 반대로 적극적인 개발정책으로 전환한 것이다. 우선 1882년 5월 울릉도에 검찰사 이규원이 파견되고 그 보고[32]에 기초하여 같은 해 12월 '울릉도 개척령'을 냈다. 그리고 같은 해 도장(島長)을 두고 이민 입식(入植)정책을 시작하였다. 즉 이때부터 울릉도는 단순히 지도상의 판도일 뿐만이 아니라 조선 사회에 실질적으로 편입되어 갔다. 1883년 김옥균이 '동남제도 개척사'로 임명되어 의욕적인 울릉도

---

30) 〈朝鮮國鬱陵島へ(2)邦人渡航禁止の件〉, 《日本外交文書》 제14·15·16권.

31) 〈朝鮮國 鬱陵島へ犯禁 渡航の日本人を引戻處分一件〉 4권(〈外務省記錄〉 3824).

32) 이규원의 기록 〈울릉도 검찰일기〉에 따르면, 이 섬에 있던 일본인은 그 곳을 일본령이라고 생각하고 있었으며, '大日本國松島'라는 표주(標柱)까지 세워져 있었다. 이에 대하여 이규원은 안용복의 이야기를 들어 강개(慷慨)하고 있다. 대한공론사 편, 《독도》, 1965, pp.126~148.

개발 정책이 세워졌는데, 이는 그의 실각으로 인해 결실을 맺지 못했다. 그 후 이 섬의 행정기구는 몇 번인가 개편되어 1895년에 도장이 도감(島監)으로 변했으나 그 동안 정부의 부세 면제와 이주 장려로 인해 조선인 인구는 점점 증가했다.[33] 그리고 1900년 10월 마침내 울릉도는 군으로 승격하여 중앙에서 파견하는 군수가 임명되었다. 이처럼 울릉도는 1880년대 이후 미개의 상태로부터 차츰 정비된 조선인 사회를 형성해 나갔다. 그러나 행정기구가 본토보다 제대로 정비되지 못한 상태였기 때문에 일본의 침략을 보다 빨리 받게 되었다.

전술한 1883년의 일본인 일괄 퇴거 후에도 일본인이 각지에서 무단으로 울릉도에 도항하는 일은 끊이지 않았다. 일본인의 도항 목적은 처음에는 목재 반출이었으나 남벌로 인해 가치 있는 재목이 고갈되어 가자, 그 비중은 낮아졌다. 대신 울릉도 주변의 어장을 노린 어민의 도항이 증가하였다. 조선 정부가 일본인에게 울릉도에서 퇴거할 것을 요구한 것은 1888년, 1895년, 1898년, 1899년, 1900년 빈번히 있었는데, 이것은 일본인의 침입이 얼마나 집요했는지를 보여준다. 일본 정부의 조사에 따르면, 1900년 전후 이 섬에 머물고 있는 일본인은 약 200명 정도로 계절적으로는 천 명을 넘은 적도 있다. 그리고 도항해 온 일본인은 서서히 정착하게 되었다.[34] 또한 일본 정부의 일본인에 대한 정책도 예전과는 달라져 갔다. 전술한 바와 같이 1880년대 초기에 일본 정부는 조선 정부에 정식으로 사죄하고 그런대로 도항금지의 조치를 취했었다. 그런데 청일전쟁 이후, 일본 정부는 조선측의 퇴거 요구를 무시하였고[35] 결국에는 그들의 요구와 맞붙게 되었다.

---

33) 19세기 말, 약 2500명 정도였다.

34) 〈鬱陵島に於ける伐木關係雜件〉(〈外務省記錄〉 3532)에 실려 있는 보고서에 따른다.

35) 1899년 9월, 일본 정부는 울릉도에 있는 일본인에게 퇴거를 명령하고 있는데 이것은 대(對)러시아 정책을 위해서였다.

이것은 19세기 말이 되어 일본의 조선 침략이 전면적으로 강화된 것과 궤를 함께 한다. 같은 시기 일본에 의한 철도·광산 등의 이권획득과 통화권의 침략은 점점 노골적이 되어갔다. 이 글에 관련된 어업도 그 예외는 아니었다. 일본 정부는 1889년에 치외법권과 여러 가지 불평등 규정을 갖는 「일조 양국 통어규칙」(日朝兩國通漁規則)을 밀어붙였다. 그리고 이로 인해 일본 어선이 대대적으로 조선 연안 각지에 진출했고 강도적 난획을 했다. 그 때문에 생활을 위협받는 조선 어민과 일본 어민 사이에 충돌이 빈발한 데 대해서는 이미 많은 연구에서 밝혀져 있다.[36] 그러나 19세기 말이 되자 일본 정부는 일본인 어민의 '자주적' 통어를 기다릴 뿐만이 아니라 더욱 적극적인 정책에 착수했다.[37] 우선 1898년 「원양어업 장려법」을 실시하고 장려금에 의한 도해 어업의 발달을 도모했다. 또한 해당 행정의 최고책임자인 농상무성 수산국장 마키 나오마사(牧朴眞)는 1899년 6월부터 1개월에 걸쳐 직접 조선 연안의 상황을 시찰하며 돌았다. 그리고 그에 기초하여 같은 해 부·현마다 '한해 통어조합'(韓海通漁組合)을 조직하게 하였고 다음 해에는 그 중앙기관으로서 조선해 통어조합 연합회를 설립하게 했다. 그리고 1902년 「외국영해 수산조합법」을 제정하여 종래의 단순한 통어로부터 이주 어촌의 건설을 장려하였다. 정부 시책에 따라 각 부·현에서도 조선에의 통어에 대한 보호정책을 취했다. 요컨대 19세기 말부터 완전히 관민(官民) 일체가 되어 조선 연안의 어장에 밀고 들어온 것이다. 이러한 형태는 원래의 조선이 외국이 되어버려 조선 어민이 생활을 하고 있다는 인식은 전혀 없었다고 밖에 말할 수 없다.

울릉도 사태는 바로 그 일환이었다. 전술한 바와 같이 어기(漁期)에

36) 박구병, "한·일 근대어업 관계연구", 〈부산 수산대 연구보고〉 7권 1호, 1967, 한우근, "개항 후 일본 어민의 침투", 〈동양학〉 1호, 단국대학교, 1971.

37) 吉田敬市, 《朝鮮水産開發史》, 下關: 朝水會, 1954, pp. 165~174.

따라 천 명 이상의 일본인이 유입해 오던 시기에 거기서 무엇이 일어났겠는가. 가와카미는 울릉도에서 일본 어민의 통어는 일조 양국 통어규칙(日朝兩國通漁規則)에 따른 합법적인 것이라고 한다.[38] 그러나 실제는 그 불평등조약에 비추어 보더라도 울릉도에서의 일본인의 활동은 정당화될 수 있는 것은 아니다. 왜냐하면 그들은 이 규칙에 기초한 통어세를 납부하지 않은 밀어자였기 때문이다. 만약 규칙대로 일본 어민이 울릉도에 통어한 것이라면, 우선 매년 부산영사를 통해 조선의 해관에 통어세를 지불하고 동시에 면장(免狀)을 받아야 한다. 또한 무역규칙에 따라 포어(捕漁) 수출세를 지불해야 한다. 울릉도에 진출하고 있던 일본 어민이 그런 절차를 밟지 않았음은 해당 부산영사가 이 섬의 일본인을 완전히 장악하고 있지 않았던 것을 보아도 명확하다. 일본측의 대다수 사료에서 보이듯이, 그들은 일본의 각 항구에서 직접 이 섬에 와서 고기를 잡다가 고기잡이가 끝나면 다시 각각의 항구로 돌아갔던 것이다. 울릉도에서의 일본인의 어업은 불평등조약에 비추어도 부당한 것이다. 이 점은 이 섬의 목재벌채와 수출에 대해서도 마찬가지로 일본인의 초기 벌채가 모두 도벌임은 명백하다. 후에 일본인은 현지의 조선인에게 약간의 대가를 지불한 적이 있는 듯하지만, 이 섬은 원래 개항장이 아니므로 수출을 할 수 없다. 즉 일본인의 재목 반출은 전부 탈세이고 밀수였던 것이다. 더욱이 거류지가 없이 이 섬에 있는 일본인은 모두 불법 거주자였다. 즉 이 시기 울릉도에 있던 일본인의 활동은 어떤 점에서 보더라도 불법 부당한 침략행위였다.

관련된 법적인 문제에 한정되지 않고, 실제로 울릉도에 침입해 온 일본인과 조선인의 충돌은 빈발했다.[39] 오늘날 두 민족의 분쟁이 널

---

38) 가와카미, 앞의 책, pp. 198~199.

39) 일본 관리의 보고로는 울릉도의 두 민족의 관계가 평온하다고 한다. 그러나 그것은 정부가 그와 같은 보고를 갖고 돌아가도록 지시한 것이므로 신뢰할 수 없다. 林權助, "日韓官吏 鬱陵島出張に關する件"(〈外務省記錄〉 3532).

리 알려지게 된 것은 이 섬의 도감 배계주의 고발 때문이다. 그에 따르면, 일본인은 매년 이 섬에 와서 도검과 총포를 휴대하고 섬 안을 마구 누비며 인민을 협박하고 부녀자를 희롱하고 물품을 빼앗는 등 불법행위를 저질렀고, 이 때문에 도민(島民)이 매우 괴로움을 느끼는[40] 상태였다. 배계주는 1898년 7월 일본에 건너가 시마네, 돗토리 경찰에 일본인의 폭행을 단속해줄 것을 요구했고 마쓰에 지방재판소에도 일본인 몇 사람을 재목 도벌과 절취를 이유로 고소했다. 이 사건을 조사한 일본 검사에 따르면 (일본인 다수가 살면서 그들의 세력은 도민을 억누르고 끝없는 횡포를 부려 거의 무정부 상태로) "때때로 폭력으로 조선인을 위협하는 무리도 있어 장차 그 세력이 뻗어나가면 어떤 일이 일어날지 추측하기 어려운"[41] 상태였던 것이다.

도감 배계주는 조선의 중앙 정부에도 현지 사태를 자세히 보고했기 때문에 양국 정부 간에 외교문제가 되었다.[42] 이 섬에서의 분쟁은 〈황성신문〉이 자주 보도하였다. 조선 정부가 재차 이 섬에서의 일본인 퇴거를 요구한 데 대해, 일본 정부는 그러한 분쟁은 존재하지 않는다는 입장을 취했다. 그러므로 현지 상황을 조사하기 위해 1900년 6월에는 조선의 내부 시찰관 우용정과 부산영사관보 아카쓰카 마사스케(赤塚正助)가 합동으로 출장조사를 하기까지 했다. 그러고서도 결착되지 않았기 때문에 조선 정부는 분쟁의 유무와는 상관없이 조약에 기초하여 이 섬에서 일본인이 퇴거할 것을 재삼 요구했다. 일본 정부는 일본인의 울릉도 재류가 조약 규정 외라는 점은 인정하면서도 일본 정부가 직접 퇴거시켜야 한다는 책무도 없다고 반박했다. 그리고 더구나 십수 년 동안 일본인의 울릉도 재류를 묵인해 온 것은 조선 정부의 책임이라고 하며 거꾸로 기성 사실을 인정하여 거주를 허락해줄

40) 《日本外交文書》 제 32권, pp. 287~288.

41) "本邦人の渡航並在留取締の件"(〈外務省記錄〉 3532)

42) 〈鬱陵島 伐木特許に關する件〉(《日本外交文書》 제 32권)

것을 요구했다.

그 후에도 울릉도의 분쟁을 둘러싸고 양국 정부의 응수가 되풀이되었다. 그리하여 1901년 12월 하야시(林) 공사는 분쟁의 빈발을 역으로 이용하여 재류 일본인 단속이라는 명목하에 울릉도에 일본인 경찰관을 주재시킬 것을 제안했다.[43] 물론 조약상 일본인 경찰관이 이 섬에 상주할 권리는 없지만, 조선 정부가 이 섬의 일본인을 퇴거시킬 힘이 없기 때문에 오히려 일본인 경찰관을 파견함으로써 현지의 분쟁을 처리하고자 한 것이다. 이는 분명 강도 같은 논리지만 잦은 분쟁으로 곤란을 겪고 있던 조선 정부가 적극적으로 반대하지 못하는 사이에 일본은 강력히 실행에 옮겼다. 1902년 3월, 부산 영사관에 있는 일본인 경부(警部)와 순사 네 명이 이 섬에 파견되었고 이후 상주하게 되었다. 이들 일본인 경찰관은 일본 법령에 의거하여 일본인의 보호 단속을 한다고 했지만, 무장한 그들이 침략 현장에서 어떤 역할을 할지는 명백했다. 경부의 단편적인 보고에도, 그들이 일본인의 목재 밀수를 저지하려는 군수 심흥택과 대립하며 밀어붙이는 모습이 나타난다.[44] 1904년에는 울릉도에 일본의 우편 수취소가 설치되었고, 나아가 이 섬과 일본의 사카이(境)·하마다(浜田)와의 항로마저 열리고 있었다.[45]

이상을 요약하자면, 러일전쟁 직전의 단계에서 일본 정부의 지원을 받은 일본인 세력은 울릉도에서 이미 강고한 지위를 획득했다. 일본인 경찰관의 보호하에 다수의 일본인이 공공연히 불법으로 거주하며 목재를 몰래 수출하고 몰래 고기잡이를 했던 것이다. 요컨대, 울릉도는 조

43) "鬱陵島 警察官 駐在所 設置 一件"(〈外務省記錄〉 3532).

44) 警部 有馬高孝, "1903年 4月 28日付 報告書"(〈外務省記錄〉 3532).

45) 울릉도에 있는 일본인 대부분은 시마네현 사람으로 거의 다 오키 섬 출신이었다. 또한 재류(在留) 일본인 대(對)조선인 비율은 전 조선 1위로, 울릉도는 일본인이 이주하기에 가장 좋은 곳이었다(吉田敬市, 앞의 책, pp. 469~470).

선의 변경(邊境)이었기 때문에 본토보다 빨리 일본 제국주의에 의해 주권을 침해받아 지배당하게 된 것이다.

2) 일본인에 의한 다케시마 어업

일찍이 17세기에 그랬듯이, 일본인이 울릉도에 도항하여 진출하게 되자 그와 더불어 독도도 다시 이용되었다. 이는 후에 영토편입의 근거가 되었다. 이 섬의 실효적 경영의 실태를 살펴보자.

19세기 말 이후, 산인(山陰)지방의 일본 어민이 울릉도에 와서 고기잡이를 하자, 도항 도중 독도에 들러 조업하는 일이 다소 생겼다.[46] 이는 당시 일본 어민의 회상으로 확인할 수 있다.[47] 오키노시마(隱岐島) 사이고쵸(西鄉町)의 나카이 요자부로(中井養三郎)도 그런 통어자의 한 사람이었다. 나카이는 러일전쟁 직전 가죽과 기름 값이 급등하는 것을 보고 독도에 무리지어 서식하는 강치에 주목하게 되었다. 그리고 그는 과거에 여가를 이용해서 하던 어패류 채집이 아닌 본격적인 강치잡이를 1903년부터 이 섬에서 개시한 것이다.[48]

20세기 초두의 다케시마 어업에 관한 일본해군 수로부편《조선 수로지》제 2 개정판(1907년)의 내용은 다음과 같다.[49]

> 다케시마〔Liancourt rocks〕, 한인(韓人)은 이를 독도(獨島)라고 쓰고 우리나라 어부는 량코 섬이라고 말함 … 메이지 37년(1904년—역자) 11월 군함 쓰시마(對馬)가 이 섬을 실사(實査)할 때는 동쪽

---

46) "전복(鮑) 잠수기 업자가 울릉도에 출어하는 도중 기항하여 2~3일간 잡는 곳으로 울릉도 출어 중 쾌청한 날을 계산하여 2~3일간 도항하기도 한다"(奧原福市,《竹島及鬱陵島》, 1907, p. 11).

47) 가와카미, 앞의 책, pp. 200~208.

48) 中井養三郎, "領土編入並に貸下願"(〈外務省記錄〉 1417).

49) 《조선 수로지》, pp. 451~457.

> 섬에 갈대로 엮은 어부용 움막이 있었으나 풍랑 때문에 심히 파괴되어 있었다고 한다. 매년 여름이면 강치를 잡기 위해 울릉도에서 도래하는 자가 수십 명을 넘을 때도 있다. 그들은 섬 위에 움막을 짓고 매번 약 10일간 임시로 거주한다고 한다.
> 울릉도, 일명 마쓰시마(Dagelet island)… 주요 어업은 전복 채취로 매년 다량의 마른 전복을 수출한다. 강치라는 바다짐승은 이 섬보다 동남쪽인 다케시마에 서식해 메이지 37년경부터 도민이 그것을 잡기 시작했다. 포획기는 4월부터 9월까지의 6개월간으로 현재 여기에 종사하는 어선 3조(組)(조당 평균 약 5마리를 잡는다)가 있다. 또 일본 사람이 채취하는 전복은 잠수기(潛水器) 2개 및 기선(汽船) 2척을 사용하고 있으며 그 채취량은 하루 평균 1,130근이라고 한다.

일찍이 이 문장 속에 나오는 '울릉도에서 도래한 자'가 일본인인지 조선인인지를 둘러싸고 한·일 정부 간에 논쟁이 있었다. 이 짧은 문장만으로는 판단할 수 없기 때문에 한층 더 기초가 되는 자료를 살펴보자. 위에 기술한 기초 사료는 군함 니타카(新高)와 군함 쓰시마의 보고인데, 여기서는 전자가 더 중요하다. 군함 니타카의 1904년 9월 25일자 일지에 "마쓰시마에서 '리앙쿠르 암'을 직접 본 자로부터 들은 정보"라고 명기하여 다음과 같이 기록되어 있다.50)

> '리앙쿠르 암(巖)', 한인(韓人)은 이를 독도(獨島)라고 쓰고 우리나라(일본) 어부들은 줄여서 '량코' 섬이라고 부른다. 두 섬 사이는 배를 묶을 수 있을 만큼 넓으나 작은 배라면 땅 위로 끌어올리는 것이 보통이다. 이 섬에 풍랑이 강하게 몰아칠 때는 대개 마쓰시마로 순풍을 타고 피난 간다고 한다. 마쓰시마에서 건너와 해마(海馬) 사냥에 종사하는 자는 670석을 실을 수 있는 화선(和船: 일본 재래의 목조선 — 역자 주)을 사용한다. 섬 위에 움막을 짓고 매회 약 10일간 체재하며 큰 소득을 올린다고 한다. 또 그 인원이 4~50명을 넘

50) 《軍艦 新高行動日誌》(방위청 전사부 소장).

을 때도 있으나 담수(淡水)가 모자란다는 보고는 없다.

또 하나의 사료로서는, 해군의 모든 보고와 1905년 8월 시마네 현지의 다케시마 시찰보고 등에 기초하여 쓴 지리학자 다나카 아카마로(田中阿歌麻呂)의 논문에 다음과 같이 되어 있다.[51]

> 동쪽 섬에는 갈대로 지은 임시 움막이 있고 이 움막은 나카이 요자부로(中井養三郎) 씨 등 다케시마 어업회사의 소유로 되어 있다. (지난 1905년 8월 8일의 폭풍으로 움막과 어선 등 모든 것이 휩쓸려 사라졌다.) 이것은 바다표범 [海豹] 사냥을 목적으로 여름철에 이 섬에 오는 어부들이 사용하는 것이지만 지금은 현저히 파괴되어 겨우 흔적만 남아 있는 정도이다… 출어자는 울릉도를 근거지로 해서 670석짜리 화선(和船)을 사용해… 사냥이 끝난 후, 또는 풍랑이 강해 배를 묶어두기 어려울 때는 곧바로 순풍을 타고 울릉도로 피난했다.

다나카 논문에는 다케시마 영토편입 후의 기술도 포함되어 있다. 어쨌든 이상의 사료들을 합쳐 읽어보면 1903년 경부터 독도에서 시작된 강치잡이를 담당했던 중심이 일본인이라는 것은 명백하다. 다만, 이 강치잡이에 조선인이 전혀 관계되지 않았을 리는 없다. 앞서 언급한 《조선 수로지》는 '울릉도' 항목에서 일본인과 조선인을 확실히 분류하고 있으면서, 독도에 출어한 자만을 '도민'이라고 기술하고 있다. 가와카미도 일본인에게 고용되었다는 단서를 달고 있지만 조선인이 독도의 강치잡이에 참가하고 있었다는 사실은 인정한다.[52] 그렇다면 조선인도 약간은 참여하였다 해도 이 시점에서 강치잡이에 종사하고 있던 자가 일본 어민이라는 것은 의심의 여지가 없다.

오히려 보다 주목해야 할 것은 나카이 요자부로 일행인 일본 어민이

---

51) "隱岐國竹島に關する地理學上の知識", 〈地學雜誌〉 210호, 1906.

52) 가와카미, 앞의 책, pp. 188~190.

울릉도 '도민'으로 적혀 있는 사태이다. 그들은 울릉도에 주거지를 갖고 그곳을 근거지로 하여 독도에 출어하고 폭풍우가 다가오면 곧바로 돌아오는 상태였다. 즉 이들 일본 어민의 독도 어업이라는 것은 앞 절에서 본, 일본인의 울릉도 침입이라는 역사적 조건하에서만 비로소 성립할 수 있었던 것이다.

그렇다면 당시 울릉도의 조선인은 독도와 어떤 관련성을 갖고 있었는가. 가와카미의 집요한 부정에도 불구하고 울릉도에서 독도를 볼 수 있고 조선인이 독도를 잘 인지하고 있었다는 것은 이미 언급했다. 그리고 일본이 독도를 영토편입하기 이전에 조선인이 독도라는 호칭을 사용하고 있었다는 것도 군함 니타카의 보고로 볼 때 명백하다.[53] 가와카미는 일본이 독도를 영토편입하기 전에 울릉도의 조선인이 이 섬을 이용하고 있었을 가능성을 부정하기 위해, 조선인들은 어업을 잘 몰랐다고 주장한다. 가와카미는 주로《한국 수산지》에 의거하여 울릉도의 조선인이 어업을 시작한 것은 일본인이 그들에게 오징어잡이를 가르친 1907년 이후라고 한다. 또한 전복을 채취하는 것은 일본인만 했으며 조선인으로 그 일에 종사한 자는 없었다고 한다. 그 때문에 설령 조선인이 독도의 존재를 알 수는 있었다 해도 그들이 출어(出漁)하는 일은 있을 수 없는 일이라고 단정 지었다.[54] 그러나 가와카미의 이런 주장은 그 자신이 이용한 사료에 의해 뒤집어졌다. 예컨대, 앞에 게재한 해군의《환영 수로지》(寰瀛水路誌) 제 2권 제 2판은 울릉도에 대해 다음과 같이 기술한다.[55]

---

53) 위 사료에 '독도라고 쓴다'라고 되어 있어 식자 계급인 군수층까지 독도를 인지하고 있었다는 것을 나타낸다. 다만 서적 중에는 우산도라는 호칭도 여전히 사용되고 있다.

54) 가와카미, 앞의 책, pp. 177~187.

55)《환영 수로지》, p. 400.

> 물산으로는 전복(鮑鱅) 등의 어류가 많고 야채도 있다… 봄, 여름철에는 조선인이 이 섬에 와서 조선형(朝鮮形) 배를 만들어 그것을 이용하여 물산을 본토에 보내고 다량의 갑각류를 모아 말린다.

또한 1899년 9월, 울릉도에 파견된 외무 서기생 다카오 켄조(高雄謙三)의 보고에 따르면,[56]

> 현재 토착민의 인구는 2천여 명, 5백여 세대로 농부와 어부가 각각 절반이다. 또 배를 만든다는 목수들도 있다.

라고 되어 있다. 그 밖에 19세기 중반부터 20세기 초두까지의 유럽과 일본 문헌에서 울릉도 조선인의 어업, 특히 전복잡이에 대해 기술한 문헌은 매우 많다.[57] 이들 모두를 무시하는 것은 매우 자의적인 것이다. 가와카미는 당시 조선의 항해 기술의 유치함을 들고 있는데 울릉도와 독도보다 훨씬 원거리인 울릉도와 조선 본토 사이를 해마다 많은 조선인이 왕래하고 있었다. 전복 채취를 생업으로 하는 조선 어민이 보이는 섬에 전복이 풍부한 것을 보고 출어하는 것은 매우 자연스런 일이다. 그리고 앞에서 기술한 일본 어민의 다케시마 출어 회상과 같이, 조선에서도 울릉도의 노인이 직접 독도에 출어했던 경험을 증언한 것이 있다.[58]

---

56) 高雄謙三, "1899年 10月 3日付復命書"(〈外務省記錄〉 3532).

57) Blakeney, William., R. N. "On the Coasts of Cathay and Cipango, forty years ago", London 1902. Griffis, William Elliot "Corea, the Hermit Nation" London, 1905.

58) 1883년경 울릉도에 이주한 홍재현(1862년생)은 "개척 당시 울릉도인은 곧바로 독도를 발견하고 미역과 전복 또는 강치를 잡기 위해 자주 독도에 출어하였고 자신도 수십 차례 왕래하였다"고 회상한다. 대한공론사, 《독도》, p. 30, 강원도와 울릉도의 조선인이 강치를 잡고 있었던 것에 대해서는 《五洲衍文長箋散

그러나 이와 같은 울릉도 조선인의 어업은 많은 일본 어민이 침입함에 따라 급격하게 압박당했다. 《한국 수산지》 안에 "전복은 일본인이 채취하는 일을 담당했고 울릉도민은 이에 종사하는 자가 없었다[59]"는 기술은 일본인이 잠수기(潛水器)와 같은 신식 기술로 조업함으로써 예전에 전복잡이에 종사하던 조선 어민이 구축(驅逐)되어가는 양상을 보여준 것뿐이다.[60] 이처럼 울릉도 지역의 어장조차 대부분 일본인에게 빼앗긴 상태에서 그보다 떨어진 작은 섬에서 어업권을 다투는 일은 문제로 되었을 리가 없을 것이다. 1903년부터 독도에서의 강치잡이를 일본인이 주도하게 된 것은 오히려 당연한 일이었다.

실효적 경영이라는 개념을 형식적으로 적용한다면, 영토편입 직전의 독도에서 일본측이 우위였던 것은 명백하다. 그러나 역사적으로 보면 원래 제국주의라는 것은 국경을 넘어 '경영'을 행하는 것이다. 20세기 초엽 일본인에 의한 독도 경영이라는 것은 정부의 침략정책을 배경으로 하여 일본인이 울릉도를 진출한 가운데 그 일부로 발생한 것이다.[61] 그들의 행위가 영토편입의 근거로 정당화되는 것은 독도가 완전히 무주지이며, 또한 당시 일본 제국주의의 침략에 직면해 있던 조선 정부와 민중이 일본의 영토편입 조치에 이론(異論)을 주창하지 않은 경우에 한정될 것이다. 전자의 조건이 없었음은 이미 밝혔으며, 후자에 대해서는 다음 장에서 검토하기로 한다.

나카이 요자부로가 독도에서 강치잡이를 시작한 것은 1903년이었으나, 다음 해가 되자 많은 경쟁자가 섬에 와서 남획했기 때문에 이 섬

稿》(상), 1957, p.655 참조.

59) 한국 상공부 편, 제2집(1910), p.715.

60) 울릉도에서의 한일 간의 어장 분쟁에 대해서는 박구병, "19세기말 한일 간의 어업에 적용된 영해 3해리 원칙에 관하여"(〈韓日硏究〉 1호, 1972)를 참조.

61) 독도와 울릉도의 관계는 그 후 점점 긴밀해져 1930년대에는 울릉도에서 매년 40명(그 중 일본인 2~3명)이 독도에 출어하고 있었다. 外務省 編, 《竹島漁業の變遷》, 1953, 17, pp.36~37.

의 강치는 급격히 감소되었다. 그러므로 나카이는 경쟁자를 배제하고 이 섬의 어장을 독점하고자 그 공작을 위해 도쿄로 출발한 것이다.

4. 일본의 다케시마 영토편입

1) 일본 정부의 군사적 요청

러일전쟁이 발발하자 일본 정부는 전쟁 수행의 전략적 입장에서 이전의 나카이 요자부로가 개인적으로 품은 의혹과는 전혀 다르게 독도에 대해 새로운 이용가치를 발견하게 되었다.

일본 정부는 개전(開戰) 전 이미 "한국에 관해서는 어떤 경우에도 실력으로 우리의 권세 아래 두지 않을 수 없다"고[62] 각의에서 결정하였고, 또한 '한일의정서'에서는 "군사 전략상 필요한 지점을 임시로 수용한다[63]"는 것을 조선 정부가 인정하게 했다. 그리고 실제로는 어떤 조약에도 근거가 없는 군사적 지배를 조선 전 지역에서 전개해간 것이다. 이 글에서는 해군의 군사시설을 중심으로 살펴보겠다. 일본은 개전 전에 국내에서 군용 전신선과 망루 정비를 진행하고 있었는데 개전과 함께 그 시설을 조선에도 확대하였다.

1904년 6월 러시아의 블라디보스토크 함대가 조선 해협에 출현하여 일본 수송선을 차례로 침몰시키자 이 해역에서의 긴장이 단번에 고조되었다. 일본 해군은 규슈·혼슈 서부 지방의 연안 각지와 병행하여 조선 동남부의 죽변만, 울산, 거문도, 제주도 등에 망루를 건설하고 그것들을 해저 전신선으로 연결했다. 조선 안의 망루는 약 20개소에

---

62) 外務省 編, 《日本外交年表竝主要文書上卷》, 1965, pp. 217~219.

63) 外務省 編, 《日本外交年表竝主要文書上卷》, 1965, pp. 223~224.

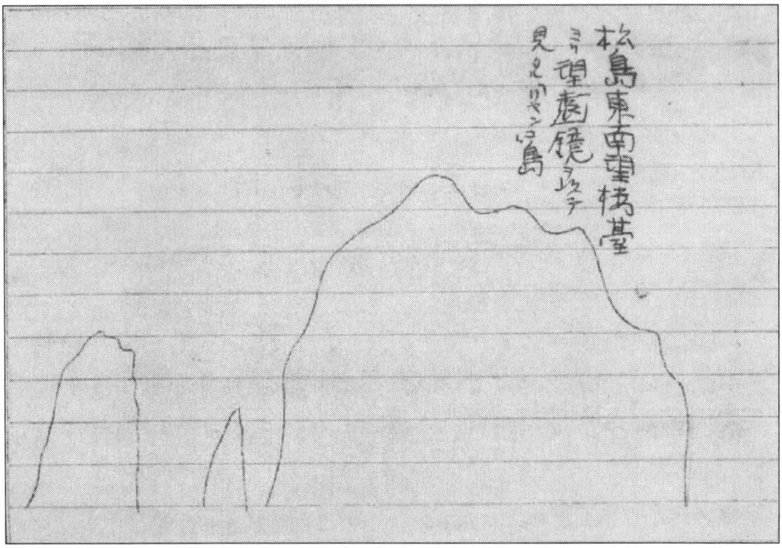

일본 군함 니타카(新高)의 1904년 9월 25일자 〈행동일지〉에 그려진 독도의 모습. "마쓰시마(울릉도) 동남 망루대에서 망원경으로 본 량코 섬(독도)"이라고 적혀있다.

이르렀으며, 그들은 일방적이며 강제적인 군사점령이었다.[64] 그리고 그 조치의 일환으로 7월 5일 울릉도에 망루를 건설하였고 망루와 조선 본토의 일본 해군 정박지인 죽변만 사이를 군용 해저 전신선으로 연결하기로 결정하였다. 울릉도의 망루는 동남부(마쓰시마 동망루, 배치 인원 6인)와 서북부(마쓰시마 서망루, 배치 인원 6명)의 2개소에서 8월 3일에 건설에 착공, 9월 2일부터 활동을 시작했다. 해저 전신선은 9월 8일부터 블라디보스토크 함대의 위협을 받으면서 부설공사가 진행되어 같은 달 25일에 완성되었다.[65] 이에 울릉도 망루는 조선 본토를 경유하여 사세보(佐世保)의 해군 진수부(鎭守府)와 직접 교신할 수 있게 됐다. 그리고 울릉도에서 일본군이 주둔한다는 것은 이미 이전부터

64) 海軍軍令部 編, 《極秘明治37: 8年海戰史》 4部 4卷, pp. 1~27, 218~276.
65) 위의 책, pp. 48~57.

일본인이 우위를 점한 이 섬에서 조선측의 주권이 한층 더 심하게 침해된 것을 의미한다.

일본 해군은 울릉도에서 일련의 공사와 보급 활동을 하던 중 이 해역에서의 초계(哨戒) 활동으로 인해 인접한 독도에 대해서도 많은 정보를 얻게 되었다.[66] 즉 나카이 요자부로가 정부에 제의하기 전에 이미 해군은 독도의 이용가치에 대해 주목하였다. 그리고 일본 정부가 공식적으로 이 섬의 영토편입을 결정하기 전에 해군은 행동을 시작하고 있었다. 1904년 11월 13일, 해군 군령부는 군함 쓰시마에 대해 "'리앙쿠르' 섬이 전신소(무선 전신소가 아니다) 설치에 적합한지의 여부를 시찰할 것[67]"을 명했다. 즉 울릉도와 해저 전신선으로 연결되는 망루 건설의 가부에 관한 조사이다. 군함 쓰시마는 같은 달 20일 리앙쿠르 섬으로 향했는데, 이것이야말로 일본 정부에 의한 최초의 독도 조사였다. 그리고 쓰시마호의 함장은 지형적 어려움은 있지만, 이 섬이라면 건조물 구축이 가능할 것이라고 보고했다.[68] 결국 일본 정부가 이 시기 독도에 대해 갖고 있던 관심은 바로 군사적 이용가치 밖에는 없었던 것이다.

독도에서는 겨울철 건설공사가 절대 불가능하므로 실제로는 착공되지 않은 채 발틱함대와 결전(決戰)을 맞이하였다. 그런데 그 '일본해 해전'에서 울릉도와 독도 주변해역이 하나의 주 전쟁터가 됨으로써 독도의 군사적 가치가 또다시 높게 평가되었다.[69] 해군은 해전 직후인 5월 30일에 계획을 세워, 6월 13일에 군함 하시다테(橋立)를 이 섬에 파견했고, 더 상세한 조사를 실시하게 했다.[70] 그런 후인 6월 24일

66) 앞의 군함 니타카(新高)의 보고는 울릉도의 전신선 부설공사 때의 것이다.

67) 《軍艦對馬戰時日誌》(방위청 전사부 소장).

68) 앞의 책, 《極秘明治37~8年海戰史》, 備考文書, pp.366~367.

69) 다케시마(독도)라는 명칭이 일본 국내에 널리 알려지게 된 것은 이 해전의 보도에 따른 것이다.

울릉도와 독도를 포함한 동해 동일 수역의 종합시설계획을 세웠다. 그 계획이라는 것은 우선 울릉도 북부에 하나의 대규모 망루(마쓰시마 북 망루 배치 인원 9인)와 무선 전신소를 건설한다는 것이었다. 또한 독도에 현안(懸案)인 망루(배치 인원 4인)를 건설하고 두 섬의 망루를 해저 전신선으로 연결한 후에 그 전신선을 오키의 망루까지 연장한다는 계획이었다. 이는 한국의 국경 등은 전혀 의식하지 않은 일본의 군용 시설이다. 울릉도의 새 망루는 7월 14일에 기공하고 8월 16일부터 활동을 시작했다. 독도의 망루는 7월 25일에 착공하고 8월 19일부터 활동에 들어갔다. 해저 전신선은 9월에 양국 간 강화(講和)가 성립했기 때문에 당초 계획이 변경되어 독도와 오키 사이가 아니라 독도와 마쓰에(松江) 사이에 부설되었다. 이 공사는 10월 말에 개시되어 울릉도에서 독도를 거쳐 11월 9일 마쓰에와 연결되는 것이 완료되었다.[71] 결국 1905년 조선 본토(죽변)에서부터 울릉도, 독도, 마쓰에로 이어지는 일련의 군용 통신선 체계가 완성된 것이다.

이상을 요약하자면, 일본 정부에서 동해 안의 독도라는 섬은 군사적인 이용대상에 지나지 않았다. 또한 그것은 당시 조선 각지에서 행해진 군사적 점령과 밀접하게 연결되어 있었다.

2) 일본 정부 관료의 판단

1904년 초 가을, 나카이 요자부로는 독도에서의 어업권을 독점하기 위해 일본 정부에 요청할 계획으로 도쿄로 향했다. 당시 나카이가 이 섬의 귀속에 대해 어떻게 인식하고 있었는가는 그가 현지 상황을 가장 잘 아는 입장에 있었기 때문에 매우 중요하다. 시마네현 교육회 편 《시마네현지》(島根縣誌, 1923년)는 다케시마(竹島) 항(項)에서 "메이

70) 《橋立戰時日誌》(방위청 전사부 소장).

71) 海軍軍令部 編, 앞의 책, pp. 20~21, 93~95.

지 37년(1904) 각 방면에서 경쟁적으로 남획하여 여러 가지 폐해가 발생했다. 이때 나카이는 이 섬을 조선 영토라고 생각하여 농상무성을 통해 조선 정부에 대하(貸下) 청원을 하려고 상경했다. (방점 인용자)" 라고 기술하고 있다. 일찍이 한일 양국 간의 논쟁에서 일본 정부는 이 사료의 기술을 편자(編者)의 오해였다고 정리했다.[72] 과연 그러한가.

다케시마가 영토편입되는 경과에 대해 나카이 자신이 기술한 사료가 두 개 있다. 하나는 1906년 3월 25일, 오쿠하라 후쿠이치(奥原福市)가 나카이로부터 청취한 기록이다. 오쿠하라 후쿠이치가 쓴 《죽도급울릉도》(竹島及鬱陵島) 중에 '나카이 씨 이야기'(中井氏談) 라고 하여 다음과 같이 명기되어 있다.[73]

> 나카이 요자부로 씨는 량코 섬을 조선의 영토라고 믿고 조선 정부에 대하 청원할 결심을 하고서는 1904년 어로기가 끝나자마자 곧바로 상경해서 오키 출신인 농상무성 수산국원 후지타 칸타로(藤田勘太郎) 씨에게 마키(牧) 수산국장을 만나게 해달라고 부탁한 적이 있다. 마키 수산국장은 이에 찬성, 해군 수로부로 하여금 량코 섬의 소속을 확인하도록 했다. 나카이 씨는 곧 기모쓰키(肝付) 수로부장과 면회하여 이 섬의 소속은 확실한 증거는 없으나, 특히 일한 양국이 본국에서의 거리를 측정하면 일본 방향으로 십리가 가깝고 더구나 일본인이 이 섬의 경영에 종사하는 자가 있는 이상 일본령에 편입하는 것이 당연하다는 이야기를 들었다. 이에 나카이 씨는 의사를 결정하여 량코 섬 영토편입 및 대하원(貸下願)을 내무, 외무, 농상무 세 성의 대신에게 제출하였다… 그 후 나카이 씨는 내무성 지방국에 출두하여 이노우에(井上) 서기관에게 사정을 진술하였다. 또한 같은 고향의 구와타(桑田) 법학박사(귀족원 의원 — 역자)의 소개로 외무성에 출두하여 야마자(山座) 정무국장을 만나 이런 시도

72) 外務省 編, 〈海外調査月報〉, 1954年 11月號, p. 68.

73) 奥原碧雲(福市), "竹島沿革考"(〈歷史地理〉 8卷 6號, 1906, pp. 27~32)에도 같은 문장이 있다.

> 를 했다. 구와타 박사도 크게 힘을 써주어 결국 시마네현청의 의견을 요구하게 되었다. 이에 대해 시마네 현청에서는 오키도청의 의견으로 상신한 결과, 드디어 각의에서 영토편입을 결정하였고 량코 섬을 다케시마라고 명명하기에 이르렀다.

이 사료로 다음과 같은 사실을 분명히 알 수 있다. 첫 번째로 나카이는 독도를 명확히 조선령으로 믿고 있었으며, 조선 정부에 이 섬에 대하 청원을 하고자 했다는 것이다. 두 번째로 이를 무주지의 영토편입 청원으로 변경시킨 것은 바로 일본 정부였다는 점이다.

또 하나의 사료는 나카이가 오키 도청에 제출한 이력서이다. 그 부속서류에 '다케시마 경영의 개요'로서 다음과 같이 기술되어 있다.[74]

> 본도가 울릉도에 부속된 한국 영토라고 생각하고 있었기에 장차 통감부에 출두하여 도모할 일이 있어 상경하여 여러 가지 획책하던 중, 당시 수산국장 마키 나오마사(牧朴眞) 씨의 주의로 반드시 한국령에 속하는 것은 아닐지도 모른다는 의심이 들었다. 조사 때문에 여러 가지로 분주하던 끝에 당시 수로부장인 기모쓰키 장군의 단정으로 이 섬이 완전히 무소속임을 확인했다. 이에 경영상 필요한 이유를 구체적으로 진술해 이 섬을 우리나라 영토로 편입한 후에 다시 빌려달라는 내용으로 내무, 외무, 농상무 세 대신에게 청원하였고 원서를 내무성에 제출했다. 그러나 내무성 당국자는 이런 시국에(러일전쟁 중) 한국령이라는 의심이 있는 황량한 일개 불모의 암초를 차지하여, 감시하고 있는 여러 외국으로 하여금 우리나라가 한국 병합의 야심이 있는 듯 의심을 키우는 것은 이익은 매우 적은 데 비해 사태 해결은 용이하지 않다고 하고, 아무리 설명을 해도 기각될 것이라고 말하였다. 한참 있다가 좌절해서는 안 된다는 생각에 나는 즉시 외무성으로 달려가 당시 정무국장이던 야마자 엔지로(山座圓

74) 島根縣廣報文書課 編, 《竹島關係誌料》 1卷, 1953. 이 문서는 이력(履歷)의 끝에서 볼 때 1910년 것으로 생각된다.

> 次郎) 씨에게 강력히 주장하였다. 그가 지금이야말로 영토편입을 서두를 필요가 있으며 망루를 세워 무선 또는 해저전신을 설치하면 적함(敵艦)의 감시상 매우 유리할 뿐만 아니라 특히 외교상으로는 내무성과 같은 염려를 할 필요가 없으니 서둘러 청원서를 외무성에 회부하라고 했으므로 나는 기가 살아났다. 이와 같이 하여 다케시마는 결국 본방 영토에 편입되었다.

이 사료는 다케시마를 영토편입한 지 수년이 지났기 때문에 조선 정부라고 해야 할 것을 통감부라고 착각하고 있다. 그러나 이것은 나카이 본인이 쓴 것이므로 일본 정부의 대응하는 모습이 한층 더 구체적으로 적혀 있다. 앞의 사료와 합쳐 중요한 점을 들면, 다음과 같다.

첫 번째로 다케시마의 영토편입에 내무성 관료가 명확히 반대하고 있었다는 점이다. 즉 전술한 바와 같이 1877년 내무성은 다케시마=독도를 울릉도와 함께 조선령으로 확정하였으며, 그 기록과 지식이 내무성 관료에 계승되어 있었다. 게다가 일본이 조선 침략을 개시한 이 시점에도 그들은 이 섬을 무주지로 단정하는 데는 더더욱 주저하고 있었던 것이다.

두 번째로 관련된 내무관료의 망설임을 물리치고 영토편입으로 몰고 가는 역할을 한 자들은 마키 나오마사, 기모쓰키 카네유키, 야마자 엔지로였다. 이 세 사람의 궤적은 매우 흥미롭다. 마키 나오마사는 이미 말한 것처럼 오랫동안 농상무성 수산국장으로 수산 행정의 최고 책임자였으며 정체해 있던 일본 어업을 도해어업으로 발전시키는 데 힘을 다한 인물이었다.[75] 그러나 그의 정책은 일본 어민이 조선 연안에 침입하여 세력을 확대할 것을 촉진하는 행정시책이었다. 기모쓰키 카네유키는 일관되게 해군 수로부에 재직하면서 일본 수로행정을 확립시킨 전문관료였다. 수로부라는 것은 평소에는 일반적인 수로정보의 정비에

75) "8年も勤めた水産局長 牧朴眞", 〈水産界〉 975號, 1966.

종사하지만, 일단 전시(戰時)가 되면 직접 군사행동에 필요한 정보를 제공하는 전략기관이 된다. 러일전쟁 당시, 기모쓰키는 수로부장으로서 조선, 만주 연해에서의 군사 전략 수행을 위한 작업에 몰두했다.[76] 외무성 정무국장 야마자 엔지로는 현양사(玄洋社)[77]의 영향을 강하게 받아 외무성 안에서 고무라 쥬타로(小村壽太郎)와 함께 대외 강경·대륙진출 정책의 추진자로 알려져 있었다. 또한 국장에 취임하기 전, 그 자신이 오랫동안 조선의 영사관과 공사관에서 일본의 이권 획득을 획책하는 데 분주한 인물이었다.[78] 이들 관료가 강행한 영토편입에서 조선의 주권과 주장 등을 고려하지 않았음은 당연한 일이다.

세 번째로 영토편입의 이론이 밝혀져 있다는 점이다. 1904년 시점에 독도가 완전히 무소속이라는 기모쓰키의 주장은 전술한 바와 같이 해군 수로부의 종래의 인식과는 분명 다른 것이었다. 그럼에도 불구하고, 나카이가 전년부터 이 섬에서 어업을 시작했다는 사실을 들어 '무주지 선점'이론의 적용을 제안했던 것이다. 그러나 이것은 어디까지나 표면적인 이론에 지나지 않고 일본 정부를 진정 자극한 것은 야마자의 발언에도 있듯이 러시아 함대에 대항하기 위한 시설이 필요하다는 군사 이론이었다. 결국 다케시마 영토편입이라는 것은 같은 시기 일본이 전쟁수행을 위해 조선 각지에서 조선의 주권을 침해하면서 행한 군사조치와 같은 것이었다. 다만 그것이 어장 독점을 노린 한 어민의 움직임을 이용한 것이었기 때문에 단순한 점령에 그치지 않고 영토편입이라는 형식을 취한 것에 지나지 않는다. 전 조선 국토에 대한 군사점령이 '조선 병합'의 전제였다는 것으로 보면, 이 다케시마 영토편입은 그 선구였다고 할 수 있을 것이다.

나카이 요자부로는 전술한 세 사람의 지시에 따라 1904년 9월 29일

---

76) 海上保安廳 編, 앞의 책, pp. 21~4, 83~8.

77) 현양사: 1881년에 결성된 초국가주의 단체임(역자 주).

78) 長谷川俊, 《山座圓次郎》, 1967, 一又正雄 編著, 《山座圓次郎傳》, 1974.

'량코 섬 영토편입 및 대하원'을 내무·외무·농상무 세 개의 성에 제출했다. 그리고 1905년 1월 28일, 일본 정부는 이를 인정하는 형태로 이 섬의 영토편입을 각의 결정하였다.

3) 일본의 공시(公示)와 조선의 대응

1905년 2월 22일 시마네현은 현고시 40호로 리앙쿠르 섬을 다케시마라고 명명하고 이 섬을 오키 도사(隱岐島司)의 소관으로 한다는 사실을 공시했다. 일본 정부는 이 결정을 관보(官報)에 게재하여 정부 차원에서 공시한다는 조치를 취하지 않았다. 일본 정부가 외국이 관련된 도서에 대한 영토 주권을 확립한 사례로는 1876년의 오가사와라(小笠原) 섬의 경우를 들 수 있다. 그 당시 일본 정부는 이 섬과 관계가 깊은 영국·미국과 몇 번이고 절충하여 그들의 양해를 얻은 후에 결정했다. 그리고 일본의 오가사와라 관치(管治)를 다시 구미 12개국에게 통고했다.[79] 다케시마 영토편입에 즈음해서는 일본 정부 안에 이 섬이 조선령일지 모른다는 견해마저 있었음에도 불구하고 일본은 그런 조선 정부에 조회(照會)는커녕 통고(通告)조차 하지 않았다. 이미 일본 정부는 조선을 대등한 주권국가로 인정하지 않았던 것이다.

조선이 일본의 다케시마 영토편입에 대하여 알게 된 것은 다음 해인 1906년 3월이 되고 나서였다. 시마네현 사무관 진자이 요시타로(神西由太郎) 일행은 다케시마 시찰조사에 나섰다가 돌아오는 길에 울릉도에 기항했다. 그리고 3월 28일 진자이 일행이 울릉도 군수 심흥택을 방문했을 때, 다케시마 영토편입의 건을 알려준 것이다. 뜻밖의 이야기에 놀란 심흥택 군수는 다음날 곧바로 중앙에 다음과 같이 보고했다.[80]

---

79) 安岡昭男, 《明治維新と領土問題》, 教育社, 1980, pp. 196~213.

80) 양태진 편, 《한국 국경영토관계 문헌집》, 갑자문화사, 1979, p. 11, 음력 3월 5일은 양력 3월 29일이다.

> 본군 소속 독도가 본부의 외양(外洋) 백여 리 밖에 있는데 이달 초 4일 9시경에 증기선 한 척이 섬 안의 도동 포구에 와서 정박했는데, 일본관인 일행이 관사(官舍)에 도착하여 말하기를, 독도가 이번에 일본의 영지(領地)가 되었기에 시찰차 나온 것이라고 하는 바, 그 일행은 일본 시마네현 오키 도사 히가시 분스케(東文輔)와 사무관 진자이 요시타로(神西由太郎), 세무감독국장 요시다 헤이고(吉田平吾), 분서장 경부 가게야마 간하치로(影山巖八郎)와 경찰 한 명, (현의회 — 역자) 의원 한 명, 의사, 기술자 각 한 명, 그 외 수행원 10여 인입니다. 먼저 가호(家戶)와 인구, 토지와 생산량을 물어보았고 그 다음으로 인원과 경비 등 제반 사무를 물어 조사하여 적어 갔으므로 이에 보고하니 살펴주시기를 청하옵니다.
>
> 광무(光武) 10년 병오(1906) 음력 3월 5일

진자이 일행의 울릉도 방문은 잘 알려져 있음에도 불구하고 일본에서는 이 사료에 대해 전혀 검토가 이루어지지 않았다. 예전에 한국과의 논쟁 중에 일본 정부는 이 문서의 존재 자체가 의심스럽다고 했다. 그 근거로 "진자이는 다케시마에서 잡은 강치 한 마리를 군수에게 보냈는데 이에 대해 군수는 멀리서 온 노고를 치하하고, 선물에 대해 사례하였다. 만약 군수가 다케시마를 울릉도에 속하는 섬으로 다루고 있었다면 당연히 이렇게 응대를 하지는 않았을 것이다[81]"고 기술하고 있다. 이는 당시 울릉도가 놓여 있던 엄한 현실을 무시한 것이다. 전술한 바와 같이 이미 이 섬에는 일본 군인과 경찰관이 상주하고 있었고 군아(郡衙)가 있는 도동을 중심으로 300인 이상의 일본인이 거주하고 있었다. 진자이 일행이 외국령인 울릉도의 호수와 인구, 지세 등을 마음대로 조사하고 있었다는 사실에 당시의 일방적인 역학관계가 단적으로 드러나고 있다. 심흥택 군수가 진자이 일행에게 영토 문제로 정면에서 이론(異論)을 주창하지 않았다 해도, 그것은 이런 일본인들의 압

81) 앞의 글, 〈海外調査月報〉, 1954年 11月號, p. 68.

력의 결과에 지나지 않는다. 응대가 정중했다고 해서 진자이 일행의 발언을 승인한 것을 의미하는 것은 아니므로 일본 정부가 이 사료를 부정하는 것은 성립되지 않는다. 더구나 가와카미는 저작에서 진자이 일행의 군수 방문에 대해서는 자세히 기술하면서 이 군수의 보고에 대해서는 한마디도 언급하지 않았다. 이 사료가 한국에서 널리 연구에 이용되고 있으며, 매우 중요한 내용을 지니고 있는 것으로 볼 때 가와카미의 이런 침묵은 의도적인 사료 은폐라고 하지 않을 수 없다.

심흥택 군수의 보고는 독도가 울릉도에 속한다고 명확하게 기술하고 있다. 그리고 그것을 자국령이라고 알려준 일본 관리의 뜻밖의 동정을 보고하고는 중앙 정부의 지시를 구하고 있었던 것이다. 일찍이 우산도라고 불렸던 섬은 여기서는 독도로 불리고 있다. 독도라는 호칭의 기원에 대해서는 여러 가지 설이 있지만 앞에서 살펴본 바와 같이 일본의 다케시마 영토편입 이전에, 조선인은 이미 이 섬을 독도라고 불렀으며 또한 그렇게 쓰고 있었다.

심흥택 군수의 보고는 강원도 관찰사에 보고되었고 관찰사 서리 이명래는 이를 다시 중앙의 참정대신 박제순에게 보냈다고 한다. 그리고 보고를 받은 박제순은 독도가 일본령이 되었다는 이야기는 근거가 없는 일이지만, 독도에 관한 사정을 상세히 조사하고 일본이 독도에서 무엇을 했는지 보고하라고 지시한 것으로 되어 있다. 이런 사실을 기록한 조선의 행정 문서가 현재 한국에 남아 있다고 전해지고 있으나 아직 전문이 공개되지 않았다.[82] 그러나 심흥택 군수의 보고가 불러일으킨 파문은 당시의 신문에서 충분히 엿볼 수 있다.

당시 조선의 대표적 신문인 〈황성신문〉은 5월 9일 '울졸보고내용'(鬱倅報告內容)이라는 제목의 기사를 게재했다.[83] 내용은 울릉군수

82) 학술좌담, "독도 문제 재조명", 〈한국학보〉 24집.

83) 한국문화개발사 편, 〈皇城新聞〉 13권, 1976, p. 30.

심홍택 씨가 내부(內部: 일본의 내무성에 해당—역자 주)에 보고해온 것으로 전술한 진자이 일행의 이야기다. 그리고 이 기사는 앞에 나온 심홍택 군수의 보고문과 거의 완전히 동일한데 정부의 내부(內部)에서 취재한 것으로 생각된다. 더구나 또한 이로써 심홍택 군수의 보고가 확실히 존재했음이 의문의 여지없이 명백해진 것이다.

당시 또 하나의 전국지인 〈대한매일신보〉도 이 사건을 다루었다. 5월 1일자에 다음과 같은 기사가 실렸다.[84)]

> 기사 제목: 변하지 않는 것은 없다(無變不有)
> 울도 군수 심홍택 씨가 내부에 보고하되, 일본 관원 일행이 우리 군에 와서, 우리 군에 있는 독도(獨島)를 일본의 속지(屬地)라 칭하고 땅의 크기와 호구의 수를 기록해 갔다고 했는데, 내부에서 지령하기를, 유람하러 온 길에 토지의 경계와 호구를 기록해 가는 것은 괴이할 게 없으나 독도를 일본 속지라 칭한 것은 그럴 이치가 전혀 없는 것이니 지금 보고받은 바가 매우 놀랄 일이라고 하였다.

이 기사의 전반부는 심홍택 군수의 보고를 요약한 것에 지나지 않지만, 후반부에서 중앙 정부의 대응을 알 수 있는 점이 중요하다. 즉, 조선의 중앙 정부도 처음부터 독도를 자국령으로 인식하고 있었던 것이다. 그리고 그 때문에 이해하기 어려운 점을 말한 일본 관리 일행의 움직임에 대해 의혹을 지니고 있었던 것이다. 이들 신문보도로 많은 조선인이 일본에 의해 행해진 다케시마 영토편입의 움직임을 알게 되었고 또한 이를 자국 영토의 침략으로 받아들였음은 틀림없다. 예컨대 당시 전라도 구례에 살고 있던 황현은 그의 수기에, 조선령 독도를 일본인이 무리하게 자국령이라고 거짓말하고 있다고 썼다.[85)]

---

84) 한국신문연구소 편, 〈大韓每日申報〉 2권, 1976, p. 1818.

85) 황현, 《梅泉野錄》, 국사편찬위원회, 1971, p. 375.

이상을 요약하면, 조선의 중앙 정부도 현지의 울릉 군수도 또한 민간인 등도 모두 일본의 다케시마 영토편입을 그 시점에서는 침략으로 간주하고 있었던 것이다.

그러나 이 때 이미 일본은 한국통감부를 설치하여 사실상 식민지 지배를 시작하고 있었다. 그 때문에 조선 정부 내에서 독도 문제에 대한 대응은 더 이상 발전할 수 없었다. 결국 나라 전체가 빼앗겨 소멸되어 가는 가운데 일개 바위섬의 영유 문제 따위는 날아가 버린 것이다. 그러나 일본의 다케시마 영토편입 조치에 대해 당시의 조선 민족이 명백히 이론(異論)을 주창한 사실이 있었음은 역사적 평가에서 결정적으로 중요한 일이다.

5. 맺음말

1905년 일본 정부는 행정조치로 독도를 자국영토에 편입했다. 그런 행위를 정당하다고 하는 주장에는 두 개의 견해가 있다. 가와카미를 대표로 하는 다수 의견은 독도가 근세 초엽 이래 일관되게 일본 영토였으므로 1905년의 조치는 단지 그것을 재확인한 것에 지나지 않는다는 것이다. 다른 하나의 소수 의견은 1905년 시점에 독도는 완전히 무주지였으므로 선점(先占)한 것이라고 보는 것이다. 전자에 대해서는 이 글을 통해 1877년 태정관이 정식으로 이 섬을 일본의 판도(版圖) 밖이라고 단정한 것을 들어 그것이 허구임을 명백히 밝혔다. 후자에 대해서는 이 글 중에 든 사실의 반만으로도 뒤집을 수 있을 것이다. 즉 조선은 15세기부터 이 섬에 대한 영유의식을 갖고 있었으며 또한 1905년의 일본의 조치에 대해서는 알게 되자마자 곧바로 반대의사를 표시했다. 분쟁은 1952년이 아니라 바로 영토편입의 시점에서 발생한 것이었다.

이들 다수 의견과 소수 의견이 모두 1905년의 영토편입 조치를 두고 동 시기 일본의 조선 침략과는 전혀 관계가 없다고 본 점에서는 공통적이다. 그러나 다케시마 영토편입의 근거가 된 이 섬에서의 어업이란 일본인의 울릉도 진출과는 떼려야 뗄 수 없는 것이었다. 또한 일본 정부가 독도 편입을 서두른 것은 울릉도 지배에 이어 울릉도에서 전신선을 끌어다 망루를 건설하기 위해서였다. 그리고 무엇보다 이 시기 조선 민족은 일본의 다케시마 영토편입을 조선 각지에서 발생한 주권 침해 및 침략과 같은 것으로 받아들이고 있었다.

영토 문제라는 것은 어디까지나 개별적으로 그리고 철저하게 역사적인 관점에서 검토해야 한다. 그리고 독도의 경우, '역사적'이라는 말의 범위에는 이 섬의 영토편입에 이르는 직접적인 경과와 함께 1905년 시점에 일본과 조선이 어떤 관계에 있었는가까지를 포함하지 않으면 안 된다.[86]

---

86) 1987년 당시의 논문에는 《은주시청합기》의 저자가 사이토 호센(齋藤豊仙), 김옥균의 직책이 '동남제도개척사 겸 관포경사'로 되어 있었으나 각각 사이토 토요노부(齋藤豊宣), 동남제도 개척사로 수정하였다. 또한 나가쿠보 세키스이(長久保赤水)의 〈일본 여지 노정전도〉에 대한 설명은 필자의 요청에 의해 수정되어 있다(편자 주).

일본의 다케시마 고유영토론에 대한 의문

나이토 세이츄 *

1. 머리말

일본 정부는 외무성 홈페이지에서 "다케시마(竹島: 한국명 독도)[1]는 역사적 사실에 비추어도, 국제법상으로도 분명히 일본의 고유영토다" 라고 주장한다. 여기서 말하는 역사적 사실이란 1618년에 돗토리번(鳥取藩) 호키국(伯耆國) 요나고(米子)의 상인(町人: 쵸닌) 오야 진키치(大谷甚吉), 무라카와 이치베(村川市兵衛) 두 사람이 막부로부터 울릉도로의 도항(渡航) 면허를 받아, 매년 교대로 울릉도에 건너가 전복 채취, 강치 포획, 대나무 등의 벌채에 종사하고 있던 것을 말한다. 이들은 채취한 전복을 장군가(將軍家) 등에 헌상(獻上)하는 것을 일상적인 일로 여겨 막부 공인하에 울릉도를 독점적으로 경영하고 있었다. 더구나 오키(隱岐)에서 울릉도로 가는 길목에 있는 독도는 도중의 기항지이자 어로지로서 이용되었다.

그러나 1692년에 울릉도에서 어채(魚採)에 종사하던 조선인과 마주

---

* 內藤正中, 시마네대학 교수 역임, 2012년 작고.

1) 다케시마(한국명 독도): 이 글에서는 다케시마가 울릉도를 의미하는 경우도 있으므로 현재의 한국명을 괄호 안에 병기하기로 한다(역자 주).

치고부터, 돗토리번의 요청을 받은 막부는 쓰시마번(對馬藩)으로 하여금 조선인의 울릉도 도항금지를 요구하는 교섭을 시작할 것을 명한다. 울릉도의 귀속을 둘러싼 이 교섭에서 일본과 조선 양국의 의견이 대립하는데, 최종적으로는 막부가 울릉도가 조선 영토임을 인정하여 1696년 1월에는 일본인의 울릉도 도항을 금지하는 결정을 내리게 된다. 이것이 이른바 '다케시마 일건'(竹島一件)이다.

그런데 울릉도는 예나 지금이나 모두 한국의 섬이다. 그럼에도 불구하고 외무성 홈페이지는 '울릉도 도항면허' '울릉도 도항금지'라는 항목을 내걸어 다케시마(한국명 독도)의 인지와 영유(領有)를 말한다. 외무성으로서는 "현재의 다케시마(竹島: 한국명 독도)는 과거에는 '마쓰시마'(松島)로 불리었고, 거꾸로 울릉도가 '다케시마'(竹島) 혹은 기죽도(磯竹島)로 불렸습니다"라고 하는데, 현재의 다케시마(竹島: 한국명 독도)와 구별하기 위해 당시 일본에서는 다케시마(현재의 울릉도)라고 부르던 섬을 울릉도로 적고 있다고 생각된다. 그러나 그것이 울릉도임이 분명하다면 조선의 섬이므로 막부가 요나고(米子)의 상인에게 도해면허를 내지는 않았을 것이며, 다케시마(竹島: 현재의 울릉도)로 불리던 섬이 조선 영토 울릉도라는 사실이 확인되었기 때문에 막부가 일본인의 도해를 금지했던 것이다. 그런 이상 다케시마에 대하여 울릉도라는 명칭을 사용하여 에도 시대의 역사를 말하는 것은 적절하지 않으며, 오류라고까지 말할 수 있다. 에도 시대에는 울릉도를 다케시마(竹島), 현재의 다케시마를 마쓰시마(松島)라고 불렀으며, 일본에서는 울릉도라고 부르지 않았기 때문에 일본 역사를 말하려 한다면 다케시마(竹島)와 마쓰시마(松島)로 불러야 한다.

막부의 도해면허(渡海免許)로 해오던 '다케시마(竹島: 현재의 울릉도) 도해 사업'에 대하여 다케시마(竹島: 한국명 독도)를 일본 고유영토라고 하는 역사적 사실로 볼 수 있는지의 여부가 여기서 문제이다. 이 글은 외무성 홈페이지에 제시된 고유영토론에 대하여 몇 가지 의문이 있음을 언급하기로 한다.

첫 번째로는 막부가 요나고 상인에게 발급해준 도해면허의 대상인 다케시마(竹島)는 조선령 울릉도가 아니었는가 하는 문제이다. 도해면허를 발급했다는 1618년 직전과 직후에, 쓰시마번과 막부는 울릉도가 조선령이라는 사실에 직면하게 된다. 그럼에도 불구하고 울릉도일지도 모른다는 의문을 지닌 섬에 대하여, 요나고의 상인이 신청하자 막부가 도해를 허가한 것은 무슨 이유에서인가 하는 문제이다. 이를 두고 막부가 그 섬이 조선의 울릉도라는 사실을 몰랐다고 할 수 있는가 하는 문제이다.

두 번째로는 다케시마(竹島: 현재의 울릉도)의 도해면허를 둘러싼 제 문제에 대해서이다. 우선 1618년에 발급되었다는 도해면허장에서, 1618년이라는 발급 연도에 문제가 없는가 하는 점이다. 도해면허장에 날짜는 적혀 있으나 연호(年號)에 대해서는 아무것도 적혀 있지 않기 때문이다. 새 섬에 '다케시마'라는 명칭을 붙인 이유도 연구할 필요가 있다. 물론 이는 기죽도(磯竹島)라는 지금까지의 명칭을 그대로 쓸 수가 없었기 때문이다. 도해면허장에는 '이번 도해'에 대해서만 허가한다고 되어 있었음에도 불구하고, 그 후로도 80년 가까이 도해가 허가된 것은 어째서인가 하는 문제도 있다. 그리고 면허장은 당시의 돗토리 번주 앞으로 발급되었다. 그렇다면 번주(藩主)가 교체되면 당연히 무효가 되었어야 하는데 그것이 전혀 문제가 되지 않았던 것은 어째서인가. 이런 문제 등 이 도해면허장에는 여러 가지 문제가 내포되어 있다.

세 번째로는 일본과 조선 양국사이에서 행해지던 외교 교섭인 '다케시마 일건'과 그 결과인 일본인의 다케시마(竹島: 현재의 울릉도) 도해금지를 둘러싼 문제이다. '다케시마 일건'이란 원래 일본 쪽에서 나온 것으로, 일본 영토라고 여겨온 다케시마(현재의 울릉도)에 조선인이 건너오지 않도록 조선 정부에 요구함으로써 비롯된 교섭이었다. 그러나 최종적으로는 다케시마가 조선령 울릉도임을 확인하고 일본인의 다케시마(현재의 울릉도) 도해를 금지하는 것으로 종결되었다. 이는 울릉도가 원래 조선 영토라는 것이 일본과 조선 양국 정부에 의해 재확인된 것이므로, 외무성 홈페이지가 주장하듯이 "울릉도 도해를 막부로부터 공인받아"라고 한다든지, "울릉도 개발은 약 70년간 평온하게 지속되어 왔습니다"라고 하는 것은 분명 이상하다고 해야 할 것이다. 더구나 도해금지령에서는 다케시마(현재의 울릉도)에 대해서만 말할 뿐 마쓰시마(현재의 독도)에 대한 언급은 없었기 때문에 홈페이지에는 "다케시마(한국명 독도) 도해는 금지되지 않았습니다"고 적고 있다. 여기서의 다케시마는 당시의 마쓰시마를 가리키지만, 이 일은 당연히 검토해야 할 문제이다.

네 번째로는 '다케시마 일건'의 계기를 만든 안용복에 대한 것이다. 홈페이지에는 '안용복의 공술(供述)과 그 의문점'이라는 제목의 항목을 만들어 기술하고 있다. 이는 지금까지의 홈페이지에는 없었던 것으로 이번에 처음으로 항목을 만들어 언급하고 있다. 그러나 이 안용복에 대한 기술에서는 사실(事實)이 아닌 오류가 보인다. 그 중 하나는 울릉도 도해가 금지된 후 바다를 건너온 안용복을 "다시 조선에 송환하였다"고 적고 있으나, 이때의 귀국은 안용복이 돗토리의 가로(賀路) 항에서 자기 배로 간 것이다. 두 번째는 1696년에 내일(來日) 했을 때 안용복의 공술은 막부가 다케시마(현재의 울릉도) 도해금지를 결정한 후의 일이며 오야(大谷)와 무라카와(村川) 두 집안 중 누구도 다케시마(현재의 울릉도)에 가지 않았기 때문에 울릉도에 다수의 일본인이 있었다는 공술을 기록한 한국측의 문헌은 잘못되었다고 한 것이다. 그러나 안용복이 일본에 왔을 때는 막부의 도해금지 결정이 요나고의 상인에게 전달되지 않았기 때문에, 아마 그 해에도 예년처럼 3월에 요나고를 출범(出帆) 했을지도 모르는 것이다. 외무성 홈페이지의 기술(記述)은 1월 28일에 막부의 결정이 있었으면 그것이 곧바로 요나고 상인에게 전달되었으리라는 것을 전제로 하는 듯한데, 돗토리번이 그 사실을 요나고의 상인에게 전달한 것은 8월 1일이었다. 어쨌든 '안용복의 공술과 그 의문점'에 대해서는 사실에 입각한 재검토가 필요하다.

2. 울릉도는 조선 영토가 아니었던가?

외무성 홈페이지는 요나고의 상인인 오야 진키치(大谷甚吉)와 무라카와 이치베(村川市兵衛) 두 사람이 돗토리 번주를 통해 막부로부터 울릉도 도해면허를 받았다고 적고 있다. 울릉도가 일본의 지배가 미치고 있는 섬이라면 막부가 허가장을 주어도 된다. 그러나 울릉도를 일본령이라고 단언하는 것이 가능한지 아닌지는 의문이 아니었을까? 오히려 그 당시는 조선의 섬이 아닐까 하고 생각하고 있었다. 그리고 80여 년 후에 나온 '다케시마 일건'의 결과에서는 막부도 울릉도가 조선의 섬임을 인정한 것이다. 그 때 최대의 근거가 된 것은 《동국여지승람》에 게재되어 있던 기록으로, 이 책은 1481년에 간행된 것으로 조선을 대표하는 지지(地誌)이므로 일본에서도 잘 알려져 있었다. 다만 조선 정부의 공도정책(空島政策) 때문에 울릉도는 15세기 이래 무인도가 되어 있었다.

동해의 고도(孤島)인 울릉도를 둘러싸고는 일본과의 역사가 만들어지고 있었다. 11세기에는 '우루마도'(宇流麻島)라든가 '우릉도'(于陵島)로 불리고 있었다는 사실이 일본 문헌에 보이며, 기죽도(礒竹島)라는 명칭은 널리 알려져 있었던 것이다. 16세기의 《다몬인 일기》(多聞院日記, 1592년)에는 호키 사람 야시치(弥七)가 고령이 된 다몬인 에이슌(多聞院英俊)의 건강이 염려되어 '이소다키 인삼'을 선물로 가지고 간 일이 기록되어 있다. '이소다키'는 '이소다케'인데, 이는 기죽도(礒竹島)에서 채취한 조선 인삼이 불로장생의 묘약으로 알려져 있었음을 보여주는 기사(記事)이다.

17세기가 되면 기죽도 즉 울릉도를 둘러싼 정세는 어수선해진다. 1614년에는 쓰시마 번주가 3척의 배로 기죽도를 조사하고는 섬에 들어와 살고 싶다는 신청을 하여 조선 동래부(東萊府)와 교섭한 사실이 《조선왕조실록》 광해군 6년 9월 신해조(1614년 9월 2일 — 역자)에 기록되어 있다. 이때 교섭을 담당했던 윤수겸(尹守謙)의 보고에는 그 때의 상황이 다음과 같이 적혀 있다.

> 쓰시마 번주의 신청에 기죽도라고 되어 있는 것을 보고 놀라웠다. 일본에서 온 사자(使者)가 이 섬이 어느 나라 땅인가를 묻기에, '경상도와 강원도 해상(海上)에 있는 조선의 울릉도로서 《동국여지승람》에도 기재된 조선의 섬이다. 지금은 황폐해졌지만 다른 나라 사람에게 점거될 이유는 없다. 일본과 조선의 경계는 명확하며, 일본인이 조선에 왕래할 수 있는 길은 쓰시마를 경유하는 한 가지 뿐이며 그 이외의 길로 오는 자를 해적으로 간주한다는 것은 이미 약정(約定)한 그대로이다. 쓰시마 번주가 이를 모를 리가 없다'고 분명히 회답했다.

이 일은 쓰시마 번주가 울릉도에 기죽도라는 명칭을 붙여 일본의 섬임을 조선 정부에 확인시키려 한 것이다. 막부의 《통항일람》(通航一覽) 안에도 쓰시마 번주가 동래부사에게 서한을 보내 기죽도가 일본의 속도임을 인정하게 했으나 조선측에서 이를 거부했다고 했는데, 이를 쓰시마의 《조선통교대기》(朝鮮通交大紀)를 인용하는 형태로 간단히 적는 데 그치고 있다.

이에 대하여 한국측은 쓰시마번이 동래부에 신청한 것은 막부의 명을 받아 행한 것이라는 견해를 취한다. 신용하(愼鏞廈)는 《변례집요》(邊例集要)에 근거하여, 쓰시마 번주가 막부의 명령으로 동래부에 사자(使者)를 보낸 데 대하여 조선 정부는 비변사에서 막부에 외교문서를 전했다고 한다. 이 문서의 내용은, 《동국여지승람》에 울릉도는 조선 영토라고 쓰여 있으며 군역(軍役)을 피해 섬에서 사는 자를 본토로 돌려보낸 기록이 있음을 들어 이후로는 강경하게 대처할 방침이라는 것이었다. 더구나 조선 정부는 일본인의 울릉도 출입을 금지하도록 경상감사와 동래부사에게 명했다[2]고 한다.

이 건에 대하여 일본측 사료로는 막부가 쓰시마번에 명령했는지의 여부를 확인할 수 없지만, 요나고 상인에게 다케시마(현재의 울릉도) 도해면허를 낸 것이 1618년이라면 1614년의 사건에 쓰시마번과 함께 막부도 관계했다는 사실은 도해면허의 발급에서 중요한 의미를 지닌다.

이어 1620년의 사건이다. 막부의 《통항일람》 129권에는 "쓰시마 태수(太守) 소 요시나리(宗 義成)의 명령으로 다케시마(조선국의 속도)에서 몰래 장사를 하던 두 사람을 잡아 교토(京都)로 보냈다"고 되어 있다. 이 기사는 쓰시마번의 《대주 편년략》(對州編年略)에 근거한 것이다. 사건은 1620년에 기죽도에 몰래 거주하고 있던 쓰시마의 상인 야자에몽(弥左衛門)과 니에몽(仁右衛門)을 잡아 교토로 보내라는 막부의 명을 받은 쓰시마 번주 소 요시나리가 두 사람을 잡아 돌려보냈으며, 후시미성(伏見城)에 있는 도쿠가와 이에야스(德川家康)에게 보고하기 위해 사자(使者)를 보냈다는 것이다.

이 일의 발단은 1617년에 오사카 평정(大坂平定)[3]의 축하 사절로 일본에 파견된 회답 겸 쇄환사(回答兼刷還使)의 종사관(從事官)인 석문(石門) 이경직(李景稷)의 《부상록》(扶桑錄) 안에 후시미 성(伏見城)에서 로쥬(老中: 현재의 국무위원에 해당—역자 주)인 도이 토시카쓰(土井利勝)와 말한 내용이 있는 데 근거한다. 이 문헌에는 기죽도에 건너

---

2) 愼鏞廈 著, 韓誠 譯, 《史的 解明 獨島(竹島)》, インタ出版, 1997, p. 65.

3) 오사카 평정: 에도 시대 초기 도쿠가와 이에야스와 도요토미 히데요리와의 전투에서 대세가 도쿠가와 이에야스에게 돌아가자 도요토미 히데요리는 이를 만회하고자 오사카 전투(1614~1615)를 벌였으나 패함으로써 도쿠가와 이에야스가 천하를 통일한 일을 말함(역자 주).

가 목재를 벌채하여 일본에 가지고 돌아가 도요토미 히데요시(豊臣秀吉)에게 바쳐 매우 기쁘게 해주었다는 이소다케 야자에몽(磯竹弥左衛門)에 관해 적혀 있다. 그러나 히데요시(秀吉)가 죽은 뒤에 야자에몽도 죽어 지금은 왕래하는 자가 없다는 말을 들은 도쿠가와 이에야스(徳川家康)가 사실 확인을 요구했다는 이야기가 적혀 있다. 통신사인 종사관에게서 화제가 된 이상 막부로서도 그대로 둘 수가 없었다. 이에 막부는 쓰시마번에 조사를 명하고 기죽도에 있던 야자자몽과 니에몽 두 사람을 잠상(潛商)으로 체포하여 후시미에 보내 처벌한 사건이다.

1614년과 1617년의 두 사건은 모두 울릉도인 기죽도를 둘러싼 것으로 쓰시마번뿐만 아니라 막부도 관계된 사건이다. 특히 중요한 것은 로쥬(老中)인 도이 토시카쓰가 1617년의 잠상사건에서는 당사자이기도 했다는 점이다. 그 도이 토시카쓰가 1618년 요나고 상인의 다케시마(현재의 울릉도) 도해면허에 서명한 로쥬 4명 중의 한 사람이었다는 사실을 어떻게 해명할 것인가? 1618년의 시점에서 막부 관계자가 기죽도가 조선 영토라는 사실을 알지 못했다고는 생각되지 않는다. 그럼에도 불구하고 쓰카모토 타카시(塚本孝)는 "막부가 조선령이라는 인식이 없는 채 요나고의 오야와 무라카와 양가에 도해면허를 주었다"고 하지만[4] 그렇게 말할 수 있는지는 분명 의문이다.

그러면 조선령이었음을 인정하는 필자처럼, 조선 정부의 공도정책 때문에 울릉도가 오랫동안 무인도였다고 한다면 그런 사실로는 어떤 일이 가능할까? 예를 들면 돗토리 번사(藩士)인 오카지마 마사요시(岡嶋正義)는 《죽도고》(竹島考, 1828)에서 "다케시마(현재의 울릉도)는 옛날부터 버려진 섬으로 누구의 소속도 아니며"라고 적어, 공도정책을 영유권의 포기라고 간주하여 폐도(廢島)가 되었다고 주장한다. 그러나 공도정책이란 영유권의 포기가 아니다.

4) 塚本孝, "竹島領有權問題の經緯", 〈調査と情報〉 244號, 1994.

요나고 상인인 오야 진키치(大谷甚吉)가 에치고국(越後國)에서 돌아오다 표류하여 닿은 새 섬이 조선령 울릉도였다고 한다면, 다른 외국에 항해하는 경우와 마찬가지로 주인장(朱印狀)이 발급되었어야 한다. 그러나 일본령의 외딴 섬으로 보는 것이 가능하다면 막부의 특별 허가는 필요하지 않았을 것이다. 그렇다면 막부가 봉서(奉書)로 발급한 도해면허장(渡海免許狀)이란 어떤 것이었는지 따져보아야 할 것이다.

어쨌든 울릉도라고 하는 이상, 그것은 틀림없는 조선의 섬이다. 그럼에도 불구하고 외무성 홈페이지에서는 '울릉도 도해허가', '울릉도 도해금지' 등의 항목을 붙이고 본문에서도 '울릉도'라는 표현을 쓴다. 이는 현재의 다케시마(한국명 독도)와 구별하기 위한 배려인지 모르겠지만, 일본 에도시대에는 울릉도를 다케시마라고 불렀으며 현재의 다케시마는 마쓰시마(松島)라고 불렀기 때문에 울릉도라는 표현은 바로잡아야 한다.

이 글에서는 당시의 일본은 울릉도를 다케시마라고 불렀으며 사료에도 다케시마로 되어 있기 때문에 다케시마라는 명칭을 쓰고 현재의 다케시마는 마쓰시마로 부르기로 한다.

3. 다케시마 도해면허장을 둘러싼 문제

1618년에 막부가 요나고 상인에게 발급한, 다케시마(현재의 울릉도) 도해를 허가한 면허장은 다음과 같은 것이었다.

> 작년에 호키국 요나고에서 다케시마(竹島: 현재의 울릉도)로 배로 건너갔다고 한다. 그때처럼 이번에도 도해하고 싶다는 뜻을 요나고 상인 무라카와 이치베와 오야 진키치가 상신(上申)한 바, 상달(上達)하여 이의가 없다는 명령을 받았기 때문에 그 뜻을 잘 알아 도해를 승낙한다.

5월 16일
나가이(永井) 시나노노카미 나오마사(信濃守尙政)
이노우에(井上) 가즈에노카미 마사나리(主計頭正就)
도이(土井) 오이노카미 토시카쓰(大炊頭利勝)
사카이(酒井) 우타노카미 타다요(雅樂頭忠世)

마쓰다이라 신타로(松平新太郎) 도노(殿)

이 도해면허장의 내용은 여러 가지 문제를 내포한다. 우선 '다케시마'(현재의 울릉도))에 작년에 건너갔다고 하지만, 이 섬이 어디에 있는 섬인가 하는 점이다. 면허장은 '이번'에 도해하고 싶다는 신청에 대하여 허가한 것인데, 실제로는 그 후 80년 가까이 도해가 계속된 것은 어째서인가? 발급 날짜는 '5월 16일'로 되어 있을 뿐, 연호에 대한 기록은 없는데, 어떻게 1618년 발급이 통설(通說)로 되어 있는가. 1618년 설의 근거가 된 사료가 있는가 등의 문제이다. 수신자인 '마쓰다이라 신타로'(松平新太郎)는 돗토리 번주인 이케다 미쓰마사(池田光政)를 말한다. 미쓰마사는 1618년에 돗토리 번주로 부임했으나 1632년에는 오카야마(岡山)로 옮겨 봉해진다. 그렇다면 번주 앞으로 발급된 면허장은 번주가 교체되면 어떻게 되는가? 아래에서는 이런 문제에 대하여 검토하기로 한다.

우선 '다케시마'라는 이름에 대해 살펴보자. 오야 쿠에몽(大谷九右衛門)의 《다케시마 도래 유래기 발서공》(竹島渡來由來記拔書控)에는 "진키치(甚吉)가 에치고(越後)에서 배로 돌아왔을 때, 바람에 휩쓸려 다케시마에 표류하였다. 진키치는 섬을 완전히 돌아본 뒤에 이후의 일을 생각해보았다. 조선국과의 거리는 4~50리[5], 더구나 인가도 없고 …"라고 적고 있어, 표류하여 닿은 섬이 다케시마(현재의 울릉도)이며 조선과의 거리는 4~50리의 거리라고 했다. 새로 발견한 섬을 다케시

5) 리: 일본의 1리는 조선의 10리를 말함(역자 주).

마라고 부르고 일본과의 거리가 아니라 조선과의 거리를 적은 것을 보면, 동해를 무대로 활동하던 회선(廻船) 객주 오야 진키치는 이미 이 섬의 존재를 알고 있었으며 다케시마라고 불러 여기까지 들른 적이 있었던 것으로 생각된다. 다만 그것이 조선령 울릉도인지 아닌지는 별개로 하더라도, 예로부터 기죽도로 불리던 섬일 것으로 생각하고 있었다는 것은 충분히 짐작할 수 있다.

그러나 기죽도에 대해서는, 1614년에 쓰시마 번주가 영유화(領有化)를 획책하려고 협의를 신청했을 때는 전술한 대로 조선에 의해 거부되었으며, 같은 해에 출판된 조선의 《지봉유설》(芝峯類說)에도 "기죽(磯竹)은 바로 울릉도이다"라고 적혀 있다. 더구나 그 직전인 1617년에는 통신사 종사관이 로쥬 도이 토시카쓰에게 울릉도에 있던 잠상(潛商)에 대해 지적하자, 막부가 바로 쓰시마번에 명하여 체포시킨 사건이 있었다. 따라서 당연히 요나고의 상인이 신청한 동해의 섬이 기죽도가 분명하다면, 막부로서도 도해를 허가했을 리는 없다.

그러나 막부로서는 기죽도일지 모르지만, 쓰시마번이 기도한 영유화의 획책이 좌절된 이상 쓰시마번 대신 돗토리번으로 하여금 '다케시마'라는 것으로 기정사실화 하도록 하고, 요나고 상인의 신청을 좋은 기회로 삼아 특별 허가를 해주었다고도 생각해볼 수 있다.

이 때문에 도해를 신청한 새 섬에는 '다케시마'(현재의 울릉도)라는 명칭이 주어져, 지금까지 쓰시마번이 관계하던 기죽도와는 명확히 구별된 것이다. 그러므로 요나고 상인이 매년 다케시마 도해사업을 하여 정착하게 되자, 호키와 이나바 두 지역을 비롯하여 오키 등 도해사업과 관계있던 지역에서는 전부 다케시마(현재의 울릉도)라는 명칭을 쓰게 되었고 기죽도(磯竹島)라는 이름은 보이지 않게 된다. 이 때문에 오키국의 마쓰에번(松江藩)에서는 계속 기죽도라고 부르고 있었음에도 불구하고, 1667년의 《은주시청합기》(隱州視聽合紀)에는 "다케시마(현재의 울릉도)가 있다. 사람들은 기죽도라고 한다"라고 하여 기죽도는 다케시마의 속칭이 되어 있다. 1823년의 《오키 고기집》(隱岐古記集)에는 "예로부터 이 섬을 기죽도라고 한다"고 하여, 기죽도를 다케시마의 옛 명칭이라고 하였다. 다만 주목해야 할 것은 새로 다케시마라는 명칭을 사용하게 되었을지라도 지역 주민들은 이를 지금까지 기죽도로 불리던 섬으로 보고 있다는 점이다. 그러면 다케시마(현재의 울릉도) 도해면허란 어떤 면허인가?

면허장은 그 내용에 보이듯이, 호키국 요나고에서 배로 다케시마(현재의 울릉도)에 가는 것을 전제로 하여, 요나고의 상인 두 사람이 '그때처럼 이번에 도해'하고 싶다는 희망을 신청하여 막부가 이를 승인한 것으로 되어 있다. 여기서의 승인은 장래에 걸쳐 '이후의 도해'에 대해서까지 승낙한다는 의미는 아니었다. 더구나 그것은 당사자인 요나고 상인에게 준 것이 아니라 영주인 돗토리 번주 앞으로 내는 양해(諒解)라는 형태를 띠고 있다. 따라서 요나고의 상인처럼 '이후의 도해'에도 면허장을 이용할 때는 번주(藩主)의 교체가 있었으므로 이전의 면허장을 그대로 이용하기에는 문제가 있었을 것이다. 더구나 면허장의 수신인인 마쓰다이라 신타로, 즉 이케다 미쓰마사가 오카야마로 전봉(轉封)하게 된 후에도 돗토리번이 그대로 면허장을 보유하고 있어 번주 앞으로 발급된 것이면서 사실상으로는 돗토리번에 발급된 것처럼 다루어지고 있다.

원래 이 도해면허장이라는 것은 당시 이국(異國) 교역선에 발행되던 주인장(朱印狀)이 아니며, 봉서선(奉書船) 제도[6]에 있는 로쥬의 봉서와도 다른 것이다. 주인장은 도항이 끝나면 그때마다 반환하는 일회용인데, 봉서는 주인장 대신에 주는 것이므로 수신자는 무역에 종사하는 본인이지 번주가 아니다. 이에 비하여 다케시마(현재의 울릉도)

---

6) 봉서선 제도: 종래의 주인장에 덧붙여 로쥬의 연서(連署)로 발행한 봉서(奉書)를 지닌 배에만 무역을 허가하는 제도로서, 주인선 무역에서 쇄국으로 넘어가는 과도기적 조치임(역자 주).

도해 면허는 도해 때마다 경신(更新)된 것도 아니며 번주가 교체되더라도 경신을 신청하지 않아도 되었다. 한번 발급된 것으로 1696년까지 사용한 이례적인 봉서였던 것이다.

그렇다면 도해면허장이란 무엇인가 하는 문제가 있다. 주인선(朱印船)이나 봉서선처럼 이국 도해허가장이 아니라면, 막부는 다케시마(현재의 울릉도)를 외국으로 보지 않았다는 얘기가 된다. 일본 외무성 홈페이지도 막부가 쇄국령(鎖國令)과 관련지어 어떤 조치도 하지 않았다는 사실을 들어 다케시마(竹島)를 외국 영토로 보지는 않았다고 말한다. 즉 "당시 막부가 울릉도나 다케시마(한국명 독도)를 외국 영토로 인식하고 있었다면 쇄국령을 내어 일본인의 외국 도항을 금지한 1635년에는 이들 섬에 대한 도해를 금지했겠지만 그런 조치는 이루어지지 않았다"는 것이다.

하물며 도해면허장이 일회용이라는 사실은 다케시마(현재의 울릉도)에서의 어로(漁撈)사업과 경합할 다른 사람을 배제하여 독점적인 이익을 보장해주는 증명 표찰과 같은 것이라고도 생각할 수 있다. 다케시마(현재의 울릉도)가 동해의 고도(孤島)인 이상 누구든지 언제나 배로 건너갈 수 있으므로 이나바(因幡)와 호키(伯耆)라는 돗토리번의 영역을 넘어 각지에서 경합할 다른 사람이 등장할 가능성이 있었으며, 따라서 이를 배제하기 위해서는 돗토리번이 아닌 막부의 특별 면허가 필요했다. 이 때문에 오야와 무라카와 양가는 다케시마(현재의 울릉도)에서 조업 중 막부의 도해면허장 사본을 지참하고 있었으며, 나아가 홈페이지에도 적혀 있듯이 "장군가의 접시꽃 문양의 선인(船印)을 세워 울릉도에서의 어로 활동에 종사하"고 있었던 것이다.

이와 같이 오야와 무라카와 양가에 의한 다케시마(현재의 울릉도) 도해사업은 그 독점적 성격으로 인해, 과거 외무성 홈페이지에는 "양가가 막부로부터 울릉도를 배령(拜領)하여 도해면허를 받아"라고 한다든지, "양가는 막부로부터 다케시마(현재의 울릉도)를 배령하고 있었다"라고 적고 있었으나 이것이 오류임을 지적받아 현재의 홈페이지에는 삭제되어 있다. 조선 영토라고 믿고 있던 울릉도를 일개 상인이 막부로부터 배령한다고 한 표현은 비상식적인 표현이지만, 오야 가의 문서에서는 '다케시마(현재의 울릉도) 배령' '마쓰시마(현재의 독도) 배령'이라는 표현을 볼 수 있다.

그런데 도해면허장에는 '5월 16일'이라는 날짜는 있으나 연호는 적혀 있지 않다. 그러나 돗토리의 이케다 가의 문서와 《돗토리 번사》(鳥取藩史) 등에 1618년으로 기록되어 있으므로, 언제부턴가 그것이 통설이 되어 외무성 홈페이지에도 1618년에 교부받은 것으로 기록되어 있다.

그러나 이는 오야 가(家)의 '유래서'(由緒書) 등에서 말하고 있는 것일 뿐 확실한 공적(公的) 사료에 근거한 것은 아니다. 통설대로 1618년 설을 취한다면, 면허장에 서명한 네 명 중 두 명은 로쥬가 아니므로 서명할 자격이 없었다는 얘기가 된다. 네 사람이 모두 로쥬로 일하게 되는 것은 1622년 이후이므로 다른 사료와 종합해볼 때 1625년 설이 가장 유력하다.

도해면허장에 쓰여 있는 '이번 도해'의 허가를 그 이후까지 지속해가려면 그 나름의 대책이 필요했다. 그 특별한 대책으로는 오야와 무라카와 양가가 행한 '공의(公儀) 오메미에(御目見)'라는 장군 배알(拜謁)이 하타모토(旗本) 아베시로고로(阿部四郎五郎)나 지샤부교(寺社奉行)[7]의 알선으로 행해졌다. 그리고 반드시 장군가와 막부 요인에게 '다케시마(현재의 울릉도)의 전복'을 헌상하는 일을 해마다 행했다. 그 대신에 다케시마(현재의 울릉도) 도해 사업은 막부에 다른 공물(貢物)을 상납하지 않아도 되는 특별 취급을 받았던 것이다.

7) 지샤부교(寺社奉行): 장군의 세 부교(奉行)의 최상위에 위치하여 예신, 점술가, 바둑과 장기 기사에 관한 사항을 다루었음(역자 주).

4. '다케시마 일건'과 도해금지를 둘러싼 문제

1692년 5월, 다케시마(현재의 울릉도)에 도해한 무라카와 가(家)의 배는 이미 섬에 와 어로활동을 하던 조선인을 발견한다. 이 일은 바로 요나고로 돌아온 무라카와 어선에 의해 돗토리번에 보고되었고, 돗토리번은 막부에 알려 대처방침을 물었다. 그러나 막부는 이미 조선인이 섬에서 철수했다면 특별히 문제 삼지 말라는 회답을 내렸고 그 해는 그렇게 지나갔다.

이어 다음해인 1693년 3월, 오야 가의 배가 다케시마(현재의 울릉도)에 가보니, 이미 조선인이 와 있었다. 그 중에는 전해에 만났던, 일본어가 통하는 자가 있었으므로 그 사람과 또 한 사람을 연행하여 돌아왔다. 연행되어 온 조선인들은 도중에 오키(隱岐)에 들러 담당 관리의 조사를 받은 뒤 요나고로 왔다. 요나고에서는 오야 쿠에몽(大谷九右衛門) 가택에 억류되었고 거기서 돗토리번 가로(家老)의 취조를 받았다. 한 달 후인 4월 30일에는 이들에 대한 취조가 끝나 '조선인 구술서와 그들이 소지한 문서 세 통'이 에도의 번저(藩邸)로 보내졌다.

이때 요나고에 연행된 조선인은 안용복과 박어둔 두 사람이지만, 요나고에서 취조한 구술서가 남아 있지 않으므로 아무 것도 알 수 없다. 한국에서는 이들이 울릉도와 독도가 조선령이라고 주장한 것으로 되어 있으나 이 일에 대해서는 후술하기로 한다.

요나고에서의 취조가 끝난 후 두 조선인은 막부의 지시로 나가사키(長崎)로 보내졌다가 쓰시마번에 의해 부산의 동래부로 송환된다. 이때 쓰시마번은 조선 정부에 서한을 보내 조선인이 일본령 다케시마(현재의 울릉도)에 도해하는 일이 없도록 전달하라는 엄중한 명령을 막부로부터 받았다고 한다. 이에 대한 조선 정부의 회답 서한이 10월 10일 동래부에 도착하였고, 쓰시마번의 사자(使者)도 도해하여 부산 왜관에 들어왔다. 이들 사자는 12월 10일 안용복 등 두 조선인을 인도함과 동시에 교섭에 들어갔다. 그 후 3년 가까이 걸린 '다케시마 일건'(竹島一件)이 시작되었으며 이를 한국에서는 '울릉도 쟁계'(鬱陵島 爭界)라고 한다.

일본과 조선, 양국의 외교 교섭은 다케시마로 불리는 울릉도에 조선인이 도해하는 것을 금지시키고자 한 일본의 요구로부터 시작되었음에도 불구하고, 최종적으로는 울릉도가 조선령이므로 일본인의 도해를 금지한다는 것으로 결론이 났다. 일본측에서 교섭을 담당한 쓰시마번은 조선측 회답 서한에 '귀국의 땅 다케시마'가 '우리나라 땅 울릉도'로 되어 있는 것을 들어 '우리나라 땅 울릉도'라는 문구를 삭제해줄 것을 요구했으나, 조선측은 강하게 반발하였다. 조선측은 일본이 말하는 다케시마는 조선의 울릉도로서 이는 《동국여지승람》(東國輿地勝覽)에도 분명히 기록되어 있으며, 일본측도 이런 사실을 잘 알고 있는데도 국경을 침입하여 울릉도에 있던 조선인을 잡아간 과오를 인정하지 않는 것은 성신(誠信)의 도리에 어긋나는 것이라고 하며 양보하지 않았다. 따라서 "이 교섭은 울릉도의 귀속을 둘러싸고 의견이 대립하여 합의를 볼 수 없었습니다"고 외무성 홈페이지에 기록되어 있듯이, 단순한 의견 대립은 아니었다고 할 수 있다.

조선측이 강경한 주장을 하게 된 배경에는 일본에 연행되었다가 부산으로 송환된 안용복의 증언이 있다. 안용복은 조선 정부의 취조에서 일본측이 조선인의 다케시마(현재의 울릉도) 출입 금지를 요구한 것은 에도 막부의 견해가 아니라 쓰시마번이 막부에 대한 충성심에서 멋대로 주장한 것이라고 지적했다. 따라서 일본측 창구가 되어 있던 쓰시마번은 조선측의 신뢰를 상실하여, 일본은 교섭을 계속하기가 곤란해졌다. 이런 문제를 인식한 쓰시마번은 난관에 부딪친 교섭을 타개할 것을 의논하기 위해 에도로 갔다. 로쥬(老中) 아베 분고노카미 마사타카(阿部豊後守正喬)에게 1695년 11월 25일 '구상서'(口上之覺)를 제출했는데, 여기서 쓰시마 번주는 안용복이 조선 정부로 하여금 멋대로

추측하게 했다는 불안을 직접 언급한 것이다.[8)]

이 일에 대해서는 후술하겠지만, 우선은 어째서 쓰시마 번주가 이런 일을 로쥬에게 문서로 제출했는가에 대하여 검토하고자 한다. 교섭이 교착상태에 빠진 상황을 타개하기 위해서는 교섭에 임하는 쓰시마번의 의논을 통일할 필요가 있었다. 당시 쓰시마번 안에는 종래처럼 다케시마를 일본령으로 교섭해야 한다는 의견과, 울릉도가 조선령이 분명한 이상 이를 일본 영토로 하려는 것은 옳지 않다는 의견이 대립한 채 결론을 보지 못하고 있었다. 이에 번주는 막부와 협의할 필요가 생겨 에도로 가기로 결정한 것이다.

쓰시마번과 막부와의 협의에서 우선 막부는 쓰시마번의 의견을 요구했기 때문에 11월 25일 쓰시마번은 번주인 소 요시자네(宗 義眞)의 이름으로 지금까지의 교섭경과를 정리하여 보고하였다. 즉 쓰시마번은 제1차 교섭 경과와 제2차 교섭 결과에 대해 논하고 나서, 조선인의 다케시마(현재의 울릉도) 도해를 금지한 요구가 막부의 의향이 아니라 쓰시마번이 멋대로 주장한 것이라는 조선측의 주장은 그들의 추측이라고 말했다. 그러므로 호키에서의 다케시마(현재의 울릉도) 도해에 대해서는 상세히 알 수 없으나 1659년 이후 다케시마(현재의 울릉도)에 도해했다가 돌아오는 길에 조선에 표류했던 자를 조선측이 송환시킨 일이 기록으로 남아 있으며, 조선측도 그런 사례를 알고 있었음에도 불구하고 당시에는 문제시하지 않다가 지금 와서 불만을 말하는 것은 조선측의 과실이라고 쓰시마번은 말했다. 당연히 이 일은 외무성 홈페이지가 기록하고 있듯이, "쓰시마번으로부터 교섭이 결렬되었다는 보고를 받았다"고 할 수 있는 것은 아니다.

교섭이 결렬된 것이 아니라 계속되고 있었으므로 막부로서는 당면 사태를 타개하기 위해 일본인의 도해를 현행대로 유지하면서 동시에

8) 《竹島紀事》.

조선인의 도해도 인정하면 좋겠다는 타협안이라고 할 수 있는 대안(對案)을 12월 11일에 제시하였다. 그러나 쓰시마번은 그렇게 되면 이국인(異國人)과 섞이게 된다고 반대하였고, 12월 20일에는 '우리나라 다케시마(울릉도)'이므로 조선인의 도해금지를 요구하는 것을 기본 방침으로 하여 교섭하기로 하였다.

그런데 12월 24일이 되자, 다케시마 도해의 당사자인 돗토리번의 의견도 들을 필요가 있다고 여긴 로쥬 아베 분고노카미가 돗토리번에 7개조의 질문서를 냄으로써 국면이 크게 전환된다. 돗토리번은 다음날인 25일에 곧바로 회답서를 제출했으나, 거기에는 "다케시마(현재의 울릉도)는 이나바와 호키에 부속하는 섬이 아니다"고 쓰여 있었고 그에 덧붙여 "다케시마(현재의 울릉도)와 마쓰시마(현재의 독도), 기타 두 지역에 부속하는 섬은 없다"고도 적혀 있었다. 돗토리번의 회답에서는 막부가 질문하지 않은 마쓰시마(현재의 독도)까지 언급하여, 다케시마와 함께 마쓰시마 역시 돗토리번의 지배지가 아니라고 회답한 것이다. 마쓰시마는 현재의 다케시마를 가리키지만, 두 섬 모두 이나바와 호키 두 지역에 속하는 섬이 아니라는 것은 일본 영토가 아니라는 사실을 의미한다. 따라서 일본 정부가 말하는 다케시마(한국명 독도) 고유영토설은 이로써 부정되는 것이다.

이 회답서에는 막부가 알지 못하던 마쓰시마(현재의 독도)에 대해서도 언급되어 있었으므로 막부가 마쓰시마에 대해서도 상세히 보고하도록 돗토리번에 다시 요구하자, 돗토리번은 이에 대한 회답을 다음해 1월 25일자로 제출한다. 이 회답서로 인해 이즈모(出雲)와 오키 두 지역에서도 다케시마(현재의 울릉도) 도해에 참가하고 있던 자들이 있었음을 알게 된 막부는 마쓰에번에도 그 관련성에 대해 1월 26일 질문한다. 이에 대한 마쓰에번의 회답은 이즈모와 오키에서 다케시마(현재의 울릉도)에 도해하던 자는 요나고 상인에 고용된 경우에 한정되며, 자기 돈벌이를 위해 도해한 자는 없었다는 사실을 확인해주었다.[9] 이 일로 인해 막부는 도해금지의 결정을 돗토리번에만 통지하면 된다는 인식을 하게 된 것이다.

이보다 앞선 1696년 1월 9일, 쓰시마번의 가로를 에도 성(江戶城) 접객실로 불러들이고 로쥬들을 앉게 한 가운데, 도다 야마시로노카미 타다마사(戶田山城守忠昌)는 요나고 상인의 다케시마(현재의 울릉도) 도해를 금지하라는 명령을 내렸다. 《다케시마 기사》에는 도해금지를 결정한 이유에 대해 다음과 같이 적고 있다.

> 다케시마(현재의 울릉도)에 가는 것은 도해하여 어로(漁撈)를 하기까지의 일로서, 조선의 섬을 일본이 취하려는 것은 아니다. 섬에는 일본인이 살고 있지 않다. 섬까지의 거리를 보면 조선이 더 가까워 조선 영토 울릉도 같다. 그곳에 일본인이 살고 있다면 일본의 것이므로 지금에 와서 조선에 넘길 리가 없지만, 그런 증거도 없다. 결코 일본측에서 말을 꺼내지 않게 하는 것이 어떻겠는가. 아무 쓸모없는 섬 때문에 일이 복잡해져 해마다 행해지던 통교(通交)가 단절되어 버리면 어떻게 되겠는가. 일본의 위광(威光)이나 무위(武威)로 담판한다는 것도 사리에 어긋난 일이라고 할 수 있다. 따라서 다케시마(현재의 울릉도) 건은 더 이상 교섭을 추진하지 않기로 하고, 기본적으로는 일본인의 도해를 금지하기로 결정했다.

막부가 다케시마(현재의 울릉도) 도해금지를 결정한 이유는 위에서 말한 로쥬의 발언으로 분명하다. 그러므로 1월 28일, 다케시마(현재의 울릉도) 도해금지를 결정한 막부의 명이 로쥬인 도다 야마시로노카미를 통해 쓰시마 번주에게 전해진 것이다. 이어 막부의 결정이 돗토리번에는 봉서로 전달되었는데, 번주가 1월 29일 '올해 휴가를 받아 고향으로 돌아간 이후'에 요나고의 상인과 그 외에 전해지게 되었다. 이 때문에 돗토리번에서는 번주가 고향으로 돌아온 8월 1일에야 요나고

9) 《礒竹島事略》.

의 상인에게 전해졌고, 오야와 무라카와 양가로부터 받은 같은 날짜의 확인서가 돗토리번에 제출되었다.[10]

조선측에 전달 역할을 맡은 쓰시마번은 역관(譯官)에게 구두로 전달하기로 하였고 그 시기는 가을 말이나 겨울이 된 뒤일 것이라고 1월 31일 날짜로 막부에 보고하였다.[11] 그러나 실제로는 안용복이 다시 도일(渡日)하는 일이 있었으므로 예정을 앞당겨, 10월 16일 쓰시마번에 온 동래부 역관에게 이 사실을 전달하였다. 더구나 그때 막부는 도해 허가장인 봉서의 반환을 돗토리번에 요구했으므로, 돗토리번은 영지에 보관하고 있던 봉서를 에도로 가져오게 하여 2월 9일 로쥬인 야나기사와 데와노카미 요시야스(柳澤出羽守吉保)에게 반환했다. 막부가 봉서 반환을 요구한 것은 "위와 같은 봉서가 있으면 혼란하기 쉽다"는 이유에서였다.[12]

1월 28일 날짜로 막부가 다케시마(현재의 울릉도) 도해금지를 결정한 것이 곧바로 전국적으로 실시된 것이 아니라는 점에 주의하지 않으면 안 된다. 전술한 대로 도해금지를 결정한 일은 돗토리번에만 전달되었고, 돗토리번이 당사자인 요나고 상인에게 전달한 것은 8월 1일이므로 그 해에도 요나고의 상인이 다케시마(현재의 울릉도)에 도해했는지는 모르는 일이다. 외무성 홈페이지에서처럼 오야와 무라카와 양가가 도해하지 않았다고 단언하는 것은 막부의 도해금지가 1월 28일에 나오자마자 곧바로 전국적으로 실시되었다고 하는 잘못된 이해에 근거한다.

더구나 도해금지 명령이 다케시마(현재의 울릉도)에 대해서만 언급하고 마쓰시마(현재의 독도)에 대해서는 언급하지 않았다는 점을 들어, 홈페이지에는 "다케시마(한국명 독도)로의 도해는 금지하지 않았습니다"고 적고 있다. 이때의 다케시마는 당시의 마쓰시마(독도)를 말

10) 《御用人日記》.

11) 《磯竹島事略》.

12) 《磯竹島事略》.

한다. 원래 마쓰시마는 다케시마의 속도로 다케시마로 가는 도중에 들르던 곳에 지나지 않았으며 마쓰시마만을 목적으로 도해하는 자는 없었다. 그러므로 마쓰시마에 대해서는 언급할 필요가 없었으므로 다케시마에 준하여 도해를 금지한 것으로 생각된다.

다만 1836년 하마다번(浜田藩) 이와미국(石見國) 영토인 마쓰하라우라(松原浦)의 이마즈야 하치에몽(今津屋八右衛門)의 다케시마(현재의 울릉도) 밀무역 사건에서, 하치에몽(八右衛門)은 다케시마 도해가 금지되었기 때문에 가까운 마쓰시마(현재의 독도)에 간다는 명목으로 다케시마에 갔다고 말한 사실이 있으므로, 마쓰시마(현재의 독도)는 막부의 금지령에서 제외되어 있었다는 설이 있다. 외무성 홈페이지도 같은 입장을 취한다. 그러나 다음해 2월 21일자 막부 금지령에는 다케시마(현재의 울릉도) 도해를 금지하고 나서 각 나라(國)[13]의 회선(廻船)이 '먼 바다에 나가지' 않도록 항로(航路)에 주의를 환기시킨 일이 있다. 따라서 '먼 바다에 나가지 않으면' 갈 수 없는 마쓰시마(현재의 독도) 도해가 허락될 리는 없는 것이다.

5. 안용복의 공술(供述)을 둘러싼 문제

외무성 홈페이지에서 지금까지는 아무 언급도 없었는데, 최근의 개정판에서는 안용복의 기술(記述)에 대하여 다음과 같이 적고 있다. 관계있는 부분만을 논하기로 한다.

(1) 이른바 '다케시마 일건'(竹島 一件)

② 1692년 무라카와 가의 어부들이 울릉도로 향했을 때, 울릉도에서 어로활동에 종사하던 다수의 조선인을 만났습니다. 또 그 다

13) 나라: 일본의 각 영지를 말함(역자 주).

음해에는 마찬가지로 오야 가의 어부들이 다수의 조선인과 만났으므로 안용복과 박어둔 두 사람을 일본으로 데리고 돌아오게 되었습니다. 더구나 그즈음의 조선 왕조는 백성들의 울릉도 도항을 금지하고 있었습니다.

⑤ 더구나 막부가 울릉도 도항을 금지하기로 결정한 후에 안용복은 다시 우리나라에 건너왔습니다. 그 후 다시 조선에 송환된 안용복은 울릉도 도항금지를 범한 자로서 조선 관리의 취조를 받았으나, 이때 안용복이 한 공술은 현재 한국이 다케시마(한국명 독도) 영유권을 주장하는 근거의 하나로 인용되고 있습니다.

(2) 안용복의 공술과 그 문제점

① 한국측 문헌에 의하면, 안용복이 일본에 왔을 때 울릉도와 다케시마(한국명 독도)를 조선령으로 하는 서계를 에도 막부로부터 받았는데 쓰시마 번주가 이 서계를 빼앗았다고 공술한 것으로 되어 있습니다. 그러나 일본측 문헌에 의하면 안용복이 1693년과 1696년에 일본에 왔을 때의 기록은 있으나 한국측이 주장하듯이 서계를 주었다는 기록은 없습니다.

② 특히 한국측 문헌에 의하면, 안용복은 1696년에 일본에 왔을 때 울릉도에 다수의 일본인이 있었다고 진술한 것으로 되어 있습니다. 그러나 이때의 도일은 막부가 울릉도 도항을 금지하기로 결정한 후의 일이므로 당시 오야와 무라카와 양가는 아무도 울릉도에 도항하지 않았습니다.

③ 안용복에 관한 한국측 문헌의 기술은 안용복이 국금(國禁)을 범하고 국외로 도항했다가 귀국 후 취조를 받았을 때의 공술을 따른 것입니다. 이 공술에는 위에서 말한 것뿐만 아니라 사실에 맞지 않는 사실들이 다수 보입니다만, 이런 것들이 한국측이 다케시마(한국명 독도) 영유권을 주장하는 근거의 하나로 인용되고 있습니다.

이 홈페이지의 기술에는 안용복에 관한 것으로 사실과는 다른, 분명한 오류가 있으므로 우선 이를 지적하기로 한다.

(1) - ⑤에서는 1696년 안용복의 두 번째 도일에서 "다시 조선에 송환되었다"고 적고 있으나, 이때의 귀국은 이나바(因幡)의 가로(賀露)에서 자기 배로 직접 조선으로 돌아간 것이므로 첫 번째 도일 때처럼 송환된 것이 아니다. 귀국해서는 강원도 양양에서 체포되었다.

(2) - ②에서는 1696년 6월의 도일은 분명 막부가 울릉도 도항을 금지한 1월 28일 결정 이후의 일이지만, 돗토리번이 오야와 무라카와 양가에 도해금지 명령을 전달한 것은 8월 1일이므로 그 해에 요나고 상인이 도항하지 않았다고 단정할 수는 없다.

외무성 홈페이지가 지적하고 있듯이, 안용복의 두 번째 도일과 귀국 후 조선 정부의 취조에서의 공술에는 문제가 많다고 볼 수 있다. 특히 안용복의 공술 내용이 일본에서의 언동과 밀접히 관계된 이상 반드시 일본측 사료를 통해 검증해야 한다. 따라서 1693년, 안용복의 일본에서의 행적에 대해서는 사료에 근거하여 확인하기로 한다. 이 일은 안용복이 에도에 갔는지의 여부, 막부로부터 서계를 받았는지의 여부를 해명하는 단서가 될 것이다.

3월 18일: 다케시마(현재의 울릉도)에서 오야 가의 배에 붙잡혀 20일에 오키의 후쿠우라(福浦)로 돌아왔으며 오키 번청에서 구상서(口上書)가 작성됨[14]

3월 27일: 요나고에 귀착, 오야 쿠에몽(大谷九右衛門) 가택에 억류됨[15]

4월 28일: 돗토리번 가로인 아라오 야마토(荒尾大和)와 백부(伯父)인 아라오 슈리(荒尾修理)에 의해 요나고에서의 취조가 끝나 번청에 보고함[16]

4월 30일: 안용복의 구상서와 소지한 문서 3통을 에도에 있는 영주

14) 《大谷船頭 口上書》.

15) 鳥取藩, 《控帳》.

16) 위의 책.

의 저택에 송부함[17]

5월 28일: 나가사키로 보내는 길에 먼저 돗토리에 들렀는데, 정회소(町會所)에서 가로 4명이 만남[18]

6월 7일: 조선인 일행이 돗토리를 출발, 사자(使者) 2명 외에 의사, 평 수행원 5명, 보졸(步卒), 하인 약간, 가마지기, 요리인이 수행[19] 모두 수십여 명, 조선인 2명은 가마로 나가사키로 보내짐[20]

7월 1일: 전날 나가사키 도착, 나가사키 봉행소(奉行所)에 출두, 구상서 제출[21]

7월 2일: 쓰시마번이 담당하게 됨[22]

8월 14일: 막부가 쓰시마번에게 조선인을 받아들여 귀국시킬 것을 명함[23]

9월 3일: 쓰시마 부중(府中)에 도착, 4일에는 오메츠케(大目付: 대감찰관 — 역자 주)가 조선인 구상서를 작성[24]

12월 10일: 부산 동래부에서 조선인을 인도(引渡) 함[25]

외무성 홈페이지가 믿을 수 없다고 하는 한국측 문헌의 기술에 대해 보기로 한다. 《증보 문헌비고》 31권의 《여지고》(輿地考) 19를 보자. 거기에는 안용복이 붙잡혀 오랑도(五浪島: 隱岐島를 말함)로 가서는 도주(島主)에게 울릉도가 조선 땅인데 조선인인 자기를 붙잡은 이유가 무엇인가 항의한 것으로 되어 있다. 곤란해진 도주는 안용복을 호키

---

17) 위의 책.
18) 위의 책.
19) 《竹島考》.
20) 《竹島紀事》.
21) 위의 책.
22) 위의 책.
23) 위의 책.
24) 위의 책.
25) 위의 책.

주(伯耆州)로 보냈고, 호키 주 태수는 그를 후하게 대접해주었다고 한다. 그러나 안용복이 울릉도는 일본 영토가 아니므로 선처를 바란다며 요청하자, 태수는 관백에게 건의하여 울릉도가 일본령이 아니라는 서계를 만들어 안용복에게 건네주었다고 한다. 그러나 나가사키에 가서 안용복이 서계를 보이자 빼앗기고 말았고 그 후 쓰시마로 보내졌다고 한다. 쓰시마 번주가 관백(關白)의 명(命)을 가장하여 울릉도에 대해 다투고 있으나 실은 이는 관백의 뜻과는 다른 것이다.

이에 대하여 일본 사료에는 울릉도에서 안용복을 취조하여 구상서를 만들었고 요나고에서도 취조한 것으로 되어 있으나, 안용복이 울릉도를 조선 영토라고 주장한 일은 없었다고 한다. 관백의 서계를 받았다는 이야기도 당연히 사실이 아니라고 한다. 다만 오키와 요나고에서 작성된 취조 기록이 없기 때문에 사료로 확인할 수는 없다. 그러나 돗토리에서 나가사키로 보내졌을 때의 조서(調書)에는 7월 1일과 9월 4일, 두 번에 걸쳐 자신들이 '무루구셈'이라고 부르던 섬을 일본에서는 다케시마(현재의 울릉도)라고 하는 것을 일본에 와서 처음 들었다고 말한 것으로 되어 있다.[26] 따라서 그런 인식밖에 지니고 있지 않던 안용복이 울릉도가 조선의 영토라고 하는 등의 주장을 나가사키와 쓰시마에 오기 전에 오키와 돗토리번에서 했다고 하는 것은 생각하기 힘든 일이다.

안용복이 귀국 후의 신문(訊問)에서 진술한 내용에 대해, 쓰시마번은 동래부와 교섭할 때 조선측이 말한 정보라고 하며 이를 기록하고 있다.[27] 가장 빠른 것으로는 1694년 9월 12일자 예조참판참의의 회답서에 "귀국 사람이 경계를 넘어 와 울릉도에 있다가 우리나라 사람과 만났는데, 도리어 (우리나라의) 두 사람을 붙잡아 에도로 보냈으나 다

26) 위의 책.

27) 위의 책.

행히 귀국(貴國)의 장군이 사정을 올바로 살펴 후한 대접을 해주셨다"고 한 문구가 보인다. 이에 대해 쓰시마번은 문서에 주기(注記)하는 형태로, 나가사키를 에도(江戶)로 오인한 것은 아닌가하고 적고 있을 뿐이다. 안용복의 일본에서의 행적으로 본다면, 에도행이 사실이 아님은 분명하지만, 조선 정부가 공적인 문서에 이를 적은 것은 안용복의 공술을 사실로 인정하고 있었음을 의미한다. 그리고 다음해 7월에는 더욱 상세한 사실이 드러난다.

1695년 7월 6일 쓰시마번 가로 히라타 모치에몽(平田茂右衛門)의 '다케시마 일건'(竹島一件)이라는 제목의 의견서에는 조선측 사자(使者)가 가져온 정보로서, 안용복이 정부에 제출한 문서 속에 다음과 같은 사실이 적혀 있었다고 기록되어 있다.

즉 안용복은 다케시마(현재의 울릉도)에서 체포되어 곧바로 에도로 연행되었다. 에도에서 안용복은 다케시마(현재의 울릉도)가 조선령인데도 불구하고 일본인이 자신들을 체포한 것은 잘못이라고 하였고, 체포한 자를 참형에 처하라고 했다. 안용복이 에도에서는 각별한 대접을 받았으나 나가사키로 보내졌다가 쓰시마번으로 인도된 뒤로는 죄인 취급을 받다가 송환되었다고 말하자, 막부도 그의 말을 사실로 받아들여 조선인의 다케시마(현재의 울릉도) 도항을 금지시켰다는 이야기는 쓰시마번이 막부에 대한 충성심에서 말한 것이지 막부의 본심이 아니라고 한 내용이 적혀 있었다.

7월 12일자 다키 로쿠로에몽(瀧六郎右衛門)의 의견서에는 조정이 안용복을 직접 만나 이야기를 들었다고 되어 있다. 즉 안용복은 다케시마(현재의 울릉도)에서는 자신들이 포승에 묶여 죄인처럼 에도로 보내졌으나 에도에서는 대우가 돌변하여 죄인취급은 실수였다고 하면서 자신들을 체포한 자를 참형(斬刑)에 처했다고 하였다. 그리고는 에도 막부에서 안용복에게 의복 등을 하사하고 식사대접을 한 뒤에 나가사키로 보냈다고 한다. 이 때 길 가는 중간에 가마에 태워주기도 했고 좌우에서 부채질도 해주었으며 금은(金銀)을 주는 등 상당히 대우가 좋았다는 것이다. 그런데 쓰시마의 관리에게 인도된 뒤에는 다시 죄인 취급을 받았다고 한다. 다시는 조선인이 다케시마(현재의 울릉도)에 도해하지 않도록 하라고 막부가 말한 것은 본심이 아니라 쓰시마번이 제멋대로 한 것이라고 안용복이 말하자, 조선 조정은 그의 말을 사실로 믿었고 그 후로는 막부가 쓰시마번이 하는 말을 의심하게 되었다는 내용이다.

이러한 안용복의 공술에 대해 히라다(平田)와 다키(瀧) 두 사람이 각기 반론을 하고 있으나 내용은 거의 같다.

안용복은 다케시마(현재의 울릉도)에서 7일 정도 걸려 에도로 갔다고 했으나 에도까지를 7일 정도로 갔을 리가 없으며, 그렇게 갈 수 있는 여정이 아니다. 안용복이 다케시마(현재의 울릉도)에서 체포된 것은 작년에 다시는 오지 말라는 엄중한 경고를 받았음에도 불구하고 또 다시 경계를 넘어 왔기 때문에 이를 질책하고 체포한 것이다. 이나바의 성부(城府)에서는 좋은 대접을 해주고 나가사키로 보낼 때 가마에 태워주거나 금은(金銀)도 주고 좌우에서 부채질을 해주는 등 좋은 대우를 해준 것은 중요한 죄인을 다룰 때 하는 것으로 '일본의 국풍(國風)'이라는 것이다. 죄인이 식중독에 걸린다거나 다치거나 또는 자해(自害)하는 일이 있어서는 막부로부터 질책이 있으므로 죄인의 마음을 편하게 해주기 위해 대접을 잘해준 것이다. 나가사키에서 금은을 준 것은 이들이 도중에 소란을 부리기에 기분을 맞춰주려고 준 것으로 중요한 죄인을 무사히 데리고 가지 않으면 안 되는 임무 때문에 어쩔 수 없이 그렇게 한 것이다. 그런데 이는 부끄러운 이야기이므로 입이 무거운 자를 통해서 했다고 하면서 그 간의 사정을 설명하고 있다.

앞에 나온 예조참판참의의 회답서에서 에도로 보낸 것을 지적받았을 때 쓰시마번에서는 이는 나가사키를 에도로 잘못 알았기 때문이라고 했지만, 이는 이나바의 성부(城府) 즉 돗토리에서의 일이다. 일정으로 보더라도 에도에는 갈 수 없었다는 반론은 설득력이 있다. 앞에서 말했듯이, 안용복의 일본에서의 행적으로 본다면 사실은 명백하다. 또한 나가사키로 보내는 일을 실제로 담당한 것은 돗토리번이었다. 돗토리번에서 의사와 요리사까지 딸려 나가사키까지 보낸 일은, '국에다 반찬 7~8가지'라고 안용복이 구상서에서 진술하고 있듯이 '각별한 대접'이었음은 분명하다. 에도로부터 의복 등을 하사받았다는 것은 7월 1일 나가사키에서의 조서에 '조선인이 지참하고 있던 분(分)'과는 별도로 '호키 태수 야나기(柳)가 조선인에게 하사한 분(分)'이라고 하여 12개 품목이 열거되어 있는 것은 맞지만, 무명옷과 욕의(浴衣) 정도의 물건이었다.

안용복에 대한 조선 정부의 취조가 행해졌다고 생각되는 시기는 조선측의 회답에서 울릉도라는 문구를 삭제해줄 것을 쓰시마번이 조선 정부에 요구하면서 대립하던 시기이다. 조선측은 일본측이 말하는 다케시마가 조선령 울릉도일 것으로 여겨 1694년 1월 15일의 회답서에서 울릉도라는 문구를 삭제하지 않는다는 말을 쓰시마에 전했다. 그런 시기에 조선 정부의 관리를 만난 안용복이 귀국 직후 그동안 무루구셈으로만 알았던 섬에 대해 조선령 울릉도라는 인식을 지니게 된 것도 당연한 일이다. 그러므로 안용복은 조선 섬에 간 건데 어째서 일본인에게 체포되었어야 했는지 의문을 지니게 되었고, 이 일을 출발점으로 해서 안용복의 이야기에는 허(虛)와 실(實)이 섞여 내용에 과장이 들어가게 되었다고 볼 수 있을 것이다.

특히 안용복이 실제 체험에 근거하여 말한 내용 즉, 조선인의 다케시마(현재의 울릉도) 도항금지를 요구하고 있는 것은 에도 막부의 본뜻이 아니라 쓰시마번이 막부에 충성심을 보이기 위해 제멋대로 주장한 것이라는 지적은 조선측으로 하여금 그동안 일본측 창구이던 쓰시마번을 전면적으로 신뢰할 수 없게 만들어 늘 의심을 품은 채 대응하게 한 것이다. 이 일은 교착상태에 빠진 교섭을 타개하기 위해 에도 막부와 협의하러 간 쓰시마 번주 소 요시자네가 1695년 11월 25일 로쥬 아베 분고노카미에게 제출한 '구상서' 안에, "다케시마(현재의 울릉도)에 조선인이 도해하지 않도록 한 일도 쓰시마 태수 소(宗)가 마음대로 한 일로 조선 정부는 추측하고 있다고 들었다"고 번주 자신이 말하는 것으로도 알 수 있다. 이 일을 보더라도 안용복이 귀국 후에 한 공술은 조선 정부에서는 그 나름대로 중시되어 쓰시마번과의 교섭에 일정한 영향을 준 것으로 볼 수 있다.[28] 또한 안용복은 1696년에 다시 도일한다. 그 해 5월에 오키에 도착, 6월부터 8월에 걸쳐 2개월간 돗토리번에서 체재한다. 안용복은 오키에 왔을 때 자신이 작성한 '조선의 팔도'(朝鮮之八道)라고 쓴 것을 보이고 조선 경상도 안에 울릉도와 자산도(우산도: 현재의 독도를 말함—역자 주)가 있다고 주장한 이외에도[29] 이나바에 도착했을 때는 '장군'과 '이나바 영주'〔돗토리 번주(鳥取藩主)를 말한다〕 앞으로 쓴 서장(書狀)을 지니고 있었음을 알 수 있다.[30] 서장의 내용에 대해 자세히 알 수는 없지만, 후에 쓰시마번에서 '정단'(呈單)에 관해 동래부에 질문을 보냈고[31] 조선측에서는 '정서'(呈書) 한 일에 대하여 '함부로 지은' 죄가 있다고 한 것을 보면,[32] 이나바에서 장군 앞으로 보낸 서장은 관계가 있는 듯 생각된다. 그러나 안용복의 2차 도일은 1696년 1월 28일 막부가 도해금지를 결정한 후의 일이므로 도해금지 결정과는 관계가 없다. 오히려 안용복은 울릉도와 우산도(于山島)의 존재를 처음으로 실제로 확인한 조선인으로서 중시되어야 할 것이다.

---

28) 《竹島紀事》.

29) 〈元祿九丙子年朝鮮舟着岸一卷之覺書〉.

30) 《竹島紀事》.

31) 《肅宗實錄》.

32) 《朝鮮通交大紀》.

동아시아의 영토 문제에 관한 일본의 정책

와다 하루키 *

1. 머리말

2004년의 중·러(中·露)국경협정으로 중·러 간의 영토 문제가 일단락됨에 따라, 대만 문제를 영토 문제로 보지 않는다면 이제 동아시아의 영토 문제는 세 가지가 남는다. 한·일 간의 독도〔다케시마(竹島)〕 문제,[1] 러·일 간의 북방4도 문제,[2] 중·일 간의 조어도〔센카쿠(尖閣)〕열도 문제이다. 이 중에 일본의 관점에서 보면 처음 두 가지 문제는 일본의 '고유영토'가 외국에 의해 부당하게 점령 또는 점거된

---

* 和田春樹, 일본 도쿄대학 명예교수.

1) 저자가 '다케시마'(竹島)라고 한 것은 대부분 '독도'로 표기했다. 단 직접 인용문의 경우는 '다케시마'라고 했으며, 문맥에 따라 '다케시마'(한국명 독도)라고 병기한 것도 있다(역자 주).

2) 일본의 북방영토 문제를 말한다. 북해도 북방의 하보마이(齒舞) 군도(群島), 시코탄 섬(色丹島), 구나시리 섬(國後島), 에토로후 섬(擇捉島)의 4도가 문제가 되기 때문에 북방4도 문제라고도 한다. 이 글에서는 필자가 표기한 대로 북방4도 문제라고 표기하도록 한다. 또한 본문에서는 하보마이 군도(齒舞群島), 시코탄 섬, 구나시리 섬, 에토로후 섬 등은 편의상 각각 하보마이, 시코탄, 구나시리, 에토로후 등으로 고유명사만으로 표기하도록 한다(편자 주).

것이므로 일본이 반환을 요구하는 케이스다. 이와는 반대로 센카쿠 열도 문제는 일본이 실효적 지배를 하고 있는 영토에 대해 외국이 부당한 요구를 하는 케이스라고 할 수 있다. 일본에서는 이들 세 가지 문제를 동북아시아 지역의 영토 문제로서 일괄적으로 파악하려는 태도는 거의 없으며, 북방4도 문제와 독도(다케시마) 문제를 일본의 영토 문제로 일괄적으로 생각하여 해결하려는 태도 역시 없다.

필자 본인도 북방4도 문제에 대해서는 1986년부터 지금까지 20여 년 동안 그 해결방법을 생각해왔고 그 문제에 대해 3권의 저서를 출간했지만[3] 2005년이 되기 전까지는 독도(다케시마) 문제를 신중히 생각해본 적이 없었으며 그 후에도 두 가지 문제를 일괄적으로 검토하고 생각해본 적은 없었다. 이 글에서는 될 수 있는 한, 두 가지 문제를 일괄적으로 파악하고 검토하여, 문제의 해결방안을 생각하기로 하고, 나머지 한 가지 문제인 조어도(센카쿠)열도 문제에 그 결론을 적용할 수 있는지를 마지막에 언급하고자 한다.

2. 문제의 발생: 패전, 점령, 영토처리

영토 문제는 1945년 8월 14일, 일본이 미국·영국·중국·소련 4개국의 포츠담 선언을 수락, 항복함으로써 생긴 문제이다. 50년에 걸친 일본의 전쟁이 끝나 일본의 식민지 지배도 종식되었다. 이 선언에 의해 이후 일본의 영토가 어떻게 되는가가 결정되었다. 포츠담 선언은 제 8조에서 "일본의 주권은 혼슈(本州), 홋카이도(北海道), 규슈(九

---

3) 필자가 쓴 최초의 논문은 "'北方領土'問題についての考察", 〈世界〉 1986년 12월호이며, 저서로는 《北方領土問題を考える》, 岩波書店, 1990년: 《開國日露國境交渉》, 日本放送出版協會, 1991: 《北方領土問題: 歴史と未來》, 朝日新聞社, 1999 등이다.

州) 및 시코쿠(四國)와 아울러 우리가 결정하는 제 소도(小島)에 국한된다"고 정했다. 어느 섬이 일본의 영토에 속하는지, 어느 섬이 속하지 않는지를 연합국이 결정함을 통고한 것이다.

1946년 1월 29일, 연합군 총사령부는 「약간의 외곽지역을 일본으로부터 정치상 및 행정상 분리하는 것에 관한 각서」를 내놓았다. 우선 일본의 범위에 포함되는 지역을 들고, 이어 '일본의 범위에서 제외되는 지역'으로 한국에 속한다고 여겨지던 '울릉도, 독도, 제주도', 미국 군정하의 오키나와(沖繩), 오가사와라(小笠原) 제도(諸島), 소련이 점령한 '쿠릴〔치시마(千島)〕열도, 하보마이(齒舞) 제도(諸島) … 시코탄 섬'을 들었던 것이다. 그리고 일본의 '관할권에서 특별히 제외되는 지역'으로는 태평양의 위임 통치령, 만주, 대만, 한국, 사할린(樺太)을 들었다. 확실히 각서의 이 조항은 포츠담 선언 제8조에 있는 "(이것이) 제 소도의 최종적 결정에 관한 연합국측의 정책을 나타내는 것으로 해석되어서는 안 된다"는 단서가 들어 있긴 하지만, 당연히 이 규정은 어느 정도 일본 영토에 대한 예측을 가능하게 하였다. 관계국이 그렇게 받아들였음은 부정할 수 없다. 그러나 일본에서는 일본령으로 남아야 하는 영토에 대해 의견이 있었다. 그 후 일본 영토는 미국, 중국, 소련이라는 전승국과 식민지 지배로부터 탈피한 한국이 어떤 요구를 내며, 일본이 이에 어떻게 대응하는가에 의해 결정되어간 것이다.

일본에 남는 영토, 일본이 잃는 영토에 대한 일본의 태도는 각 나라들과의 전쟁 및 식민지 지배에 대한 생각이 어떤가에 의해 영향받았다. 미국은 대(對)일본 전쟁의 중심세력이었으며, 격렬한 전투 끝에 오키나와를 점령했다. 따라서 (일본인들은) 미국이 오키나와를 지배하는 것은 어쩔 수 없다고 여겼다. 항복하기 전 소련에 종전교섭의 중재를 부탁하는 작업을 하기 위해 고노에 후미마로(近衛文麿)가 작성한 영토안(領土案)에는 오키나와와 오가사와라가 사할린과 더불어 포기하도록 되어 있었다.[4] 중국에서는 일본이 만주사변 이래 15년간이나 연속적으로 침략전쟁을 일으켰고 카이로 선언도 있었기 때문에 대만과 팽호(澎湖) 제도의 포기는 당연한 것으로 여겨졌다. 그러나 소련에게는 중립조약(中立條約)이 아직 유효한데도 이를 파기하고 공격한 일, 만주 개척민의 비극을 만들어낸 일, 60만 명의 포로를 억류하여 그 중 6만 명을 시베리아에서 죽게 한 일에 대한 국민적인 반발이 존재했다. 남(南)사할린, 쿠릴 열도를 점령하고, 하보마이 군도까지 자국령으로 선언한 일 자체가 반발의 중요 요소였다. 일본 정부도, 국민도 소련에 대해서는 일본이 피해를 입혔다는 생각은 하지 않았고 오히려 어떤 의미에서는 일본이 피해자라고 생각하고 있었다. 따라서 소련과는 영토를 다투는 일이 가능하며 싸워도 좋다고까지 생각했다. 한국에 대해서는 일본이 36년간이나 식민지 지배를 한 일에 대한 반성은 정부에게도, 국민에게도 없었다. 조선은 일본의 일부였는데 이번에 나뉘게 된 것이라고 생각하고 있었으며, 따라서 한국이 전승국처럼 요구하는 것 자체를 일본은 받아들일 수가 없었다.[5] 따라서 이 경우도 일본은 영토 문제에 대해 충분히 싸울 수 있다고 생각한 것이다.

일본 외무성은 강화(講和)를 위한 준비를 1946년부터 개시, 영토 문제에 대해서는 7책의 자료를 작성, 미국에 제출했다. 그 중에서 《류큐(琉球)와 남서 제도》, 《쓰시마(對馬)》 2책만이 공개되어 있을 뿐이다. 그러나 1946년 11월에 제출한 《치시마, 하보마이, 시코탄》은 하라 키미에(原貴美惠) 씨가 오스트리아 공문서관에서 열람에 성공했고, 1947년 6월에 제출한 《태평양 및 일본해 소제도(小諸島)》는 한국학자 정성화 씨가 미국 국립문서관에서 열람하는 데 성공했다.

---

4) 矢部貞治, 《近衛文麿》 下, 弘文堂, 1952, pp.560~561.

5) 패전 직후의 일본인의 조선관에 대해서는 오래된 것이긴 하지만, 和田春樹, "第2次大戰後の東アジア: 日本 朝鮮 中國の民衆", 〈歷史學硏究〉 312號, 1966; 山田昭次, "8·15をめぐる日本人と朝鮮人の斷層", 〈朝鮮硏究〉 69號, 1968, 1이 있음.

우선 전자에서는, "쿠릴 열도에 대한 일본의 주권은 그때(1875년)[6] 이후 한 번도 논의의 대상이 되지 않았다"라고 서술되어 있고, 에토로후, 구나시리는 '남쿠릴'로, 그 이외는 '북쿠릴'로 나뉘어 있다. 특히 "하보마이 군도와 시코탄은 지형학적, 지질학적으로 홋카이도 네무로(根室) 반도(半島)의 연장으로 생각되어야 한다. 하보마이 군도와 시코탄 그룹이 쿠릴 열도에 포함되는 경우가 있지만, 지질학자가 두 그룹은 구조지질학적으로 구별되어야 한다고 말한 점에서 일치하고 있다"[7]고 쓰여 있다. 쿠릴 열도는 러시아와의 조약에서 평화적으로 일본 영토가 된 것으로, 전체가 일본 영토로 인정되어야 한다고 주장한다. 즉, 하보마이와 시코탄은 홋카이도의 일부라고 주장할 수 있다며, 냉정하고 합리적인 주장을 한다.

후자에서는 울릉도와 독도를 들어, 일본이 두 섬 모두에 대해 긴 역사적이고 지리적인 관계를 지니고 있었음을 강조한다. 독도에 대해서

6) 1875년 5월 7일에 체결된 카라후토 치시마 교환 조약(樺太千島交換條約)을 말한다. 카라후토는 사할린, 치시마는 쿠릴 열도의 일본식 명칭이다. 카라후토 치시마 교환 조약은 일본과 러시아 제국 사이의 국경을 확정한 조약으로, 일본이 사할린에서의 권익을 포기하는 대신에, 러시아가 쿠릴 열도를 일본에 양도하는 것을 골자로 하는 조약이다. 상트페테르부르크 조약이라고도 한다. 일본의 북방영토 문제에서는 이 조약에서 말하는 쿠릴 열도의 범위가 쟁점의 하나가 되어 있다. 이 조약의 정본은 프랑스어로 되어있는데, 프랑스어로 된 정본에는 쿠릴 열도의 범위에 북방4도가 포함된다. 그런데 그보다 20년 전에 맺어진 1855년의 일러화친조약에서 일본과 러시아의 국경이 북방4도의 에토로후 섬과 우릅 섬(Urup Island, 일본명 得撫島) 사이로 정해졌기 때문에, 일본어 역문에는 북방4도 위의 우릅 섬부터 그 이북의 18개 섬을 쿠릴 열도라고 한다. 일본은 샌프란시스코 강화조약에서 쿠릴 열도를 포기했으나 포기한 쿠릴 열도에 북방4도는 포함되지 않고 우릅 섬 이북의 쿠릴 열도를 포기한 것이라고 주장한다(편자 주).

7) Minor Islands Adjacent to Japan Proper. Part I. The Kurile Islands, the Habomais, and Shikotan, November 1946, pp. 6~8. 하라 키미에(原貴美惠) 씨의 후의에 힘입었다.

는, 1905년에 일본 영토의 일부가 되었다고 하며, "이 섬에는 한국식의 명칭이 없고", "한국에서 작성된 지도에도 실려 있지 않으"므로, 한국은 독도의 영유권을 주장할 수 없다고 쓰여 있다. 울릉도에 대해서는, 일본 본토와 지리학적 유사성이 있으며, 식물생태도 공통성이 있다고 하며, "한국은 과거에 이 섬을 영유한 적이 있지만 정주자(定住者)가 이 섬에 온 것은 '겨우 수십 년 전'이며, 그때 섬의 발전은 '아직 초기 단계'에 있었으며, 한국 정부가 이 섬을 발전시키는 일은 너무 힘에 벅차므로 일본이 이 섬에 대해 책임을 져야 한다"고 쓰여 있다.[8)]

한국 독립이라는 사태에 직면하면서 울릉도까지 요구하는 후안무치(厚顔無恥)한 외무성 관료의 태도에는 아연실색하지 않을 수 없다. 독도에 대해서는 거의 상세한 지식이 없이 일본령이라고 주장한다. 이때 한국 정부가 가장 중시하여 주장한 것은 쓰시마에 관한 요구였다. 그 의미는 식민지 지배에 대한 배상으로 쓰시마를 할양하라고 한 점에 있다. 1949년 새해 연설에서 이승만 대통령은 전쟁 배상의 한 형태로 쓰시마의 양도를 요구한다는 성명을 냈다. 일본 외무성이 1949년 7월에 작성한 '쓰시마'에 관한 자료는 한국측의 이런 요구에 대한 대항조치로서 작성된 것이다.[9)] 33항이나 되는 이 자료는 한국과 일본의 교류에서 쓰시마의 중요한 역할에 대해서도 상술하지만, 쓰시마는 일본에 속한다는 점을 시종 지적한다. 부록으로 '쓰시마의 조선인 문제'를 다루는데, 2,921명이나 되는 쓰시마의 조선인은 모두 좌익계 조총련에 조직되어 있음을 지적한다. 이승만 대통령이 쓰시마를 요구한 일에 대

---

8) Sung-Hwa Cheong, *The Politics of Anti-Japanese Sentiment in Korea: Japanese-South Korean Relations under America Occupation*, 1945~1952, New York: Greenwood Press, 1991, p.39. 문서의 표제는 Minor Islands Adjacent to Japan Proper. Part Ⅳ. Minor Islands in the Pacific Ocean and the Sea of Japan, June 1947.

9) Ibid., pp.39~45.

해, 일본은 조총련을 '제국주의적'이라고 비판하는데, 조선청년동맹도, 조선인 학교도 모두 공산주의자의 지도를 받으며 밀입국이 매우 많다는 경종을 울리고 있다.[10] 결국 한국은 쓰시마의 양도를 요구하고, 일본은 울릉도와 독도를 요구하면서 대립하고 있었던 것이다.

3. 샌프란시스코 강화조약

강화조약 준비는 미국이 주도했다. 미 국무성에서 1947년 3월 이후 수차례에 걸쳐 강화조약안을 작성했으나, 거기에는 북방4도, 즉 에토로후, 구나시리, 시코탄, 하보마이 군도를 일본령으로 남겨두고 싶다는 심정과, 쿠릴 열도를 소련에 건네준다는 약속을 어떻게 조정할 수 있을 것인가 하는 고민 등이 반영되어 있다.[11] 독도 문제에 대해서는 일관되게 '리앙쿠르 암(竹島)'은 한국령으로 인정하는 것으로 되어 있다.[12] 그런 시행착오의 결과, 1949년 11월 2일에 작성된 안(案)에서는 일본은 쿠릴 열도를 소련에 할양한다, "한국을 위해 한국 본토와 제주도, 거문도, 울릉도, 독도를 포함한 연안 제도에 대한 일체의 권한을 포기한다"고 결정되어 있었다. 따라서 일본영토로 규정된 것 안에는 북방4도도, 독도도 포함되어 있지 않았다. 북방4도의 일본 귀속을 제안할 것인가에 대해서는 아직 결정하지 못했으며, 일본이 제안한다면 '호의적인 태도를 보이는' 것이 좋다는 주(註)만 겨우 붙어 있었다.[13] 이 안을 동경의 연합군 총사령부로 보내자, 정치고문 시볼드

10) Tsushima, July 1949. 일본 외무성 문서, B'. 4. 1. 0. 15. sheet 0084-010 2.
11) 和田春樹, 《北方領土問題》, pp. 194~198.
12) 塚本孝, "平和條約と竹島(再論)", 〈レファレンス〉 44巻 3號, 1994, pp. 39~41.
13) 塚本孝, "米國務省の對日平和條約 草案と北方領土問題", 〈レファレンス〉

(William J. Sebald)가 일본측의 요청을 받아들여, 북방4도와 독도를 일본령으로 남겨두는 것으로 수정할 것을 제안했다. 북방4도가 "쿠릴 열도의 일부를 이룬다는 주장은 역사적으로 미약하며 이들 섬은 … 일본으로서는 확실히 항해상, 어업상 지대한 의의를 지니고 있다"고 했고, 독도에 대해서는, "일본의 주장은 오래되었으며 또한 유효하다. 이들 섬을 조선 연안의 섬으로 보기는 어렵다. 안전 보장을 고려해서라도 이들 섬에 기상 레이더 기지를 설치하는 것이 미국의 이익이 된다고 생각한다"는 이유가 언급되어 있다.[14)]

그러나 국무성이 쿠릴 열도에 대한 정의(定義) 문제를 새로 검토한 결과, 에토로후, 구나시리가 쿠릴 열도에 포함되지 않는다는 것은 무리라는 결론을 내렸다. 한편 독도 문제는 검토되지 않았다. 이에 12월 29일자 수정안에서는 쿠릴열도 할양문제는 그대로 남은 채 하보마이 제도, 시코탄과 독도만이 일본령으로 명기되었다. 그리하여 한국을 위해 일본이 포기하는 연안 제도(諸島)의 리스트에서 독도가 삭제되었다.[15)] 북방 2도와 독도만은 일본에 남겨둔다는 것이 미국의 결론이었다.

그 후 영국안과의 조정이 행해졌다. 영국측의 4월 초안에서는 하보마이 군도, 시코탄을 일본령으로 정의했으며, 독도에 대해서는 한국에 귀속시키기로 되어 있었다.[16)] 미국안은 수정되어 1951년 5월의 미·영 공동안이 되었으며, 그것이 최종적으로는 덜레스(John Foster

---

482號, 1991년 3월, p. 116. National Archives, USA., RG 59, Decimal File 1945~1949, Box3513, 740.0011 PW(PEACE) 11-249.

14) 위의 글, p. 117.

15) 위의 글, p. 118. NA, RG 59, Lot 54D423 JAPANESE PEACE TREATY FILES, BOX 12, Treaty Drafts 1949~March 1953.

16) 和田春樹, 《北方領土問題》, pp. 211~212. 塚本孝, "平和條約と竹島(再論)", pp. 45~46. 玄大松, 《領土ナショナリズムの誕生》, ミネルバ書房, 2006, p. 76에 영국안의 부속지도가 있다.

Dulles) 방침으로 고쳐져 1951년 7월에 조약문 최종안이 되었다. 이 최종안에서 일본령으로 명기되던 것은 모두 없어졌으며, 소련에 할양한다는 규정도 없어졌다. 쿠릴 열도에 대한 일본의 권리 포기만이 규정되었으며, 한국 독립 승인에 맞춰 '제주도와 거문도 및 울릉도를 포함한 권리 포기'가 명기되었다.

일본이 포기한 쿠릴 열도에 대해서는 당시 국제사회에서 일반적으로 고려되던 정의를 전제(前提)로 하게 되었다. 그렇게 되면 에토로후, 구나시리는 당연히 포함되며 시코탄까지 포함되는 것이 보통이다. 강화회의 석상에서, '쿠릴 열도라는 지리적 명칭이 하보마이 군도를 포함하는가에 대한 약간의 질문'이 있었으나, 미국 대표 덜레스는 '하보마이를 포함하지 않는' 것이 미국의 입장임을 명언했다.[17] 그렇게 되면 시코탄은 일본이 포기한 쿠릴 열도에 들어가게 된다. 그러나 일본 대표 요시다 시게루(吉田茂)는 하보마이와 시코탄은 "일본의 본토인 홋카이도의 일부를 이룬다"고 명언하여, 보류(保留) 형태로 기록에 남기는 데 가까스로 성공했다.

한국은 샌프란시스코 강화조약에 참가할 수 없었으나, 최종 조약문안은 볼 수 있었으므로 처음에는 쓰시마와 독도를, 마지막에는 독도만이라도 조선에 귀속되는 것으로 명시해줄 것을 요구했다. 그러나 1951년 8월 10일 러스크(Dean Rusk) 미 국무성 차관보는 독도 또는 다케시마는 "조선의 일부로 취급된 일이 한 번도 없었다", "과거 조선에 의해 영유가 주장된 적이 있다고는 생각되지 않는다"라고 하면서 수정을 거절했다.[18] 그 결과 독도는 조선령에 속하는 섬 안에 열거될 수 없었으나, 미국의 의견은 의견에 그쳤을 뿐 강화조약의 조문으로 보는 한, 독도가 일본령으로 명기되지 않은 것 또한 사실이다. 그 결과 샌프란

17) 《サンフランシスコ會議 議事錄》, 外務省, 1951, p. 63.

18) 塚本孝, "平和條約と竹島(再論)", p. 50. *FRUS*, 1951, Vol. Ⅵ, p. 1203.

시스코 강화조약은 북방 2도와 독도의 귀속문제를 애매하게 했다고 할 수 있다.

4. 두 나라 사이에서의 처리

애매하게 된 영토 문제는 각 관계국과 두 나라간의 교섭에 의해 처리된다. 한국의 경우, 1947년에는 미군정하에서 과도정부의 민정 장관인 안재홍이 독도에 조사단을 보낸다. 1948년에는 미군의 폭격 연습으로 인해 독도에 온 한국 어민이 사상(死傷)하는 사건이 일어난다.[19] 1950년부터 시작된 한국전쟁이 일단 전선(戰線)의 안정을 보게 되자, 이 단계에서 한국은 1952년 1월 18일 '평화선'(이승만 라인)을 설정하여 라인 안에 독도를 포함시켰다. 이에 대해 일본 정부는 1월 28일 한국 정부가 독도에 대한 영유권을 주장하더라도 인정할 수 없다는 항의 구상서를 보냈다.[20]

1952년 2월 25일에는 식민지 관계의 청산을 위해 한일회담이 정식으로 시작되었다. 이 회담은 난항을 겪었다. 한국측은 1953년 10월, 제3차 회담의 분과회의에서 구보타 칸이치로(久保田貫一郎)의 발언에 대해 항의하였고, 한일회담은 결렬되었다. 일본측 대표인 구보타는 한국측이 36년간의 일본 지배로 입은 피해에 대한 보상을 운운한다면, 일본도 총독정치가 초래한 많은 이익에 대해 보상을 요구할 권리가 있다고 했다. 또한 그는 만일 일본이 점령하지 않았다면 한국은 다른 나라에 점령되어 더 비참한 상태에 놓였을 것이며, 카이로 선언에서 말한 '한국인의 노예상태'라는 말은 '전쟁중 흥분상태에서 나온 표현'이라고 말했다. 결국 당시 일본 외무성은 일본의 식민지 지배는 두 나라

19) 김병렬, "獨島の歷史", 《竹島 獨島: 史的檢證》, 岩波書店, 2007, p. 213.
20) 현대송, 앞의 책, p. 88.

간의 유효한 조약에 기초한 합의관계이며, 따라서 일본이 사죄나 반성을 할 필요는 일체 없다고 생각하고 있었던 것이다. 이러한 인식이 식민지 지배를 마친 일본의 인식이었으며, 식민지 지배를 벗어나 독립한 한국과 영토를 다투는 일의 전제에 있었던 것이다.

1953년 3월 미군이 독도를 폭격연습장으로 사용하던 일을 멈춘 후에, 한일 쌍방이 독도(다케시마)에 영토 표식(標識)을 세우는 충돌이 있었다. 일본은 1953년 7월 13일, '다케시마에 관한 일본 정부의 견해'라는 문서를 한국에 보냈다. "오늘날의 다케시마는 옛날에 마쓰시마(松島)라는 이름으로 우리나라에 알려졌으며, 우리 판도의 일부로 생각되었음은 문헌과 고지도로 보더라도 분명하다." "다케시마가 일본 영토임은 국제법으로 보더라도 의문의 여지가 없다."[21] 한국측의 회답은 9월 9일에 왔다. "진실한 역사적 사실은 독도가 한국 영토의 일부임을 보여준다"고 하며 자료를 인용하여 주장하였다.[22] 이에 대해 일본 정부는 1954년 2월 10일에 재반론을 보냈다. 한국측의 "문헌과 사실의 인용은 부정확하며, 이에 대한 해석도 잘못된 해석으로 가득 차 있어, 한국측 주장을 증명할 만한 것이 아니다"라고 하며 상세한 비판을 가했다.[23] 그 가운데 특징적인 것은 1904년과 1905년 일본이 조선지배 움직임과 관련하여 '일본인 외교고문'을 강제한 일, 전략적 견지에서 한국 영토의 어떤 지역도 점령할 수 있다고 한 사실을 한국측이 언급한 데 비해, 일본은 한국에 온 외교고문은 일본인이 아니라 미국인이며, 러일전쟁에 즈음하여 '한국 영토 보전의 목적'을 위해 필

---

21) 《독도관계 자료집(Ⅰ): 왕복 외교문서(1952~1976)》, 한국 외무부, 1977, pp. 16~17(이하 《왕복 외교문서》라 한다).

22) 위의 책, p. 31. 塚本孝, "竹島領有權をめぐる日韓兩國政府の見解", 〈レファレンス〉 6號, 2002, pp. 50~51.

23) 위의 책, 《왕복 외교문서》, pp. 44~45. 일본어는 〈海外調査月報〉, 1954. 11, p. 67.

요한 지역을 '일시적으로 사용'하기로 결정한 데 지나지 않는다고 하면서 지배의 계기를 부정해버린 것이다.

독도 문제를 논할 때, 일본은 조선을 빼앗고 지배하려는 과정에서 이루어진 일임을 완전히 부정하고 "다케시마(한국명 독도)의 일본 영유는 의문의 여지가 없다"고 주장했다.[24] 이에 대하여 1954년 6월에 한국 정부는 일본의 침략으로부터 독도를 지키라는 명령을 내려 경비대를 파견했다. 한국측의 재재반론은 9월 25일에 나왔다. 일본은 이 날, 독도 문제를 국제사법재판소에 부탁(付託)할 것을 한국측에 제안했다. 첨부된 '독도 문제의 경위'라는 문장에는 다음과 같이 쓰여 있다. "다케시마는 사실로 보더라도 예로부터 일본국 영토의 일부임은 명백하며, 국제법상으로도 아무런 의문을 품을 여지가 없다." "다케시마는 어느 면으로 보더라도 완전한 일본 영토이다."[25] 그러나 한국측은 국제사법재판소에 부탁할 이유가 없다고 하며 일본측 제안을 거부하는 구상서를 10월 28일에 보내왔다.

일본측은 1956년 9월 20일에 세 번째 서한을 보냈으며 "다케시마 영유의 정당성을 결정하기 위한 가장 기본적인 문제는 일한 양국 어느 쪽이 다케시마에 대해 일찍부터 정확한 지식을 지녔으며 이를 자기 영토의 일부라고 생각 또는 실제로 이를 경영해왔는가, 특히 어느 정부가 다케시마에 대해 국제법상 필요하다고 생각되는 영토 취득의 요건을 충족해왔는가를 분명히 하는 데 있다"고 했다.[26] 그리고 17세기의 문헌을 검토하여 한층 상세하게 주장을 전개했다. 한국측은 3년 후인 1959년이 되어 회답을 제출했다.

---

24) 위의 책, 《왕복 외교문서》, p. 51. 〈海外調査月報〉, p. 69.

25) 제안 본문은 〈海外調査月報〉, 1954. 11, pp. 64~65. "竹島問題の經緯"는 pp. 66~67.

26) 앞의 책, 《왕복 외교문서》, p. 139. 塚本孝, "竹島領有權をめぐる日韓兩國政府の見解", p. 52.

이처럼 영토를 둘러싼 다툼을 역사학적 논쟁을 통해 흑백을 가르려는 일본측의 태도는 매우 이례적이다. 이 논쟁에서 일본은 늘 주도적이었으며 자신들의 의논을 절대화시켰으며 비타협적인 것으로 해버렸다. 이런 논의방식이 구보타 발언에서 보인 역사인식에 의해 뒷받침되어 있었음은 분명하다. 일본이 묻고 있는 것은 식민지 지배가 끝난 시점에서의 양국 간의 영토 확정이었다. 이 문제에 대한 한국측의 기본 자세는 1954년 9월에 변영태 외무부 장관이 말한 담화에 잘 나타나 있다.

> 독도는 일본의 한국 침략에 대한 최초의 희생자이다. 일본의 패전과 함께 독도는 다시 우리 품으로 돌아왔다. 독도는 한국 독립의 상징이다. 이 섬에 손을 대는 자는 우리 민족의 완강한 저항을 각오하라. 독도는 단지 몇 개의 바윗덩어리가 아니라 우리 민족 영예의 상징이다. 이 독도를 잃고 어떻게 독립을 보존할 수 있겠는가. 일본이 독도를 탈취하려는 것은 바로 한국에 대한 재침략을 의미하는 것임을 잊어서는 안 된다.[27]

완전히 엇갈려버린 한일 간 영토 논쟁은 일본과 소련 간의 영토 교섭과 영토 논쟁에 직접적인 영향을 미쳤다.[28] 샌프란시스코 강화조약 체결 후 일본은 소련에 하보마이와 시코탄 두 섬의 반환을 요구하였다. 1955년에 하토야마(鳩山) 내각이 일소(日蘇) 국교 교섭을 개시할 때 요구한 영토는 두 섬의 반환이었으며, 그것이 충족된다면 국교를 수립한다는 훈령(訓令)을 냈다. 그러나 소련이 두 섬의 양도를 자청하자, 좀더 교섭해서 보다 많은 것을 획득하려는 시게미쓰 마모루(重光葵) 외상의 노선과 두 섬 반환의 타결을 피하려면 거꾸로 4도 요구를 제안해야 한다는 요시다파(吉田派)의 노선이 결합하여 4도 반환론이

27) 현대송, 앞의 책, p. 278.

28) 일소 교섭에 대해서는 和田春樹, 《北方領土問題》의 9장을 요약함.

나왔다. 그러자 소련은 이를 거부했다.

1956년에 시게미쓰(重光) 외상이 전권(全權)이 되어 모스크바로 부임, 4도 반환을 요구하며 교섭을 했다. 그때 시게미쓰가 낸 것은 4도는 일본의 '고유영토'라는 주장이었다. 샌프란시스코 강화조약에서 쿠릴 열도를 포기한 것은 문제가 되지 않는다. '고유영토'는 '카이로 선언'의 영토 불확대 원칙에서 볼 때 포기를 요구받을 이유가 없다는 것이다. 이 논리는 독도를 둘러싼 한국과의 논쟁에서 단련되어 나온 입장이었다.

그러나 소련은 2도 반환의 입장에서 더 나아가지 않았다. 이에 전쟁 중 외무대신으로서 미주리호의 함상에서 항복 문서에 조인, A급 전범으로 복역했던, 패자의 입장을 아는 시게미쓰는 2도 반환으로 평화조약을 조인하려 했다. 그러나 4도 반환이라는 자유 민주당의 새 당론에 압박을 받고 있던 하토야마 이치로(鳩山一郎) 총리대신은 이를 승인하지 않았다. 시게미쓰는 조인을 단념하고 모스크바로부터 철수했다. 이에 하토야마 총리대신은 영토 문제를 보류한 채 국교를 수립하기 위해 모스크바행을 결심한다. 하토야마가 출발하기 직전에, 2도 반환으로 평화조약을 매듭짓고 남은 2도에 대해서는 계속 교섭을 명기(明記)하게 한다는 당론이 새로 나온다. 모스크바에 온 하토야마 총리대신은 2도 반환을 얻고 남은 두 섬은 계속 심의하고 싶다는 새로운 제안을 소련측에 어쩔 수 없이 하게 되었다. 흐루시초프는 평화조약을 체결한 후에 2도를 건네준다는 데는 동의했지만, 남은 섬에 대해 계속 협의한다는 데는 동의하지 않았다. 계속 협의하는 데 대해서는 애매함을 남긴 채 1956년 10월 19일, 일・소(日・蘇) 공동선언이 체결되었다.

거기에는 다음과 같이 쓰여 있다.

> 소비에트 사회주의공화국 연방은 일본의 요청에 부응하고 일본의 이익을 고려하여 하보마이 군도 및 시코탄을 일본에 양도하는 데 동의

> 한다. 다만 이들 제도(諸島)는 … 평화조약이 체결된 후에 현실적으로 양도하기로 한다.[29]

러시아어에서 "일본의 요망에 부응하고 일본 국가의 이익을 고려하여 … 일본에 양도한다"고 한 이 판단은 정말 중요한 원칙이다. 영토 문제에서 회답이 나오는 것은 아마 이 원칙으로서만 할 수 있을 것이다.

그러나 미국의 동맹국인 일본은 냉전 속에서 소련과의 긴장이 필요했다. 북방4도 요구는 일·소 관계를 긴장시키는 데 쓰였다. 미국의 지지하에 일본은 4도 반환을 새로 강력히 주장하기 시작한다. 1960년 미·일안보조약이 개정되자, 소련은 1월 27일의 각서에서 안보조약 개정에 항의하여 일본에서 전 외국군대가 철수해야 한다는 사항을 두 섬의 양도조건으로 추가하여 통지한 것이다. 2월 5일, 일본은 이에 항의하여 "어디까지나 하보마이(歯舞) 군도와 시코탄뿐만 아니라 다른 일본 고유영토의 반환도 주장한다"고 말했다.[30] 소련의 재반론에 대해, 일본은 3월 1일에 재재반론의 각서를 제출했다. "일본 국민은 고유영토인 구나시리와 에토로후, 두 섬의 양도 요구를 당연한 일로 생각하고 있다."[31]

1961년 기시 노부스케(岸信介) 총리대신의 뒤를 이은 이케다 하야토(池田勇人) 총리대신은 10월 3일, 샌프란시스코 강화조약에서 일본이 권리를 포기한 쿠릴 열도에는 에토로후와 구나시리가 포함되지 않으며, 남쿠릴(南千島)이라는 것은 존재하지 않는다고 국회에서 선언하였으며, 이런 견해 위에 11월 15일 흐루시초프에게 서한을 보냈다. 이는 공공연한 대결의 논리였다. 12월 8일 흐루시초프의 답신은 이케다(池田)의 주장을 물리치고 2도 반환에 대해 더 이상 언급하지 않았

29) 《日露 基本文書 資料集(개정판)》, 財團法人 ラヂオプレズ, 2003, p. 153.
30) 위의 책, p. 164.
31) 和田春樹, 《北方領土問題》, p. 269.

다. 소련은 그때 이후로 영토 문제는 존재하지 않는다는 입장을 취하게 되었다. 이 또한 대결의 논리이다. '고유영토'론에 의한 북방4도 반환 요구는 일본으로서는 일·소(日·蘇) 관계를 긴장시켜 두기 위한 수단이었다. 일본으로서는 이 요구가 거부되어 문제가 해결되지 않는 것이 미·일(美·日) 관계의 강화에 유리했다. 냉전시대에는 북방영토 문제가 충분히 유효하게 기능한 것이다.

1962년에 일본은 독도 문제에 대한 새로운 구상서를 한국에 보냈으나, 그 안에서 "예로부터 일본 고유영토임을 종래부터 분명히 해왔다"고 한 부분을 끄집어내어 "메이지 초기에도 일본 정부는 다케시마를 일본 고유의 영토로서 인식하고" 있었다고 말했다.[32] '고유영토'라는 일소 논쟁에서 만들어진 말이 이번에는 한일 논쟁에 도입된 것이다.

'고유영토'론에 의한 독도 문제는 한일관계에 어떤 영향을 미친 것일까? 구보타(久保田) 발언으로 결렬된 한일회담은 1958년부터 재개되었으나, 1961년 박정희 정권이 탄생한 뒤로 타결을 향한 진전이 이루어져 1965년에는 한일조약이 조인되었다. 이 과정에서 일본은 자주 독도 문제의 심의를 들고 나왔으나 한국측은 그 문제를 다루는 것을 일관되게 회피하였다. 일본은 마지막까지 식민지 지배는 합의에 의한 병합의 결과이며 어떤 반성이나 사죄도 없다는 태도를 견지해왔다. 이때 독도 문제는 일본이 한국측에 압력을 가하여 그 요구 수준을 내리게 하는 데 어느 정도 역할을 했다고 생각된다.[33]

32) 앞의 책, 《왕복 외교문서》, pp. 236, 245.

33) 현대송, 앞의 책, pp. 110, 112~113, 114, 116, 121~122, 126~127.

5. 상황의 변화, 실패한 노력

1980년대 말이 되자, 동북아시아에 새로운 상황이 생겨 두 나라 사이의 영토 문제를 해결하는 것이 가능해졌으며 또 필요하게 되었다. 우선 한국에서는 1987년 6월 결국 시민혁명이 실현되어 군사정권이 종식을 고했다. 이로써 한국과 일본이 진정으로 화해할 조건이 된 것이다. 한국의 움직임은 일본에도 좋은 영향을 미쳐 식민지 지배에 대한 반성과 사죄의 분위기가 일본 사회 안에 생겨났다. 1995년 8월 15일에는 식민지 지배가 초래한 손해와 고통에 대한 반성과 사과를 표명하는 무라야마(村山) 담화가 나왔다. 그렇게 되면 독도(다케시마) 문제 논의의 전제가 변화한다는 것이었다. 그러나 그런 변화는 생기지 않았다. 일본인은 독도 문제를 잊고 있었다.

같은 시기에 소련에서 페레스트로이카(개혁정책 — 역자 주)가 시작되었다. 고르바초프의 적극적인 신사고(新思考) 외교로 미·소 냉전은 종료되었다. 미·소가 화해를 향하자 미·소 관계를 긴장상태로 두기 위해 해결하지 않는 것이 중요했던 북방영토 문제가 해결할 수 있는 것, 해결해야 하는 것으로 상황이 변하게 되었다. 일본국민 속에 북방영토 문제 해결에 대한 기대가 생겨나 4도 반환은 국민적 희망이 되었다. 그러나 냉전시대에 완성된 대결 논리를 변화시키는 일은 쉽지 않았다. 일본은 에토로후, 구나시리가 쿠릴 열도가 아니라는 논리를 바꿀 수 없었으며, 4도 일괄반환론에 대한 집착은 교섭의 진전을 방해하였다. 그리하여 고르바초프도 1956년 공동선언으로 주어진 2도 반환 약속을 재확인하는 것조차 할 수 없었다.

1991년에 소련이 종언을 고했고, 뒤이어 계승된 러시아 연방의 옐친 정권은 문제 해결의 주도권을 잡기 위해 1992년에 2도 반환, 2도 교섭이라는 형태로 영토 문제를 타개하려는 의사를 일본측에 조용히 타진했다. 그러나 4도 일괄반환이 가능하다고 생각한 일본 정부는 이

교섭에 응할 수 없었고 따라서 기회를 놓쳤다.[34]

드디어 1996년에 이르러 교섭을 통해 문제를 해결하겠다는 정신을 지닌 새로운 대(對)러시아 외교팀이 신임 도고 카즈히코(東鄕和彦) 구아국(歐亞局) 심의관을 중심으로 일본 외무성 안에 생겨났다. 1997년 7월에 하시모토 류타로(橋本龍太郎) 총리대신은 유라시아 신(新)외교를 주창하는 경제 동우회(同友會) 연설을 함으로써 옐친 대통령으로부터 좋은 반응을 얻었다. 11월 크라스노야르스크에서의 비공식 회담에서 옐친은 하시모토에게 2000년까지 평화조약 조인에 노력할 것을 요구했다. 거기서 도고 팀은 국경획정이라는 틀 안에서 4도에 대한 일본의 주권만 인정해준다면 언제 반환해도 좋다는 가와나(川奈)제안을 4도 일괄반환 요구 선상에서 최대한의 양보안으로 준비했다. 이는 도고를 지지하던 정보국 분석과의 사토 마사루(佐藤優) 주임 분석관의 발상이었다.[35] 가와나에서의 제2회 비공식 회담에서 하시모토로부터 이 안을 들은 옐친은 흥미를 보였으나, 귀국하자마자 경제적·정치적 위기가 닥쳤다. 이에 육체적 힘마저 잃은 옐친은 이 안으로 러시아 국민을 설득할 수가 없었다. 4도 일괄반환이라는 주장은 결국 일본의 최대한의 양보안인데도 러시아가 받아들일 수 없었다. 전환은 불가피했다. 옐친은 가와나 제안을 거부함과 동시에 2단계 조약안을 제안했다. 제1단계는 4도 공동통치를 정하는 조약, 제2단계는 국경획정 조약이라고 설명하였다. 가와나 제안의 실패로 혼란스러워하던 일본측은 이 안에 대응할 수 없었다.

1999년 여름 옐친이 퇴진하고 새 대통령 푸틴이 탄생했다. 2000년 9월 방일(訪日) 때 푸틴은 가와나 안의 거부를 최종적으로 확인한 뒤에 1956년의 일·소공동선언의 유효성을 확인할 의향을 보임으로써

---

34) 지금 정식으로 설명되어 있지 않은 일러교섭사의 페이지에 대해서는 東鄕和彦, 《北方領土交渉秘錄》, 新潮社, 2007, pp. 164~169를 참조하기 바란다.

35) 위의 책, pp. 244~246.

새로운 전환이 가능해졌다. 4도 일괄반환론에서 2도 양도의 약속을 재확인시킨 뒤 남은 에토로후, 구나시리에 대해서는 더 교섭한다는 단계론, 즉 4도 단계교섭론으로 전환한 것이다. 이 곤란한 전환의 과정에서 외무성을 도운 것이 스즈키 무네오(鈴木宗男) 의원이었다. 모리 요시로(森喜朗) 총리대신과 함께 결부되어 추구된 이 노선은 2001년 4월의 이르쿠츠쿠 성명으로 결실을 보았다. 푸틴은 일·소 공동선언을 전면적으로 인정했으며 NHK와의 인터뷰에서 2도 반환약속은 의무적인 것임을 분명히 밝혔다. 더구나 남은 두 섬에 대해 교섭해가는 일은 4도의 귀속 문제를 해결해가는 교섭임을 성명(聲明)에서 명언(明言)함으로써 담보(擔保)되었다. 이는 획기적인 진전이었다.

그러나 이에 대해 일본 외무성 내부, 전문가, 정계, 미디어 각 분야에서 강한 반발이 일어나, 이렇게 되면 2도 반환론이 되며 국익을 손상한다는 비난이 쏟아졌다. 2002년 2월에 시작된 스즈키 무네오 소동의 근원은 여기에 있다. 현상적으로는 스즈키 의원의 수많은 부주의나 부당행위, 전횡이 비판되어 사회적으로 규탄받았다. 그리고 스즈키 의원은 체포되었다. 도고 전 국장은 네덜란드 대사직에서 해임되어 외무성에서 추방된 뒤 국외로 망명했다. 도고 국장의 부하로서 스즈키 의원의 협조자였던 사토 마사루 주임 분석관은 체포되었다. 그 결과 이르쿠츠쿠 성명은 잊혔으며, 일본측에서 볼 때 영토 문제는 거꾸로 4도 일괄반환 요구로 되돌아왔다. 이로써 러·일 간 영토 문제의 교섭은 정지되었다.

6. 맺음말 — 화해와 공생으로: 영토 문제 역전의 시기

2005년, 독도 문제에 어느 사건을 계기로 심한 태풍이 몰아쳤다. 이 해에 시마네현 의회가 '다케시마의 날' 조례를 제정, 한국측의 격렬한 반발을 초래한 것이다. 시마네현은 다케시마(한국명 독도)가 시마네현의 영토가 된 1905년부터 100주년이 되는 것을 기념하여 이 조례를 제정하게 되었지만, 우연히도 이 해는 일본이 한국을 보호국으로 한 을사조약으로부터 100년이 되는 해이기도 하다. 한국측의 분노가 폭발함으로써 독도가 일본령이 된 사정이 누구의 눈에도 분명해지게 된 것이다.

이 조례 제정을 추진한 것은 시마네현 의회의원 호소다 시게오(細田重雄)가 회장으로 있는 '현의회(縣議會) 다케시마 영토권확립 의원연맹'이다. 이 의원연맹은 2002년에 발족했으나 그 배후에는 독도 주변에서 인정받고 있던 어업이 한국 어선의 방해로 충분히 조업할 수 없다는 시마네현 어업관계자의 불만이 있는 것으로 보인다. '현의회 다케시마 영토권확립 의원연맹' 사무국장인 죠다이 요시로(上代義郎)는 지금까지 억류자 4000명, 나포 300척 이상, 사상자 40인 이상을 냈다고 하면서 이번 행동은 "다케시마 문제가 희석되어가는 것을 염려한 행동"이라고 주장했다.[36] 호소다 시게오(細田重雄)의 형은 관방장관인 호소다 히로유키(細田博之)이다. 호소다 히로유키가 국정에 책임있는 입장이라고 한다면 그런 그가 한일관계를 악화시키는 일을 좋아할 리는 없다.

시마네현은 환(環)동해 협력 추진의 중심 현의 하나이며, 특히 한국의 경상북도에 본부가 있는 동북아 자치단체연합(북동아시아 자치단체연합)인 NEAR(*The Association of North East Asian Regional Government*)의 일본측 창구이다. 시마네 현립대학에는 북동아시아 지역연구센터(NEAR센터)가 있으며 경북대학과는 자매대학이다. 그러므로 당연히 이런 조례를 제정할 때는 시마네현 안에서도 비판의 소리가 있었을 것이다.

---

36) 〈山陰中央新報〉, 2005年 3月 11日.

그런데도 감히 이런 조례 제정을 추진한 데에는 문제가 해결되지 않은 채 시간이 흘러가는 데 대한 초조함이 있었다고 보인다. 냉정한 논조를 지속하고 있는 〈산인츄오심포〉(山陰中央新報)는 조례가 성립한 3월 17일자 논설에서 "외무성이 '지금 쓸데없는 마찰을 피하고 싶다'면, 일이 있을 때만 공식 견해를 말할 것이 아니라 다케시마 문제를 어떻게 할 것인지 그 결의와 처방전을 보여야 할 것이다", "이대로 입씨름만 계속해서는 '백년하청'이나 같다"고 한 것은 이번 사태를 기회로 활용하도록 요구한 것이다.[37]

시마네현의 움직임은 한국측의 격렬한 반응을 초래했다. 3월 17일에는 정동영 통일부 장관이 국가안전보장회 상임위원회 성명을 발표했다. 이 성명은 독도를 "과거 식민지 침략과정에서 강제로 편입시켰으나 해방에 의해 회복한 우리나라 영토"라고 규정하였다. 이 말은 일본인에게 문제의 근본적 해결을 생각하도록 압박한 것이었다.

〈한겨레〉에 매달 칼럼을 기고하고 있던 나는 3월 21일자 칼럼에서, "정동영 성명에 대한 반론은 할 수 없다. 식민지 지배를 반성하고 사죄한다면 독도에 대한 영유권 주장을 철회해야 한다는 한국측 주장에는 타협의 여지가 없는 듯하다", 따라서 "과거 식민지 지배를 반성하고 사죄하는 마음에서 한국의 독도 영유를 인정한다"고 말하면 어떤가 하고 제안했다. 6일 후인 3월 27일에 와카미야 요시부미(若宮啓文) 〈아사히신문〉 논설주간이 '풍고계'(風考計) 라는 자신의 칼럼에서 "이번에 알게 된 것은 섬에 대한 한국인의 정념(情念)이 깊다는 것이다", "가능하다면 다케시마를 일(日)·한(韓) 공동관리로 하는 것이 좋지만 한국이 응하리라고는 생각하지 않는다. 그렇다면 차라리 섬을 양보해버리면 어떤가 하는 몽상을 해본다. 그에 화답하여 한국은 일본의 이런 영단(英斷)을 기려 그 섬을 '우정의 섬'으로 부르고, 주변의 어업권을 장

37) 위의 신문, 2005年 3月 17日.

래에 걸쳐 일본에 인정해줄 것을 약속"하는 것은 어떤가 라고 썼다. 또한 한일 교류사의 전문가인 다카사키 소지(高崎宗司) 츠다쥬쿠(津田塾) 대학 교수가 6월 3~4일에 한국에서 열린 '을사조약 100년, 한일조약 40주년 기념 심포지엄'에서 "문화재 문제와 독도(다케시마) 문제"에 대해 발표하면서 다음과 같이 말했다.

> 나는 다케시마가 역사적으로도 국제법적으로도 명명백백한 한국의 영토라고는 생각하지 않으며, 일본 영토라는 것이 증명되었다고도 생각하지 않는다. 그러나 적어도 1905년에 일본이 취한 몇 개의 조치는 부당하다고 생각한다. … 따라서 여기서 다시 한 번 정치적 결단으로 다케시마를 한국에 양도하는 것이 좋다고 생각한다.

한국측에서는 이 해 중반에, 박유하 세종대학 교수가 《화해를 위하여》(풀잎 이파리 출판사)를 저술, 한일 간의 역사논쟁을 검토한 뒤에 독도를 한일의 '공동영역', 즉 공동영유로 하는 안을 제안했다. 이 책은 2006년에 번역되어 11월에 일본에서 출판되었다. 같은 때에 독도(다케시마) 문제를 둘러싼 한일관계와 한국인의 영토의식의 구조를 다룬 현대송 도쿄대학 교수의 《영토 내셔널리즘의 탄생: 독도/다케시마 문제의 정치학》(미네르바)도 출판되었는데, 와카미야 논설주간이 12월 25일 칼럼에서 이 두 저서를 언급하면서 독도를 '평화·우호의 섬'으로 하는 것이 어떠냐는 '꿈'을 다시 한 번 제안했다.

독도가 '일본의 고유영토'라는 주장을 견지하면서 이 문제의 해결을 보류한 채 장래 상황이 변화했을 때 해결을 도모하려는 일본 정부의 태도는 비(非)역사적이며, 비(非)현실적이다. 시간이 지나면 지날수록 한국측 주장은 변하지 않을 것이며 독도에 대한 실효 지배는 확고해질 것이다. 일본이 영유권을 주장하면 할수록 그것은 한국인에게 도발행위로 받아들여질 것이며 한층 더 격렬한 반응을 부르게 될 것이다. 이대로는 어업권의 정상적인 행사를 바라는 시마네현 어민의 호소에도 응할 수가 없다. 경상북도와 시마네현의 교류도 단절된 채로 있을 것이다.

그렇다면 2005년에 제안된 방향에서 문제해결을 도모하는 것 외에는 달리 방법이 없다. 2010년이면 한국병합 100주년이 된다. 그때까지 1965년의 한일조약을 보완할 수 있는 역사영토조약을 체결하자. 이 조약에는 무라야마(村山) 담화, 한일공동선언에 따라 식민지 지배가 초래한 고통과 손해에 대한 반성과 사죄를 호소하며, 일본은 한국의 원망(願望)에 부응하고 한국과 일본의 이익을 고려하여 독도에 대한 한국의 영유권을 인정하고, 한국은 섬주변 해역에서의 일본 어민의 어업권을 보증해 준다는 점을 명기하는 것이다. 이제 이러한 해결을 신중히 고려해봐야 할 때이다.

북방4도 문제에 관해서는 2005년 말에 일본에서 출판된 한 권의 책이 화제가 된 적이 있다. 이와시타 아키히로(岩下明裕) 홋카이도 대학 슬라브연구센터 교수의 저서 《북방영토 문제: 4도 아니고 0도 아니며 2도 아닌》이 그것이다. 이와시타는 중·러 국경교섭의 성공을 경험으로 하여 50 대 50의 상호 양보에 의한 해결책을 제안했다. 이와시타의 진의는 3도 반환의 실현을 꾀하는 데 있다는 관측이 러시아측에서 나왔다. 4도의 면적을 반으로 나누려는 고려라는 얘기도 나왔다. 그러나 이와시타 자신은 2도 플러스 알파를 주장하는 것이라고 설명했다.

이 이와시타의 저술이 2007년 1월 〈아사히신문〉 오사라기 지로(大佛次郎) 논단상을 받았다. 이 발표가 있고 며칠 후에 아소 타로(麻生太郎) 외상이 면적의 4도 절반론에 대해 언급함으로써 더욱 주목받게 되었다. 폐색 상황에 있는 북방4도 문제도 무언가 새로운 타개책을 고려하지 않으면 안 된다는 분위기가 흐르기 시작한 것이다.

1956년의 일·소공동선언의 재확인 위에 어떤 플러스 알파를 획득할 수 있을까가 계속 기본문제임은 모든 이들이 인정하고 있다. 러시아의 지도자로 하여금 “일본의 요망에 부응하고 또한 일본의 이익을 고려하여" 3도를 반환하도록 설득하는 것은 비현실적인 것으로 생각된다. 2도 반환에 플러스하는 알파는 공동경영안이 현실적이다.

사실 나는 1986년에 북방영토 문제의 해결을 처음 생각했을 때 2도 반환 플러스 4도 공동경영이라는 안을 제안했었다.[38] 1996년에 4도 반환론에 대한 주장을 바꿨으나[39] 지금은 다시 공동경영안으로 되돌아가야 한다고 생각한다. 그러나 이번에는 4도 공동경영이 아니라 구나시리와 시코탄, 2도의 공동경영안이다. 시코탄이 일본에 양도된다고 해서 시코탄에 60년간 계속 살아온 러시아인을 내쫓는 일이 있어서는 안 된다. 시코탄의 주민은 주로 러시아인이므로 여기에 새로 이주한 소수의 일본인이 더해지는 형태가 될 것이다. 그렇다면 시코탄에 계속 살아온 러시아인에게는 러시아 국적을 지니도록 인정해주고 일본 국적도 주는 것이 좋으며, 자치행정은 러시아인을 주체로 하되 제1공용어는 러시아어가 될 수밖에 없다. 특히 시코탄은 구나시리와 함께 예로부터 남쿠릴 지구를 이루어왔다. 시코탄에 있는 러시아인을 구나시리에 있는 러시아인에게서 떼어놓는 것은 적절하지 않다. 영토의 귀속은 다르지만 구나시리와 시코탄의 러시아인 커뮤니티는 그 일체성을 유지할 필요가 있다. 이렇게 생각한다면 구나시리와 시코탄섬을 남쿠릴(南千島) 일·러특별공생구역화(日露特別共生區域化)하는 것은 2도 반환의 실현을 위해서도 필요하다. 구나시리에서 러시아인 주민이기를 희망하는 사람에게는 일본 국적을 주는 것도 생각해볼 수 있다. 그렇게 된다면 구나시리의 영유권을 문제시하는 것이 무의미해질 것이다. 이는 영토와 국경을 초월한 공생의 새로운 실험이다.

이처럼 북방영토 문제의 해결은 독도 문제의 해결과 동시에 추진하는 것이 좋다. 그렇게 하는 것이야말로 샌프란시스코 강화조약에서 빠

---

38) 和田春樹, "'北方領土' 問題についての考察".

39) 〈朝日新聞〉, 1996年 10月 16日.

진 부분을 보충하여 전후 처리를 종결짓는 일이며 동북아시아 '공동의 집'으로 전진할 수가 있는 것이다. 이와 같은 사고방식을 지닌다면 조어도(釣魚島)=센카쿠 열도 문제를 해결하는 방법도 찾아낼 수 있을 것으로 생각한다.

- 한일 간 역사 문제로서의 야스쿠니 문제–**다카하시 테쓰야**
- 일본군위안소제도 및 일본군위안부 문제를 둘러싼 주요 쟁점–**윤명숙**
- 한일의 역사갈등과 역사대화 : 역사교과서에 초점을 맞추어–**정재정**

2부

야스쿠니
위안부
교과서 문제

한일 간 역사 문제로서의 야스쿠니 문제

다카하시 테쓰야 *

1. 머리말

야스쿠니(靖國) 문제가 커다란 역사 문제 중의 하나로 부각된 것은 2001년부터 2006년까지 당시 고이즈미 쥰이치로(小泉純一郎) 일본 총리대신이 재임 중 해마다 야스쿠니 신사(靖國神社)를 참배한 일 때문이다. 고이즈미 총리대신은 일본의 전몰자[1]를 기리는 야스쿠니 신사에 전몰자에 대한 감사와 경의를 나타내기 위하여 일국의 총리대신이 참배하는 것은 당연한 일이라면서 참배를 계속했으나, 참배 전부터 그리고 참배할 때마다 대내외적으로 커다란 의문과 비판의 목소리가 높아지게 되었다. 외교적으로는 중국 정부의 항의도 거듭 있었는데, 한국 정부 역시 과거 일본의 침략을 받은 피해국으로서 일본 군국주의 상징인 야스쿠니 신사에 일본 총리대신이 참배하는 것은 용인할 수 없

* 高橋哲哉, 일본 도쿄대학 대학원 총합문화연구과 교수.

1) 전몰자: 전사자가 군인으로서 전투에서 사망한 자를 가리키는 데 비하여, 전몰자는 군인·군속으로 전사를 비롯하여 전장(戰場)에서 부상으로 인한 전상사(戰傷死)와 병환으로 인한 전병사(戰病死) 등을 모두 포함하여, 전쟁에서 희생된 자를 일컫는다(편자 주).

다는 입장을 밝혀왔다. 그 결과, 인접 국가의 항의에도 불구하고 참배를 반복하는 고이즈미 총리대신으로 인하여 외교관계가 악화하여 한 때는 일본과 한국, 중국 사이에 정상 회담조차 열리지 않았다. 야스쿠니 문제가 한국과 중국뿐만 아니라 일본과 관계국가와의 사이에 커다란 역사 문제의 하나로 인식되게 된 것은 이 시기부터이다.

그러나 야스쿠니 신사와 관련된 문제는 일본 국내 문제로서뿐만 아니라 한일 간의 역사 문제로서도 복잡한 요소를 내포한다. 여기서는 야스쿠니 신사란 무엇인가라는 간단한 소개부터 시작하여 한국과 일본 사이에 걸쳐 있는 측면을 중심으로 야스쿠니 문제에 대해 개관하고자 한다.

2. 야스쿠니 신사란 무엇인가?

야스쿠니 신사는 1869년 일본이 근대국가로서의 역사를 걷기 시작한 메이지 유신 다음해에 도쿄 쇼콘샤(東京招魂社)라는 명칭으로 발족했다. 도쿄 쇼콘샤란 메이지 유신에 앞서 일어난 막말(幕末)의 내전에서 에도 막부를 타도하고 메이지 정부를 만든 사츠마번(薩摩藩, 현재의 가고시마현), 쵸슈번(長州藩, 현재의 야마구치현)을 중심으로 한, 이른바 '관군'(官軍) 측의 전사자를 기리기 위한 신사였다. 그것이 십년 후인 1879년, 메이지 천황의 '성지'(聖旨)에 의해 '야스쿠니 신사'라는 사호(社号)와 '별격 관폐사'(別格官弊社)라는 지위를 정식으로 부여받은 것이다.

원래 신사라는 것은 일본의 민속종교인 신도(神道)의 신들을 모시는 시설로, 다종다양한 형태를 지닌다. 신도의 역사는 오래되어, 바다나 산, 하천, 번개, 그 밖의 여러 가지 자연현상 중에 신들을 인정하여 이를 받들어 모시는 자연종교적 단계로 발현한 것으로 추정된다.

고대 국가가 확립되면서 천황가의 선조신인 아마테라스 오미카미(天照大神, 《古事記》에 나오는 일본 신화의 신)를 모셨던 이세 신궁(伊勢神宮) 등이 창건되었고, 그 후 황실 신도나 신사 신도(神社神道)로서 발전했다. 그러나 야스쿠니 신사는 메이지 2년에 그 기원을 갖는 것으로도 알 수 있듯이 메이지 정부에 의해 근대국가 일본의 정신적 기축(機軸)으로서 창건된 것이다. 신도를 법제도상 정식으로 국가 종교인 국교(國教)로 하는 것은 불교와 기독교의 반발 때문에 할 수 없었으나, 전통적 신사 신도와 황실 신도를 교묘하게 통일하여 천황 중심의 국가적 신도(이른바 '국가 신도')를 만들어낸 것이다. 예컨대, 초대 천황인 진무 천황(神武天皇)을 모신 가시하라 신궁(橿原神宮: 1890년에 창건)이나 간무 천황(桓武天皇)을 모신 헤이안 신궁(平安神宮: 1895년에 창건) 등 천황을 모신 신사 몇 개가 메이지 시기에 창설되었고, 후에 메이지 천황(明治天皇)이 죽은 후 메이지 천황을 모시기 위해 새롭게 창설된 메이지 신궁(明治神宮: 1920년에 창건)도 중요한 신사이다.

야스쿠니 신사는 이렇듯 국가 신도에 의해 만들어진 신사 중에서도 특수한 지위에 있다. 그것은 야스쿠니 신사의 전신인 도쿄 쇼콘샤가 이른바 관군 전사자만을 모신 것으로 출발했듯이, 야스쿠니 신사는 천황의 군대 전사자만을 신으로 모시는 신사로 되어 있기 때문이다. 메이지 정부에 의해 창설된 근대 일본의 군대는 대원수=최고 사령관인 천황의 군대로 여겨졌고, 모든 장병은 천황을 위해 자신의 목숨을 희생해서라도 싸워야 할 사명을 지닌 것으로 되었다. 따라서 근대 일본 국가가 얼마 안 돼 인근 아시아 제국(諸國)의 침략을 단행하고, 태평양전쟁에서 영미 등 연합군과 싸우게 된 과정에서 끊임없이 증대해 나가는 방대한 숫자의 전몰 병사들이 모두 야스쿠니 신사의 신으로 합사(合祀)된 것이다. 최근 야스쿠니 신사에 의하면 현재 신사에 모셔져 있는 제신(祭神)의 수는 약 246만에 달한다.

1) 일본 군국주의의 상징

일본군 장병에게 있어 제국 일본의 원수(元帥)이며, 주권자이며, 국가 신도의 제사(祭司)이며, 살아 있는 신으로 여겨지는 천황을 위해 천황의 군인으로서 전사한다는 것은 곧 제국 일본이라는 국가, 일본 국민에게는 조국을 위해 자신을 희생하는 것이었다. 일본뿐만 아니라 구미의 근대국가에서도 각각 국민국가로서의 내셔널리즘을 고취하고, 그것을 정신적 에너지로 하여 전쟁을 반복하는 과정에서 전사한 장병들은 국가와 조국을 위해 목숨을 바친 영웅으로서 현창되어 왔다. 일본에서는 그러한 근대국가에 공통된, 전몰자의 공적을 기리는 전몰자 현창(顯彰) 시스템이 야스쿠니 신사의 형태로 성립했다고 생각할 수 있다.

야스쿠니 신사를 일본 군국주의의 상징으로 보는 것은 어떤 의미에서인가? 우선 야스쿠니 신사는 전몰 장병을 종교적으로는 신으로서, 그리고 세속적으로는 천황과 국가를 위해 몸을 바친 영웅으로서 그 공적을 기리는 시설이므로 일본군 장병에게 그들의 사기를 높이는 역할을 다했다. 일본군 장병은 야스쿠니 신사에 모셔진 영령들, 즉 자신들보다 앞서 전사한 군인들을 보고는 그들을 본받고, 자신들도 천황과 국가를 위해 앞장서서 목숨을 바칠 것을 맹세하고, 그럼으로써 자신들도 야스쿠니에 모셔지는 것이 군인으로서의 최고 영예라고 생각하여 사기를 높여간 것이다. 그들이 전장에서 전사하면, 야스쿠니 신사는 전사자를 합사할 때 일본 전국에 있는 수많은 전몰자 유족들을 국비를 써서 합사제(임시 대제)로 초대하여 참례하도록 요구하는 것이 관습이었다. 자신들의 자식을 잃은 어머니나 남편을 잃은 아내, 형제를 잃은 자매들, 가족 중에 전사자를 낸 유족들은 당연히 슬픈 나날을 보내고 있는데, 야스쿠니 신사의 합사제에 참례하게 되면 그 슬픔을 명예스런 유족으로서의 자랑스러움으로 바꾸어 나가게 된다. 전사하여 야스쿠니에 모셔진 가족을 위해 천황까지 참배하는 광경을 눈앞에서 보면서,

유족들은 전사를 명예스런 것으로 느끼고 자랑스럽게 여기게 되는 것이다. 더구나 이런 전사자와 유족을 지키는 일반 국민은 자신들도 그들에 이어 제국 일본의 신민(臣民), 즉 천황의 신하로서 국가가 위기에 처했을 때 자신들도 야스쿠니의 영령을 본받아 천황과 국가를 위해 목숨 바칠 것을 맹세하게 된다. 이렇게 하여 일본군 장병과 그 유족, 나아가 일반 국민 전체를 전쟁을 위해 정신적으로 동원해 가는 장치였다는 의미에서 야스쿠니 신사는 확실히 일본 군국주의의 상징이었다고 할 수 있다.

2) 전후 일본의 야스쿠니

이상과 같이 야스쿠니 신사는 일본 군국주의의 상징적 신사로서 여겨지고 있었기 때문에 일본이 전쟁에서 패한 후, 야스쿠니 신사를 어떻게 다루어야 하는가는 연합국 사이에서도 큰 문제가 되었다. 일본을 점령한 GHQ(연합군 총사령부)는 우선 이른바 '신도 지령'(神道指令)을 발표하였고, 일본의 '국가 신도'를 해체하기 위해 신사를 국가로부터 분리하는 조치를 취했다. 이윽고 그것은 1946년 11월 3일에 교부되어 다음해 5월 3일에 시행된 일본국 헌법 제20조에서 정교분리(政教分離)의 원칙으로 정식화되었다. 즉 일본국 헌법 제20조에서는 신앙의 자유를 보장하는 제도적인 제도로서 다음과 같이 정교분리 원칙을 정한 것이다.

1. 신앙의 자유는 누구에게도 보장한다. 어떤 종교단체도 국가로부터 특권을 받거나 정치상의 권력을 행사해서는 안 된다
2. 누구도 종교상의 행위, 축전, 의식 또는 행사에 참가하는 것이 강제되지 않는다.
3. 국가와 그 기관은 종교 교육 등 어떠한 종교 활동도 해서는 안 된다.

또한 제 89조에서는 그 구체적 예로서 “공금 그 밖의 공공 재산은 종교상의 조직 혹은 단체의 사용과 편익 혹은 유지를 위해, 또는 공공 지배에 속하지 않은 자선, 교육 혹은 박애사업에 대하여 이를 지출하거나 또는 그 이용에 제공되어서는 안 된다”라고 종교 활동에 대한 공금 지출을 금지한다.

이와 같은 정교분리 원칙을 헌법에 도입한 것은 천황 중심의 신도, 즉 국가 신도가 부활하고 일본의 군국주의가 다시 도래하는 것을 막고자 해서였다. 따라서 그 중심에는 일본 국군의 신사로서 군국주의에 큰 역할을 한 야스쿠니 신사를 국가로부터 분리시킨다는 커다란 목적이 있었다. 그 결과 야스쿠니 신사는 전후 도쿄 도에 인가된 종교법인으로서 존속해 나가는 길을 선택할 수밖에 없었다.

헌법에 정교분리가 명시되어 야스쿠니 신사가 단순한 종교법인이 되어버렸으므로 국가 및 자치체 등의 공인(公人)은 기본적으로 참배를 할 수 없음에도 불구하고, 전후에 내각총리대신이나 천황이 야스쿠니 신사참배를 계속하더라도 그것이 곧바로 큰 문제가 되지는 않았다. 그러나 야스쿠니 신사에 대한 국가의 보호와 유지를 요구하는 일본 유족회의 요청으로 1969년에 여당인 자유민주당이 ‘야스쿠니 신사 국가호지(護持)법안’을 국회에 제출하자, 갑자기 야스쿠니 신사를 둘러싸고 국론이 양분되는 사태로 발전했다. 이 법안은 야스쿠니 신사를 종교법인으로서의 민간 신사로 하는 형태는 적합하지 않다고 하여, 본래의 국가 신사로 되돌려 놓고자 한 것이다. 국가 신도의 부활 및 군국주의 부활로도 연결될 수 있다고 우려한 야당세력과 불교, 기독교 등 종교계의 격렬한 반발로 인해 야스쿠니 신사 국가호지법안은 1974년에 최종적으로 폐지되었다. 제 2차 대전 후, 야스쿠니 신사가 커다란 사회문제가 된 최초의 케이스가 바로 이 야스쿠니 신사 국가호지법안 문제이며, 이 단계만 해도 어디까지나 일본 국내 문제로 머물러 있었다.

야스쿠니 신사 국가호지법안 문제가 계기가 되어, 헌법상의 정교분리 원칙이 전후 민주주의의 중요한 요소라는 인식이 확산되었다. 이 때문에 그때까지 그리 문제가 되지 않던 총리대신과 천황의 참배에 대하여 비판적인 여론이 등장하게 되었다. 이에 대하여 자민당 등 보수 세력은 국가호지법안을 단념하는 대신 일본의 종전(終戰) 기념일인 8월 15일에 총리대신의 공식 참배를 정착시키는 것을 목적으로 하는 전략을 내세웠다. 8월 15일에 최초로 참배한 사람은 1974년의 미키 타케오(三木武夫) 총리대신이었으나, 미키 총리대신은 공식 참배가 헌법 위반이라는 여론에 직면하여 자신의 참배를 사적 행위라고 변명하지 않을 수 없었다.

1980년대에 등장한 나카소네 야스히로(中曾根康弘) 총리대신은 '전후 정치의 총결산'을 제창하며, 미일(美日) 동맹의 강화와 국가주의적 노선을 강하게 내세웠다. 그리하여 1985년 8월 15일에 총리대신으로서 야스쿠니 신사에 공식 참배한다는 의지를 공표했다.

> 미국에는 알링턴이 있고, 소련이나 외국에 가도 무명 전사의 묘가 있는 등 국가를 위해 희생한 사람들에 대하여 국민이 감사드릴 장소가 있다. 이는 당연한 것이다. 이를 아예 없앤다면 누가 국가를 위해 목숨을 바치겠는가.[2)]

이것이 나카소네 총리대신의 공식 참배의 논리였다.

그러나 국내의 비판이 높아지는 한편, 중국 등 아시아 여러 나라에서도 나카소네 총리대신의 참배에 대하여 강한 경계의 목소리가 나오기 시작했다. 그리고 총리대신이 실제로 참배를 강행하자, 중국 정부는 외무성 대변인 담화를 통해 도죠 히데키(東條英機) 등 A급 전범이 합사된 신사에 일본 총리대신이 참배하는 것은 "일본 군국주의로 인해

2) 1985년 7월 25일, 자민당 가루이자와(輕井澤) 세미나에서의 나카소네 총리대신 발언.

커다란 피해를 받은 중국과 일본 양국의 인민을 포함한 아시아 각국 인민에게 마음의 상처를 입히게 될 것이다"고 항의했다. 한국, 싱가포르, 홍콩, 영국, 소련 및 미국 등에서도 매스미디어를 중심으로 한 비판과 우려의 목소리가 높아졌다. 일본 총리대신의 야스쿠니 신사참배가 국제 문제로 된 것은 확실히 이 시기부터였다.

그 후 자민당 출신의 총리대신은 중국과 한국 정부의 이러한 비판을 항상 신경 쓰되 그들의 정치적 동기에 기초하여 공식 참배인지 사적 참배인지 분명히 하지 않는 애매한 형태로 자주 참배를 해왔다. 그리고 2001년 고이즈미 총리대신이 자민당 총재선거에서 승리하여 내각총리대신이 되면 바로 8월 15일에 야스쿠니 신사에 참배하겠다고 발언한 이후, 실제로 참배를 강행하는 과정에서 커다란 문제로 발전한 것이다.

3. A급 전범 문제란 무엇인가?

1) A급 전범의 '쇼와 순난자'(昭和殉難者)로서의 합사

나카소네 총리대신이나 고이즈미 총리대신의 야스쿠니 참배가 왜 국제 문제가 되었는가? 일본 총리대신의 야스쿠니 신사 참배가 왜 한국과 중국과의 사이에서 정상회담을 할 수 없을 정도의 큰 외교 문제로 발전하는가? 그것은 우선 첫 번째로 야스쿠니 신사에는 1978년 이후, 이른바 A급 전범이 합사되어 있기 때문이다.

'A급 전범'[3]이란 극동 국제 군사재판(이른바 도쿄재판)에서 '평화에

---

3) A급 전범이란 1945년 8월 8일 미국·영국·프랑스·소련 4개국이 런던에서 조인한 국제군사재판소 헌장 제6조 A항 '평화에 대한 죄'를 위반한 용의로 체포되어, 전후 패전국 일본을 재판한 극동국제군사재판에서 유죄판결을 받은 전쟁범죄자를 말한다. 마찬가지로 B·C급 전범이란 위의 헌장 6조 B항의 '통례의

대한 죄', 즉 침략 전쟁을 지도한 죄로 피고가 된 28명을 말한다. 이 중에 사망과 정신이상으로 면소(免訴)된 세 명을 제외한 25명 피고 전원이 유죄가 되었다. 그 중에서 도죠 히데키 전 총리대신, 이타가키 세이시로(板垣征四郎) 전 육군대장, 도이하라 켄지(土肥原賢二) 전 육군대장, 마쓰이 이와네(松井石根) 전 육군대장, 기무라 헤이타로(木村兵太郎) 전 육군대장, 무토 아키라(武藤章) 전 육군중장, 히로타 코키(廣田弘毅) 전 총리대신 7명이 교수형에 처해졌다. 이 7명에 덧붙여 공판 중에 병사한 마쓰오카 요스케(松岡洋右) 전 외상, 나가노 오사미(永野修身) 전 해군대장, 수형 중에 옥사한 시라토리 토시오(白鳥敏夫) 전 주이탈리아 대사, 도고 시게노리(東鄕茂德) 전 외상, 고이소 쿠니아키(小磯國昭) 전 육군대장, 히라누마 키이치로(平沼騏一郎) 전 총리대신, 우메즈 요시지로(梅津美治郎) 전 육군대장 등 14명이 1978년 10월 17일에 야스쿠니 신사에 합사되었다.

이들은 엄밀한 의미에서 '전사자'는 아니다. 전후에 재판을 받고 나서 사형에 처해지거나 옥사한 사람들이다. 그러나 야스쿠니 신사는 '전사자'라고는 말할 수 없는 B·C 급 전범에 대해서도 합사를 행한다. 일본이 전쟁에서 패한 후에는 전시 중 교전법규를 위반한 죄로 국내외에서 오천 명 이상의 사람들이 연합국에 의해 기소되고, 그 중 약 천 명이 사형을 받는 B·C급 전범 재판이 행해졌는데, 야스쿠니 신사는 이들 사형자를 모두 '쇼와 순난자'(昭和殉難者)라고 부르며, 1970년까지 그 합사를 마쳤던 것이다.

총리대신의 야스쿠니 참배가 국제적 비판을 받게 된 것은 1985년 나카소네 총리대신이 참배할 때 도죠 히데키 등 A급 전범을 모신 신사에 총리대신이 참배하는 것을 중국 정부가 문제시했기 때문이다. 만주

전쟁 범죄', C항 '인도에 대한 죄'를 위반한 자를 말한다. (다카하시 테쓰야 저, 현대송 옮김, 《결코 피할 수 없는 야스쿠니 문제》, 역사비평사, 2005, p.63 참조: 역자 주).

사변 이래 중국에 대한 침략전쟁, 그리고 태평양전쟁을 지도한 일본 위정자들과 군인이 최고위의 전쟁 책임자로 재단 받는 이상, 그들을 신으로 모시고 영령으로 현창하는 야스쿠니 신사에 일본 총리대신이 참배하는 것은 일본 정부가 전쟁 책임을 부인하는 것과도 연결된다고 생각했기 때문이다.

전후에 중국 정부는 일본의 침략전쟁의 책임에 관해서는 군국주의의 지도자가 책임이 있다고 여겼다. 그리고 일본군 병사를 포함한 일반 국민은 군국주의적인 지도자 때문에 전쟁에 동원되어 피해를 받았다는 의미에서 중국 등지의 피해자와 마찬가지로 일본 군국주의의 피해자였다는 입장을 취해 왔다. 야스쿠니 신사에 합사된 A급 전범은 확실히 이 일본 군국주의 지도자들에 해당되며, B·C급 전범에 대해서는 문제시 하지 않더라도 A급 전범에 대해서는 타협할 수 없다는 것이 중국 정부의 입장이라고 생각된다. 1985년의 참배 때, 비판을 받은 나카소네 총리대신은 거기서 다음 해의 참배를 목표로 하여 A급 전범을 야스쿠니 신사로부터 분사(分祀)하고자 했다. A급 전범이 합사되지 않은 야스쿠니 신사라면 참배하더라도 중국의 비판을 피할 수 있다고 생각했기 때문이다. 그러나 이 계획은 야스쿠니 신사가 A급 전범 분사를 명확하게 거부하고 또한 합사된 A급 전범의 유족 중에도 반대자가 있었기 때문에 실현될 수 없었다. 이에 나카소네 총리대신은 다시 중국으로부터 비판을 불러일으킬 것을 우려해 다음해 참배를 그만두기에 이르렀다.

2) 야스쿠니 신사가 A급 전범 합사를 포기하지 않는 이유

야스쿠니 신사는 그 후 오늘날까지 A급 전범 합사의 철회를 일관되게 거부하는데, 그 이유로는 주로 두 가지가 있다.

첫 번째로 야스쿠니 신사는 A급 전범을 합사함으로써 일본 전쟁을 침략으로 판단한 도쿄재판을 기본적으로 인정하지 않는 입장, 이른바 도쿄재판 부정론의 역사관에 서 있다는 점이다. 1978년에 A급 전범을 합사한 당시 야스쿠니 신사의 궁사(宮司)[4]인 마쓰다이라 나가요시(松平永芳)는 "이른바 A급 전범 합사에 대해서입니다만, 저는 취임 전부터 '모두 일본이 나쁘다'고 보는 도쿄재판의 사관을 부정하지 않는 한 일본의 정신 부흥은 불가능하다고 생각했습니다"[5]라고 말한다. 야스쿠니 신사에서는 신사에서 발행한 팸플릿 등에서 B·C급 전범과 함께 A급 전범을 계속 합사하는 이유를 다음과 같이 설명한다.

> 전후, 일본과 싸운 연합군(미국, 영국, 네덜란드, 중국 등)에 의한 명색뿐인 재판으로 인해 일방적으로 '전쟁 범죄인'으로 간주되어 무참히 생명을 빼앗긴 천 수십 명의 사람들 … 야스쿠니 신사는 이들을 '쇼와 순난자'라고 부르는데, 모두 신으로 모시고 있습니다.[6]

이렇듯 야스쿠니 신사는 A급 전범 14명을 합사함으로써 국제사회에서 일본 군국주의의 지도자였으므로 전쟁 책임자가 된 사람들을 영령으로 그 공적을 현창하는 입장에 서 있다고 할 수 있다. 이 역사관이 변하지 않는 한, 야스쿠니 신사가 A급 전범 분사의 요구를 받아들일 수는 없을 것이다.

두 번째로 신도(神道)의 교의상, 한번 신으로 모셔진 일을 취하하는 것은 불가능하다고 야스쿠니 신사는 주장한다. 야스쿠니 신사의 변명은 다음과 같다. 현재 야스쿠니 신사가 모시는 약 246만의 '영령'은 모두 하나의 영(靈)으로 합사되어 있으며 특정 영령을 따로 떼어낼 수는 없다. 또한 다른 신사에 A급 전범을 합사하거나 새롭게 기린다 하더

4) 궁사: 신사의 우두머리 신관을 말함. 그 아래에는 권궁사(勸宮司)가 있음(역자 주).

5) 《야스쿠니 신사를 보다 잘 알기 위해》, 야스쿠니 신사 사무소 발행, 1993.

6) 《야스쿠니 대백과 우리들의 야스쿠니 신사》.

라도 야스쿠니 신사 A급 전범의 영령이 없어지게 되는 것은 아니라고 한다. 신도의 교의상, 일단 모셔진 것을 두 번 다시 떼어낼 수 없다고 한다면, 야스쿠니 신사가 역사관을 바꾸어 이전의 전쟁을 침략전쟁으로 인정한다 해도 A급 전범을 분사하는 일은 할 수 없게 된다.

3) 한국과 A급 전범 문제

그런데 이상과 같이 이른바 'A급 전범 문제'는 1985년 중국 정부의 비판으로 시작되었으나, 한국에서도 일본 총리대신의 야스쿠니 신사 참배는 일반적으로 A급 전범의 문제로 받아들이는 경향이 있다.[7] 확실히 A급 전범은 한국 입장에서 보더라도 만주사변, 중일전쟁, 태평양전쟁에서 여러 형태로 한국인을 동원하고 전사시킨 책임이 있는 한 무시할 수 없는 것이다. 그러나 A급 전범 문제가 중국과 동일한 의미에서 한국에서도 문제가 된다고는 말할 수 없을 것이다. A급 전범은 도쿄재판에서 만주사변(1931년) 이후, 정확하게는 1928년 이후의 중국침략전쟁과 1941년에 개전된 태평양전쟁에 대한 책임으로 인해 재판을 받은 자들이다. 만주사변이 발발할 때 한반도는 일본의 식민지 지배하에 있었고, 한국인이 차별을 받았다고 할 수는 있지만, 제국의 신민(臣民)으로 여겨지고 있었다. 일본은 19세기 후반 이후 한반도를 침략하였고, 러일전쟁에서 승리한 후 1910년에는 한국 병합을 통해 식민지 통치체제를 시작했다. 이 한반도 침략의 전 과정을 통해 그 때문에 투입된 일본군 병사 전몰자들은 확실히 식민지 지배의 확립에 공헌한 영령으로서 야스쿠니 신사에 모셔졌다. 야스쿠니 신사의 문제를 A급 전범 문제로 표상하면 할수록 만주사변 이전의 야스쿠니 신사의 역사, 즉 직접적으로 한국 식민지 지배에 관련된 군사행동과 야스쿠니

7) 이주현, "한국에서의 야스쿠니 신사 조선인 합사 문제", 2007년도 와세다대학 아시아태평양연구과 제출 석사논문 참조.

신사와 관련된 역사가 보이지 않게 되어버리는 것이다.

몇 개의 자료를 참조하면, 만주사변 이전의 한국과 대만 식민지 지배와 관련된 군사행동의 일본측 전사자가 합사된 과정을 확인할 수 있다. 아래에서 열거해 보자.

1875년 2월 21일: 대만에서 출병한 전몰자 12명(제 4회 합사)
1876년 1월 26일: 강화도 사건의 전사자 1명(제 6회 합사)
1882년 11월 5일: 임오군란의 조난자 12명(제 12회 합사)
1885년 5월 5일: 갑신정변의 전사자 6명(제 15회 합사)
1896년 5월 5일, 11월 5일·1898년 11월 4일, 1월 5일: 청일전쟁 및 대만·조선에서의 전사자 총계 1024명(제 23, 24, 25, 26, 27회 합사)
1900년 5월 5일, 폭도 토벌 중의 대만수비대 전몰자 1명(제 28회 합사)
1901년 10월 5일·1904년 5월 5일: 청일전쟁, 북청사변 및 폭도 토벌 중의 대만수비대 전사자 총계 444명(제 29, 30회 합사)
1909년 5월 4일·1910년 5월 5일: 조선 폭도 진압 사건의 사몰자(死沒者) 159명(제 35, 36회 합사)
1911년 5월 4일: 조선 폭도 사건의 사몰자 27명 및 대만에서 소요 진압 토벌 중의 사몰자 604명(제 37회 합사)
1913년 10월 12일·1915년 4월 27일: 대만에서 소요 진압 때의 사몰자 총계 131명(제 38, 39회 합사)
1920년 4월 27일: 만주 정가둔(鄭家屯) 사건의 전몰자 11명(제 41회 합사)
1921년 4월 27일: 대만에서 소요 진압 때 사망 경찰관 13명(제 42회 합사)

여기서 알 수 있듯이 한국과 대만에서 일본군의 침략 및 지배에 저항한 사람들을 일관하여 폭도라 부르고 있다. 한국의 입장에서 보면, 일본군은 이 단계에서 어디까지나 한반도에 대한 침략군으로서 식민지 지배의 확립과 유지를 목표로 한 탄압자였다. 그 침략과 지배에 공적이 있던 사람들은 만주사변 이후의 군과 정치의 책임자인 A급 전범과는 원칙적으로는 관계가 없다. 한국의 야스쿠니 신사와의 관련성이 중국의 야스쿠니 신사와의 관련성과 결코 겹치지 않는 것은 한국은 일본에 의한 식민지 지배의 역사가 있었기 때문이다.

4. 한국인 합사 문제란 무엇인가?

1931년 만주사변 이후, 일본은 전시체제의 확립을 위해 1937년에 중일 전면 전쟁을 개시할 즈음 총력전 체제의 확립을 주장하였다. 그러나 한반도의 사람들이 다수 일본군의 군인과 군속으로 동원된 것은 1940년대, 태평양전쟁하에서의 일이다. 일본 육군성은 1938년 1월 15일에 '조선인 현역 지원병 제도'의 실시를 공표하였고 같은 해 2월 22일, 육군 특별지원병령을 교부하여 4월 3일부터 시행하였다. 이 특별지원병 제도로 인해 약 만 6,830명이 동원되었다. 또한 1943년 8월 1일에는 결국 한국에서도 징병령이 시행되어 한국인 남자가 일본군 군인과 군속으로 한층 더 대규모로 동원되어 나가게 된 것이다. 이 결과 일본군 병사로서 전사하는 한국인이 속출하게 되었다. 당시 한국인 병사에게 야스쿠니 신사의 사상이 어느 정도 일반화하고 있었는가는 상당히 의문스럽지만, 당시 한국 출신의 문학가 장혁주가 〈마이니치신문〉에 기고한 다음 문장은 당시 식민지 한국에서 야스쿠니 논리가 어떻게 기능했는가를 보여주는 하나의 예일 것이다.[8)]

조선에 징병령을 시행하는 법안이 이번 의회에서 드디어 확정되었

8) 인용문은 金杭, "시큐리어티(안전) 계보학: 삶과 죽음 사이에서의 제국 일본", 도쿄대학 대학원 총합문화연구과 초역(超域)문화과학전공 박사논문, (2008)에 의한다.

다. 지난 28일 조간을 손에 넣었을 때, 나는 전신에 빛나는 기쁨이 넘치는 것을 느꼈다. 이 감격을 어떻게 표현해야 좋을지 모르겠다. 이런 나의 기분을 꾸밈없이 솔직한 그대로 조용히 언제까지나 마음에 품고 있고 싶다.

아마 조선의 청년이라면 누구라도 나와 똑같은 감격을 느껴 영광에 감격한 눈물을 흘릴 것으로 생각되지만, 이 감격으로 인해 오는 것은 다음의 한 마디로 표현할 수 있을 것이다 '이제 완전한 일본인이 될 수 있다'고.

그런데 완전한 일본인이라는 것은 무엇을 목표로 하면 좋은가. 단순히 병역의 의무를 지고 그 책임을 다한다는 표면상의 말만 가지고는 그 참된 목표를 알 수 없다. 완전한 일본인이란 바로 참된 황국신민이 된다는 것을 말하는 것으로 '사심을 버리고, 공적 대의(大義)에 살며 천황의 마음과 일체가 되'는 것이다. '천황의 마음과 일체가 되기' 위해서는 '천황은 신이시기에 구름 높게 치솟는 벼락 위에 머무실 것'이라는 노래에도 있듯이, 천황의 자리가 신의 자리이다. 또한 동시에 군신(君臣)이 일체라는 일본국 국체(國體)의 본질에 투철하여 진실로 존엄한 것을 깨우치지 않으면 안 되는 것이다. 이 정신을 체득하지 않고서는 외국의 모병(募兵)과 다를 바 없고, 징병령 시행이라는 감사한 황은(皇恩)을 입어도 완전한 의무를 다할 수 없는 것이다.

조선이 시정(施政)한 이후 삼십 몇 년간 우리는 완전히 황민화의 방향으로 서서히 진행되어 왔으나, 우리가 일본이라는 국가와 견고한 유대로 맺어져 완전한 일본인이 되기 위해 한층 더 연마해야 한다는 사실을 확실히 깨닫게 된 것은 뭐니 뭐니 해도 만주사변이었다. 이 만주사변으로 인해 자각한 국가애는 지나사변을 거쳐, 대동아전쟁을 맞이하면서 그 애정을 완수할 기회가 오기를 얼마나 바라고 있었던가. 그것은 바로 병역의 의무를 다하고 싶다는 바람과 다름없지만, 그렇게 해야만 천황의 마음과 일체가 될 수 있다는 것을 본능적으로 알고 있었던 것이다.

병역의 의무가 없기 때문에 우울하고 기쁘지 않다고 밤낮을 고민한 끝에 그 고민을 호소하러 내게 온 청년이 한 둘에 그치지 않았다.

> 이 몇 줄의 문장이 가식이 아니라는 것을 특히 일본에서 유학하는 조선 학생에게 읽히고 싶다.
> 나는 제군이 보잘 것 없는 눈앞의 현상에 사로잡히지 말고 항상 최고 지존(至尊)인 천황의 뜻을 받들어 천황의 마음과 일체가 되도록 노력하여, 천만 대군과 맞서서도 불평 없이 쳐부수어 승리해 올 남아(男兒)라고 여겨질 그런 남자가 되는 것, 그리하여 대동아 공영권에서의 지도적인 위치를 손상시키지 않도록 자기를 연마하기를 바라는 것이다.
> 신라시대에 '화랑'이라는 무사제도가 있었는데, 그들에게는 "전쟁에 임해서는 물러서지 않는다"는 엄격한 규약이 있어 '패퇴자는 바로 죽음'이라는 불문율을 스스로 지켜, 불패의 저력을 지니고 있었다. 그러니 오늘날의 제군은 "오늘 부르심을 받은 지금부터 당장 후방을 걱정하는 일 없이, 천황의 병사로서 출정하는" 감격을 사무치도록 느껴야만 이 대임을 완수할 수 있음을 명심하기 바란다.

이런 야스쿠니 논리가 제창되는 한편, 동시에 '조선인'이 이민족(異民族) 일본의 전쟁에 동원되는 데 위화감을 느끼면서 일본군 군인·군속으로서 전사하여 전후에 야스쿠니 신사에 합사된 한국인의 수는 약 2만 명 정도에 달한다(현재). 그 결과, 전후 상당한 시일이 지난 뒤에야 야스쿠니 신사에 합사된 한국인 합사 자체가 문제가 되어 취소를 요구하는 유족들이 소송을 하는 사태에 이르렀다. 한국인 합사 취소 문제를 논하기에 앞서 총력전을 하던 시기의 한반도에서 국가 신도(神道)에 기초한 신사참배의 강제가 있었다는 점에 대해 언급해 두고 싶다. 조선 총독부는 1937년 10월 4일부터 황국신민(皇國臣民) 서사(誓詞)의 낭독과 암송을 실시하도록 명령을 내렸다. 또한 조선에는 서울의 조선 신궁을 비롯하여 많은 신사가 세워졌는데, 일본은 총력전 시기가 되면서 이들 신사에 한국인의 참배를 장려하고 강제하기도 하였다. 그러던 중에 예컨대, 신사참배에 반발하는 한국의 기독교 신자는 탄압 대상이 되었다. 조선 총독부의 신사참배 강요에 대한 한국 기독교회의 저항이 강했기 때문에 일본 기독교회 대회의장이었던 도미타 미츠루(富田滿)가 1938년 6월부터 7월에 걸쳐 조선을 방문하여 신사참배 거부의 거점인 평양의 산정현 교회로 가서 탄압받던 주기철 목사 등에게 신사참배를 하도록 설득했다. 이로써 신사참배를 결의하는 한국 교회도 나타났으나 한편에서는 신사참배 거부도 계속되었다. 총독부의 탄압으로 인해 투옥된 기독교인 2000여 명 중에 약 70명이 신사참배 거부로 인해 투옥된 자들이었고 그 중 50명이 옥사했다고 한다.

5. 한국인 합사 취소 문제란 무엇인가?

1) 합사 취소를 요구하는 소송

1968년이 되자 야스쿠니 신사 역사상, 처음으로 일본의 유족 중에서 합사 취소를 요구하는 목소리가 높아졌다. 프로테스탄트의 목사였던 스미타 사부로(角田三郎)는 야스쿠니 신사에 합사된 형 2명을 기독교인으로서 추도하고 싶다는 생각에 야스쿠니 신사에 합사 취소를 요구했다. 야스쿠니 신사는 "이 신사 창건의 취지 및 전통에 비추어 도저히 신청을 받아들일 수 없습니다"라든지 "천황의 의지로 전사자의 합사가 이루어진 것이며 유족의 의지와 상관없이 행해진 일이므로 취소할 수 없다"는 등의 이유를 들어 합사 취소를 거부했다. 그 후, 스미타와 같은 기독교인, 또는 정토 진종(淨土眞宗)의 승려, 또는 야스쿠니 신사의 역사관에 비판적인 일본 시민 중에서 차례로 합사 취소를 요구하는 사람들이 나타났으나 야스쿠니 신사는 일관하여 이를 거부해왔다. 다른 한편, 1978년에는 대만의 유족으로서는 처음으로 구 식민지 출신자의 취소 요구가 나왔는데, 이에 대해서도 야스쿠니 신사는 "전사한 시점은 일본인이었기 때문에 죽은 뒤에 일본인이 아닐 수는 없다. 일본 병사로서 죽으면 야스쿠니에 모셔질 것이라는 생각으로 전사한 것이므로 유족의 신청으로 철회할 수는 없다. 내지인과 같게 전쟁에 협력하게 해달라고 하여 일본인으로 전쟁터에 나간 이상, 야스쿠니에 모셔지는 것은 당연하다"[9]는 등의 이유로 거부했다. 그 후 합사 사실을 알게 된 한국인 유족 중에서도 취소의 목소리가 높아져, 특히 2001년 이후, 고이즈미 총리대신의 참배가 반복되던 중에 야스쿠니 신사 합사의 문제성이 잘 알려지게 되어 합사 취소를 요구하는 한국인 유족이 증가했다.

야스쿠니 신사에 합사된 조선 출신의 합사자 약 2만 1000명, 대만 출신의 합사자 약 2만 8000명, 이들 구 식민지 출신의 합사자 대부분은 태평양전쟁 중 전사하여 전후에 야스쿠니 신사에 모셔진 합사자들이다. 똑같이 태평양전쟁 중에 전사하여 전후에 합사된 일본인의 경우에는 원칙적으로 합사 통지가 전해지지만, 구 식민지 출신자에게는 합사 통지가 오지 않았다. 일본인 합사에서도 합사 자체는 유족의 양해 없이 일방적으로 이루어진 뒤에 유족에게 통지되는데, 한국인 합사자의 경우에는 일방적으로 합사되었기 때문인지 합사 통지를 유족에게 보내는 것조차 하지 않았다. 전쟁이 끝나고도 이 문제가 표면화되는 데 오랜 시간이 걸린 이유 중의 하나는 그 때문이다.

6. 맺음말에 갈음하여: 한국인 합사 취소 문제의 전망

"전사한 시점이 일본인이기 때문에 사후(死後) 일본인이 아니게 할 수는 없다. 일본 병사로서 죽으면 야스쿠니에 모셔질 것이라는 생각에서 전사한 것이기 때문에 유족의 신청으로 철회될 수는 없다"는 야스쿠니 신사의 논리는 야스쿠니 신사가 일본의 패전 전 식민지 지배의

9) 〈아사히신문〉, 1987년 4월 16일.

시대 인식을 오늘날까지 청산하지 않고 있음을 보여주는 것이라고 생각된다. 지원병 제도나 징병령하에서 어떤 생각으로 동원되었든 자민족을 침략한 종주국의 전쟁에 자민족의 종교와는 무관한 야스쿠니 신사의 사상에 기초하여 동원되어 전사한 것은 일본의 패전 후 독립한 한국의 유족 입장에서 보면 납득할 수 없는 것도 당연하다.

합사 취소 거부를 계속하는 야스쿠니 신사에 대하여 취소를 요구하는 한국인 유족은 2001년에 다른 태평양전쟁하의 피해자와 함께 일본 정부를 상대로 재판을 걸었다. 이는 '재한(在韓) 군인·군속재판'이라고 불리는 것으로 약 100명의 유족이 야스쿠니 신사에서의 합사 정지를 요구하면서, 전몰자 유골의 반환 및 전시 중 미지급 급여의 지불 등을 요구하는 피해자와 함께 제소한 재판이다. 이 재판에서 2006년 5월에 도쿄 지방재판소는 합사는 국가가 아니라 야스쿠니 신사가 한 것으로, 국가는 전몰자의 정보를 요구한 야스쿠니 신사에 일반적인 행정서비스 범위 안에서 정보를 제공한 데 지나지 않으므로 책임이 없다고 하면서 원고의 청구를 기각하는 판결을 냈다. 원고는 이에 대하여 공소하였고 현재 도쿄 고등재판소에서 계쟁 중이다.

더구나 2006년 8월에는 「야스쿠니 합사 '싫어요' 소송」이라고 하며, 야스쿠니 신사 합사 취소를 요구하는 일본인 유족 8명과 대만 원주민 유족 1명이 일본뿐만 아니라 야스쿠니 신사를 피고로 하여 합사 취소를 요구하는 소송을 오사카 지방재판소에 제소했다. 이에 호응하여 한국인 유족 11명이 2007년 2월 26일에 마찬가지로 야스쿠니 신사를 피고로 하여 도쿄 지방재판소에 합사 취소를 요구하는 소송을 냈다(NO 합사소송). 이 원고 중에는 현재 살아 있는데 전사자로서 야스쿠니 신사에 합사된 사람도 포함되어 있다. 더구나 일본에서는 오키나와의 유족이 마찬가지로 합사 취소를 요구하면서 야스쿠니 신사를 피고로 한 재판을 일으키고 있다.

야스쿠니 신사를 피고로 하여 합사 취소를 요구하는 일에 법률상 어려운 문제가 없는 것은 아니다. 야스쿠니 신사가 교의상 일단 합사한 것은 취소할 수 없다고 주장하기 때문에 사법판단으로 합사 철회를 명령하게 되면, 국가 권력이 종교법인인 야스쿠니 신사에 개입한 것이 아닌가 하는 우려가 발생하기 때문이다. 그러나 야스쿠니 신사는 원래 천황의 의지 내지 국가 의지에 기초하여 전몰 장병들을 일방적으로 합사해 왔다. 이는 국가 권력의 행사에 기초한 것이기 때문에 일반 신앙의 자유와는 같은 레벨에서 논할 수 없다는 반론도 있다.

한국에서는 한반도 출신자로서 야스쿠니 신사에 합사된 전몰자 2만 1000명의 합사에 대하여 전체를 취소하려는 움직임도 있으므로, 한국인 합사 취소 문제는 향후 심각한 외교 문제로도 발전할 수 있는 문제이다.

일본군위안소제도 및 일본군위안부 문제를 둘러싼 주요 쟁점

윤명숙*

1. 머리말

이제 우리에게 위안부[1]라는 단어는 제법 익숙한 말이다. 위안부가 무엇인지 정확하게 설명하기는 힘들다 해도 누구든 적어도 한 번쯤은 '위안부'라는 말을 들어본 적이 있을 것이다. 일본군위안부 문제가 세상의 주목을 받게 된 지도 20년이 다 되어간다. 사람으로 치자면, 유아기와 소년기를 지나 성인으로 성장했을 세월이다. 하지만 일본군위안부 문제를 둘러싼 우리의 인식은 여러 면에서 성숙하지 못하고, 여전히 해결되어야 할 많은 문제점이 남아 있다. 그러나 한편 학문적으로는 역사학(구술사 포함)뿐만 아니라 여성학, 교육학, 법학, 철학사상 등 다양한 분야에서 논의되었으며 그 결과 많은 성과를 거두었다.

일본군위안부 문제에 대한 선행 연구를 살펴보면, 크게 세 가지로 구분할 수 있다. 첫째, 일본군위안소(日本軍慰安所)제도의 실태 연

* 충남대학교 국가전략연구소 연구원.

1) 이 글에서는 독자가 읽기 쉽도록 편의상 '위안부'의 따옴표(' ')를 생략한다. 상세한 용어 설명 등은 본문(pp. 209~210)을 참조하기 바란다.

구,[2] 둘째, 피해자의 증언 수집을 통한 일본군위안부의 피해와 일본군위안소에서의 생활실태 연구,[3] 셋째, 일본군위안소제도에 대한 국가책임과 관련된 국제법적인 고찰 및 국가책임을 실현시키려는 국내외의 운동에 관한 연구[4] 등으로 구분할 수 있다.[5] 한일 양국의 선행연구

---

2) 한국에서 발간된 대표적인 저서로는 한국정신대문제대책협의회·진상조사연구위원회 엮음, 《일본군 '위안부' 문제의 진상》, 역사비평사, 1997; 한국정신대문제대책협의회, 《일본군 '위안부' 문제의 책임을 묻는다: 역사, 사회적 연구》, 도서출판 풀빛, 2001; 안연선, 《성노예와 병사 만들기》, 삼인, 2003 등이 있고, 일본에서 발간된 것으로는, 요시미 요시아키(吉見義明)·하야시 히로후미(林博史) 편저, 《共同硏究 日本軍慰安婦》, 大月書店, 1995; 요시미 요시아키(吉見義明), 《從軍慰安婦》, 岩波新書, 1995; 윤명숙(尹明淑), 《日本の軍隊慰安所制度と朝鮮人軍隊慰安婦》, 明石書店, 2003(동 저서는 박사논문 "日本の軍隊慰安所制度及び朝鮮人軍隊慰安婦の形成に關する硏究", 一橋大學大學院, 2000.7을 출판한 것임); VAWW-Japan 엮음, 《日本軍性奴隷を裁く 2000年女性戰犯國際法廷の記錄》, 綠風出版, 2000~2002(전 6권) 등이 있다. 그 외 특기할 것은 ICJ(국제법률가위원회) 보고(1994.11); UN 인권위원회의 Coomaraswamy의 보고(1996.2, 2003); UN 인권소위원회의 McDougall 보고(1998) 등이 있다. 이외 문헌 목록은 한일민족문제학회 강제연행문제 연구분과 편, 《강제연행 강제노동 연구 길라잡이》, 선인, 2005 참조.

3) 한국에서 발간된 증언집으로 제한하자면, 한국정신대문제대책협의회·정신대연구소 공편, 《강제로 끌려간 조선인 군위안부들 1~5》, 한울, 1993~2001(단 시리즈 4는 한국정신대문제대책협의회·2000년 일본군 성노예전범 여성국제법정 한국위원회 증언팀 편); 한국정신대문제대책협의회·정신대연구소 공편, 《중국으로 끌려간 조선인 군위안부들》, 한울, 1995; 정신대연구소 편, 《중국으로 끌려간 조선인 군위안부들 2》, 한울, 2003; 정신대할머니와 함께하는 시민모임, 《버려진 조선의 처녀들》, 아름다운 사람들, 2003 등이 있다. 이외에 피해자에 대한 증언과 관련해서는 일본 정부를 상대로 일본에서 제소한 재판 기록(일본어, 각 지원단체 발간)이나 인도네시아와 네덜란드 피해자의 증언집(일본어) 등도 있다.

4) 주요 저서(한국 발간)로 제한하면, 김명기, 《정신대와 국제법》, 법지사, 1993; 한국정신대문제대핵협의회, 《일본군'위안부' 문제에 대한 법적 해결의

의 특징을 살펴보면, 1차 사료를 다수 소장하고 있는 일본에서의 연구는 일본군위안소제도의 실태와 관련된 연구가 주를 이룬다. 이에 비해 한국을 비롯한 각 피해국의 연구나 조사는 피해자의 증언을 통한 군위안소에서의 생활실태 및 피해 상황을 채록(採錄)·발간한 것이 주를 이루고 있다. 피해자의 구술(口述)은 문헌자료로는 알 수 없는 실태를 파악하고 보완할 수 있는 자료라는 점에서 중요하다.

본론으로 들어가기 전에 먼저 일본군위안부와 관련된 용어〔일본군위안부, 정신대(挺身隊), 종군(從軍)위안부, 성노예〕에 대해 정리해 두고자 한다. 1990년대 초 일본군위안부 문제가 한일 양국에서 사회 문제로 제기되었을 때, 한국에서는 '정신대'라는 용어가 일본군위안부를 지칭하는 용어로 사용되고 있었다. 이는 1988년경 한국사회에서 이 문제가 처음 제기되었을 때 '정신대'로 동원된 여성이 바로 일본군위안부라는 인식을 지니고 있었기 때문이다. 그러나 이러한 인식은 곧 수정되었다. 일본군위안부에 대한 연구가 진행됨에 따라 '정신대'와 '위안부'는 별개의 동원형태라는 사실이 밝혀졌기 때문이다. 즉 '정신대'는 '여자정신근로령'(1944년 8월[6])에 의해 동원된 노동 동원의 형태이지

전망》, 풀빛, 2001; 〈2000년 일본군 성노예전범 여성국제법정 보고서〉, 한국정신대문제대책협의회, 2000; 정진성, 《일본군 성노예제: 일본군'위안부' 문제의 책임을 묻는다》, 서울대학교 출판부, 2004 등이 있다. 논문으로는 박원순, "일본전쟁범죄처벌 지금도 가능한가", 〈역사비평〉 20호, 1993, 봄; 김창록, "정신대문제를 통해 본 일본의 전쟁책임", 《학술논집》 3, 한국해양대 사회과학연구소, 1998 등 다수의 논문이 있다. 이외 문헌 목록은 앞의 책, 《강제연행 강제노동 연구 길라잡이》 참조.

5) 한일민족문제학회 강제연행문제연구분과 편, 《강제연행 강제노동 연구 길라잡이》, 선인, 2005에는 2003년까지 한일 양국에서 발간된 군위안소·위안부 관련 단행본과 논문 등의 문헌목록을 상세하게 소개하고 있으며 주요 저서에 대해서는 해제도 싣고 있다. 또한 일본에서 발간된 문헌에 대해서는 財団法人女性のためのアジア平和國民基金 編, 《慰安附關係文獻目錄》, ぎょうせい, 1997에 자세하다.

만, '위안부'는 '성(性) 동원'인 것이다. 따라서 현재 일본군위안부와 '정신대'는 원칙적으로 구분하여 사용된다. 또한 우리가 흔히 사용하는 용어 중에 '종군위안부'라는 용어가 있다. 이 용어는 각기 이유는 다르지만, 한국 피해자・지원 단체측과 일본의 이른바 우익측 모두가 사용을 반대하고 있다. 한국측의 반대 이유는 '종군'이라는 말에 '자발적으로'라는 의미가 포함된다고 보기 때문이고, 일본 우익측 주장은 '종군'이란 용어 속에 '군'이라는 글자가 포함되어 마치 군과 연관성을 지니는 것처럼 오해하기 쉽기 때문이라고 한다. 서로 다른 이유지만 결국 현재는 일본군위안부(혹은 군위안부, 위안부)라는 용어가 가장 널리 사용된다.

덧붙여, '위안부'라는 말 자체에 대한 이의제기도 있었다. 이 문제의 본질은 '성폭력'이지 '위안'이 아니라는 것이다. 이러한 문제제기로 인해 '성노예'라는 용어도 함께 사용되고 있다. 일본군위안부의 본질이 성폭력이라는 점에 대해서는 필자도 적극 동의한다. 다만 이 글에서는 남성 중심적이고 성차별적 인식이 그대로 드러나는 위안부라는 용어를 역사용어로서 사용하고자 한다. 또한 문맥에 따라 일본군위안부, 군위안부, 위안부를 혼용하고자 한다.

이 글에서는 선행연구를 토대로 일본군위안부 문제가 무엇인지, 어떤 논쟁점이 있는지, 그리고 앞으로 우리는 일본군위안부 문제에 대해 어떠한 인식을 가지는 것이 바람직한지 등에 대해 다루기로 한다. 본론에 앞서, 용어에 대한 설명과 일본군위안부 문제를 이해하는 데

---

6) 여자정신근로령의 공포는 1944년 8월이지만 조선여성에 대한 근로동원은 이보다 앞서 있었는데 이에 대한 법적 근거는 1943년 9월 '여자근로동원 촉진에 관한 건'에 의해 일본국내에서의 여자근로정신대의 결성이 결정된 것이 적용되었다. 또한 조선여성에 대한 실질적인 노동동원은 보국대 등의 이름으로 행해져 1943년 이전 시기에도 나타난다(尹明淑, 앞의 책, 《日本の軍隊慰安所制度と朝鮮人軍隊慰安婦》, pp. 286~294).

필요한 기초 사항을 개괄적으로 서술하였다. 본론에서는 일본군위안부 문제의 핵심 논쟁 두 가지, 하나는 일제 강점기 조선에서 군위안부가 군인들의 총검을 앞세운 납치와 같은 강제연행이 있었느냐의 여부, 두 번째는 군위안부가 일본의 합법적인 공창제도하에 성매매를 한 공창과 같은 것인가의 여부에 대해 서술한다. 그 후 일본군위안부 문제에 대한 국가의 책임에 대해 짚어보고자 한다. 마지막으로 이 문제의 해결과 관련하여 어떤 대안과 고민이 필요한지, 이에 대한 필자의 의견을 제시하고자 한다.

2. 일본군위안부 문제 개괄

해방 이후 한국 사회에서 일본군위안부 문제가 공식적으로 제기된 시기는 1980년대 말이다. 이때는 노태우 대통령이 일본을 방문하기 직전이었는데[7], 한국의 여성단체들이 대통령의 방일(訪日)에 즈음하여 군위안부 문제와 관련된 성명서를 발표한 것이 계기가 되었다. 여성단체들은 성명서에서 군위안부 문제에 대한 일본 정부의 사죄와 보상 등을 요구하였다.

일본군위안부 문제가 해방 이후 45년이나 지난 1990년대가 되어서야 문제로 제기된 이유는 한국의 정치상황에서 찾을 수 있다. 한국은 1979년 10월, 18년간의 박정희 군사독재정권이 막을 내렸으나 군사독재는 여전히 전두환 정권으로 이어졌고, 이로 인해 오랫동안 민중의 목소리는 억압되었다. 이러한 정치상황은 1970년대 이래 계속된 민주화 투쟁이 결실을 맺은 것으로 평가받는 '6·29선언'(민주화 선언)에 의해 민주화 사회로의 첫걸음을 내딛게 된다. 민주화의 진전은 여성운동에도 반영되었고, 여성운동의 일환으로 1970년대부터 '매춘'문제를

7) 노태우 대통령의 방일 시기는 1990년 5월이다.

다뤄왔던 여성단체가 일본군위안부 문제까지 다루게 되면서 성명서를 발표하게 된 것이다.

이와 같은 문제제기에서 출발하여, 군위안부 문제가 한일 양국에서 센세이셔널한 반응과 주목을 받게 된 기폭제는 생존자의 커밍아웃이었다. 김학순[8]의 커밍아웃은 여성의 순결을 강조하는 정조이데올로기가 뿌리 깊은 한국사회에서 전혀 뜻밖의 일이었고, 피해 당사자의 출현은 군위안부 문제를 활자 속의 과거로서가 아니라 생생한 현재진행형의 역사로 우리 눈앞에 모습을 드러낸 사건이었다. 이후 일본군위안부 피해자의 커밍아웃은 북한, 대만, 중국, 필리핀, 인도네시아(네덜란드여성 포함), 버마(현 미얀마) 등지에서 이어졌다.

일본군위안소가 설치된 지역은 중국, 인도네시아, 필리핀, 동티모르, 괌 등 일본군이 점령하거나 전투를 치렀던 모든 전쟁터였으며, 일본에서 유일한 전쟁터였던 오키나와에도 위안소가 설치되었다. 일본의 군위안소에 동원되어 위안부로 사역(使役) 당했던 여성의 규모는 분명하지 않다. 다만 최저 5만 명 전후, 혹은 8만 명에서 20만 명[9] 가까운 숫자가 통설이다.[10] 또한 각 피해국(민족)의 비율은 조선인 51.8%, 중국인 36.0%, 일본인이 12.2%로, 조선인과 중국인이 압

---

8) 김학순은 1997년 12월 사망하였다.

9) 위안부 숫자가 두 종류인 것은 당시 일본군에 의한 성폭력의 피해형태가 매우 다양했기 때문이다. 따라서 일본군위안소제도하의 피해여성으로 엄격하게 구분한 숫자가 "최저 5만 명 전후"인 것이고, 일정기간 감금, 강간한 경우까지도 포함한 경우의 숫자가 "8만 명~20만 명"이라는 것이다. 다만 이 두 종류의 숫자 모두 '추산'이라는 점에 유의해야 한다. 일본군에 의한 성폭력의 피해형태에 대해서는, 졸고, "중국인 군대위안부 문제에 관한 연구노트"(〈계간 전쟁책임연구〉 제27호, 동경, 일본의 전쟁책임 자료센터, 2000년 봄호) 참조.

10) 일본의 전쟁책임자료센터·여성들의 전쟁과 평화자료관, 〈보고서 한일 간의 역사문제 해결방안에 관한 연구: 일본군'위안부' 문제 해결을 위해〉(한국어 번역판, 동북아역사재단, 2007, p.17).

도적으로 많다. 다만 이 비율의 근거가 된 자료는 1940년 조사이다. 1941년 12월 일본의 진주만 공격 이후 전선(戰線)이 확대되었으므로 1942년 이후에도 동일한 자료가 있었다면 동남아시아・태평양지역 여성의 비율이 상당히 높아졌을 것이다. 여기서 중요한 점은 일본의 군위안소제도에 동원된 여성 중에는 식민지・점령지의 여성이 압도적으로 많으며 이는 노골적인 민족(인종) 차별이었다는 것이다.[11]

3. 일본군위안부 문제의 두 가지 쟁점: '강제연행'과 '공창' 여부

1990년대에 들어서서 일본군위안부 문제가 한일 양국에서 사회 문제로 제기되어 외교 문제로까지 확대된 이래 논쟁이 끊이지 않는 주요 쟁점이 두 가지가 있다. 하나는 군위안부 동원이 강제연행이었는가 하는 문제이고, 다른 하나는 군위안부가 공창인가 하는 문제이다. 이들 쟁점에 대한 논쟁이 극렬하게 대립하는 것은 이들 쟁점이 무엇보다 일본군위안소제도 및 일본군위안부에 대한 일본의 국가책임을 결정하는 주요 기준이 되기 때문이다. 먼저 강제연행에 대해 살펴보기로 한다.

1) 위안부 피해자란 누구인가: 강제연행

이른바 일본의 우익과 피해자 및 지지단체 간에 언제나 상반되는 주장이 있는데, 그것은 누가 위안부 피해자인가 하는 문제이다. 여기서

11) 일본의 전쟁책임자료센터・여성들의 전쟁과 평화자료관, 〈보고서 한일 간의 역사문제 해결방안에 관한 연구: 일본군'위안부' 문제 해결을 위해〉(한국어 번역판), 동북아역사재단, 2007, p. 17.

주장을 엇갈리게 하는 키워드는 강제연행이다. 즉 일본 우익의 주장은 군위안소제도의 피해자 중 가장 많은 수를 차지한 것으로 알려진 조선 여성의 징집 형태가 취업사기나 인신매매가 대다수를 차지하는데, 이는 강제연행이 아니므로 위안부 피해자가 아니라는 것이다. 그들이 주장하는 강제연행의 이미지는 봄 들판에서 나물 캐는 숫처녀를 일본군이 총검을 앞세우고 강제로 군용 트럭에 실어 징집하는 형태의 것을 말한다. 이런 이미지는 1990년대 초기에는 한국과 일본 사회에서 우익뿐만 아니라 일본 정부의 법적 책임을 인정하는 측에도 널리 퍼져 있었던 것이 사실이다. 그러나 이는 바로 수정되었다. 실제 커밍아웃한 한국인위안부 피해자들의 증언을 수집하면 할수록 식민지에서의 징집은, 총검을 앞세워 무력으로 시행된 점령지에서와는 달리 식민지라는 지배 체제를 십분 활용한 취업사기나 인신매매 등의 방식이 많았고, 그런 방식이 커밍아웃한 전체 피해자의 약 80% 정도를 차지한다는 사실이 명확해졌다. 후에 언급하겠지만 내무성 및 육군성 통첩에서도 알 수 있듯이, 군이 선정한 징집업자가 위안부를 징집할 때 그 방식은 공창제도에서 창기(娼妓) 등을 공급하는 방식과 같았는데, 이는 조선 국내에서 군위안부를 징집할 때 국내 접객업 및 소개업의 공급 메커니즘이 이용되었기 때문이다. 이러한 형태는 조선이 일본의 식민지였기 때문에 가능한 방식이었다.

따라서 강제연행이란 일본군위안소제도에 의한 위안부 피해자가 강제로 트럭에 실려 가는 형태만을 기준으로 결정할 수 있는 것이 아니다. 국제법에서 위법으로 인정하는 취업사기, 인신매매, 납치 등의 방식도 강제연행에 들어간다. 이에 더하여 위안부 피해자를 결정하는 기준은 강제연행이라는 징집형태만이 아니라 일본군위안소제도하의 위안소 개설 및 운영, 위안부의 징집 및 이송, 전후처리 등 모든 과정을 위안부 피해자로 결정하는 중요 요소로 보아야 한다. 다시 말해 일본군위안부란 일본 정부와 군의 직·간접적인 통제 감독 및 관여하에 징집되어 이송되고, 1938년 3월 내무성 및 육군성 통첩(군・정부)에 의해 일본군위안소제도가 성립된 이후 위안소에 구속되어 성행위를 강요당한 모든 여성을 말한다.

2) 위안부와 공창의 차이점

이른바 일본의 우익과 피해자・지지단체 간에 언제나 상반된 주장이 또 하나 있다. 일본 우익의 주장은 군위안부는 당시 일본 국내와 식민지에서 법에 의해 실시되고 있던 공창제도의 공창과 같은 것이라는 것이다. 따라서 군위안부 역시 합법적으로 실시되던 공창과 동일하였으므로 국가의 법적 책임은 없다는 것이다.

그렇다면 왜, 무엇을 근거로 군위안부와 공창이 같다는 주장이 되풀이되고 있는가? 그 이유는 일본군위안소제도 그 자체에 있다. 무슨 얘기인가 하면, 일본군위안소제도가 근대 이후 성립한 공창제도를 골간으로 하여 형성되었기 때문이다. 다시 말해 공창제도의 운영 시스템을 그대로 모방하여 군위안소를 만들었기 때문에 양자의 형상이 매우 흡사하다는 말이다. 그러나 두 제도에는 커다란 차이가 있었다.

우선 설치 지역의 특징을 대략 구분하자면, 공창제도는 일본이 식민지에 이식한 제도인 반면 군위안소제도는 점령지에 개설한 제도였다. 특히 중일전쟁 발발 이후 급격하게 확대된 점령지에 일본은 공창제도를 대신하여 위안소를 설치한 것이다.

또한 공창제도와 군위안소제도의 운영 시스템에 어떤 공통점과 차이점이 있는가를 살펴보자. 먼저 공창제도란 대략 다음과 같이 설명할 수 있다. 공창제도는 내무성(경찰)이 업자에게 지정된 장소에 영업을 허가하면 업자는 소개업자를 통해 창기 등을 고용하여 법률에 따라 영업을 한다. 고용된 창기는 정기적으로 건강검진을 받아야 하며 경찰이 이를 단속한다. 이렇듯 원칙적으로 공창제도에서 국가의 역할은 업자가 법을 준수하여 영업을 제대로 이행하는지를 단속하는 것이다. 즉 국가와 업자의 관계는 단속의 주체인가 객체인가로 구분되는 것이다.

한편 일본군위안소제도의 운영시스템은 크게 세 가지이다. 첫째, 일본군이 직접 업자가 되어 위안소를 운영하거나(군 직영 위안소), 둘째, 군이 업자를 선정하여 영업을 허가하고 업자를 통해 위안소를 통제·감독하거나(군 전속 위안소), 셋째, 기존의 매춘업소를 일정 기간 일본병사용으로 지정하여 이용하게 하는(군 이용위안소) 등의 형태로 운영된다. 한국인 위안부 피해자의 증언에서 가장 많이 발견된 형태는 두 번째 군 전속 위안소로 조선 여성이 가장 많이 동원된 위안소이자 가장 보편적인 형태였던 것 같다. 군 전속 위안소란 그 형태를 보면 드러나듯이 공창제도와 거의 형식이 같기 때문에 군위안소임에도 불구하고 공창제도에서 볼 수 있는 여러 요소가 거의 동일하게 발견된다. 즉 공창제도에서는 업자가 경찰의 허가를 받아 개설하고 영업하되 피고용자에 대한 건강검진을 의무화하는 형태라면, 위안소제도에서는 업자가 군의 허가를 받아 위안소를 개설하되 모집된 위안부가 건강검진을 받는 식으로 거의 형식이 동일하다. 이렇게 보면 둘의 운영형태가 흡사할 수밖에 없지 않은가. 이렇듯 업자가 있고 여자가 있다는 식의, 겉으로 쉽게 노출된 운영시스템에서는 양자가 같다고 할 수 있을 정도로 유사하다. 이 때문에 위안부와 공창과의 차이를 알기 어려운 것이다.

그러나 결정적으로 다른 점이 있다. 일본군위안소제도는 공창제도와는 달리 국가(군·정부)가 직접 위안소를 운영하거나 혹은 위안소 업자를 통하더라도 일일 혹은 월말 보고서를 제출하도록 하는 식으로 운영을 직접 통제하고 감독하는 역할을 한다. 또한 군이 선정한 업자가 징집 지역의 경찰과 헌병과 밀접한 연계를 갖고 위안부를 징집하며, 군트럭이나 철도 및 군함 등을 이용하여 이송한다. 군이 인솔자에게 편의를 제공하는 등 국가가 위안소를 직간접으로 운영한다. 이 점에서 국가의 역할은 공창제도와는 현격히 다르다. 이 때문에 군위안소제도에 의한 피해자들이 사죄와 개인보상을 그 책임자인 일본 정부에 묻는 것이다.

4. 일본군위안소제도에 대한 일본 정부의 법적 책임

1) 일본 정부의 국제법 위배 가능성 인지

일본 정부가 당시 국제법과 관련해서 일본군위안부 문제를 어떻게 인식하고 있었을까? 결론부터 얘기하자면, 일본 정부는 군위안부 문제가 국제법을 위반하여 논란의 소지가 생길 가능성에 대해 충분히 인지하고 있었다. 따라서 그러한 사태가 발생하지 않도록 노력했고 동시에 국제사회에 노출되는 것을 막고자 노력하였다.

제한된 문헌 자료이긴 하지만 일본 정부가 당시 어떻게 위안소제도를 주도하면서 은폐하고자 노력했는지를 보기로 하자. 첫째, 1938년 2월 23일 공포된 내무성 통첩[12]과 같은 해 3월 4일 육군성 통첩[13]이다. 이들 통첩에서는 위안부로 모집하는 여성을 21세 이상 '매춘'경험이 있는 자로 한정하였고, 경찰에게는 부녀 매매 또는 약취 유괴 등의 형태로 '모집'하지 않도록 단속업무를 강화하라고 지시하였다. 또한 위안부 징집업자와 일반 소개업자의 구별을 엄격히 하여 군 명의를 사칭하는 일반 소개업자가 위안부를 징집하는 것을 엄하게 단속하라고 하였다. 이 과정에서 위안부 징집업자로 하여금 지역 경찰과 헌병 등과 밀접한 연계를 갖고 징집할 것을 지시한다. 이처럼 일본은 국제법 '부인 및 아동의 매춘을 금지하는 국제조약'에서 언급하는 연령 제한 및 일반 부녀에 대한 인신매매나 약취유괴 등의 금지를 위반하는 사건이

12) 내무성 경보국장, '지나 도항 부녀의 단속에 관한 건', 1938년 2월 23일.

13) 육군성 병무국 병무과, '군위안소 종업부 등 모집에 관한 건', 1938년 3월 4일.

발생하지 않도록 그 방지에 노력하였다. 이런 위법사태가 발생하지 않도록 단속을 지시한 것은 일본 국내에만 한정돼 민족차별이었다. 이로서 일본은 국제법의 허용조건을 전제로 군위안부 징집을 허가하면서 군위안소제도를 주도했다는 사실을 알 수 있다.

둘째, 1938년 11월 8일 내무성 경보국 자료[14]를 보면, 일본 국내에서 정부가 위안부 징집에 어떻게 관여하였고 국제법을 어떻게 의식하고 있었는지를 알 수 있다. 손으로 쓴 이 자료에서 몇 가지만 예를 들자면, 내무성은 각 지역 경찰이 징집업자를 선정하여 부녀를 징집하게 하되 절대 경찰과 연관이 있다는 것을 숨기게 하였다. 그리고 위안소 경영을 희망하는 업자는 경영자의 주소, 성명, 경력 및 인솔부녀수를 '은밀히' 전화 등으로 내무성에 통보하라고 되어 있다. 이처럼 실제로는 경찰이 뒤에서 징집업자를 선정했으면서도 겉으로는 업자가 주도적으로 위안부를 징집하는 것처럼 보이게 하는 등 경찰은 드러나지 않게 조심하였다. 이러한 방법으로 내무성은 흑막 뒤에서 위안부 징집에 조직적으로 관여・협력하였다.

셋째, 1942년 1월 10일, 1월 13일 대만 총독부의 외사부장과 외무대신 간의 왕복전신 외무성 자료[15]이다. 이 자료는 태평양전쟁 발발 후 군위안소 설치지역이 남방까지 확대되자 중국에의 도항(渡航)과는 달리 남방으로 도항해야 하는 징집업자 및 위안부에 대한 여권발급 문제가 발생한 것과 관련된다. 이런 사태에 대해 대만총독부가 취급 방침을 문의한 데 대한 회답으로, 외무성은 그런 종류의 사람들에게는 '군 증명서로 도항하게 할 것'을 지시한다. 손으로 쓴 이 자료 역시 최

14) 내무성 경보국, '남지방면 도항 부녀의 단속에 관한 건(시행통첩안)', 1938년 11월 8일.

15) 대만총독부 미네타니 데라오(峰谷照雄) 외사부장 / 도고 시게노리(東郷茂徳) 외무대신, '남방 방면 점령지에서의 위안부 개설에 관한 건・남방방면 점령지에 대한 위안부 도항 방법 건', 1942년 1월 10일/1월 13일.

종 문안에서는 일부가 삭제되어 있는데 원래대로 복원하면 다음과 같다. '여권을 발급하는 것은 바람직하지 않으므로 군 증명서를 갖고 군용선으로 도항하게 할 것'(밑줄이 복원부분, 인용자)이라고 되어 있다. 외무성은 위안소 관련 업자 및 위안부에게 여권을 발급하는 것이 문제가 생길 수 있다는 것을 누구보다 잘 알고 있었을 것이다. 이에 외무성이 여권 발급으로 생길 수 있는 논란의 여지를 없애고자 아예 발급하지 않는 방법으로 대처했다는 것을 알 수 있다.

이처럼 일본 정부가 일본군위안소제도와 관련해서 당시의 국제법을 강하게 의식하고 있었으며, 또한 담당부처에 따라 적극적인 관여와 적당한 은폐라는 방식으로 적극적으로 대처하고 있었음이 명백하다. 결국 당시의 일본 정부는 군위안소제도가 국제법에 위배되는 사안을 포함한다는 사실을 충분히 인지하고 있었던 것이다.

2) 일본 정부의 법적 책임

일본군위안소제도 및 일본군위안부 문제에 대한 일본 정부의 법적 책임은 이미 언급한 바와 같이 위안부의 징집 형태에만 국한되는 것이 아니다. 그것은 위안소 운영 전반, 즉 위안소의 설치 및 운영에 대한 관리·통제에 대한 책임, 위안부의 징집 및 이송에 대한 관리·통제, 일본의 패전 이후의 방치 등에 대한 총체적인 책임을 묻는 것이다.

군위안부 문제에 대한 일본 정부의 공식 견해는 시기에 따라 조금씩 다르지만, 상세히 다루는 것은 여기서는 생략하기로 한다. 간략히 설명하자면, 일본 정부의 일관된 입장은 법적 책임이 없다는 것이다. 다만 인도적인 차원에서 도의적 책임을 지겠다는 것이며, 그 결과 설립된 것이 '여성을 위한 아시아평화 국민기금'이었다.[16] 그렇다면 일본

16) 尹明淑, 앞의 책, 《日本の軍隊慰安所制度と朝鮮人軍隊慰安婦》, pp. 31~40 참조.

의 법적 책임이 어디에 근거하고 있는지 국제법과 관련하여 설명하기로 한다.

군위안부 문제와 관련하여 피해자 및 지원단체들은 일본 정부의 공식적인 사죄, 개인 보상, 역사교과서 서술 등의 실현을 위해 20년 가까이 싸우고 있다. 이들이 일본 정부에 대해 법적 책임을 묻는 근거는 국제법(관습법 포함)이다. 특히 2차 세계대전 이전에 체결된 당시의 국제법을 근거로 한다. 위안부와 관련된 국제법에는 다음과 같은 것들이 있다. '부인 및 아동의 매춘을 금지하는 국제조약'(1921), '노예조약'(1926), '헤이그 육전조약'(1907), '전쟁범죄에 대한 죄' 또는 '인도에 반(反)한 죄'(뉘른베르크 국제군사재판소 헌장과 극동 국제군사재판소 헌장에 의거), '강제노동에 관한 조약'(1930)이다.[17]

위안부 문제에 대한 일본의 법적 책임 여부는 일본군위안소제도가 당시의 국제법을 위반하고 운영되었는가에 달려 있다. 이에 대해 공신력을 가진 유엔인권소위원회(이하 소위원회)는 일본 정부에 법적 책임이 있다고 결론지었다. 소위원회가 채택한 주요 보고서를 살펴보면, 다음과 같다. 1993년 5월 소위원회에서는 일본군위안부 피해자에 대해 개인 보상할 것을 권고하는 IED(국제교육개발)의 최종보고서가 정식으로 채택되어 일본 정부에 '유의'사항으로 전달되었다. 또한 같은

---

17) 이들 법률 중에 현재의 인권 개념에 부합되지 않아 적용여부에 다소 논란의 여지가 있다고 판단되는 것이 있다. 이를테면 헤이그 육전조약은 관습법으로 점령지에서의 "가문의 명예 및 권리, 개인의 생명, 사유재산" 등의 존중을 요구하는 조항(제46조)이 적용된다는 것인데, 군위안부로서의 피해가 피해자 본인이 아닌, 가족의 명예를 훼손한 것이라는 해석이다. 즉 여성 개인에 대한 성폭력이 본인의 인권침해에 해당되어 처벌해야 한다는 것이 아니라 가문의 명예를 지키기 위해 강간과 같은 굴욕적인 행위를 당하지 않을 권리가 있다는 점에서 현재의 인권개념과는 괴리가 있다. 다만 이러한 육전조약은 20세기 초 당시의 여성의 인권에 대한 인식수준을 반영한 결과이므로 현재의 인권개념에 비추어 적용의 타당성을 따지는 판단은 유보하기로 하겠다.

해 7월에는 소위원회의 '인권위원회 차별방지·소수자 보호 소위원회'에서도 '현대노예제 작업 부회(部會)'의 권고를 지지하는 결의 및 '전시노예제' 문제에 대한 특별보고자를 임명하는 결의가 채택되었다. 이에 1994년 1월에 여성에 대한 폭력 특별 보고 제도가 설치되었고, 쿠마라스와미가 특별보고관으로 임명되었다. 쿠마라스와미는 1996년 1월 4일자로 인권위원회에 최종보고서를 제출하였고, 4월 10일 이 보고서를 공인하는 결의가 채택되었다. 소위원회에서 채택된 보고서에는 쿠마라스와미 보고서 이외에 소위원회의 '인권위원회 차별방지·소수자 보호 소위원회'의 특별보고자인 맥두걸의 보고서가 1998년 8월 26일 '환영'이라는 형태로 채택되었다.[18] 이 '환영'이라는 형태는 '유의'보다 적극적인 채택 형태인데,[19] 맥두걸 보고서가 채택된 의미는 일본 정부에게 법적 책임이 있다는 피해자측 주장이 적극 인정되었다는 점이다. 즉 소위원회가 맥두걸 보고서를 채택함에 따라 일본의 평화조약·평화협정에 의해 피해자 개인의 청구권이 소멸된 적이 없다는 점을 재확인해 주었고, 법적 책임이 없다는 일본 정부의 주장은 전면 부정된 것이다.[20]

또한 일본 국내에서 제기된 재판에서도 일본의 법적 책임에 관한 판결이 있다. 1998년 4월 27일 야마구치(山口)지방재판소 시모노세키(下關)지부에서의 1심 판결로, 원고인 한국인 위안부 피해자들의 요구는 피고인 일본 정부에 의한 공식사죄와 개인 보상이었다. 이에 대

---

18) 尹明淑, 앞의 책, 《日本の軍隊慰安所制度と朝鮮人軍隊慰安婦》, pp. 52~54.

19) 바우넷재팬('전쟁과 여성에 대한 폭력' 일본 네트워크) 역, 《전시·성폭력을 어떻게 심판할 것인가: 국제연합 맥두걸 보고서 전역(全譯)》, 가이후샤(凱風社), 1998, p. 5.

20) "유엔소위, '일 위안부 배상 완결 안됐다' 결의안 제출", 〈동아일보〉 1999년 8월 25일; "유엔소위, '맥두걸보고서 지지' 결의문", 〈동아일보〉 1999년 8월 23일.

한 판결은 일본 정부에 대해 "입법 부작위에 의한 배상의무가 있다"라고 하였다. "입법 부작위에 의한 배상의무"라 함은 1993년 8월 내각관방 내각 외정심의실의 조사보고와 고노 내각관방장관의 담화가 발표된 시점을 기준으로 하여 "합리적인 입법기간으로 인정되는 3년을 경과했지만 피고 국회의원은 입법(배상입법)을 하지 않았으므로 피고국은 입법 부작위에 의한 국가배상으로 위안부 원고에게 각 금 30만 원의 위자료 지불 의무가 있다"고 판시한 것이다. 이 1심 재판에 대해 시민운동단체는 일부 승소라고 평가하였다.[21] 그러나 약 3년 뒤 2001년 3월 29일 히로시마고등법원은 일본 정부의 법적책임을 일체 인정하지 않는 판결을 내렸다. 그리고 2년 후인 2003년 3월 25일 대법원은 재판없이 히로시마 고등재판을 지지하고 상고를 기각하였다.[22]

이처럼 일본 정부는 시간이 흐를수록 법적책임을 완강히 부인하는 태도를 강화하였다. 이러한 일본 정부의 입장과는 달리 국제 여론은 일본정부에 책임을 인정하고 개인보상을 권고하는 움직임이 활발해졌다.

5. 맺는말

2007년 7월 30일 미국 하원 본회의에서 일본군위안부 결의안이 통과되었다.[23] 미국 민주당 마이클 혼다 의원이 하원에서는 두 번째로 일본군위안부 결의안을 발의한 지 약 6개월 만의 일인데 결의안의 주

---

21) 〈關釜裁判判決文全文〉 전쟁책임을 묻는 관부재판을 지원하는 회, 1998; 〈관부재판(關釜裁判) 뉴스〉 제 24호, 전쟁책임을 묻는 관부재판을 지원하는 회, 1998, 2~3, pp. 14~15.

22) http://www.zephyr.dti.ne.jp/~kj8899/isaiban_ichiran.html; http://www.geocities.co.jp/WallStreet/7486/saiban/info_sai.html#kanpu

23) "美하원, 35분 만에 위안부 결의안 만장일치 통과", 〈연합뉴스〉 2007년 7월 31일.

요 골자는 다음과 같다. 일본 정부는 일본군위안부 문제와 관련하여 일본 제국 군대가 1930년대부터 제2차 세계대전 종전에 이르기까지 "강제로 젊은 여성들을 위안부라고 알려진 성노예로 만든 사실을 확실하고 분명한 태도로 공식 인정"하고 "사과"하고 "역사적인 책임"을 져야 한다는 것이다.[24] 일본군위안부 문제와 관련하여 국제사회가 일본 정부에 공식 사과 등을 요구하는 결의안이 잇따라 결의되었다. 2007년 12월 12일 유럽의회가 '위안부 여성을 위한 정의'(*justice for the 'comfort women'*)라는 의제로 결의안을 채택하였다. 이 결의안은 미국 하원(7월 30일), 네덜란드 하원(11월 8일), 캐나다 연방하원(11월 28일)에 이어 네 번째였으며, 호주와 필리핀 등도 준비 중이라고 한다.[25]

이상에서 살펴본 바와 같이 약 20여 년의 연구 및 조사 결과, 일본군위안소제도가 총체적으로 일본 정부의 법적책임이 있다는 점을 명백히 하였다는 것을 알 수 있었다. 그러나 일본 정부는 여전히 위안부 피해자들에게 법적책임도 공식 사죄도 하지 않고 있다. 국제적 결의안이 채택되는 이런 움직임도 실질적으로 일본 정부에 대한 압력이 되지는 못하고 있다. 법적 책임에 따른 사죄 및 개인보상 등 일본 정부에 대한 유엔 인권위원회 소위원회(이하 유엔소위원회)의 권고 역시 10여 년이 지난 지금도 시행되지 않고 있다. 유엔소위원회의 권고가 아무리 강제력이 없다 해도 피해자의 끈질긴 요구 및 지지단체들의 투쟁을 비롯한 유엔소위원회의 권고 등의 세계 여론에도 불구하고 일본 정부가 법적책임을 인정하지 않고 개인 보상을 하지 않는 것은 무엇을 근거로 해서인가. 그 근거는 바로 국제법이다. 즉 피해 개인이 가해 국가를 상대로 개인 보상을 직접 요구할 수 없다는 것이 일본 정부의 주장이다.[26]

한편 피해자들이 일본 정부에 대해 법적 책임과 개인 보상을 요구하

---

24) "美하원 통과 위안부 결의안 전문", 〈연합뉴스〉 2007년 7월 31일.

25) "日정부, EU의 '위안부 결의안' 안 들리나", 〈세계일보〉 2007년 12월 14일.

26) 김명기, 《정신대와 국제법》, 법지사, 1993 참조.

는 근거 역시 국제법이다. 이처럼 동일한 법률이 개인보상 요구의 근거가 되기도 하고 동시에 개인 보상 불가의 근거가 되는 것은 누가 어떤 입장에서 법을 해석하고 적용하느냐에 따라 달라지기 때문인 듯하다. 법률이란 보편적인 상식을 반영하는 것이고, 그 때문에 법 해석은 시대에 따라 조금씩 변하는 것이다. 이는 그 시대 시대마다 상식이 바뀌기 때문일 것이다. 동성애자의 결혼이 절대 허용되지 않던 사회에서 허용하는 쪽으로 사회가 바뀌어가듯 우리들의 상식도 인권이라는 개념을 기축으로 변화해 간다고 할 수 있다. 위안부 피해자의 개인 보상과 관련된 국제법에 대한 해석도 마찬가지일 것이다. 국가에 의해 인권을 침해당한 개인이 가해 국가에 대해 직접 개인보상을 요구할 수 있는가 하는 점은 학자에 따라 견해가 상반된다. 이처럼 입장에 따라 개인 보상 요구가 가능하다는 것과 불가능하다는 결론으로 상반된 해석이 나올 수 있다는 것은 결국 동일한 국제법을 어떤 입장에서 어떻게 해석하여 적용하는가 하는 우리들의 가치관과 연관된다고 생각한다. 즉 우리가 어떤 인권 개념을 구축하고자 하는가, 미래 사회에 대한 비전을 어떻게 제시하려 하는가의 문제라고 생각한다. 이는 우리가 더불어 사는 공동사회를 이끌어가고자 할 때 생각해야 하는 기본자세일 것이다.

앞으로 우리들의 삶에 대한 지향점이 더불어 사는 삶의 영위에 있다고 한다면 현재 우리들의 자화상이 어떠한지 명확히 아는 것이 그런 사회를 설계하는 데 필요할 것이다. 우리들의 현재를 바로 보기 위해서는 특히 현재 진행형으로 일어나는 역사에 대한 진실규명과 그에 따른 정의 실현이 구체적으로 전제되어야 한다.

한일의 역사갈등과 역사대화

역사교과서에 초점을 맞추어

정재정*

1. 머리말

한국과 일본은 최근 역사인식과 독도 영유권 문제 등을 둘러싸고 '외교전쟁'을 벌여왔다. 특히 노무현(盧武鉉) 정부와 고이즈미(小泉) 정부의 갈등과 대립은 역대 어느 정권 때보다도 심각하여 두 정권이 끝난 이후에도 그 후유증이 상당 기간 지속할 것으로 보인다. 정부레벨의 한일관계가 악화된 상황에서도 다행히 민간레벨의 경제·문화 교류는 매우 활발하지만, 정부레벨의 대결과 불신이 오래 갈 경우에는 민간레벨의 협력과 이해(理解)에도 나쁜 영향을 미치게 될 것이다.

한반도를 비롯한 동북아시아의 정세가 매우 유동적인 상황에서 한국과 일본이 국익(國益)과 민리(民利)를 공유하기 위해서는 하루 빨리 외교전쟁에서 벗어나 우호협력관계를 구축할 필요가 있다. 그렇게 하기 위해서는 한일 사이의 현안이 되어버린 역사갈등의 여러 요인, 즉 역사인식〔근대 한일관계사 이해, 역사교과서 기술, 야스쿠니 신사(靖國神社) 참배 등〕, 과거사 처리〔사할린 거주 한인, 원폭 피해자, 징용·징병 피해

* 서울시립대학교 교수.

자, 일본군위안부 피해자, 유골 봉환, 문화재 반환, 재일(在日) 한국인의 지방참정권 등〕, 영토 문제와 해양관할권 등을 어떤 형태로든지 정리하고 넘어가야 한다. 양국의 역사갈등은 이미 학문과 교육의 차원을 넘어 정치와 외교의 영역으로 비화하였기 때문에, 지금은 그 극복의 계기와 방법도 정치와 외교의 레벨에서 모색되어야 한다.

한일의 역사갈등을 화제로 삼을 때는 역사인식, 과거사 처리, 영토 분쟁 등을 모두 언급해야 할 것이다. 적어도 한국에게는 삼자(三者)가 서로 불가분의 관계로 얽혀 있기 때문이다. 그러나 필자는 이 글에서 범위를 좁혀 역사인식, 그 중에서도 역사교과서와 관련된 문제를 중점적으로 다루겠다. 필자는 지난 몇 년 동안 한일의 역사갈등을 지켜보면서 그 극복 방향에 대해 활발히 의견을 발표해왔다.[1] 이 글은 필자의 그런 활동에 기초한 것이지만, 이번 기회에는 주로 역사인식의 주체를 한일 양국 정부로 설정하고 논의를 전개하겠다. 또 역사갈등의 극복방향을 논할 때는 원론적 거대담론(巨大談論)은 피하고 현실적으로 채용 가능한 수준의 방법을 제시하는 데 그치겠다. 요즈음 한국에서는 국내외의 석학을 초빙하여 고답적(高踏的) 수준에서 역사화해를 논의하는 행사가 빈번히 열린다.[2] 이 글은 그런 고담준론과 중복을

---

1) 필자는 한일의 역사갈등에 대한 논의가 아주 경직된 저간의 상황에도 불구하고 약간 만용을 부려 현실적 극복방안을 제시한 바 있다. 이에 대해서는 다음의 자료를 참조하기 바란다. 정재정, "역사학자가 보는 한일의 역사갈등과 극복방향: 과거사 및 영토 문제", 《독도, 야스쿠니, 그리고 한일관계의 미래》, 현대일본학회, 2006. 6. 30; 정재정, "한일의 역사갈등과 극복방향", 《21세기 동북아의 공동 번영을 위한 역사문제의 극복》, 동북아역사재단, 2006. 11. 29. 이 논문은 두 글에서 역사인식과 역사대화에 관련된 부분을 뽑아 대폭 수정하고 보완한 것이다.

2) 한국학중앙연구원, "동아시아에서의 진실과 화해", 〈2006년 국제포럼, 문명과 평화〉 2006. 11. 6~8; 친일반민족행위진상규명위원회, 《과거청산의 보편성과 특수성》, 2006. 11. 16; 아시아평화와역사교육연대, "동아시아 역사인식 공유를 위한 국제심포지엄", 〈역사대화의 경험공유와 동아시아 협력모델 찾기〉,

피한다는 뜻에서 실질적이고 기능적인 역사화해의 방안을 제안하는 데 중점을 두면서 논의를 전개하고자 한다. 돌파구가 꽉 막혀 있을 때는 먼저 바늘구멍이라도 뚫어야 한다는 것이 필자의 생각이다.

이 글에서는 먼저 한국과 일본이 왜 지금 역사인식을 둘러싸고 새삼스레 대립하는가를 개관하겠다. 그 다음에는 역사교과서 문제의 경위와 그 극복을 위해 행해진 역사대화의 흐름을 살펴보겠다. 그리고 마지막으로 한일 양국이 역사갈등을 관리할 수 있는 현실적 방안에 대해 의견을 제시하겠다. 이 글이 한일의 역사갈등에 대한 이해를 촉진하고 그것을 극복할 수 있는 방안을 모색하는 데 조그만 실마리라도 된다면 다행이라고 생각한다.

2. 역사인식과 역사갈등

1) 역사인식의 접근 경향

한국과 일본의 역사인식은 1995년을 전후한 시기부터 일정한 범위 안에서 개선되는 모습을 보여 왔다. 우리는 양국 정부가 근대의 한일관계, 그 중에서도 특히 일본제국이 대한제국을 식민지로 지배한 것을 어떻게 보고 있는가를 확인함으로써 그 변화의 일단을 확인할 수 있다. 먼저 양국 정부가 최근 10여 년 동안 이에 대해 주고받은 견해를 살펴보자.

무라야마 토미이치(村山富市) 총리대신은 1995년 8월 15일 '전후 50주년 종전 기념일을 맞아서'라는 담화를 발표했다. 여기에서 그는 일본이 근린제국과 벌인 전쟁과 그 폐해에 대해 이런 견해를 밝혔다.

2006. 11. 25 등.

> 우리나라는 멀지 않은 과거의 한 시기에 국책을 잘못하고 전쟁의 길을 걸어 국민을 존망의 위기에 빠뜨리고 식민지지배와 침략에 의해 많은 나라들 특히 아시아 제국의 사람들에게 커다란 손해와 고통을 끼쳤습니다. 나는 미래에 잘못을 없애기 위하여 의심할 여지없는 역사의 사실을 겸허하게 받아들여, 이에 다시 한 번 통절한 반성의 뜻을 표하고 마음에서 우러나오는 사과의 뜻을 표명합니다. 또한 이런 역사가 가져온 내외의 모든 희생자에게 깊은 애도의 뜻을 바칩니다.[3)]

무라야마 담화는 한일관계사를 직접 지목하여 언급하지는 않았지만 일본이 근린 제국을 침략하고 지배한 사실을 분명히 지적하고 통절한 반성과 사과의 뜻을 표명했다는 점에서 종래 일본 정부가 취해온 애매한 태도보다는 한 발 더 나간 것이었다. 그 배경에는 일본에서의 사회당 집권과 역사인식의 유연화(柔軟化), 한국에서의 경제발전과 민주주의의 현실화 등이 깔려 있었다. '종전 50년'이라는 시점을 맞아 전후 결산의 일환으로 발표된 무라야마 담화는 그 후 일본 정부의 역사인식을 규정하는 가이드라인이 되었다.

한일 양국의 역사인식에 큰 획을 그은 것은 김대중 대통령과 오부치 케이조(小淵惠三) 총리대신이 1998년 10월 8일 공동으로 선언한 '21세기를 향한 새로운 한일 파트너십'이었다. 여기에서 오부치 총리대신은 "우리나라가 과거의 한 시기 한국 국민에게 식민지지배에 의해 다대한 손해와 고통을 끼쳤다고 하는 역사적 사실을 겸허하게 받아들이고, 이에 대해 통절한 반성과 마음으로부터 사과한다"고 했다. 김대중 대통령은 "오부치 총리대신의 역사인식 표명을 진지하게 받아들이고, 이를 평가함과 동시에, 양국이 과거의 불행한 역사를 넘어 화해와 선린우호

---

3) 日本外務省文書: 일본 정부의 견해를 정확히 인용하기 위해서 일본외무성 관계자로부터 관련된 자료를 받았다. 이글에서는 그것을 日本外務省文書라고 표시하겠다.

협력에 기초한 미래지향적 관계를 발전시키기 위해 서로 노력하는 것이 시대의 요청"이라는 뜻을 표명했다.[4)]

오부치 총리대신의 발언은 무라야마 담화의 연장선상에 있었지만, 한국에 대한 식민지지배의 주체로서 일본을 명시하고, 크나큰 손해와 고통을 끼친 대상으로서 한국을 지명했다는 점에서 한 걸음 더 나간 것이었다. 김대중 대통령이 그의 발언을 진지하다고 평가함으로써 이 공동선언은 그 후 한일 양국의 역사인식을 규정하는 틀이 되었다. 그리하여 야스쿠니 신사 참배로 노무현 정부와 심각한 역사갈등을 빚은 고이즈미 쥰이치로(小泉純一郎) 총리대신이나, 그보다 더 우파적이라고 일컬어지는 아베 신조(安倍晋三) 총리대신조차도 공식적으로는 이 선언의 역사인식을 계승한다고 천명하지 않을 수 없었다.[5)]

이상을 보건대 1990년대 중반 이후 지금까지 일본 정부의 역사인식은 기본적으로 한국의 식민지 지배에 대한 사과와 반성의 기조를 유지하고 있다고 할 수 있다. 이 점에서는 식민지지배에 대해 거의 언급하지 않은 채 체결된 1965년의 '한일기본조약'의 역사인식보다 크게 진전된 것이라고 평가할 수 있다. 그러나 일본 정부의 대신이나 집권당의 간부가 이에 반(反)하는 견해를 자주 표명하는 것을 보면, 이러한 역사인식이 일본사회에 확고하게 뿌리를 내렸다고는 할 수 없다. 사실은 일본 정부조차도 식민지 지배의 원천인 '한국병합조약'(1910. 8. 22)에 대해서만큼은 그것이 합법적 절차를 통해 유효(有效)하게 체결되었다

---

4) 한일 양국의 정상이 역사인식을 공식적인 외교문서에 포함시킨 것은 이것이 처음이다. 그 강도와 의미에 대한 평가는 논자에 따라 분분하지만, 양국이 역사인식에서 상당히 접근한 형태를 보여준 것만은 틀림없다. 이에 대해서는, 외교통상부, 〈김대중 대통령 일본 공식방문 결과(공동선언, 연설문 등 주요기록) 1998. 10. 7~10〉을 참조할 것. 또 이에 관한 외국 언론 보도에 대해서는, 해외문화홍보원, 〈김대중 대통령 일본 국빈 방문 외신기사집(1998. 10. 7~10)〉을 참조할 것.

5) 日本外務省文書.

는 견해를 고수한다.[6] 한국 정부가 일본 정부에게 역사인식을 말로서가 아니라 행동으로 보여 달라고 요구하는 것은 이처럼 신뢰를 손상시키는 언동이 일본 정부 안팎에서 빈번히 일어나는데다가, 원천적으로 대한제국의 폐멸(廢滅) 과정에서 맺어진 각 조약의 불법성과 부당성을 일본 정부가 좀처럼 인정하려 들지 않기 때문이다.

2) 역사갈등의 새로운 양상

지난 몇 년 동안 한일 양국을 둘러싼 국내외 정세는 크게 변하였다. 5년여 사이에 남북한의 정상회담, 월드컵 축구경기의 공동개최, 북한과 일본 정상의 평양선언과 국교교섭 재개, 북한의 일본인 납치 문제의 부상과 핵무기 실험, 이라크전쟁과 한일 양국의 파병, 한국과 일본의 정권교체, 일본의 유사 관련법안(有事關聯法案) 채택, 한국·일본·미국의 잇단 수뇌회담 등이 줄지어 일어났다. 이 사건들은 한국과 일본의 상호이해와 역사인식에 적지 않은 영향을 주었다. 그러나 한일 양국은 기본적으로 1998년 10월 김대중 대통령과 오부치 총리대신이 정상회담에서 작성하여 발표한 '한일 파트너십 선언'의 역사인식을 견지한다는 자세를 지켜왔다.

그런데 실제로는 2001년 초부터 현재까지 한일 양국 정부는 역사인식을 둘러싸고 심각한 갈등과 대립을 빚어 정상외교를 중단하는 상황이 나타났다. 2001년 초부터 일본의 우파 문화인들이 편찬한 중학교용 《새 역사교과서》가 문부과학성의 검정을 통과함으로써 역사갈등이 비롯되었고, 2004년 말부터 교과서 문제 이외에 일본의 독도 영유권 주장과 고이즈미 총리대신의 야스쿠니 신사 참배가 역사갈등을 더욱 부추겼다. 종래 양국 정상은 1년에 두 번씩 이른바 셔틀회담을 개최해 왔는데, 노무현 정부와 고이즈미 정부는 2005년 7월을 끝으로 2006년

---

6) 日本外務省文書.

9월까지 그것을 중단했다. 고이즈미 총리대신이 6차에 걸쳐 야스쿠니 신사를 참배하고, 시마네현이 '다케시마의 날'조례를 제정한(2005년 3월) 것 등이 한국 정부의 강한 반발을 초래했기 때문이다. 특히 노무현 대통령은 삼일절 기념사(2005년 3월)와 특별담화(2006년 4월) 등에서 일본의 이런 행위가 잘못된 역사인식에서 기인한 것이라고 비난하고, 이를 바로잡기 위해서는 외교전쟁도 불사하겠다는 의지를 강력히 천명했다.[7] 노무현 대통령은 취임 초기에는 과거사 문제 등을 외교문제로 삼지 않겠다는 뜻을 피력했지만, 이를 계기로 대일 정책(對日政策)에서 역사인식을 가장 중시하는 방향으로 180도 전환한 것이다. 이것은 역사인식이 여전히 한일관계의 급격한 반전(反轉)에 주요 변수가 된다는 것을 보여준 또 하나의 사례라고 할 수 있다.

일본 정부는 노 대통령의 이런 자세 변화에 당혹하면서 짐짓 그 진의를 잘 알지 못하겠다는 식의 반응을 보였다. 특히 노 대통령이 특별담화를 발표하여, 일본의 독도 영유권 주장이 전도(顚倒)된 역사인식에서 기인한 문제라고 선언한 것에 대해서는 수긍할 수 없다는 자세이다. 일본 정부의 일각에서는 한국 정부의 대일(對日) 공세를 내셔널리즘을 부추겨 인기를 만회하려는 국내용 전술로 보거나, 한국 정부가 설치한 '친일반민족행위진상규명위원회' 등의 활동과 연계된 것으로 파악하는 경향도 있다. 일본 정부는 노무현 정부의 문제제기를 진지하게 검토하거나 이를 겸허히 수용하려는 의지가 거의 없고, 기껏해야 '한일 파트너십선언'에서 표명한 일본 정부의 역사인식에는 변함이 없다는 것을 상기시키는 데 머문다. 그리고 경우에 따라서는 한국 정부의 주장을 정면에서 반박하는 강경한 자세를 취한다.[8]

---

7) 이에 대해서는 대통령 홍보비서실, "한일관계에 대한 대통령 특별담화문", 2006. 4. 25 등의 보도 자료를 참조할 것.

8) 이에 대해서는 〈讀賣新聞〉과 〈朝日新聞〉 등의 2006년 4월 26일자 기사 등을 참조할 것.

여기에서 한국과 일본의 역사갈등으로 비화한 고이즈미 총리대신의 야스쿠니 신사 참배를 둘러싼 양국 정부의 논쟁을 간단하게 소개하면 다음과 같다.

일본 총리대신의 야스쿠니 신사 참배는 1985년 8월 15일 나카소네(中曾根) 총리대신이 전후 40년을 기념하여 야스쿠니 신사를 참배한 데서 비롯됐다. 그러나 나카소네 총리대신은 한국 등 근린(近隣) 제국이 이에 반발하자 이듬해부터 참배를 취소했다.[9] 고이즈미 총리대신은 총리대신 재임 중에 모두 6번 야스쿠니 신사를 참배했는데, 후반기로 갈수록 그것이 한일 간의 역사갈등을 부추기는 상징적 행동으로 부각되었다. 고이즈미 총리대신의 '참배의 변(辯)'은 매번 조금씩 뉘앙스가 달랐지만, 기본적으로는 지난 전쟁에서 일본이 저지른 "회한(悔恨)의 역사를 겸허하게 받아들이고 전쟁 희생자의 모든 분들에게 깊은 반성과 더불어 삼가 애도의 뜻을 바치고 싶다"는 것이었다.[10] 그는 야스

---

9) 고토다 내각관방장관의 야스쿠니 신사 참배 회피에 관한 담화(1986. 8. 14), '본년(1986) 8월 15일 나카소네 내각총리대신과 기타 국무대신에 의한 야스쿠니 신사 공식 참배에 대하여'에 의하면, 나카소네 총리대신의 참배 목적은, "야스쿠니 신사가 합사하는 개개의 제신(祭神)과 관계없이 어디까지나 조국과 동포 등을 위해 희생한 전몰자 일반을 추도하고, 아울러 우리나라와 세계의 평화에의 결의를 새롭게 하기 위한 것이었다."

10) 日本外務省文書. 야스쿠니 신사 참배에 대한 한국과 중국 관련 고이즈미 쥰이치로 총리대신의 담화(2001. 8. 13). "이 대전에서 일본은 우리 국민을 포함하여 세계의 많은 사람들에 대해 커다란 참화를 가져왔습니다. 특히 아시아근린제국에 대해서는 과거의 한 시기 잘못된 국책 아래 식민지지배와 침략을 행하고, 계산하기 어려운 참해와 고통을 강요했습니다. 그것은 지금도 이 땅의 많은 사람들 사이에 치유하기 어려운 상흔으로서 남아 있습니다… 나는 두 번 다시 우리나라가 전쟁에의 길을 걸어서는 안 된다고 생각합니다. 나는 저 곤란한 시대에 조국의 미래를 믿고 戰陣에서 산화한 분들의 영령 앞에 금일의 일본의 평화와 번영이 그 고귀한 희생 위해 구축된 것이라는 것을 다시 생각하고, 해마다 평화에의 맹서를 새롭게 해왔습니다. 나는 이러한 나의 신념을 충분히 설명하면 우리 국민과 근린제국의 분들에게도 반드시 이해를 얻을 수 있으리라고

쿠니 신사의 영령 앞에서 오늘날 일본의 평화와 번영이 전쟁에서 산화한 사람들의 희생 덕분이라는 것을 회고하고, 일본이 두 번 다시 전쟁을 해서는 안 된다는 것을 다짐하겠다고 부연했다. 또 평화를 맹서하기 위해 야스쿠니 신사를 참배한다는 자신의 신념을 충분히 설명하면 일본 국민과 근린 제국 국민이 이해해줄 것이라고 기대했다.

그러나 그의 기대는 곧 물거품이 되었다. 중국은 말할 것도 없고, 얼마 전까지만 하더라도 역사인식을 외교현안으로 삼지 않겠다던 노무현 정부로부터도 비난의 성명이 쏟아졌다. 2004년 1월 1일 고이즈미 총리대신이 야스쿠니 신사를 참배한 일에 대해 한국 외교부 대변인은 '과거 식민지지배와 침략으로 세계평화를 파괴하고 우리 국민에게 말할 수 없는 피해와 고통을 안겨준 전쟁 범죄자의 위패가 있는 야스쿠니 신사를 또다시 참배한 데 대해 깊은 유감을 표하며', '일본 정부의 최고책임자가 전쟁범죄자들을 계속 참배하는 것은 참으로 이해할 수 없으며, 이로 인해 우리국민의 감정이 또 다시 상처를 받게 된 데 대해 우려와 함께 분노를 느끼지 않을 수 없다'는 성명을 발표했다. 그리고 고이즈미 총리대신이 세계의 평화와 번영을 위하고 근린 제국과 우호관계를 진정으로 발전시켜 나가고자 한다면, '과거 역사를 직시하는 바탕 위에서 인근 국가들의 입장과 국민감정을 존중해야 하며', '야스쿠니 신사를 더 이상 참배하지 말 것을 강력히 촉구'했다.11) 한국정부는 고이즈미 총리대신의 '참배의 변(辯)'을 이해하기는커녕, 일본 정부의 역사인식 후퇴, 곧 일본이 저지른 침략과 지배의 의미를 호도하는 행위로서 받아들인 것이다.

생각하고, 총리 취임 후에도 8월 15일에 야스쿠니 참배를 하고 싶다는 뜻을 표명하여 왔습니다."

11) 한국외교통상부문서. 한국 정부의 견해를 정확히 인용하기 위해서 한국 외교통상부 관계자로부터 관련 자료를 받았다. 이글에서는 그것을 한국 외교통상부 문서라고 표시하겠다.

야스쿠니 신사의 역사적 연원이나 성격을 안다면 한국을 비롯한 근린 제국의 우려가 단순한 기우(杞憂)가 아니라는 것을 알 수 있다. 야스쿠니 신사는 일본이 패전하기 전에는 국가 신도(神道)와 결합하여, 국민을 전쟁에 동원하고 천황을 위해 목숨을 바치게 하는 임무, 곧 군국주의 사상과 천황숭배의식을 보급하는 데 지대한 역할을 수행했다. 패전 후에 야스쿠니 신사는 형식상 하나의 단위 종교법인으로 바뀌었지만, 전몰자(戰歿者)를 신도식(神道式)으로 추모하는 성격에는 변함이 없다. 더구나 도쿄재판에서 A급 전범으로 지목된 사람조차도 일본 정부의 알선으로 여기에 합사(合祀)되었다. 그 밖에도 야스쿠니 신사에는 식민지 백성으로 전쟁에 동원되었다가 희생당한 조선인 2만 명 이상이 합사되어 있다. 그리고 그 안에는 근대 일본이 벌인 전쟁을 고무하고 미화하는 전시물로 가득 채워진, 야스쿠니 신사의 군사박물관인 유취관(遊就館)이 전쟁 전과 마찬가지로 지금도 건재하다.[12] 따라서 고이즈미 총리대신이 감정을 이입(移入)한 미사여구를 동원하여 야스쿠니 신사 참배를 아무리 변호하더라도, 일본 정부가 패전 이전의 역사인식으로 회귀하는 것은 아닌가 하는 우려를 불식하기는 좀처럼

---

12) 야스쿠니 신사의 경위에 대해서는 高橋哲哉, 《靖國問題》, 筑摩書房, 2005의 아래와 같은 요지를 참조할 것.

야스쿠니 신사는 명치유신부터 제2차 세계대전에 이르는 시기에 천황을 위해 목숨을 바쳤다고 일컬어지는 250만여 명을 제신(祭神)으로 모신다. 여기에는 강화도사건(1875년) 때 죽은 수부(水夫), 대한제국의 의병을 진압하는 과정에서 전사한 군인, 한국의 젊은이를 전쟁터로 내몬 조선총독 고이소 쿠니아키를 비롯하여 도쿄재판에서 A급 전범으로 판결을 받은 14명 등이 포함되어 있다. 그뿐만 아니라 일본의 식민지 지배 아래 전쟁에 끌려가 죽은 2만 명 이상의 한국인도 포함된다. 야스쿠니 신사는 천황이 전몰자들의 영혼을 불러 전투행위가 훌륭했다고 치하하고 호국의 신으로 승격시키는 곳이다. 따라서 일본인은 물론 한국인에게도 야스쿠니 신사는 예사로운 곳이 아니다. 야스쿠니 신사에 참배한다는 것은 일본의 한국에 대한 침략과 지배, 아시아와 세계에 대한 전쟁을 긍정하고 선양하는 것이 되기 때문이다.

쉽지 않을 것으로 보인다.

3) 역사갈등의 정치·외교적 배경

한일 양국이 역사인식을 둘러싸고 이렇게 대결 자세를 굽히지 않는 정치·외교적 배경은 무엇인가? 먼저 양국이 역사갈등을 적절한 수준에서 제어해 온 시스템이 붕괴되었다는 점을 들 수 있다. 한일 양국 정부는 원래부터 일본제국의 대한제국 침략과 식민지지배에 대한 사죄와 배상을 둘러싸고 근본적으로 다른 견해를 가지고 있었다. 양국의 상이한 역사인식은 한일기본조약(1965년)의 체결에 이르는 과정에서 단적으로 드러났다. 양국 정부는 그 후 '뜨거운 감자'가 되어버린 이 문제를 될 수 있는 한 화제로 삼지 않음으로써 갈등을 회피하려는 정책을 구사했다. 그렇지만 1995년을 전후한 시기가 되자, 한일 양국은 자유민주주의체제와 시장경제구조를 함께 지향한다는 동류의식(그밖에도 평화·인권 등에 대한 가치관의 공유)이 형성됨에 따라 역사인식에서도 서로 접근하는 경향이 나타났다. 김대중 대통령과 오부치 총리대신의 한일 파트너십 선언이 그 결실이라고 볼 수 있다.

그러나 '파트너십 선언' 이후에도 일본에서 정치가나 각료가 식민지지배를 옹호하는 '망언'을 되풀이하고, 문부과학성이 《새 역사교과서》의 발행을 용인하며, 고이즈미 총리대신이 야스쿠니 신사를 계속 참배하고, 정부가 나서서 독도 영유권을 주장하는 일들이 꼬리를 물고 일어났다. 그리하여 한국 정부는 일본 정부의 역사인식을 다시 의심하고, 그 시정을 강하게 요구했다. 그 후 한일 양국 정부는 역사인식을 외교현안으로 다루는 과정에서 서로 이해하기는커녕 오히려 불신을 증폭시켜 역사갈등은 깊어지게 되었다.

되돌아보건대 2005년은 한국과 일본의 역사인식에 주요 전기(轉機)가 될 만한 해였다. 일본의 명성황후(明成皇后) 시해 110주년, 대한

제국과 일본제국의 '을사조약' 체결 100주년, 한국의 해방 60주년, 일본의 아시아태평양전쟁 패전 60주년, 한국과 일본의 기본조약체결 40주년 등이 겹치는 역사의 마디였기 때문이다. 한일관계의 역사에 대해 민감한 한국인은 이 뜻 깊은 해를 맞아 한일 양국 정부가 역사인식을 재점검하고 우호협력의 청사진을 제시하기를 바랐다. 그러나 양국 정부는 한일기본조약 체결 40주년만을 중시하여, 2005년을 '한일 우정의 해'로 설정하고 경축성의 교류 이벤트를 대대적으로 벌이는 데 그쳤다. 이에 대해 한국의 역사학계와 매스컴 등은 차가운 반응을 보였다. 노무현 정부가 한일관계에서 역사인식을 중시하는 방향으로 선회한 것은 이런 분위기를 반영한 측면도 없지 않았다.

한편, 고이즈미 정부는 전후 60년을 계기로 일본을 역사의 멍에로부터 벗어나게 하고 싶은 욕망이 강했다. 그리하여 일본 정부는 국민의 내셔널리즘을 자극하는 역사인식을 자주 표명하고, 역사문제를 한국과의 외교현안에서 분리하려는 자세를 취했다. 일본 정부의 이런 자세는 일본의 역사와 역량에 자부와 긍지를 가지고 싶어하는 보통의 일본인들을 고무시켰다. 2005년을 맞은 일본의 역사학계와 매스컴은 아시아태평양전쟁의 의미와 그 책임을 규명하는 데 집중하고 한국의 식민지지배 등에 대해서는 별로 언급하지 않았다. 오히려 그들은 한국이 역사문제를 끄집어내 일본을 곤경에 몰아넣는다고 비판하고, 한국에 대한 반감〔이른바 혐한론(嫌韓論)·염한론(厭韓論)〕을 선동하는 논조를 강하게 나타냈다. 고이즈미 총리대신이 야스쿠니 신사를 참배한 것은 이런 여론을 이용하여 자신의 정치적 입지를 강화하고 일본 위주의 역사인식을 재구축해나가겠다는 의지를 표명한 것으로 볼 수 있다.

최근에 발생한 한국과 일본의 역사갈등은 위와 같은 엇박자가 빚어낸 산물이었다. 특히 양국에서 새로 등장한 집권세력은 서로 지혜를 짜내 역사갈등을 조절하거나 치유하겠다는 의지가 별로 없었다. 오히려 국내에서 꿈틀대는 내셔널리즘에 영합하는 자세조차 보였다. 이 때문에 양국 간의 역사갈등은 단기간에 악화 일로를 걷게 된 것이다.

3. 역사교과서 문제와 역사대화

1) 역사교과서 문제의 경위

2001년과 2005년에 일본 문부과학성의 교과서 검정에 합격하여 일부 학교교육에서 교과서로 사용하게 된 중학교 《새 역사교과서》는 한일 양국의 역사갈등을 심화시키는 데 주재료가 되었다. 한국 정부는 이 교과서가 한국사를 의도적으로 왜곡하고 폄하했음에도 불구하고 문부과학성이 검정에 합격시킨 것은 일본 정부의 역사인식을 의심하게 하는 행위로서 받아들이고 이에 대한 적절한 조치를 요구했다.[13]

먼저, 한국은 2001년도에 검정에 통과한 《새 역사교과서》가 한국사에 대해 다음과 같은 인식을 반영한다고 파악했다.

첫째, 일본은 고대 이래로 한반도에 세력을 뻗치고 있었다.

둘째, 역사적으로 보아 한국은 중국에 복속한 비(非)자주적 국가였던 것에 비해, 일본은 중화질서에서 벗어난 자주독립국가였다.

셋째, 역사적으로 볼 때 일본은 국내외 정세에 영민하게 대처했던 반면, 한국은 아둔하게 대응하여 근대화에 실패했다.

넷째, 지정학적으로 보아 한반도는 일본의 안전을 위협하는 흉기이기 때문에 일본의 안전을 지키기 위해서는 열강에 앞서 이것을 장악해야 한다.

다섯째, 한일관계사 속에서 일본은 항상 옳았고 한국은 항상 그릇되

13) 이 글에서 언급하는 역사교과서 문제의 전말에 대해서는 이원순·정재정 편저, 《일본 역사교과서, 무엇이 문제인가》(동방미디어, 2002. 2)를 참조할 것.

었으므로, 양국 사이에 발생한 불미스러운 일의 책임은 한국측에 있다.

여섯째, 일본은 한국의 근대화를 위해 애썼으나 한국이 이를 받아들이지 않아 어쩔 수 없이 일본이 한국을 '병합'하여 선정(善政)을 베풀었다.[14]

2001년 4월 이래, 《새 역사교과서》의 검정 통과에 대한 비난이 한국과 중국 등에서 비등하자 일본 정부는 관방장관과 문부과학대신 등을 통해 다음과 같은 뜻의 담화를 발표했다. 일본 정부의 역사인식과 역사교과서의 역사인식이 반드시 같은 것은 아니다. 학문과 사상의 자유를 보장하는 일본 헌법의 정신상, 그리고 일본의 검정제도상 정부가 역사교과서의 사관(史觀)에 관여할 수 없다. 일본 정부의 역사인식은 무라야마 총리대신의 담화와 한일 파트너십 선언과 다를 바 없다.[15]

---

14) 정재정, "일본 중학교 역사교과서에 나타난 韓國史觀의 특징: 扶桑社 간행 교과서를 중심으로", 〈한국독립운동사연구〉 제16집, 2001. 8.

15) 日本外務省文書. 후쿠다 관방장관의 코멘트(2001. 4. 3), "우리나라의 교과서검정제도는 민간의 저작·편집자의 창의 궁리를 살린 다양한 교과서가 발행된다는 것의 기본이념에 선 것이고, 나라가 특정의 역사인식과 역사관을 확정한다는 성격의 것은 아니고, 검정 결정한 것을 가지고 그 교과서의 역사인식과 역사관이 정부의 생각과 일치하는 것이라고 해석할 것은 아니다. … 우리나라 정부의 역사에 관한 기본인식은 전후 50주년인 1995년 8월 15일 발표한 내각총리대신 담화에 있는 것처럼, 우리나라는 멀지 않은 과거의 한 시기에 식민지지배와 침략에 의해 많은 나라들, 특히 아시아 제국의 사람들에게 대해 다대한 손해와 고통을 끼쳤다는 사실을 겸허하게 받아들이고, 이것에 대해 통절한 반성과 마음으로부터의 사과의 기분을 표명한다고 하는 것이다. 이러한 인식은 그 후의 역대 내각에서도 이어지고, 현 내각에서도 이 점은 아무런 변화는 없다."

마치무라 노부타카 문부과학대신의 담화(2001. 4. 3), "원래 교과서검정에서 집필자의 역사인식 등의 시비를 판단하는 것은 사상·양심의 자유를 보장한 헌법의 규정에 저촉하는 것이기 때문에, 역사교과서의 검정은 국가가 특정의 역사인식과 역사사실 등을 확정한다고 하는 입장에 서서 행하는 것은 아니다. 교과서검정은 어디까지나 신청한 교과서의 구체적 기술에 대해 검정기준에 따라 한국 정부는 일본 정부의 해명을 수긍하지 않고, 2001년 5월 일본 중학교 역사교과서 전부를 대상으로 하여 33개 항목의 수정을 요구했다. 한국의 시민단체는 일본의 역사왜곡을 규탄하고 《새 역사교과서》의 채택을 저지하는 운동을 활발히 전개했다. 2001년 7월 일본 정부는 역사교과서의 수정 요구를 거부하고, 오히려 한국 정부가 일본의 교과서 검정제도와 헌법정신을 이해해 주기 바란다고 요청했다. 그리고 역사교과서 문제는 '한일역사공동연구추진계획' 등을 수립하여 극복하자고 제안했다. 양국은 곧이어 열린 정상회담에서 '한일역사공동연구위원회'의 설치에 합의했다. 동(同) 위원회는 2002년 5월부터 2005년 5월까지 수십 차례의 회의를 개최하여, 40여 편에 달하는 연구논문을 생산하고 그 활동을 마쳤다. 이 위원회는 한일관계사연구에서는 큰 업적을 남겼지만, 역사교과서 문제는 일본측의 반대로 처음부터 연구대상에서 제외되었기 때문에 발족 당시 목표를 충분히 달성했다고는 볼 수 없다.[16]

일본의 역사교과서를 둘러싼 한일 간의 갈등은 《새 역사교과서》가 다시 검정에 통과한 2005년에도 2001년과 비슷한 모습으로 재현되었다. 이번의 《새 역사교과서》가 한국사와 관련하여 어떠한 인식을 가지고 있는가를 보면 다음과 같다.

첫째, 천황은 '만세일계'(萬世一系)로서 중국의 황제보다 위대하고,

그 시점에서 객관적 학문적 성과와 적절한 자료 등에 비추어 결함을 지적하는 것을 기본으로 하여 실시하고, 이번 검정에서도 이 생각에 기초하여 실시한 바이다. 사회과 교과서의 검정은 '근린의 아시아 제국과의 사이의 근현대의 역사사상(歷史事象)의 취급에 국제이해와 국제협조의 견지에서 필요한 배려가 행해질 것'이라고 하는 이른바 '근린제국 조항'을 포함한 검정기준의 모든 조항에 비추어 실시한 것이고, 이번에도 이 '근린제국 조항'에 대해서도 충분히 배려한 위에서 실시한 바이다."

16) 이 글에서 언급하는 한일역사공동연구위원회에 관한 사항은 한일역사공동연구위원회, 《한일역사공동연구보고》 제1권~제6권(2005. 7)을 참조할 것.

일본은 동아시아에서 유일하게 중화질서에서 벗어나 독립을 유지해왔다. 한국은 그렇지 못했다.

둘째, 일본은 한국과 중국의 문화를 받아들였음에도 불구하고 독창성과 고유성을 잃지 않았다. 한국은 중국 문화에 매몰되었다는 뉘앙스를 풍긴다.

셋째, 일본은 고대(古代)에 한국 남부의 임나〔任那(加羅)〕에 거점을 두었다. 또 한반도의 정치에 적극적으로 간여하여 중국의 선진문화를 받아들였다.

넷째, 서양의 압박에 대응하여 일본은 단기간에 도쿠카와(德川) 막부에서 메이지(明治) 정부로 정권을 교체했는데, 한국은 개혁에 지지부진하여 44년이나 조선왕조체제를 유지했다. 조선왕조는 과거(科擧) 제도를 통해 전국의 인재를 중앙에 모아 국왕의 권력은 강한 반면, 지방의 대항세력은 약했다. 또 중국에 조공을 바치던 조선왕조는 구미열강의 무력에 의한 위협을 충분히 인식할 수 없었다. 반면에 무가사회(武家社會)였던 일본은 열강의 군사적 위협에 민감하게 반응하여, 서양문명을 적극적으로 배우려는 방향으로 정책을 전환했다. 과거제도가 없었던 일본은 각지의 많은 인재가 양성되어 막부를 무너트리는 강한 원동력이 되었다. 또 일본은 황실이라는 제도가 있어서 전국의 무사는 궁극적으로 천황을 받드는 입장이었다. 열강의 압력이 강해져 막부의 권위가 약해지자 황실을 일본 통합의 중심으로 내세워 단기간에 정권을 이동할 수 있었다.

다섯째, 일본이 한국을 침략하고 지배한 것은 일본의 '자존 자위'(自存自衛)를 위한 정책이었다고 평가한다. 조선왕조가 무례하여 정한론(征韓論)이 일어났고, 조선이 타국의 손에 들어가면 일본의 안전이 위험하기 때문에, 일본은 조선을 자주국으로 만들기 위해 근대화를 돕고, 조선에서 청과 러시아의 세력을 몰아냈다. 일본이 러일전쟁에서 승리함으로써 아시아인의 독립열망을 고조시켰다.

여섯째, 일본이 아시아·태평양전쟁을 벌인 것은 중국인의 불법적인 반일(反日)운동에 대응하기 위한 것이고, '대동아전쟁'(大東亞戰爭)도 '자존자위'를 위해 대항한 것이다.

일곱째, '대동아전쟁'은 동남아시아인에게 독립에의 꿈과 용기를 주었다. 일본은 그들에게 구원자로 비쳤고, 실제로 아시아 여러 나라의 독립운동을 앞당겼다. 반면에 미국과 소련은 국제적인 협약과 선언을 위반했다. 미국의 도시 공습과 원폭투하, 소련의 일본인의 시베리아 억류, 도쿄 재판 등은 그 정당성이 의심스럽다.[17]

2005년도 일본 정부의 역사교과서 검정 발표에 대해 한국 정부는 2001년과는 달리 특정 사안을 지목하여 시정하라고 요구하지는 않았다. 그렇지만 국민레벨에서는《새 역사교과서》를 규탄하고 그 채택을 반대하는 연대운동이 더욱 거세게 일어났다. 이러한 사정을 감안하여 노무현 대통령과 고이즈미 총리대신은 2005년 10월 제2기 '한일역사공동연구위원회'를 발족시켜 역사연구를 심화시키고 역사교과서의 개선을 논의하자는 선에서 타협을 시도했다.[18] 제2기 위원회는 제1기 위원회의 경험을 교훈으로 삼아 역사교과서 분과를 설치하는 등 진전된 조직을 갖추었으나, 일본측 위원의 인선(人選)이 지연됨에 따라 2007년 6월이 되어서야 겨우 출범할 수 있게 되었다. 제2기 위원회가 2년여의 활동 기간에 양국의 역사인식과 역사교과서 문제를 극복할 수 있는 연구 성과를 만들어낼지 어떨지는 지금 단계에서 예측하기 어렵다. 양국의 역사학자와 역사교육자가 묘안을 짜내지 못한다면 두 나라의 역사갈등은 일본의 교과서검정 때마다 주기적으로 되풀이될 가능성도 없지 않다.

---

17) 정재정, "일본의 중학교 '새 역사교과서'의 역사관"(未定稿), 2005.6.

18) 한국외교통상부문서.

2) 역사대화의 추이

한일 양국의 역사갈등은 정부 간의 합의에 따라 한 번에 해소할 수 있는 성질의 것이 아니다. 설령 정부레벨에서 어느 정도 일치된 역사인식을 표명할 수 있을지라도, 그것이 단시일 안에 민간레벨의 역사인식까지 바꾸어놓을 수는 없다. 두 나라는 학문과 사상의 자유를 존중하는 민주주의 국가이기 때문에 사람 사이에는 역사인식에 다양한 편차가 존재한다. 따라서 한국과 일본이 좀 더 넓은 범위에서 역사갈등을 극복하기 위해서는 민간레벨의 역사연구와 역사교육에 그 책임의 상당 부분을 넘기고, 양국 정부는 이들의 활동을 지원하는 것이 좋을 것이다.

한일 양국 정부는 역사갈등을 극복하려는 정책의 일환으로 역사연구자와 역사교육자의 역사대화를 지원해왔다. 앞에서 언급한 바와 같이, '한일역사공동연구위원회'와 '한일역사가회의'가 그것이다. 양국 정상의 합의 아래 2002년 5월에 발족하여 2005년 5월에 마감한 '한일역사공동연구위원회'는 양국에서 각각 12명의 위원(위원장 1명씩)으로 구성되었는데, 1분과(각각 3명, 고대사, 3개 주제), 2분과(각각 3명, 중세사 및 근세사, 3개 주제), 3분과(각각 5명, 근대사 및 현대사, 13개 주제)가 한국과 일본을 오가면서 2개월에 1회씩 발표 및 토론을 하였다. 회의한 횟수만 해도 전체회의 6회, 분과회의 45회에 달했다. 동 위원회는 19개 주제에 대해 40여 편의 논문을 작성하여 공표했다. 각 논문의 질적 평가에 대해서는 의견이 분분하겠지만, 양적 면에서는 큰 성과를 거두었다고 볼 수 있다. 양국의 공동연구 과정에서 연구자끼리 격렬한 논쟁을 벌이고, 사안에 따라 견해 차이를 좁히지 못한 것도 있었지만, 어떤 부분에서 왜 차이가 생기는가를 서로 이해하게 된 것은 하나의 성과라고 할 수 있다.[19]

'한일역사가회의'는 1997년부터 3년간 활동했던 '한일 역사연구 촉진에 관한 공동위원회'의 제언을 받아들여 2001년에 설치되었다. 이 회의는 양국 역사연구자의 상호이해를 깊게 하고 교류협력을 넓히기 위한 모임을 1년에 1회씩 양국을 오가며 개최했다. 거기에서는 1945년 이후 한일 양국의 역사연구 동향, 세계사 속의 근대화와 현대화, 내셔널리즘의 과거와 현재 등이 주요 어젠다가 되었다. 논의의 결과는 최근 책자로 발간되어 양국 역사학계의 문제의식을 이해하는 데 도움을 주고 있다.[20]

한일 양국 정부가 지원하는 역사공동연구는 운영의 묘를 살리고 그 결과를 적극적으로 활용하기만 한다면 큰 효과를 거둘 수도 있다. 그렇지만 위원회의 참가자가 내셔널리즘에 사로잡혀 역사적 사실에 어긋나는 주장을 하거나 자국에 유리한 해석만을 고집한다면 그것은 오히려 역사갈등을 부추기는 결과를 초래할 우려도 있다. '한일역사공동연구위원회' 보고서의 행간에서도 그런 분위기를 엿볼 수 있는 부분이 있다.

한국과 일본은 아직도 국민의 역사인식에 정부가 상당한 영향력을 행사한다. 국민의 역사인식 형성에 지대한 영향을 미치는 교과서만 하더라도 한국은 교육인적자원부가 단일의 자국사(自國史) 교과서를 발행하고 일본은 문부과학성이 자국사 교과서를 엄격하게 검정한다. 따라서 양국 정부가 지원하는 역사공동연구는 앞으로도 얼마 동안 역사갈등을 극복하는 방안으로서 효력을 발휘할 것이다. 2005년 6월에 양국 정상이 '한일역사공동연구위원회'의 재개를 합의한 것도 그것 밖에 선택의 여지가 별로 없었기 때문일 것이다. 그런 사정이라면 제2기

19) '한일역사공동연구위원회'의 연구 성과와 이것을 생산하기까지의 구체적 활동 내역에 대해서는 동 위원회의 위 보고서와 김태식, "한일 역사대화의 현황 및 과제", 〈역사대화로 열어가는 동아시아 역사화해〉 동아시아 역사화해 국제포럼, 유네스코한국위원회 · 동북아역사재단(2007. 10. 9~10)을 참조할 것.

20) 한 · 일역사가회의 조직위원회, 《1945년 이후 한 · 일 양국에서의 역사연구 동향》, 국학자료원, 2002. 9.

위원회는 역사갈등을 극복하는 데 좀 더 도움이 되는 방향으로 활동을 조정해야 할 것이다. 이번에는 역사교과서 문제를 다루는 분과도 설치되었기 때문에 좀 더 실질적인 효과를 기대할 수도 있을 것이다. 그러나 이 위원회가 완고하게 양국의 주장만을 정면에서 내세우는 장(場)으로 변질된다면 당초 목표로 내건 공동의 목표를 달성하기는커녕 회의 자체가 원만하게 진행되지 않을 가능성조차 있다.

그렇다면 다른 방안으로 추천할 만한 것은 민간레벨의 역사대화이다. 한국과 일본에서는 역사갈등이 심화되는 것과 비례하여 그것을 극복하려는 민간레벨의 공동 노력이 이미 상당한 수준에서 진척되고 있다. 양국의 역사연구자, 역사교육자, 학생이 여러 모임을 결성하여 연구와 수업 등을 함께 진행해온 것이다. 그 전말(顚末)에 대해서는 내가 이미 별도의 논문에서 자세히 소개했기 때문에 여기에서 구체적으로 언급하는 것은 피하고 그 성과만을 언급하겠다.[21]

한일의 역사대화는 크게 보아 두 단계로 구분할 수 있다. 제1단계는 1976년부터 2000년까지로서, 한국과 일본이 서로 역사인식을 탐색하고 이해하기 위해 대화를 나눈 시기이다. 그 성과로서는 다음과 같은 몇 가지를 들 수 있다.

첫째, 근대 한일관계사를 둘러싼 양국 간의 인식의 편차를 명확히 부각시키는 한편, 이를 접근시키기 위한 방안을 진지하게 모색하였다.

둘째, 양국의 역사 교과서 제도와 내용에 대한 이해를 깊게 하고, 이에 대한 분석의 방법을 터득하는 데 도움을 주었다.

---

21) 지난 30여 년 동안의 한일 양국의 역사대화의 동향에 대해서는 정재정, "역사교과서를 위한 한국·일본 협의활동과 몇 가지 과제", 《21세기 역사교육과 역사교과서: 한·일 역사교과서 문제해결의 새로운 대안》, 유네스코한국위원회 편, 도서출판 오름, 1998과 鄭在貞, "韓日의 歷史對話: 和解와 相生을 위한 오딧세이", 〈日本學硏究〉 제19집(단국대학교 일본학연구소, 2006. 10)을 참조할 것.

셋째, '가해'와 '피해'의 역사를 서로 분명히 아는 것이 새로운 한일 관계의 구축에 꼭 필요한 과제임을 일반인들에게 어필하는 데 기여하였다.

넷째, 양국의 역사연구자·역사교육자 사이의 이해가 깊어져 공동연구를 지속할 수 있는 인맥이 구축되었다.

다섯째, 국민 또는 민족에 따라 해석이 달라질 수 있는 주제를 놓고 토론함으로써 역사인식을 심화시켰다.

여섯째, 협의활동이 매스컴이나 서적 등을 통해 일반인들에게 알려짐으로써 역사대화의 중요성과 필요성에 대한 공감대가 형성되었다.

일곱째, 한국의 근대사에 관련된 일본의 역사 교과서 서술이 많이 개선되었다.

여덟째, 공동연구나 협의활동에 대한 노하우를 축적할 수 있게 되었다.

제2단계는 2001년부터 2007년까지로서, 한국과 일본이 화해와 상생을 위해 역사대화를 나눴다. 이 시기의 성과는 다음과 같은 것이다.

첫째, 한국의 역사교육과 한국사교과서에 대해 철저히 비판하고 대안을 모색하였다. 종래에는 일본의 역사교육과 역사교과서가 화제의 중심이었던 점과 비교하면 괄목할 만한 변화라고 볼 수 있다.

둘째, 일본의 '역사왜곡'의 성격을 근본적으로 재검토하고, 이에 대한 공동대응의 태세를 갖추었다. 국제연대의 모색이 그것이다.

셋째, 한국·일본·중국 등 동아시아의 역사인식을 평화공존의 방향으로 이끌어가기 위해 노력하였다. 그리고 역사인식의 공유를 위한 시민연대가 출범하였다.

넷째, 한국·일본·중국 등 동아시아 3국이 유럽·미국 등 서양 여러 나라의 역사인식·역사교과서 문제의 처리 경험에서 교훈을 얻으려는 자세를 취했다.

다섯째, 한국과 일본이 갈등을 빚는 역사인식과 역사교과서 문제의 성격을 세계적 시야에서 파악하려는 움직임이 나타났다. 국제이해와 평화공영을 지향하는 외국의 유력 재단이 이런 시도를 선도한 것은 뜻 깊은 일이었다.

여섯째, 한국과 일본이 함께 역사교재를 개발하거나 서로 수업사례를 교환함으로써 역사인식의 지평을 넓히고 상호이해를 증진시키려는 작업이 활발해졌다. 이에 대해서는 다음 절에서 좀 더 부연(敷衍) 하겠다.

3) 공용 역사교재의 편찬

지금까지 한국과 일본이 양국에서 함께 사용할 수 있도록 공통의 역사교재를 합동으로 출판한 사례는 5종류가 있다.[22]

첫째, 역사교과서연구회(한국)와 역사교육연구회(일본)의 협동 작업이다. 서울시립대학교와 도쿄가쿠게이대학(東京學藝大學)의 교수와 대학원생 등으로 구성된 이 모임(각각 20여 명)은 1997년부터 매년 2번씩 역사연구와 역사교과서에 관한 심포지엄을 개최해왔다. 2000년까지는 양측이 고등학교 자국사(自國史) 교과서의 한일관계사〔선사(先史)-현대(現代)〕 내용을 철저히 검토했다. 검토의 기준은 양국의 역사연구 성과가 얼마나 객관적으로 공평하게 교과서에 반영되는가 여부였다.[23] 그 결과를 바탕으로 하여 2001년부터는 한일 공용의 역사교재

22) 현재 유통되는 한일공용의 역사교재는 다음과 같은 것이 있다. 이원순·정재정·서의식, 《한국과 일본에서 함께 읽는 열린 한국사: 공동의 역사인식을 향하여》, 솔출판사, 2004. 5; 전국교원노동조합 대구지부, 《한일공통역사교재 조선통신사: 도요토미 히데요시의 조선침략에서 우호의 조선통신사로》, 한길사, 2005; 동아시아역사인식과평화포럼, 《미래를 여는 역사》, 한겨레신문사, 2005; 한일역사교육교류모임, 《마주보는 한일사 1, 2》, 사계절, 2006; 역사교과서연구회(한국)와 역사교육연구회(일본), 《한일역사공통교재 한일교류의 역사: 선사에서 현대까지》, 도서출판 혜안, 2007. 3.

집필과 수정 작업에 들어갔다.[24] 체재는 장(章)-절(節)-소항목(小項目)으로 구성했다. 장마다 '이 시기의 한국(일본)'을 설정하여, 일본(한국)의 학생에게 알리고 싶은 한국사(일본사)를 이해하기 쉽게 기술했다(B5 용지 2매). 절은 6~8개의 소항목을 설정하여 기술하되, 그림이나 자료 등을 포함하여 B5 용지 6매 정도를 넘지 않도록 했다. 각 절의 집필의도를 명확히 밝히는 해설을 싣고 일반인과 학생이 볼 수 있는 참고문헌을 각각 3~5개씩 열거했다. (B5 용지 2매 이내). 내용의 수준은 고등학교 1~2학년에 맞췄다. 1절은 원칙적으로 1인이 집필하되, 한국인과 일본인이 동수(同數)가 될 수 있도록 배려했다.

2007년 3월 1일에 이들이 양국에서 동시 출판한 《한일역사공통교재 한일 교류의 역사: 선사에서 현대까지》는 어느 한 시대만을 대상으로 한 것이 아니라 고대부터 현대까지 전시대를 망라한 통사라는 점에서 다른 어느 공통 교재보다도 사용하기에 좋다고 말할 수 있다. 또 양국이 완전히 합의한 내용을 기술한 것도 전에는 없었던 특징이다.

둘째, 전국교원노동조합 대구 지부와 히로시마교직원조합이 한일 공통 역사교재 제작팀을 만들어 간행한 《한일공통역사교재 조선통신사: 도요토미 히데요시의 조선침략에서 우호의 조선통신사로》를 둘러싼 활동이다.[25] 이 책은 2005년 4월에 한국과 일본에서 동시 출판되었다. 이들은 2002년 2월부터 2005년 2월까지 7차의 '한일 역사부교재 만들기 세미나'를 개최했다. 이 책은 '도요토미 히데요시의 조선침략과

---

23) 역사교과서 분석의 결과는 다음의 책으로 출판되었다. 역사교과서연구회(한국) 역사교육연구회(일본) 편, 《역사교과서 속의 한국과 일본》, 도서출판 혜안, 2000. 12.

24) 공용 역사교재의 초고는 歷史教育研究會, 《日本と韓國の歷史共通教材をつくる視点》, 梨の木社, 2003. 11을 참조할 것. 이 초고는 합작활동 과정에서 대폭 수정되었다. 필자도 많이 바뀌었다.

25) 《한일공통역사교재 조선통신사: 도요토미 히데요시의 조선침략에서 우호의 조선통신사로》, 도서출판 한길사, 2005.

우호친선의 조선통신사'를 취급함으로써 학생들이 한국과 일본의 깊은 역사 관계를 배우고 평화와 우호를 더욱 강고하게 만들 자세를 배양하기 위해 편찬되었다고 밝힌다.

셋째, 한일역사교육교류모임(한국)과 일한역사교육교류회(일본)의 협동 작업이다. 이들은 2002년부터 한국과 일본을 오가며 공용 역사교재의 개발을 추진했다. 그 결과 2006년에 《마주보는 한일사 1, 2》라는 이름의 공통교재가 양국에서 출간되었다. 이 역사교재는 학생이 직접 사용하는 것이라기보다는 교사가 교재연구를 하기 위해 이용할 수 있는 핸드북의 성격을 띤다. 내용은 고대부터 현대까지의 한일관계사를 주축으로 하되, 한국사와 일본사의 주요 내용을 포괄하고, 양국의 문화를 이해할 수 있는 테마를 비롯하여 한국 속의 일본문화와 일본 속의 한국문화 등도 다루었다. 전근대사에 관련된 18개 주제가 제시되었다. 서술의 형태는 교과서적 기술(記述)을 지향하되, 1주제당 B5 용지 8쪽(자료, 그림 포함) 정도이다. 서술의 방향은 상대국의 역사와 문화에 대해 '무엇을 어떻게 접근할 것인가'를 망설이는 학생들에게 시사를 줄 수 있도록 했다.

넷째, '역사인식과 동아시아평화포럼'의 합작 활동이다. 이들은 한·중·일 공동 역사부교재 특별위원회를 만들어 2002년 3월부터 2005년 4월까지 11차례의 회합을 가졌다. 그리고 2005년 5월 26일 한국·일본·중국에서 함께 사용할 수 있는 역사 부교재인 《미래를 여는 역사: 동아시아 3국의 근현대사》를 간행했다. 교재에서 다루는 주요 내용은 동아시아 근현대사의 침략과 저항, 협력과 갈등, 전쟁과 평화의 측면이다. 독자는 중학생 정도로 설정했으나, 부교재라는 개념에 얽매이지 않고 일반인도 읽을 수 있는 책이 되도록 구성했다.[26]

---

26) 아시아평화와 역사교육연대, 《2003 일본교과서바로잡기운동본부 활동보고서》 및 《한중일공동 역사부교재 작성 방법》 등 참조. 집필자들은 이 책의 목적과 의의를 다음과 같이 제시했다. 첫째, 제국주의와 패권주의를 반대하고 평화

그 동안 한국·일본·중국은 자국의 역사를 미화하고 정당화하려는 데 급급했다. 이런 상황에서 3국이 평화공영(平和共榮)을 향하여 동아시아 공동의 역사인식을 만들어가기 위해 노력하는 것은 매우 바람직한 일이라고 할 수 있다.

다섯째, 끝으로 하나 더 추가할 것은 한일주교교류회(韓日主教交流會)가 역사학자에게 부탁하여 한국과 일본에서 함께 읽을 수 있는 한국사 개설서를 출간한 일이다. 한일 공용을 목표로 하여 처음 만들어진 이 책은 유사한 작업을 하는 다른 단체들의 활동에 자극을 줄 것이다. 이 책의 저자들은 한국인과 일본인이 이 책을 통해 한국사와 한일관계사의 개략적 흐름을 새롭게 인식함으로써 미래로 열린 역사인식을 공유하고 평화와 사랑을 함께 나누는 가까운 이웃으로 변신할 것을 기대한다고 밝힌다.[27)]

한때 적대적이었던 국가 사이에서 공동의 작업을 통해 공용의 역사교재를 편찬한다는 것은 많은 용기와 노력, 인내와 정성이 필요한 작업이다. 한국과 일본에서는 벌써 4~5가지 종류의 공용교재가 출간되었다. 물론 이런 작업이 두 나라에 미치는 영향은 똑같지는 않을 것이다. 그렇다 하더라도 공용교재의 공동제작이 두 나라 국민의 상호이해를 촉진하고 역사인식의 틈을 좁히는 데 도움이 될 것임에는 틀림이 없다.

와 인도주의에 기반하는 열린 세계시민의 확산을 위해 동아시아 역사인식의 확대함, 둘째, 일본 역사왜곡을 비판하는 수준에 머물렀던 동아시아 3국의 연대행동이 직접 역사를 공동으로 서술하고 이를 교육에 반영하는 적극적 행동으로 발전시킴, 셋째, 동아시아 3국의 연구자와 교사들이 연대하여 지금까지 역사교과서 서술의 주체가 일국 단위를 넘어서지 못하였던 한계를 뛰어넘어 '세계 시민'의 차원으로 서술의 주체를 확대함.

27) 이원순·정재정·서의식, 《한국과 일본에서 함께 읽는 열린 한국사: 공동의 역사인식을 향하여》, 솔출판사, 2004. 5.

4. 맺음말

지구상에서 한국과 일본은 지리 · 역사 · 문화 · 인종적으로 가장 가까운 관계를 맺어왔다. 그리고 앞으로도 그렇게 살아가지 않으면 안 되는 운명에 놓여 있다. 국가는 개인과 달라 서로 마음에 안 든다고 해서 다른 곳으로 이사할 수 있는 처지가 아니기 때문이다. 그렇다고 한다면 한국과 일본이 서로 이해하고 존중하며 평화롭게 공존공영하는 것이 가장 좋은 일이다. 이 글에서 필자가 역사갈등과 역사대화를 논한 것은 그 방법을 모색하는 데 도움을 주기 위해서이다.

한국과 일본이 역사갈등을 극복하려 한다면 상대방의 역사인식만을 문제 삼아 개선하라고 요구해서는 안 될 것이다. 양국은 종래의 고정된 역사인식에서 벗어나 좀 더 유연하고 세련된 자세를 보여야 한다. 한국과 일본의 상호인식은 서로 공명(共鳴)하는 특수 관계에 있다는 점을 잊지 말아야 한다. 일본의 한국인식이 개선되면 한국의 일본인식도 개선되게 마련이다. 두 나라가 취해야 할 자세를 몇 가지 제시하면서 맺음말에 갈음하고자 한다.

첫째, 양국의 역사연구자와 역사교육자 또는 역사에 관심을 가진 사람들이 더욱 적극적으로 역사인식에 대해 논의하고 대화해야 한다. 아직도 한일 양국의 역사인식 문제는 정치 · 외교적 현안으로 대두하여 정부레벨에서 처리되는 상황을 벗어나지 못한다. 그 과정에서 양국 국민은 서로 오해와 불신을 증폭시켜 왔다. 원칙을 말한다면, 한일 양국의 역사인식 문제는 정치 · 외교의 현안(懸案)에서 해방되어 역사연구와 역사교육에 종사하는 민간인이 담당해야 한다. 우선은 양국 정부가 지원하는 '한일역사공동연구위원회' 등이 역사갈등을 빚는 주제들에 대해 깊이 연구하고 그 결과를 양국의 역사교과서 집필자나 역사교육자가 참고할 수 있도록 제공하는 것이 하나의 방안이 될 것이다.

둘째, 한일 양국은 역사갈등이 언제든지 내셔널리즘을 자극할 수 있고 또 정치 · 외교에 이용당하기 쉬운 특수한 사안이라는 점을 잊어서는 안 된다. 민간레벨의 역사대화는 이 점을 항상 경계해야 할 것이다. 그리고 역사인식은 국가 · 민족 · 개인 사이에 서로 같지 않을 수 있다는 점을 인정하는 여유를 가져야 한다. 또한 한일관계사를 객관화 · 상대화해서 보려는 노력을 게을리 해서는 안 될 것이다. 무릇 역사를 완전히 객관적이고 상대적으로 볼 수는 없지만, 한일관계사를 지나치게 자국(自國) 중심의 시야에서 바라보려는 자세는 의식적으로 탈피해야 한다. 우여곡절로 점철된 복잡다단한 한일관계사를 탄력적이고 유연하게 이해하기 위해서는 자국사를 절대화하는 자세에서 벗어나 양자 간 혹은 다자간의 관계 속에서 되돌아보는 태도를 갖추어야 한다. 이것은 한국과 일본의 실체를 정확하게 이해하는 데 도움을 줄 것이다.

셋째, 한일 양국의 평화 · 교류의 역사를 중시해야 할 것이다. 1천 5백 년 이상 지속된 한일관계 속에서 한국과 일본은 때로 침략과 저항 등의 대척적(對蹠的) 관계로 뒤틀린 적도 있었지만, 그것은 평화 · 교류의 장구한 역사에 비하면 아주 짧은 기간이었다. 따라서 앞으로 한국과 일본이 우호협력의 동반자 관계를 강화해가기 위해서는 평화 · 교류의 역사에 좀 더 많은 시선을 주어야 한다. 그럴 경우, 전근대의 평화 · 교류도 중요하지만, 현대의 평화 · 교류를 더욱 중시해야 한다. 특히 민중 레벨의 연대운동을 주목할 필요가 있다. 일본군 위안부, 재일(在日) 한국인, 역사인식 등의 문제를 둘러싸고 한국과 일본의 민중들이 벌여온 연대운동, 그리고 학교 · 단체 · 지방자치기구 사이의 자매활동 등은 양국의 여론과 정부를 움직여 상황을 개선하거나 이해를 촉진하는 데 긍정적 효과를 가져왔다. 이런 사실을 좀 더 부각시킨다면 다음 세대가 민중레벨의 연대를 통해 한일관계를 우호협력의 방향으로 바꾸어 갈 수 있다는 확신을 갖게 될 것이다.

넷째, 한일관계를 논의할 경우, 북한까지도 시야에 넣어 상호 연관하여 파악할 수 있는 방법을 모색해야 한다. 현실적으로는 남한과 일본의 관계가 압도적으로 중요하기 때문에 자칫하면 북한의 비중이 상대적으로 약화되거나 사상(捨象)될 우려가 있다. 그러나 북한을 무시하고는 한반도의 현대사, 나아가 한일관계의 실상도 충분히 이해할 수 없다. 그리고 한민족(韓民族) 전체로서의 역사상을 구성하기도 어렵다. 따라서 현대의 한일관계에서는 한국과 북한, 북한과 일본의 관계가 빚어내는 다양한 모습에 대해서도 충분히 주의를 기울여야 할 것이다.

다섯째, 한국과 일본은 상대방을 한일관계사의 시야에서만 인식하려는 태도를 지양(止揚)해야 한다. 당연한 일이지만, 일본은 한국만을 혹은 한국은 일본만을 상대해온 나라가 아니다. 역사적으로 볼 때 한국과 일본은 매우 다양하게 국제활동을 해왔다. 그러므로 양국의 역사와 문화는 한일관계사의 시각만으로는 도저히 이해하기 어려울 만큼 다양하고 풍부하다. 좀 과장하자면 두 나라 역사에서 상대방과 관련된 부분은 일부에 지나지 않았다고 할 수도 있다. 따라서 양국이 상대방에 대한 인식을 심화시키기 위해서는 자국과 관련된 사안을 통해서만 상대방을 바라보는 좁은 시야에서 벗어나 상대방의 역사와 문화를 다양한 시각에서 '있는 그대로' 바라보는 태도를 가져야 한다. 양국이 상대방에 대해 이렇듯 유연한 자세를 견지한다면 역사갈등을 완전히 해결할 수는 없더라도 상당한 정도로 극복할 수는 있을 것이다.

참고문헌

鄭在貞, 《日本의 論理: 轉換期의 歷史教育과 韓國認識》, 현음사, 1998. 3.

______, 《韓國의 論理: 轉換期의 歷史教育과 日本認識》, 현음사, 1998. 6.

외교통상부, 〈김대중 대통령 일본 공식방문 결과(공동선언, 연설문 등 주요기록) 1998. 10. 7~10〉, 1998. 10.

해외문화홍보원, 〈김대중 대통령 일본 국빈 방문 외신기사집(1998. 10. 7~10)〉, 1998. 10.

역사교과서연구회(한국) 역사교육연구회(일본) 편, 《역사교과서 속의 한국과 일본》, 도서출판 혜안, 2000.12.
이원순·정재정 편저, 《일본 역사교과서, 무엇이 문제인가》, 동방미디어, 2002. 2.
한·일역사가회의조직위원회, 《1945년 이후 한·일 양국에서의 역사연구 동향》, 국학자료원, 2002. 9.
국정홍보처, 〈노무현 대통령 방일외교, 2003. 6. 6~9〉, 2003. 6.
이원순·정재정·서의식, 《한국과 일본에서 함께 읽는 열린 한국사: 공동의 역사인식을 향하여》, 솔출판사, 2004. 5.
아시아평화와 역사교육연대, 《2003 일본교과서바로잡기운동본부 활동보고서》, 2004.
한일역사공동연구위원회, 《한일역사공동연구보고서》 제1~6권, 2005. 7.
전국교원노동조합 대구지부, 《한일공통역사교재 조선통신사: 도요토미 히데요시의 조선침략에서 우호의 조선통신사로》, 한길사, 2005.
동아시아역사인식과 평화포럼, 《미래를 여는 역사》, 한겨레신문사, 2005.
정재정, "한일 역사대화의 구도: 역사교과서와 역사인식을 중심으로", 《일본은 한국에게 무엇인가》, 도서출판 한울, 2006. 3.
한일역사교육교류모임, 《마주보는 한일사 1,2》, 사계절, 2006.
鄭在貞, "韓日의 歷史對話: 和解와 相生을 위한 오딧세이", 〈日本學硏究〉 제19집, 단국대학교 일본학연구소, 2006. 10.
역사교과서연구회(한국)와 역사교육연구회(일본), 《한일역사공통교재 한일교류의 역사: 선사에서 현대까지》, 도서출판 혜안, 2007.3.

鄭在貞, 《韓國と日本: 歷史教育の思想》, すずさわ書店, 1998. 12.
______, "韓國人の日本認識: その歷史的進展と課題", 〈東北アジア硏究〉 第5号, 東北大學東北アジア硏究センター, 2001.
______, "廣がる對話, 深まる議論", 《歷史教科書をめぐる日韓對話》, 大月書店, 2004. 11.

한국외교통상부문서.
日本外務省文書.
〈讀賣新聞〉.
〈朝日新聞〉.

3부

과거를 넘어서 : 해방 후 한일 갈등의 기원과 변천

한일 역사마찰의 배경
일본의 대한(對韓) 내셔널리즘

강덕상*

1. 머리말

최근 5~6년 사이 일본의 대한(對韓) 내셔널리즘이 크게 앙양된 것을 언급하고 나서 그 역사적 배경을 검토하고자 한다.

2002년 9월 고이즈미 총리대신의 평양 방문 이후, 일본 여론은 이른바 납치 문제를 축(軸)으로 하여 급속히 우경화했다. 자칭 평론가, 예능인이라는 사람들이 비평가가 되어 납치를 비난하고, 북한의 '악'(惡)을 강조하는 담론들이 연일 텔레비전과 신문, 잡지에 등장하게 되었다. 일본의 하늘을 뒤덮고 있는 까마귀가 울지 않는 날은 있어도 '북한에 납치된 일본인을 구출하기 위한 전국 협의회(약칭, 구출회)' 멤버의 동정이 전해지지 않는 날은 없을 정도였다. 누군가 소리 높여 무언가를 말하면 바로 동지가 되어 상대적으로 다수가 되고 어느 사이에 절대 다수가 되어버리는 듯했다. 배외주의(排外主義)에 선동당한 민중은 모래바람처럼 날아오른다. 이런 논조가 지나치다고 비판해야 할 양심적인 사람들은 폭력의 보복이 두려워 침묵을 강요당했다.

* 일본 시가현립대학 명예교수.

우리가 잊어서는 안 되는 것은 북한의 일본인 납치 문제는 그 화가 재일동포에게로 돌아왔다는 것이다. 조총련 단체의 건물이 방화(放火)되었고 조선인 학교와 치마저고리 복장을 한 학생들이 계속해서 해를 당하여 치마저고리 교복을 입지 못하고 등교하게 된 학교도 나타났다. 조총련계 기업이나 조직은 사소한 문제로도 '법령 위반'이라 하여 대규모 수색과 탄압을 받는 일이 빈번했으나, 매스컴은 이를 거의 비판하지 않았다.

개인적 체험을 말하자면, 집 근처의 복사가게 주인에게 자전거를 세워두는 방식에 대하여 주의를 주었다가, '닥쳐, 죠센징 놈'이라는 반격을 받았다. 50년 만에 듣는 그리운 욕이었다. 하지만 나는 그 욕에서, 이때까지는 침묵하고 있었지만, 이제는 바로 '죠센징 놈'이라고 말할 수 있다고 여기는 일본인의 뒤틀린 마음을 엿볼 수가 있었다.

어느 납치자 피해 가족 중의 한 사람은 "이제 일본은 '과거 식민지 지배의 속죄'라는 속박에서 해방되어 납치 문제의 해결에 제대로 임할 수 있게 되었다"고 한다. 이 문장과 앞에서 말한 복사집 주인의 '죠센징 놈'은 오버랩 되는 심리이다. 결국 전후 일본인을 괴롭혀온 식민지 지배라는 '부(負)의 역사'는 납치 문제로서 상쇄될 수 있다는 것이다. 아울러 '납치'는 현재 진행형의 국가 범죄지만, '일본군위안부'와 '강제연행' '강제노동'은 모두 다른 역사적 요인 즉 '제국신민(帝國臣民)의 전시(戰時) 동원'에 지나지 않는다는 주장이 등장했다. 또 '시효'(時效)가 지났다는 주장도 나왔다. "'한국 병합'은 한국인의 요청에 의한 것"이었다고 하는 출판물, '창씨개명'은 한국인의 희망을 실현시켜준 '일본 민족의 큰 사랑'(大和大愛)의 발로라고 폭언을 하는 정치가까지 나왔다.

이러한 주장들은 "한국인의 노예상태에 유의"한다고 한 카이로 선언을 부정하는 것이다. 또한 이는 대일본제국의 생성과 발전, 멸망, 재흥 과정에서 대한(對韓) 침략과 식민지 지배에 오류가 없다는 '무류론'(無謬論)의 공공연한 부활을 의미한다.

독일과 폴란드는 역사적으로 한일관계와 매우 비슷하다. 예를 들어, 폴란드에서 독일인이 납치되는 사건이 있었다고 하자. 독일에서도 납치당한 자를 구출하자는 데모가 일어날 수도 있을 것이다. 그것은 민족 감정상 당연한 일이다. 그러나 한편으로, 독일에서는 독일과 폴란드 간의 과거를 직시, 증오와 보복이 상승해가는 행위에 반대하는 여론도 반드시 있을 것이다. 이 점에서 일본과 독일의, 과거를 보는 시선의 차이를 발견하는 사람도 많다.

1945년 8월은 일본이 자기의 과거를 직시하기에 가장 좋은 기회였지만, 그때부터 아시아 냉전구조의 최전선에 선 것을 기화로 한 천황제 국체(國體) 유지파는 인근 아시아 제 민족과의 관계를 '부(負)의 역사'로 단절해버렸고, 미국은 그런 국체파의 비호자로서 영향력을 강화했다. 그런 만큼 일본은 대미(對美) 종속이 강한 나라가 되었다. 이것이 이른바 전후(戰後) '갑자기 들이닥친' 민주주의라는 것이다. 후에 다시 말하겠지만, 재일(在日) 한국인은 그 시대의 이른바 민주주의라는 것의 허망성(虛妄性)을 전부 다 안다. 전후 일본이 민주주의를 구가하던 시대의 체험담을 예로 들어보자. 25~6년 전, 나는 어느 텔레비전에서 일본 문부성 검정교과서의 주변국 관계사의 문제점을 지적한 적이 있다. 그러자 다음과 같은 편지가 왔다.

> 당신은 왜 이제 와서 그런 옛날 일을 시시콜콜 캐내는가, 당신이 말하는 게 사실이라고 해도 조선인은 원래 나쁘지 않은가. 말도 안 듣고, 불량배고, 변변한 일도 못하고 있지 않은가. 그렇게 싫으면 당신 나라로 빨리 돌아가라

'일본 규슈에서 조선인을 없애는 모임'의 SH가 보내온 편지였다. 글이 유치한 걸로 보아 아마 고교생이든가 고교를 졸업한 지 얼마 안 되는 젊은이쯤으로 생각된다. 그 편지는 여러 가지 의미에서 가슴을 찌

르는 것이 있었다. 그 중 하나는 한반도에 대한 무지의 심각성을 추궁당했을 때 일본 민중이 흔히 보이는 초조함을 읽어낸 것이다. 개인으로서는 그런 초조함을 편지나 전화로 해소하지만, 그것이 집단이 되면 열차 안이나 역에서 '조선인 학생'이 없는지 찾아다니며 조선인 학교 학생들을 사냥하는 일본 젊은이의 에너지와 같은 뿌리의 초조함이라고 생각된다. 세상을 떠들썩하게 했던 파칭코 의혹[1]을 포함하여.

물론 SH군의 행동이 보편성을 지닌 것이라고는 생각하지 않는다. 오히려 반대되는 사실이 셀 수 없이 많다는 것을 알지만, 이른바 전후 민주주의 교육 속에서 자란 세대에 속해 있는 젊은이의 조선 부정관의 뿌리가 깊다는 데 나는 당혹감을 느꼈다. 역사는 반복되지 않으므로 과거가 같은 모습으로 찾아오는 일은 결코 있을 수 없다. 그럼에도 불구하고 이처럼 자주 과거의 발소리를 듣는 것은 어쩔 도리가 없다.

작가 김석범 씨는 술집에서 한참 취기가 올랐을 때 젊은이와 어깨를 부딪친 적이 있는데, 그때 한 젊은이가 느닷없이 '이 조선놈, 조심해'라고 하였다고 한다. 김 씨는 그 때 어떻게 이 젊은이가 자신을 한국인인 줄 알았는지 움찔 놀랐다. 그러나 생각해보니, 젊은이가 김 씨를 '조선인'으로 알았던 것이 아니라 '조선인'이라는 용어 자체가 욕과 같은 말이라는 걸 알고는 아연실색하였다고 한다.

왜 그럴까? 답은 간단하다. 일본도 조선도, 민족의 입장에서 과거 식민지 시대의 매듭을 짓지 않았기 때문이다. 그로부터 60여년이 되어 간다. 과거는 과거 그 자체가 존재했던 40년보다 훨씬 긴 시간이 경과한 지금도 여전히 미결인 채로 다시 머리를 쳐들고 있고, 포퓰리스트들은 일본 민중의 마음 저변에 앙금처럼 가라앉아 있는 대한(對韓) 내

---

1) 파칭코 의혹: 1989년 8월, 〈주간 문춘〉(週刊文春)이 사회당이 파칭코 업계의 정치헌금을 통해 북한과 연결되어 있다고 보도한 것이 발단이 된 사건. 이 사건의 여파로 파칭코 업계의 재일동포를 비롯하여 많은 재일동포가 박해를 받았다(편자 주).

셔널리즘을 격발시킨다. 이 10년 사이에 한반도 유사시에 대비하여 일본은 각종 전시법 체제를 정비하였다. '미일 방위협력을 위한 신(新)지침(속칭, 가이드라인) 관련법' 국기(國旗)와 국가법(國歌法), 도청법, 국민 보호법, 아이들에게 애국심을 주입하기 위한 교과서 개정, 야스쿠니 참배 등등, 또다시 나라를 위해 순국하는 국민을 만들기 위해 급피치를 올리고 있다. 버블 경제가 무너지고 일본이 안으로 폐색된 가운데 전쟁을 하면 평등해진다는, 만들어진 전쟁의 아름다운 그림책을 전제로 하여, 전쟁하기를 바라는 목소리가 있는 것이 현실이다.

이제부터 언급하려는 것은 왜 이런 움직임이 있게 되었는가에 대해서이다. 이는 모두 과거에 대한 무지(無知)에 기인한다. 지금처럼 위험한 방향으로 가는 것을 재검토하기 위한 시안(試案)으로서 일본과 조선이 과거 어떤 역사를 지녔는가, 어떤 교류를 해왔는가, 사실을 확인해보자는 것이다.

이 글에서 내가 밝히고자 하는 것은 납치 문제가 내셔널리즘의 구심력으로 이용되어 일본이 급속도로 우경화됨을 확인하고, 거기에는 한국 역사, 한일관계사에 대한 일본 민중의 무지라는 '공범'(共犯)이 있다는 것이다. 본래 이런 문제는 나 같은 재일 한국인보다는 일본인 연구자가 발언하는 것이 바람직할지도 모른다. 그리고 방법론 등의 차이가 있지만, 논의의 전제에 있는 사실(事實)의 무게와 복잡다단함을 모든 논의의 전제로 알아주었으면 한다. 모든 것은 전제가 되는, 사실의 무게를 아는 것으로부터 시작된다고 나는 확신한다.

2. 제멋대로인 '정한론'

메이지 유신 이후 백년의 역사를 이야기해보자. 전체를 상세히 논할 수는 없으므로 일본사의 전환점과 결절점(結節点)을 끄집어내어 조선사와의 관련에서 보자. 대략적으로 말하면, 에도 시대까지 일본과 조선은 동아시아의 중국 문화권에 있었으며, 원래 일란성 쌍둥이처럼 민족 발전을 이루어왔다고 생각된다. 발전단계론으로 말하자면 발전의 정도에는 그다지 양국 간에 차이가 없었다. 에도 시대의 유교 문화권으로 말하자면, 일본은 동아시아의 변경이었으며 조선에 대해서는 서자(庶子) 의식을 지니고 있었다고까지 말할 수 있다. 한일 양국은 영국과 프랑스, 프랑스와 이탈리아 같은 관계에 비정할 수 있다. 에도 시대 쌍방의 관계는 기본적으로는 호혜 평등의 우호관계였다. 이 우호관계가 깨져 역전되는 것은 천황제 배외(排外) 내셔널리즘이 장악한 권력, 즉 메이지 정부가 문명과 무력을 내세워 조선을 받침대로 한 침략정책을 전개하고부터이다. 일본의 메이지 시대는 그 전환점에 반드시 '조선 문제'가 개재되어 있다. 예를 들어 보면, 메이지 초년의 대사건은 이른바 '정한론'(征韓論)이다. 메이지 정부는 그 성립과 더불어 '정한론'을 퍼뜨렸다. 다음은 메이지 시대 원로의 한 사람인 기도 타카요시(木戶孝允)의 1868년 12월 14일 일기이다.

> 내일 아침 이와쿠라 도모미(岩倉俱視) 대신이 출발하시기 때문에, 앞으로의 일에 대한 하문(下問)이 있어 여러 건을 말씀 드렸다. 특히 중대한 사건이 두 가지가 있는데 그 중 하나는 빨리 국가정책을 정해 조선에 사절을 파견하여 그들의 무례함을 따지는 것이다. 그들이 만일 복종하지 않을 때는 죄를 성토하고 공격하여 크게 일본의 위력이 신장되기를 바란다. 성공하게 되면 천하의 누습(陋習)이 곧바로 일변(一變)할 것이다. 하루빨리 해외에 목표물을 정한다면 그에 따라 문화와 상공업 등이 실로 발달할 것이고, 일본 각 지방이 대립해서 싸운다든지 남의 단점과 잘못을 비난한다든지 각자가 자신을 반성하지 않는 악폐를 일소할 수 있을 것이다. 우리나라의 국익에 이 이상의 것은 없다.

이것은 유명한 일기이다. 결국 아무 잘못도 없는 조선에 억지 트집을 잡아 대외적 긴장을 일으킴으로써 메이지 국가의 위기를 극복하고 내부 통일을 기할 목적으로 조선과의 전쟁을 제기한 것이다. 이를 일러 "내란의 근심을 밖으로 전가했다"고 하는 사람도 있다. 여담이지만, 일본사는 이런 제멋대로인 침략론을 '정한론'이라고 한다.

정한론은 어불성설이다. 사전을 찾아보면 잘 알겠지만, 가서 바로잡는 것이 '정'(征)의 의미로 여기에는 '시'(是)가 '비'(非)를 친다는 논리가 있다. 우리로서는 지금까지 이 용어가 살아 있다는 것이 참을 수 없이 분개할 일이다. 일본에서는 이 정한론이라는 단어가 이미 보통명사화되어 있다. 어쨌든 이 침략론이 1873년 사이고 타카모리(西鄕隆盛)와 이타가키 타이스케(板垣退助) 등의 하야(下野), 즉 누가 지도권을 장악하는가를 두고 다툰 '정한론'의 분열이 된 것은 분명하다. 말하자면 메이지 정부가 두 개로 분열된 것이다. 이는 일본사의 전환점에서 조선 문제가 나온 최초의 사건이다. 보다 중요한 것은 '정한'(征韓)을 '한다' '하지 않는다'로 분열한 것이 아니다. 정권 내부의 누군가가 지도권을 장악하여 언제 '정한'을 실천하는가가 문제였다. 따라서 사이고와 이타가키 등을 권력에서 내쫓은 2년 뒤에 기도(木戶)와 오쿠보 토시미치(大久保利通) 정권이 감행한 정한론의 실천이 문제였다. 즉 1875년에 운양호로 강화도를 포격한 사건과 그 후에 이어진 일들이다. 그 '문죄'(問罪)라는 형태로서 포함(砲艦)외교로 강요한 것이 바로 양국 근대적 외교관계의 출발점이 된 강화도(江華島)조약이다. 강화도조약이 낳은 강화체제(江華体制)란 무엇인가. 그것이 20년 전에 일본이 구미에게 강요받은 안세이 연간(安政: 1854~1859년간—역자 주)의 불평등조약, 즉 영사(領事)재판권, 관세 종가(從價) 5%, 화폐 교환에 의한 일본산 금(金)의 대량 유출이라는 굴욕적 체제를 그대로 재판(再版) 확대하여 조선에 강요한 것임은 너무나도 잘 알려진 사실이다.

막말(幕末)에서 메이지 초년에 걸쳐 불평등 체제를 타파하는 것은

'대내적인 고통'이라는 말로 표현되는, 국민적 과제였다. 이는 대(對)구미와의 불평등 조약 시정을 말한다. 이른바 녹명관 문화(鹿鳴館文化)라는 것은 그러한 눈물겨운 노력의 모습인 것이다.[2] 그러나 일본은 그 '대내적인 고통'을 전가함으로써 자기모순을 해소했다. 일본 신문은 다음과 같이 쓰고 있다.

> 연기하는 배우의 얼굴은 황백(黃白)의 차이가 있으나 함선, 군장(軍裝), 병기 등은 모두 미국 제품과 유사하다. 따라서 조선 인민도 아직 당시의 일본 인민과 유사하다. 일본 정부는 조선 인민을 상대로 하여 강화만 안에 들어가 일본 사람들이 잘하는 모방의 묘기를 세계와 미국인에게 보여주었다.

강화도조약이 안세이 조약을 확대하여 강요한 것임은 이 신문기사로 알 수 있을 것이다. 이른바 강화체제는 메이지 일본이 구체적으로 탈아입구(脫亞入歐: 아시아를 벗어나 구미로 들어감—역자 주)를 하고 아시아에 대한 탄압국가로 변모한 것이었다. 그리하여 조선의 근대는 일본에 의해 불평등 조약이 강제되는 것으로 수갑과 족쇄가 채워졌고, 조약 체결 후 30년이 지나 식민지로 전락해버린 것이다. 강화체제는 피압박국이던 일본이 압박국으로 변해 평형감각을 되찾는 작용을 한 것이다.

---

2) 녹명관은 구미 각국과의 불평등 조약 개정교섭을 위해 일본이 문명국인 것을 내세울 필요에서 1883년에 세워진 사교장이다. 외국의 귀빈이나 외교관을 접대하기 위한 시설로서 매일 밤 무도회가 열렸다. 당시 일본의 급격한 서구화를 상징하는 건물이다(편자 주).

3. 민권 운동에 있어서의 '조선 문제'

1882년에 강화체제에 반발하여 조선에서는 임오군란이 일어난다. 이는 조선 민중이 약탈 무역에 반발하여 반(反)봉건, 반(反)침략 즉 일본 공사관의 철거를 요구한 사건이다. 사건은 1882년 7월 31일에 일본에 전해졌다. 그러자 일본 국내에서는 조선에 대한 일본 국권(國權)이 침해된다고 여겨 조선을 쳐야 한다는 배외론이 비등해졌다. 결국 일장기가 태워졌다, 국권이 모욕당했다고 하는 등 말이 점점 과격해졌다. 이때 강화체제하에 신음하는 조선 민중에 대해서는 전혀 관심을 보이지 않았다. 조선 응징론은 매우 과격했다. 일례를 들면, 〈동경일일신문〉(東京日日新聞)은 8월 1일부터 10월 중순까지 63개의 배외적 논설과 사설을 써댔다. 매일 써댄 것이다. 이는 〈동경일일신문〉만이 그런 것이 아니라 당시 신문의 일반적인 경향이었다. 후쿠자와 유키치(福澤諭吉)의 〈시사신보〉(時事新報) 등은 가장 선봉에 섰다. 이들은 조선을 '닭대가리'(鷄頭)라든가, '바보 엿장수', '고집덩어리' 등의 경멸하는 어조로 표현한다.

그리고 예를 들어 "다케노우치(武內)와 가토(加藤) 두 사람은 우선 들으시게. 옛날에 선생들이 분발하여 투구가 아닌 삿갓을 벗겼기에 사슴고기라든가, 단 엿이라든가, 대모갑이라든가 여러 가지 공물을 바치고 있어 안심하던 참에 요즘은…"이라고 하는 등 신공황후(神功皇后)와 가토 기요마사(加藤淸正)의 침략의 역사를 끄집어내어, 조선은 옛날부터 일본의 속국(屬國)이었다, 그 속국이 깔보는데 가만히 있을 것인가 하는 식으로 '정벌'을 선동하였다. 그리하여 조선 등에 대해 생각해본 적도 없는 민중을 선동하여 이른바 대중적 배외 내셔널리즘을 만들어 간 것이다. 조선 엿을 가리켜 "이 엿은 딱딱한 설탕으로 만든 것이므로 입에 닿는 느낌이 나쁘고 위턱과 아래턱에 달라붙어 수치스럽게 만드는 엿 종류이다"고 하는 등의 말투는 그 전형이다. 그 증거로 당시 소학생의 다음과 같은 노래를 소개하겠다.

> 일본의 마음을 세상에 보일 때를 만나는 것은 그야말로 매우 기쁜 거지…
> 오랑캐들에게 야마토의 칼이 얼마나 잘 드는지 이제 알려줄 때가 왔군…

전쟁의 위기에 처했을 때, 소학생들은 위와 같은 투지가 솟는 노래를 불렀다. 정부와 신문이 배외적 선동으로 어린아이들을 속인 것이다. 이는 메이지 정부가 민중을 그들 정책에 끌어들이는 데 성공한 예다.

또 하나 임오군란이 일어났을 때 일본사에서 잊어서 안 되는 것은 민권론(民權論)과의 관계이다. 1882년이라면 대중적 투쟁이 한창이던 때로서 치치부(秩父), 가바산(加波山), 후쿠시마(福島), 나고야(名古屋)에서 민중들이 피흘리며 싸우던 시기였다. 그러나 조선에서 군인 폭동이 일어나자, 고양된 민권론은 이 배외 내셔널리즘에 휩쓸려 국권론으로 흡수되어갔다. 예를 들어 〈자유신문〉(自由新聞)을 보자. 8월 1일과 2일자 사설에는, '조선의 변정(變政)'을 실었다. 논지는 조선 정부가 배외적 입장의 대원군 일파의 행동을 자유롭게 해준 일, 일본 공사관원의 왕궁 출입을 거부한 사실들을 들어 조선 정부의 책임을 추궁하는 형태이다.

그런데 또 하나 8월 2일과 4일의 논설이 있다. 이 논설은 사설보다 급진적인 배외(排外)를 주장하여 즉시 출병론을 주장한다. "이 사건은 국민을 수치스럽게 하는 좋지 않은 날이다. 이 사건은 조선인이 일본을 경시하기 때문이니 일본은 이에 대해 무위(武威)를 보여" "일본인의 애국심"을 이 기회에 고양하자고 한다. 즉 전쟁으로 국권을 신장하고 애국심을 고양시키자는 것이다. 이 논설의 집필자는 놀랍게도 오쿠노미야 켄시(奥宮健之)이다. 그는 자유당 좌파의 급진적 행동파로서 1884년의 나고야 사건에서 무기형을 선고받는다. 그 후 1910년 대역

(大逆) 사건으로 고토쿠 슈스이(幸德秋水)와 함께 사형에 처해진다. 그들은 결국 자유당 좌파를 여기저기 떠돈 인물이다. 이 사람들이 어째서 정부가 말하는 배외론에 직선적으로 휩쓸려 갔을까. 나는 거기에 민권론이 지닌 결함과 약점이 있다고 생각한다. 결국 안으로는 민권, 밖으로는 국권이었던 것이다. 치치부 사건의 이노우에 덴죠(井上傳藏)도 배외사상을 지닌 자였다고 한다. 물론 민선의원 설립 건백서에 서명한 이타가키 타이스케(板垣退助), 에토 신페이(江藤新平)는 오른손에는 민권, 왼손에는 조선 침략을 말한 인물로 논외(論外)이다.

20여 년 전 민권(民權) 100년이 일본의 역사학자들 사이에 화제가 되었다. 연구자 중에는 전쟁의 포기를 규정한 9조를 지닌 일본국 헌법을 일러 점령군이 강요한 헌법이 아니다, 자유 민권의 내발적(內發的) 계통(系統)이 있다고 하는 사람도 있었다. '민권'을 압도해버린 것은 '조선 배외론'이었다. 나는 이때 왜 임오군란 백년, 반일(反日) 폭동 백년의 관점에서 민권을 보지 못했는지 유감으로 생각한다. 일본사가 민권을 실패한 역사로 교훈화하는 데는 조선 차별이 걸림돌이었음을 알아야 한다. 그러므로 〈자유신문〉은 1884년 9월 사설에서, '국권확장론'을 발표하여, "우리들 관민이 분분하게 서로 알력하는 일은 거꾸로 우리나라에 적지 않은 해를 끼친다. 장년(壯年)인 저들의 뜻있는 열의를 내사(內事)에서 외사(外事)로 향하게 하여, 정부는 이를 이용해서 크게는 국권 확장의 방법을 계획하는 것이 가능하다면 안으로는 사회의 안녕을 굳게 하고 밖으로는 국권을 해외에 확장해야 할 것이다"고 주장하며 당을 해산한 것이다.

민권파와는 별개로 "하늘은 사람 위에 사람을 만들지 않고, 사람 아래 사람을 만들지 않는다"고 한 메이지 시대의 오피니언 리더 후쿠자와 유키치(福澤諭吉)의 조선관을 짧게 묘사하자면, 그는 '조선은 소(小) 야만국' '중국과 조선 등은 우둔하고' '힘으로 그들의 진보를 협박하는 것도 가능하다'는 등의 말을 지론(持論)으로 하여 김옥균 등 개화파를 이용, 지배를 강화하려 했다. 그러나 개화파 쿠데타인 갑신정변이 실패로 끝나자 발판을 잃었다고 착각, '이웃나라라고 해서 특별히 대할 필요는 없고 … 서양인이 조선이나 일본을 대하는 그런 식으로 대'해야 한다는 탈아론(脫亞論)을 발표하였고, 이어 "조선 인민을 위해 그 나라가 멸망되는 것을 축하한다"는 극언까지 하기에 이르렀다. 일본이 탈아론을 말하기 시작한 것은 갑신정변 때문이다. 여기서도 일본사의 전환점에 '조선 문제'가 있었음을 다시 한 번 확인할 수 있다. 메이지 초년의 민권과 국권, 입헌 등 일본 근대의 몇 가지 대응이 국권론으로 통일되어 침략을 위한 정신적 준비와 무장을 하도록 급속도를 올리게 서두른 것은 이즈음이다. 예를 들면 1881년에 일본 최초의 지폐인 1엔과 5엔, 10엔짜리가 발행되었다. 여기에 들어간 초상은 신공황후였다. 신공황후가 지폐에 들어가게 된 것은 도대체 무엇을 의미하는가? 신공황후는 옛날에 조선을 정벌했다고 하는 일본의 가공(架空)의 영웅이다. 보통 한 나라의 지폐에 들어가는 초상은 국가의 얼굴이며 그 나라의 이미지를 지닌다. 따라서 그 사람이 지폐가 되었다고 한다면 조선 침략이라는 일본의 국가목적이 그 안에 응고해 있다고 생각하지 않을 수 없다. 이어 신공황후의 참모로서 신라 정벌에 큰 공을 세웠다고 하는 다케노우치노 스쿠네(武內宿彌)는 한국 병합 후에 조선은행권 전부에 초상화로 들어간다. 왜 한일회담 직전에 이토 히로부미(伊藤博文)의 천 엔짜리 지폐가 등장했는가를 역사적 관점에서 재검토해볼 필요가 있는 것은 아닌지. 탈아론(脫亞論)을 주장한 후쿠자와 유키치가 지폐에 들어간 것은 한일 동반시대라 일컬어지던 때이기 때문이다. 다른 뜻은 없었다고 생각하고 싶지만, 역사를 되돌아보면 일본의 대한(對韓) 내셔널리즘의 그림자가 어른거렸던 것 또한 사실이다.

일본 근대사학에서 조선은 옛날에 일본의 속국이었다고 하면서 학문적으로 고대의 허상을 실증하기 시작한 것도 이즈음이다. 1883년 가을, 일본은 고구려 광개토대왕 비문을 일본으로 가져가 일본 고대사의 일급 사료로 작위적으로 해독함으로써 임나일본부(任那日本府) 영유설의 근거로 만들었다. 그 성과를 근거로 문부성은 1888년에 동경제국대학[3] 국사과에 2년간 위탁 연구를 하게 된다. 시게노 야스츠구(重野安繹), 구메 쿠니타케(久米邦武), 호시노 히사시(星野恒)가 참여하였다. 그 성과가 임나일본부를 사실(史實)로 하는 《국사안》(國史眼)이다. 이것이 문부성의 인정을 받아 국사교과서로 등장한다. 1887년 교과서 검정제도, 1889년 대일본제국 헌법 제정, 1890년 교육칙어(教育勅語)의 발포(發布)라는, 천황제를 확립하기 위한 절차와 조선멸시의 배외사상을 연동시키자 그것들이 바로 평행선이 된 것은 분명하다. 청일전쟁은 이 일본 침략의 정신적·군사적 무장(武裝) 위에서만 이해할 수 있다.

1882년의 임오군란, 1884년의 갑신정변, 이어 보수와 개화 두 파의 근대로의 태동이 실패로 끝나자, 조선에서는 직접 민중이 역사에 등장하는 1894년 동학농민전쟁이 일어난다. 이 해는 청일전쟁이 일어난 해인데, 동학농민전쟁은 청일전쟁과 매우 깊게 연동해간다. 동학농민전쟁은 농민이 민족의 내부 모순을 스스로의 힘으로 해결하려 한 것인데, 반(反)침략 반(反)봉건을 명확히 내세웠고 반(反)봉건이라는 의미에서는 웬만큼 승리한 전쟁이었다. 그러나 조선에 근대국가가 출현하는 것을 두려워한 일본과 청나라가 군사를 내어 개입한 것이다. 외국이 개입하는 위기에 직면하자 조선 농민은 민족적 영지(英知)를 발휘하여 정부와 타협을 한다. 신분제의 철폐, 토지 개혁, 대일(對日)

---

3) 현재의 도쿄대학은 1877년 도쿄대학으로 창설된 이래, 1886년 제국대학, 1897년 동경제국대학, 1947년 도쿄대학으로 학교 이름이 변천하였다. 1888년 당시에는 일본 유일의 제국대학이었지만 1897년 교토제국대학이 창설된 이후 일본 내에 7개의 제국대학이 세워졌고, 그 외 서울과 타이베이에 각각 제국대학이 세워졌으므로, 여기에서는 독자의 이해를 돕기 위해 편의상 동경제국대학이라 하였다(편자 주).

강경외교를 중심으로 하는 12개조의 내정 개혁을 구체화할 것을 조건으로 하여 역사상 최초로 농민이 정치에 참여한다. 내란을 수습한 후 조선 정부가 청일 두 나라에 철병을 요구하자, 청나라는 철병에 동의한다. 그러나 어디까지나 간섭정책을 고집하고 전쟁을 도발하여 조선 혁명을 좌절시킨 것은 일본이었다. 이는 혁명이 진행되어 조선이 근대국가를 이루면 조선 정부는 반드시 반일(反日)로 향할 것이며, 또한 청국이 개입하여 내란을 진압해도 일본의 국익은 손상된다는 생각에서였다. 어느 것을 취하더라도 그때 간섭하지 않으면 안 된다는 판단에서 그랬던 것이다. 그 결과 일본이 꺼낸 것이 조선은 내정 개혁의 능력이 없다, 일본이 출병하여 그 힘을 배경으로 조선의 내정 개혁을 대신 실행해준다는, 실로 선택의 여지가 없는 요구였다. 이에 청나라는 당연히 이는 조선의 내정 문제이니 그런 일을 하지 말라고 반대하였으므로 양국 간 대립이 격화되었다. 그러자 일본군은 7월 23일 우선 조선 왕궁부터 포위하고 조선군의 무장해제와 철병을 요구하는 조선 정부의 타도를 단행한다. 이른바 조선 왕조를 타도하기 위한 한일전쟁이었다. 청일전쟁은 이렇게 해서 시작되었다는 것을 알아야 한다. 일본의 대청(對淸) 선전포고는 8월 1일이었으나, 그 일주일 전에 조선과의 전쟁이 시작되고 있었던 것이다.

당시 일본인 중에는 이를 일·청·한(日·淸·韓)전쟁이라 부르는 사람도 있었다. 전선(戰線)은 청국군을 압박하여 북쪽으로 뻗어갔으나 재기한 농민군을 누르기 위해 남쪽으로도 확대되었다. 이 전쟁이 제2차 한일전쟁임을 알아야 한다. 농민군 전사자가 3만, 모두 합해 5만이라는 대전쟁이었다. 일본군에게 붙잡힌 혁명 지도자 전봉준은 "나라를 걱정하는 충정을 누가 알겠는가"라는 말을 남기고 단두대의 이슬로 사라졌다. 조선 농민은 잃어버린 혁명을 "새야 새야 파랑새야, 녹두밭에 앉지 말라. 녹두 꽃이 떨어지면 청포장수 울고 간다"고 노래하며 놓쳐버린 혁명을 슬퍼했다. 여기서 녹두는 전봉준을 말한다. 일본에서는 어떠한가? 우치무라 간조(內村鑑三)는 이 투쟁을 정의의 투쟁이라 부르는 데 주저하지 않았다. 후쿠자와 유키치는 "일청전쟁 등 관민일치의 승리는 표현할 길이 없는, 그야말로 유쾌하고 고마운 일이라고도 하겠지만, 살아 있기 때문에 이런 일을 보게 된 것이다. 먼저 죽은 동지들이 불행하구나. 나는 매번 이를 보여주고 싶다고 생각하며 울었습니다"고 자서전에서 쓰고 있다. 청일전쟁은 유일하게 반전(反戰) 논의가 없는 투쟁이었다. 후쿠자와에게도, 우치무라에게도 전봉준의 충정 같은 건 전혀 보이지 않는다. 여기에 탈아론적 일본과 조선과의 사이에 결정적인 단절이 있다. 일본은 승리에 취해 국위를 선양하였고, 아시아 최초의 식민지 국가가 되어 천황제의 기초는 한층 강고해졌다. 반면 조선은 이 실패로 인해 오로지 한 길, 식민지 전락에로의 길만이 있었다. 그리하여 조선의 근대는 노예와 빈곤의 시대가 되었다. 현해탄의 단절은 깊고 위험해지기만 했다. 그리하여 타민족을 압박하는 일이 자기 역사에 어떻게 되돌아오는지, 때를 만난 일본에게 아시아는 보이지 않게 된다. 차별어인 '챤코로', '돼지꼬리', '센징(鮮人)', '여보'라는 말이 등장했다. 사람을 부를 때 쓰는 '여보'라는 단어를 비틀어 사용하여, 칠순을 넘은 늙은 노인네들에게 쓰러질 것 같은 상태와 더러운 복장을 멸시하여 '여보 여보하게 보인다'고 말했다. 조선이라는 상대가 이제 눈에 보이지 않는 상황에서 조선인을 완전히 무시하는 일본어가 여러 가지 등장했다. 그러한 상황 속에서 급기야 1896년 10월 8일, 일본 공사 미우라 고로(三浦梧樓)가 주재국 왕비인 민비(閔妃)를 암살하는, 상상도 할 수 없는 사건이 일어나기도 했다.

4. 흥국(興國) 일본을 위한 발판이 되어

러일전쟁은 조선 지배를 위한 일본과 러시아, 양국 간의 전쟁이었다. 그러나 우리 입장에서 보면, 일본이 한층 더 악질(惡質)이다. 왜냐하면 양국의 움직임이 이상하다고 본 조선은 1월 22일에 영세 중립을 선언하지만, 조선의 중립을 적대시한 일본이 2월 8일 러시아의 기선을 제압하고 조선에 대군(大軍)을 보내 인천과 서울을 강제로 점령했기 때문이다. 이것이 전쟁의 시발이었다. 선전포고는 2월 10일에 이루어졌다. 전쟁의 목적은 "한국의 존망은 실로 제국(帝國)의 안위와 긴밀하다. 그런데 만주를 러시아가 영유하게 할 건가. 한국의 보전(保全)을 지지할 이유가 없고, 극동의 평화는 원래부터 바랄 수 없다"고 한 선전포고문의 내용에 잘 나타나 있다고 생각한다.

조선 강점 후 일본 정부는 대군을 파견했는데, 점령의 합법화를 위해 일본은 조선 정부에 점령의 사후 추인을 조약으로 요청했다. 이것이 2월 23일의 한일의정서이다. 제1조에 "대일본제국은 대한제국의 독립 및 영토 보전을 확실히 보증할 것"이라고 되어 있다. 이를 위해 조선 영역 안에서 일본은 군사적 목적이라면 어떤 일도 할 수 있게 되었다. 이는 일본이 "어느 정도 보호권을 얻은" 것이었다. 결국 이는 조선이 일본의 군사 점령하에 놓인 것을 의미한다. 러일전쟁은 그런 일본이 만든 점령의 기정사실화에 대하여 러시아가 반대한, 그 반대를 전쟁으로 묵살시킨 것이다. 그리하여 사실 2월부터 8월 사이에 일본이 전쟁 수행을 이유로 조선에 강요한 각종 조약과 협정을 보면 식민지화의 사실이 일목요연하다.

- 전신 전화 우편 통신 기관을 일본에 위양(委讓)
- 경의선과 경원선 부설권 협정
- 내해(內海) 및 하천에 대한 일본 선박의 자유 항행권

- 항만의 자유 사용권
- 일본인 연안 어업권의 확장
- 삼림 벌채권
- 황무지 개간권

·
·
·

이는 정치·군사뿐만 아니라 통신, 교통, 산업, 경제 등에 걸쳐 조약으로 국권을 빼앗아 조선을 완전히 벌거벗게 만들어 식민지화하려는 것이다. 8월 21일에는 제1차 한일협정을 체결, 일본인 고문을 정부에 투입시켜 정치의 실권마저 장악했는데, 이를 보면 그 의도는 보다 명확해진다.

일본은 화폐 정리를 실시하고 빼앗은 재산을 러일전쟁에 투입하였다. 군표(軍票)를 남발하고 군용 부역을 명령했으며 군율(軍律)을 따르지 않은 자는 처단하였다. 조선인의 피와 땀과 재산을 이 전쟁에 징발한 것이다. 백만 가까운 일본인이 조선을 체험했다. 그러나 일본인은 조선인과 교제하면 할수록 조선의 문화와 풍속을 멸시하고 우쭐해진 차별관을 심화시켰다. '여보', '센징'(鮮人), 천인(賤人)과 멸칭(蔑稱) 등 현재의 차별의식의 원형이 완성되는 것은 이즈음이다.

러시아가 조선에서 일본의 우월권을 인정한 포츠머스조약은 이런 군사 점령하에서의 식민지 상태의 기정사실을 국제적으로 추인한 데 불과하다. 러시아는 조약 제1조에서 일본의 조선에서의 우월권을 인정했고, 다음으로 영국은 양자강 유역의 권익을 교환조건으로 했으며, 미국은 필리핀 독점권과 교환하는 대신 일본의 조선 지배를 지지했다. 이런 국제적인 제국주의의 대합창인 한일 간의 법적 확인이 1905년 11월 이토 히로부미(伊藤博文) 주도하에 맺어진 을사(乙巳)보호조약이다. 이것으로 일본은 세계 5대 강국의 하나가 된다. 그 후 수만의 희생자를 내어 혈전을 감행한 조선인의 항일의병전쟁과 계몽 활동에 대해서는 생략하겠지만, 그런 탄압 후에는 한국 병합이 있다. 이토 히로부미가 살해되는 것은 이런 싸움이 한창이던 때였다.

그런데 '메이지의 영광' '메이지인의 기골(氣骨)' 등 일본에서는 이 시기를 빛나는 역사처럼 보는 사람이 많지만, 이는 조선을 배제한 논의임을 알 수 있다. '정한론'으로 시작되어 탈아론, 자유당 오사카 사건, 대동합방론(大東合邦論), 한일전쟁, 러일전쟁, 조선 식민지전쟁, "뒤떨어진 나라의 문명개화에 관심을 지니기보다는 진보한 민족이 취할 수 있는 최상의 정책이 '조선 병합'"이라고 하여 형태는 달랐으나 침략 방식은 사기와 폭력으로 일관한 하나의 선으로 연결되어 있던 것이 메이지 시대이다. 그리고 민권론도 그러하고, 후쿠자와의 부르주아 민주주의, 우치무라의 기독교주의 등, 일본 국내 진보의 측면이 좌절된 때에는 반드시 '조선 문제'가 자리 잡고 있었다. 이것은 법칙이라고 말할 수 있을 정도이다.

일본의 메이지 시대는 조선과의 관련 없이는 말할 수 없다. 조선의 입장에서 보면, 1912년은 그 '영광'의 반대 지점에 '비참'이 있고, 흥국 일본의 발판이 된 '망국(亡國) 조선'이 있던 아픈 역사의 시대이다. 최근 일본에서 많은 사람들이 읽는 인기 작가는 시바 료타로(司馬遼太郎)인데, 그의 저작 중 하나인 《언덕 위의 구름》이 그린 것은 러일전쟁에서 용맹함을 떨친 아키야마 요시후루(秋山好古)·사네유키(眞之) 형제로서, 그런 인물을 만들어 낸 메이지는 영광의 시대였다. 따라서 여기에는 그 후 주군(主君) 측의 간신(奸臣)이 된 군벌(軍閥)과 정치가가 국가를 잘못되게 만들었다는 사관이 내재해 있다. 확실히 이 소설은 청일전쟁과 러일전쟁에 승리한 일본 민중의 약동하는 마음을 사로잡은 역사 이야기이다. 그러나 그 전쟁에서 독립을 잃은 조선은 어떻게 그려지고 있는가. 《언덕 위의 구름》에는 아키야마 형제뿐만 아니라 의병이나 계몽운동가를 가차 없이 탄압하기 위해 헌병경찰제도를 도입한 조선 헌병대 사령관 아카시 모토지로(明石元二郎)라는 자가 영광의 인물로서 그려진다. 이 영광 사관을 한국은 어떻게 보는가. 차이는 크다. 우리 입장에서 보면 문명의 기준을 서구에 설정하여, 서구화하지 않은 조선을 '야만' '완미'(頑迷) '고루'라고 매도하여 침략을 합리화하고 문명을 자인(自認)한 것이 메이지의 영광이다. 즉 서구문화 특히 군사기술을 재빨리 받아들여 '자기 문화권의 자학적인 가해범'이 된 것으로 보이는 것이다.

5. 한국 병합의 의미

다음 단계로 넘어가 보자. 한국 병합은 일본 제국주의의 포괄적 형성을 의미한다. 천황제, 대일본제국은 네 개의 섬이 아니고 대륙의 일각(一角)을 포함, 68만 평방킬로미터의 면적을 지니며 체제 안에 4천만의 이민족을 껴안은 나라이다. 따라서 한편으로는 계급모순, 한편으로는 민족모순을 지니면서 복합민족국가로 변화한 것, 이는 일본사의 틀이 확대되었음을 의미한다.

조선은 국가를 잃고 내재적 역사 영위가 부정되었으며, 일본 제국주의의 중요한 구성원이라는 가면을 지닌 채 살아가야 하는 시대를 맞이했다. 이것은 '메이지 시기'와는 결정적으로 다른 점이다. 이른바 동전의 양면처럼 역사를 차별적으로 공유하는 시대에 돌입한 것이다. 가령 '다이쇼 시대'(大正期)라고 하자. 이 시대의 특징은 우선 첫 번째로는 사상적으로 유사한 문화를 지니고 역사적 영향력을 받은 민족의 독자성을 근친 증오에 가까울 정도로 부정한 것이다. 거기에는 서구에 대한 열등감을 뒤집은 우월감이 엿보인다. "조선의 역사는 정체하고 있다." '열등 민족' '사대주의' '타율성' '자립 불능' '열강각축사론'(列强角逐史論) '일선 동조'(日鮮同祖) '지세론'(地勢論) '지리적 숙명론' 등 모든 부정론이 앞 다투어 대두했다. 그것은 구제불능의 조선을 지도하는 일본인에게는 그 침략성을 은폐하는 의미를 가진다. 반면에 조선인에게는 자기가 구제불능이라고 느껴 민족독립을 포기하게 만든다. 순종하는 자발성은 민족의 정기를 뽑아내는 작용을 했다. 아직도 조선에서 좋은 일을 했다고 생각하는 일본인이 많은 것은 그 때문이다.

두 번째로는 천황에 직속하여 군사 통수권을 가지며, 사법, 입법, 행정의 3권을 갖는 총독이 차별과 전횡을 주축으로 하는 식민지 권력으로서 등장한 것이다. 이로써 헌병 지배에서 보이는 극단의 탄압주의가 시작되었다. 헌병은 무력을 배경으로 관치(官治)주의, 감독주의, 간섭주의, 폭압주의를 강요하며 조선인의 생활에 개입하였다. 예컨대, "헌병은 지방(재판정) 정검사의 요구가 있는 경우, 그 지방법원 지소의 검사직을 취급하여", "구류 또는 벌금형, 3개월 이하의 징역, 백 엔 이하의 벌금에 처한다." 즉 범죄 즉결령에 따라 헌병이 곧 판사이기도 한 것이다. "그가 직무를 집행할 수 없는 경우에는 무기를 사용"하는 것도 가능했다. 말하자면 조선의 법과 질서가 일개 헌병의 품격과 같았다. 이는 봉건시대의 대관(代官)과 아무 것도 다르지 않은 것이다. 데라우치 마사타케(寺內正毅)는 집회·결사·언론의 자유를 빼앗은 후에 조선인에게 "우리 법규를 따를 것인가, 죽을 것인가", 어느 쪽인가를 정하라고 했다. 이렇게 선택의 여지가 없게 해놓고 토지 조사, 삼림 조사한 토지를 징수하여 회사령으로 기업을 억압하였으며, 철도와 도로를 건설하는 등 일본 제국주의의 물질적 토대를 구축하였다.

때는 바야흐로 다이쇼 민주주의(大正民主主義) 시대이다. 일본 국내 여론은 이 데라우치의 포악한 군정 통치에 무관심했다. 3·1 운동 이후 극히 일부의 사람이 좀 더 나은 대우를 요구했고, 군벌지배를 비판했지만 처음에는 거의 없었다고 볼 수 있다. 병합될 때까지는 그나마 나쁜 것일망정 '조선논의'(朝鮮論議)가 활발했지만, 식민지 직할 지배가 된 노예상태의 조선에 대해서는 무관심했다. 예컨대 전국 제일의 부수를 자랑하는, 번벌(藩閥) 지배의 비판이 강했던 〈오사카 아사히〉(大阪朝日)의 사설을 예로 들면, 조선론은 1913년에 두 번, 1915년에 한 번, 1916년에 두 번, 1918년에 한 번 총 6회에 지나지 않았다. 거꾸로 중국 문제는 1913년에 41회, 1914년에 29회, 1915년에 63회, 1917년에 85회, 1918년에 31회로 나타났다. 이것은 일본의 중국 침략이 조선과의 중층적 관계로 연결됨을 나타낸다.

그러나 한편, 이 시대야말로 조선 적시론(敵視論)과 부정론의 극치였다. 왜냐하면 대외 문제가 아닌 국내 문제로서의 '조선 문제'는 정책론으로서가 아니라 치안 문제로만 등장했기 때문이다. 일본의 조선 지배의 우월성은 가공의 것으로, 실제로는 허구임은 지배자 자신이 잘 알고 있었다. 고슴도치처럼 무장한 총독부 권력은 2천만 민중의 원망 속에 둘러싸인 고립된 권력이라는 것을 충분히 알고 있었다. 그런 약점 때문에 무단군정(武斷軍政)을 한 것이다. 그런 그들은 조선인을 열등하다고 하는 데 주저함이 없었지만, 어떤 의미에서도 조선인이 그것을 수용한 적은 없었다. 대립이라는 것은 잠복하고 있던 것에 지나지 않았다.

6. 철저한 적시(敵視) 박해정책

독립운동은 광복회, 국민회와 같이 국내와 국외에서 무력투쟁의 형태로 계속되고 있었고, 일본의 기본적 대응은 이에 대한 적대시와 박해(迫害), 압살(壓殺)이었다. 일본 권력은 이민족을 체제 안에 억지로 끌어들인 덕에 항상 상대의 반항에 떨고 있었다. 다이쇼 시기(1912~1925)에 일본어로 가장 많이 반복된 조선관계 용어는 지배의 불안을 반영한 단어들, 감시와 적시(敵視), 압살이었다. 즉 형용사로는 폭려(暴戾)와 불온(不穩), 불령(不逞)이라는 것이다. 폭도, 망은의 무리, 배신자, 음모집단, 제국(帝國)의 판도를 엿보는 불령선인(不逞鮮人)

이라는 것이다. 불온 문서, 불온 인쇄물, 불온 사상, 불온 언동, 불온 창가, 불온 사실(事實), 불온 서류, 불온 언사, 불온 시문(詩文), 불온 청원문, 불온 통고문, 불온 연설, 불온 기획, 불온 교과서 등 헌병 감시하의 조선인의 생활은 불온으로 가득 차 있었다.

단순한 소작(小作) 문제에서도 조선인은 "탐욕성으로 인해 항상 소작인을 괴롭혔고 금전 문제에 관해 끊임없이 소송 또는 분쟁을 야기했기 때문에 관민 일반의 신용이 없는" 인간으로 그려졌다. 일본 상인과의 트러블을 배일사상(排日思想)으로 보았고, 학교가 나막신을 폐지하면 그 학교는 배일(排日) 학교가 된다. 그리고 그 불온과 불령의 피해자는 일본인이며 일본국가라는 것이다. (일본에 의해) 조선은 음험(陰險)하고 발칙한 적국(敵國)의 땅이 된다. "어린 아이가 울면 조선인이 온다"고 말하는 일본인 엄마가 나오기까지 했다. 이 정도면 민족 대립이 낳은 만성 불안증에 빠진 것이다. 그즈음 증대하는 재일(在日) 조선인은 치안의 대상에 지나지 않았다.

조선인이 노예에 만족하면 이를 '열등'이라고 하며, 반면에 역사에 맞서 극적인 삶을 살면 '망은(忘恩)의 무리'로 만든다. 일단 부정했던 것을 재고하게 되면 일본인은 당황하면서 특별한 광기를 보인 것이 이 시대의 특징이었다. 3·1운동이나 간도 사건, 관동 대지진을 야기한 민족대립과 학살의 패턴은 확실히 이러한 부정과 긍정의 골짜기에서 생겨난 배외주의의 광기였다.

1919년 3월 1일, 서울과 조선 북부의 23개 도시에 모인 사람들이 독립선언문을 낭독하고 열렬한 연설을 하며 독립의 의지를 밝혔다. 어떤 자는 옛날 한국 국기를 크게 흔들었고, 어떤 자는 한국군의 제복으로 춤추기 시작했다. 애국가가 흘렀다. 그리고 순식간에 전국 방방곡곡으로 번졌다. 일부 지역에서는 쌓였던 증오가 돌이나 곤봉으로 무장한 폭동으로 변해버렸다. 총독부는 낭패를 보게 되었다. 그들의 권력이 타인의 질서를 횡령한 간악한 권력이기 때문에, 또한 항상 적의(敵

意)가 있던 다수자 중의 소수자를 대변한 식민지 권력이기 때문에 더욱더 그렇게 하지 않을 수 없었겠지만, 그들이 의지할 것은 폭력밖에 없었다. 자신들의 조선에서의 합법성의 버팀목은 폭력 이외에는 찾을 수가 없었다. 총독부의 반응은 어땠을까. 이것은 무시무시하다. "반드시 진압의 목적을 수행하기 위해서는 확고한 결심하에 무기, 특히 소총을 사용하는 것이 최상이다"는 격렬한 적의를 지닌 대결이었다. 여성들을 포함하여 몸에 아무 무장도 하지 않은 조선 민중에 대하여, 지배 전복(顚覆)의 불안에 부들부들 떨던 '확고한 결심'의 대응이 어떤 참상을 빚어냈는지 3・1운동에 대한 하나의 기록을 살펴보자.

7. 3・1 운동의 탄압

이것은 평안남도의 맹산(孟山)이라는 곳의 예이다. 일본 헌병대가 육군성 앞으로 보낸 보고는 다음과 같다. "평남 맹산에 다시 천도교도 100명이 헌병 분견소(分遣所)에 돌입하여 폭도 약 50명이 사상(死傷)하였다"는 이상하게 간단한 전보이다. 그리고 이어 상세한 보고가 있다. 그 보고에 따르면, "사상한 폭도는 사무실 안에서 총탄을 맞고 즉사한 자가 51명, 부상 및 도주하다가 도중에 사망한 자가 3명으로 사망자 수는 모두 54명이고 부상자는 13명이다. 부상자는 부상당한 후에 도주했다"고 적혀 있다. 이에 대한 조선측의 기록은 "단숨에 60여 명이 사살되었다. 목숨이 붙어 있던 자도 총검에 의해 숨통이 끊어졌다"고 하고 있다. 불과 백 명의 시위행진에서, 그 중 67명의 사상자를 냈다. 즉사가 51명에 달한 이 탄압은 헌병이 사격의 명수만 모아놓았다고 하더라도 이상하게 사상률이 높다고 할 수밖에 없다. 이는 헌병이 전쟁터에서와 같은 적의(敵意)를 갖고 있지 않는 한, 있을 수 없는 일임이 명확하다. 그렇다면 이 필살의 적의라는 것은 무엇인가. 그것은 이미 전술한 바와 같이 자기 권력이 전복(顚覆)되는 데 대한 공포이다. 이는 특히 맹산에서만 있었던 일이 아니고 조선 전 지역에서 빈발했던 것이다.

일본 관헌 자신도 후에 "군대의 행위는 유감스럽지만 폭거(暴擧)와 같았고, 더구나 방화 같은 것은 명백히 형사상 범죄이다"고 진술하였다. 폭력, 살인, 방화는 전 지역으로 퍼졌다. 이런 일본의 대응이 무엇을 의미하는가. 피지배자인 조선인이 순종적이고 노예인 한 조선지배는 '평화'이다. 그러나 일단 자기주장을 한 이상에는, 독립을 주장한 그에 대응하는 논리는 전장의 논리가 된다. 그것 밖에는 없다. 곧바로 말살의 장이 된다. 식민지 체제라는 것은 이른바 잠시 전투가 중단된 상태의 전쟁이다. 그것이 식민지 지배의 본질이며 식민지라는 것은 그러하다는 것을 알 수 있다.

3·1 운동 과정에서 어느 정도 많은 희생이 나왔는지 몇몇 숫자를 들어보겠다. 1919년 3월 1일부터 1920년 3월까지 1년간, 사망자 7,646명, 부상자 4만 5,552명, 체포된 자 4만 9,811명, 방화 785건에 이른다. 부상자 중에는 불행하게도 눈이나 사지를 잃고 불구자가 된 자도 많다. 또한 구속된 자에게 행한 가혹한 고문도 잊어서는 안 된다. 묶어서 천장에 매달거나 달군 젓가락으로 찌르기, 손톱 밑에 못 박기, 코에 물 넣기, 여성에게는 성적 고문을 하는 등 인간을 가축처럼 보지 않는 한 할 수 없는 고문이었다. 1918년과 1919년에는 동아시아 3국에서 똑같이 국가권력에 대한 민중의 투쟁이 있었다. 하나는 일본의 쌀 소동, 하나는 중국의 5·4운동이다. 그런데 일본의 쌀 소동은 계엄령은 아니었다. 일본인이 군대의 말에 차인 적은 있지만, 사망자는 없었다. 5·4운동, 이것은 반(半)식민지 중국에서의 일인데, 권력은 학생을 다수 체포했지만, 사람을 죽이지는 않았다. 이를 조선 인민이 받은 희생과 비교해 보자. 단순히 희생이 많다는 것을 강조하려는 것은 아니지만, 똑같은 시기, 똑같은 권력에 대결한 투쟁에서도 본국

민중, 반(半)식민지 민중과는 달리 방대한 희생자를 낸 사실에 식민지의 특징이 있다. 나는 여기에 민족 문제가 첨예하게 드러난다고 생각한다. 그리고 그것은 폭력 이외에는 지배의 수단을 지니지 못한 일본 제국주의 권력의 약점을 잘 보여준다.

학살은 계속된다. 1920년, 이웃나라 중국의 주권을 침범하여 구(舊) 만주에 유출한 조선 농민에 대한 대학살, 이른바 간도학살은 3·1운동의 '만주'판이다. 이 사건은 일본사에서는 거의 무시된다. 이 때 5천 명 가까운 농민이 일본군의 군사작전에 의해 살해되었다. 참상의 실태를 하나만 소개해보자.

> 10월 29일, 일본군 수백 명은 돌연 연길현 세린하(細鱗河) 방면에 이르러 한국인 가옥 수백 호를 불지르고 많은 한국인을 총살하였다. 또 다음날 30일 오전 8시 30분 연길현 시가에서 2리 정도 떨어진 모산(帽山) 동남쪽의 청구(靑溝) 부근의 한인 부락 70여 호가 일본군에 의해 불살라졌다. 일본군은 모두 500여 발의 총탄을 발사하여 같은 부락을 포위하여 공격하고 불을 질렀다. 같은 마을에 사는 한국인 300여 명 중 다행히 숨어 살아난 자는 겨우 4~5명뿐. 그 밖의 남녀노소 모두가 불에 타 죽거나 총에 맞아 부상당했다. 닭이나 개도 남아 있지 않았고, 시체가 쌓여 땅에 그득하고 피가 흘러 강을 이루는지라, 보고 눈물 흘리지 않는 자가 없었다(〈震壇〉 제 2호).

이와 관련하여 1914년 8월 23일, 일본의 대독(對獨) 선전포고 이후 식민지 민중의 반란을 기본 모순으로 한 전쟁을, 조선 파견군 자신은 '다이쇼(大正) 3년(1914)에서 9년(1920)에 이르는 전쟁(시베리아 출병, 제1·2차 조선 소요사건) 간도 사건(間島事件)'으로 파악한다. 일개 파견군(派遣軍)이라고는 해도 이렇게 이름 붙인 내실(內實)은 매우 무겁고도 깊다.

그리고 1923년 7천 명에 가까운 조선인의 목숨을 앗아간 관동 대지

진의 백색테러는 이러한 민족대립의 일본판이다. 3·1운동과 관동 대지진의 차이는 일본 민중이 직접 학살에 가담했다는 것이다. 그 이유를 작가 나카니시 이노스케(中西伊之助)는 다음과 같이 서술한다.

> 예컨대 조선과 일본에서 발행되는 일간신문의 조선에 관한 기사를 보십시오. 거기에는 어떤 것이 보도되고 있습니까? 제가 과문해서 아직 조선 국토의 수려함, 예술의 선(善)과 아름다움(美), 민족정서의 우아함을 소개 보도한 기사를 본 적은 거의 없다고 할 수 있습니다. 그리고 폭탄, 권총, 습격, 살상—온갖 전율할 문자를 나열하여 이른바 '불령선인'(不逞鮮人)—의 불법행위를 보도하고 있습니다. 그것도 신문기자의 이런저런 과장된 필체로… 이런 일본 기사를 읽으면 조선이라는 곳은 산적이 사는 국가이고, 조선인은 맹수처럼 생각되는 것입니다(〈婦人公論〉 1933년 11, 12월호).

이러한 일본 사회의 선입관이 있었기 때문에 일본 민중의 적극적인 학살가담이 생겨난 것이다. 이는 관민 일체의 민족범죄라고 할 수 있다. 이 세 가지를 연동하여 생각하면, 일본이 식민지 지배의 기초를 강화하던 시대는 일본 안의 민족대립이 일어나면서, 조선인이 조선인이라는 이유만으로 생명이 박탈되는 참극(慘劇)의 시대였다.

8. 대내적 민주주의, 대외적 배외 침략주의

그렇다면 3·1운동, 간도 침략, 관동 대지진 등과 같은 일방적인 민족 박해가 다이쇼기의 짧은 기간에 집중한 것은 일본사에서 무엇을 의미하는가? 이것이야말로 조선 병합 후의 일본이 민족모순을 안고 있었으며 민족대립에 떨고 있는 제국주의 국가임을 나타낸다. 마침 다이쇼 민주주의를 구가하고 있었기에 일본 지식인 중에는 민주주의자 요시노 사쿠조(吉野作造)나 민예가인 야나기 무네요시(柳宗悅) 등 약간의 사람이 민족 박해의 야만적 풍조를 날카롭게 비판하며 반성과 이해를 호소했으나, 대부분의 사람은 이 대일본제국의 '이법 지역 조선'(異法地域朝鮮)에 불어닥친 포악한 폭풍우에 목을 움츠리고 눈을 감았으며, 민주주의라는 열매 없는 꽃에 도취했던 것이다.

"'15엔 50전'이라고 말해 봐"라고 하며 그 발음으로 일본인과 조선인을 구별해 내어 조선인을 죽인 1923년 관동 대지진 때도, 사회주의자에 대한 추모는 있었지만 조선인은 제외되었다. 안으로는 평등과 민주주의, 밖으로는 차별과 배외(排外) 침략주의라는 도식이야말로 일본 근대사의 특질(特質)이다. 다이쇼 민주주의를 말할 때는 이 문제를 제대로 파악할 필요가 있다. 우치무라 간조는 조선인 문제에 대해서는 아무 발언도 하지 않았다.

한편, 3·1운동의 체험을 통해 무력만으로는 민족운동을 누르지 못한다는 교훈을 얻은 일본은 이른바 '문화정치'라는 교활하고 회유적인 방향으로 지배정책을 조정해 왔다. 어느 의미에서 언론, 집회, 결사의 억압은 외관상으로는 완화되었다. 조선자치론, 민족개량론(民族改良論), 대일본제국 내에서의 조선인의 지위향상 등이 일시 동인(一視同仁: 모든 사람을 똑같이 사랑한다—역자 주)이라는 천황의 말과 결합되어 환상을 뿌리기 시작했다. 조선의 민족주의자의 일부는 당연히 이 궤도수정이라는 함정에 걸려 민족주의 자체의 분열을 가져온 결과, 일제의 방파제가 되었다. 그러한 의미에서 일본의 정책은 어느 정도 성공하였다. 조선의 민족운동은 이러한 현실에 근거하여 부르주아 민주주의에서 점차 사회주의 노농(勞農) 대중 속으로 옮겨가, 수차에 걸친 공산당 사건이나 노동쟁의, 소작쟁의, 광주학생운동, 원산 파업 등 대중 운동을 앙양시켰고, 결국에는 구 만주에서의 항일(抗日) 유격대 형태로 발전해 나간다.

중요한 것은 식민지 지배가 조선에서 조선인이 살수 없는 상황을 만들어 내어 많은 조선인이 일본이나 '만주'로 흘러들어가는 유이민(流移民)이라는 말이 적격이 되도록 한 점이다. 이때부터 남부의 농민이 노동력으로 일본에 건너간다. 한편, 만주 국경에 가까운 농민은 전답을 구해 구 만주에 흘러 들어갔고 그 인구는 200만 명을 넘어 항일유격대에도 참가한다. 당연히 만주의 치안이 무너져 조선의 국경선을 침범하게 된다. 이러한 고양된 독립운동은 일본이 조선 지배를 가까스로 해나가게 만들었다. 이러한 모순에 골치를 앓던 일제는 보다 안전한 식민지 지배를 목적하게 되는데, 그 완충지대로 '만주'의 직접 지배를 노려 15년 전쟁에 들어간다. 이것을 가령 쇼와(昭和) 초기라고 해 두자. 1931년의 중국침략 전쟁은 중국혁명, 일본화폐 배척 등 중국의 민족운동과 일제의 야망이라는 대항관계뿐 아니라 조선 지배의 모순이 구 만주로 확대된 데 또 다른 중요성이 있다. 그 배경에는 200만의 조선인이 만주로 흘러들어가 중국과의 사이에 여러 가지 분쟁을 일으키고 또한 조선독립운동을 자극했던 것이 있다. 만주침략전쟁을 하게 된 하나의 계기는 '만보산'(萬步山) 사건이다. 조선 농민의 토지 상조(商租) 문제 처리가 얼마나 중대했는가는 당시 국제연합의 리튼 보고서 하나를 읽으면 일목요연하다. 리튼 보고서의 절반은 만주에서의 조선인 토지 문제를 다루고 있으며 이를 중국과의 분쟁이라고 쓰고 있다. 또한 그런 관점에 서있지 않다면 만주에서의 조선 항일유격대와 독립운동이 왜 그렇게 집요하게 투쟁했는지 그 의미를 파악할 수 없다. 총독부의 통계에 의하면, 항일유격대는 1931년 9월의 15년 전쟁이 발발한 후, 1936년 6월까지 2만 3,926회 출몰하였고, 연인원(延人員)은 136만 9,027명에 달한다. 이것은 수준 높은 게릴라 전쟁이라고 할 수 있다. 그리고 이 다툼이 일본과 복잡하게 얽혀 있는 조선의 또 다른 건국의 역사이기도 하다는 점을 잊어서는 안 된다.

9. 치안유지법과 조선인

또한 이 시대의 일본은 어두운 골짜기에 들어간다. 파시즘 폭압의 예로, 치안유지법을 드는 사람이 많다. 치안유지법은 국체(國體)의 변혁과 사유재산제의 부인을 목적으로 하는 결사나 그에 대한 참가를 처벌하기 위한 법률이다. 이는 오직 공산주의자 단속을 위한 것이라고 설명하지만, 후에 자유주의나 평화를 주장하는 자도 압박받고 박해받았다. 70세 이상의 분이라면 기억할 것이다.

그러나 이 법률 적용의 최대 목적은 국체의 변혁을 의도했다고 하여 조선의 독립운동에 적용하기 위한 것임을 지적해 두고 싶다. 조선의 독립을 기도하는 것은 이데올로기와는 관계없이 천황의 영토를 넘보는 불령(不逞)한 것으로, 국체의 변혁 자체로 규정되어 있다. 이 법률은 사형이 없었기 때문에 이를 일본적인 좋은 법률이라고 변호한 것은 해바라기 정치학자인 시미즈 이쿠타로(清水幾太郎)이지만, 조선 독립운동가는 무기 소지 등의 여러 복합 죄로 엮이어 다수가 사형당했다. 시미즈는 여기서도 안과 밖을 구분하고 있는 것이다. 법률 적용의 최대 희생자가 조선인이었다는 점은 한편으로는 당시 일본 국가가 무엇을 가장 위험시하고 있었는지를 나타내주는, 즉 전시하 '황국신민'의 정체가 무엇인가를 반증하는 것이라고 할 수 있다. 그것은 결코 계급문제가 아니라 민족문제인 것이다.

10. 전시하의 '황국신민'

다음으로 1937년 중일전쟁에 대하여 말해 두고 싶다. 중국과의 전쟁이 수렁에 빠져 세계대전이 되어가는 상황에서 일본 국민은 "국가총동원법에 의해 전쟁에 협력을 강요당하고 많은 피해를 냈다." 이는 일본사가 기술한 바이다. 그러나 보다 중요한 것은 전쟁에 아무 책임이 없는 조선이 대륙병참 기지가 되어 조선 민중이 일본 전쟁을 위해 협력을 강요받은 것이다. 일본의 광산이나 토목현장, 군수공장 중에 조선인이 없는 곳은 한 군데도 없었다. 그리고 지옥 같은 고통을 맛본 자는 확실히 전쟁에 책임이 없는 조선 민중이었다. 70만 혹은 100만이라고도 하지만 잘 모르는 것이 실상이다.

옛날 일본 지도를 생각해보자. 전쟁으로 넓힌 일본의 세력 범위를 색으로 구별한 지도인데, 본 사람도 많을 것으로 생각한다. 조선은 일본과 같이 적색으로 표시된다. 중국이 황색, 구 만주국이 분홍색이었다고 말하는 사람이 많을 것이다. 이 일본과 조선이 같은 적색으로 그려진 것의 의미야말로 대륙병참기지의 다른 측면이며, 인적 자원까지 동원대상으로 한 범위를 붉게 나타낸 것이었다.

일제는 조선의 인적 동원을 위해 철저한 동화정책을 강행하였다. 전술한 3·1 운동 이후, 민족주의자의 좌우 분열을 조장하는 것을 수단으로 해서 한쪽에서는 탄압을 하였고, 한편에서는 충량하고 온순한 준(準)일본인 만들기를 시작했다. 특히 1936년 관동군 사령관 미나미 지로(南次郎) 대장이 총독으로 부임하고 나서는 모든 정책에 '황국신민화'(皇國臣民化)를 강조해 왔다. 1936년의 '황국신민의 서사(誓詞)'는 확실히 일제하 조선인의 정신 자세를 규정한 시금석이었다.

이 서사는 '지성(至誠) 일관하여 다음의 3개조를 준수하고 황민(皇民)의 길을 실천해야 한다'는 것으로 시작한다.

一 우리는 일본 제국의 신민(臣民)입니다
一 우리는 마음을 합쳐 천황 폐하에게 충성을 다하겠습니다
一 우리는 인내하고 단련하여 멋지고 강한 국민이 되겠습니다

이런 것을 매일 제창하게 한다. 그리고 일본식 씨명, 창씨개명, 김

(金)을 가네다(金田), 장(張)을 하리모토(張本)로 바꾸게 했다. 일본어를 상용하게 하고 조선어 사용을 금지하였다. 조선의 민족의상을 입지 못하게 했다. 조선의 민족복장은 흰 옷이지만 이를 배척하여 색깔 있는 의복을 장려했다. 신주 모시는 불단을 나눠주고 신사참배, 궁성요배(宮城遙拜)를 의무화했다. 일본정신을 주입하기 위해 '미소기'라는 의식도 장려하였다. 이는 추운 겨울에 물속에 들어가 추위에 떨며 하는 목욕재계 의식이다. 확실히 이러한 움직임은 광신적이며, 신들린 것이었다. 그리고 일시동인(一視同仁), 내선일체(內鮮一體), 내선통혼(內鮮通婚: 조선인과 일본인 간의 혼인 — 역자 주) 등의 슬로건이 범람하였다.

황민화 운동은 장기적으로는 차별과 지배의 영구화를, 단기적으로는 조선의 인적 자원의 전력화(戰力化)를 목표로 한 것이었다. 이러한 모든 정책과 연동하여 1938년 2월 육군 지원병제의 시행, 같은 해 국민정신 총동원 조선연맹의 발족, 국민 징용령의 시행, 징병제의 적용으로 강화되어 갔다. 이것이 어떻게 총독부 공무원의 마음에 들었는가는 참고로 조선총독부가 1941년에 제정한 6학년용 《초등 국사》를 통해 인용해보자.

> 특히 육군에서는 특별 지원병 제도가 생겨 조선 사람들도 국방의 의무를 지는데, 이미 전쟁에 나가 용맹하게 전사한 자를 야스쿠니 신사에 모셔 호국의 신이 된 자도 있으며, 씨(氏)를 칭하는 것이 허용되어 내지(內地)와 동일한 가문의 이름을 붙이게 되었습니다. 오늘날 조선 지방 2,300만 주민은 국민총력 조선연맹을 조직하여 일제히 '황국신민의 서사'를 주창하고 있으며, 믿고 협력하여 내선일체(內鮮一體)의 진심을 나타내 충군애국(忠君愛國)의 의기에 불타고 있고, 모두 오로지 황국의 목표를 향해 나아가고 있습니다. 특히 중일전쟁이 일어난 뒤로 조선의 지위가 매우 중요해져 대륙전진의 기지로서 동아공영권(東亞共榮圈)을 건설하는 기반이 되어 우리나라

발전상 큰 역할을 하게 되었으니 내선일체의 진심은 더욱더 갈고 닦여 날마다 빛을 더해갑니다.

11. 전시(戰時) 강제동원의 실태

식민지 권력이 주눅 들지 않고 이런 역사를 조선의 아이들에게 철저히 가르친 것은 어떤 면에서는 그만큼 지배가 깊어졌다는 것을 의미한다. 그리고 억눌리고 상처 입은 일부 소년이 천황을 지키기 위해 군에 지원하여 '물에 빠져 죽은 시체, 풀숲에 널려 죽은 시체'가 되기도 했다. 참고로 말하면 태평양전쟁하의 조선인 군인은 21만 명, 군속(軍屬)은 16만 명에 달하는데 이 중 전사하거나 행방불명된 자는 15만 명에 달한다. 일본군위안부도 방대한 숫자였다. 여자 정신대라든지 간호사의 명목으로 연행된 조선인 여성은 일본군 어느 전선에도 있었다. 여기에 대해서는 작가들이 써서 밝혀주고 있다. 일본의 군인 된 자로서 조선 여성을 상대로 하지 않은 사람은 없었을 것이라고들 말한다. 이것은 일제의 조선지배가 정신적인 면까지 파고들었다는 것을 의미한다. 중국은 조선과 같은 전철을 밟지 않기 위해 항전하였다. 투쟁이 있는 한 희생은 크지만, 정신적으로는 건강하였다. 조선은 짓밟힌 데다 정신적인 면까지 유린당했다. 그러나 삶은 계속되어야 했으므로 일본과 조선 사이의 역사에는 깊은 골이 생겼고 그것은 중국보다 심각했다. 좀처럼 청산할 수 없는 일본과 중국의 관계는 담백한 면도 있으나, 한국과 일본의 관계는 그렇게 단순하지 않은 복잡한 문제가 있다.

그러나 황민화 정책에서 세 글자의 이름이 네 글자가 되었다고 해서 일본화된 것은 소수였다. 대부분의 사람은 면종복배(面從腹背)하면서 폭풍우가 지나가기를 기다렸으며, 살기 위해 마음에 없는 협력을 한데 지나지 않았던 것이다. 이는 1945년 8월, 일본 패전 직후의 환희의 상황을 보면 잘 알 수 있다. 그들은 결코 마음으로부터 협력한 것이 아니었다. 그 증거로 수십만의 조선인을 동원한 군부는 결코 조선인 부대를 편성하지 않았고, 적당히 분산 배치시켜 조선인 병사를 고립 상태에 두었다는 것을 들 수 있다. 그럼에도 불구하고 조선인 병사의 탈주는 끊이지 않았다. 이것은 영국이 구루카 용병을 한데 모으거나 미국이 일본계 442부대를 만들거나 한 것과는 완전히 다르다. 일본 해군은 1944년까지 조선인 병사의 함대 승선을 거부하였다. 한 사람의 실수로 인해 함정 전체가 침몰할 수도 있었기 때문이다. 이는 조선인의 민족주의에 대한 경계심이다. 해군은 육군보다 합리적이라고 여겨졌지만, 결과적으로는 똑같았다. 1945년이 되자 함대 승선을 허락하였다. 그러나 이때는 타야 할 배가 없어진 것이다.

일본으로의 강제연행도 마찬가지다. 조선인이 수속을 하고 납득한 후에 건너갔다고 하기 보다는 탄광의 노무 담당이 헌병과 함께 트럭을 가지고 가서는 마을을 걷고 있는 자, 논밭에서 일하고 있는 자 중에 쓸 만한 자를 닥치는 대로 모조리 트럭에 실어 배로 일본에 보냈다. 따라서 이를 "징용이라고 하지만 납치에요"라고 말하는 사람이 있는 것이다. 그러므로 이는 강제연행이다. 이 사람들이 일본의 광산을 포함하여 각종 군사시설의 건설 등 '후방의 전사'로서 육체를 쇠진한 것은 말할 필요도 없다. 일본의 전국 어디에도 조선인이 있었다는 것을 생각하면, 그것은 집단 강제연행이 근본 원인임을 잘 알 수 있을 것이다. 1945년 당시, 최대 250만 명에 달했다. 이 중 170만 명은 1938년 이후에 건너간 사람들이었다. 그것도 거의 젊은이였다. 얼마나 대량의 인구 이동이 있었는지를 알 수 있다. 당시 인구가 2,300만 명이었다는 점을 생각하면 잘 알 수 있다. 즉 10명 중 1명, 그것도 젊은이가 연행된 것이다.

또 하나 부언해 두고 싶은 것이 있다. 전시 경제라는 관점에서 봐도 조선의 역할은 지대했다. 예컨대 무역이 단절된 상황에서 1943년 조선의 광물자원이 일본의 전 생산고에서 차지하는 비중을 보면, 흑연(黑船), 운모(雲母), 중초석(重硝石), 마그네사이트는 100%, 중석(重石) 88%, 몰리브덴 85%, 형석(螢石) 95%, 납(鉛) 60%라고 하는 놀라운 숫자이다. 이 외에 철, 금, 석탄, 텅스텐 등 일본 지하자원의 총량에 대한 퍼센티지는 매우 크다.

식량도 매우 중요했다. 1941년은 조선 쌀의 생산량의 41%, 1942년은 45.2%, 1943년은 55.7%, 1944년에는 63%나 가져갔다. 그 사이 조선인은 먹을 것도 먹지 못하고, 만주에서 들여온 콩 찌꺼기 등을 대신 먹었다. 조선이나 만주의 식량이 끊어진 전후의 심각한 식량사정을 생각하는 것만으로도 조선 쌀이 일본의 식량 사정에서 차지한 역할이 어느 정도였는가를 알 수 있을 것이다.

12. 일본인에게 식민지 지배에 대한 반성은 있는가?

일본의 패전 후 한국은 해방을 맞이했다. 한국과 일본, 두 민족의 역사적인 얽힘은 서로 갈등하고 규제해 왔으나, 근대에는 주로 일본 쪽에서 일방적으로 유발한 것이었다. 조선사는 그 압력에 저항하면서 분재의 소나무처럼 왜곡된 역사발전을 한 부분도 많다. 일본 역사 역시 식민지를 영유했기 때문에 왜곡된 모순을 확대한 것도 많다. 이 얽힘의 역사가 전후 완전하게 일방적으로 산산이 해체되고 무시되었다가 어느 날 갑자기 재일(在日) 한국인은 제3국인이 되고, 외국인으로 간주되었다. 그러다가 샌프란시스코 강화조약 후에는 외국인이라는 이유로 차별받게 되었다. 일본은 70개가 넘는 전시 보상법(戰時補償法)을 일본 국민을 위해 만들었으나, 함께 전쟁을 치르고 전쟁의 상처를 입은 한국인은 외국인이라는 이유로 일방적으로 외면했다. 한국인에게 국적(國籍) 선택의 자유는 없었다. 한국인에게는 개목걸이 같은 외국인 등록증이라는 것을 만들어 일본 열도의 죄수 같은 취급을 해온 것이다. 여기에도 안과 밖을 구분하는 일본사의 특징이 살아 있다고 말하지 않을 수 없다.

이런 이유로 인해 여러 가지를 생각해 보면, 일본은 일제하 식민지 사람들이 겪은 정신적·물질적 고통은 본국 민중의 고통과는 질적으로 다르다는 것을 조금도 알지 못하는 것이다. 특별한 대접을 바라는 것은 아니지만 적어도 한국인을 평등하게라도 대해주었으면 한다.

언제나 생각하는 것이 있다. 예전에 괌 섬과 루방 섬에서 일본의 패전을 모른 채 전쟁을 계속한 오노다 히로(小野田寛郎) 소위, 요코이 쇼이치(横井庄一) 하사의 생환을 일본 국민은 열광적으로 환영한 적이 있다. 그들 생명력의 위대함과 충성심을 기렸던 것이다. 나는 그 무렵, 마찬가지로 인도네시아에서 30년간 싸우다 본국으로 돌아간 대만인 나카무라(中村) 일등병에 대한 일본인의 대응이 생각났고, 대만 출신의 황군(皇軍) 병사의 충성심에 대한 일본 여론의 너무나 차별적인 대응에 분노를 느꼈다. 일본인들은 식민지 지배가 무엇인지 모르는 것이다. 그 대만 사람은 전시 중 아주 적은 군인 급료를 받았다. 너무 적다고 생각했기 때문에 당시 미키 타케오(三木武夫) 총리대신을 비롯한 관계자가 쌈짓돈을 내줄 정도였다고 한다. 그가 대만으로 돌아가도 부인은 재혼하여 돌아갈 집도 없다. 대만 정부는 그를 대일(對日) 협력자라 하여 냉대하였다. 그는 외롭게 죽었다고 한다. 이 일은 일본이 식민지 지배의 반성이 없는 좋은 예이다.

프랑스와 영국 등 식민지를 가졌던 국가가 모두 이러한지, 조사해 볼 필요가 있을 것이다. 중국에 남겨진 전쟁고아에 대해 따뜻한 눈을 가진 마음씨 고운 일본에 감동하는 사람들이 있다. 그러나 같은 무렵 조선이나 대만 출신 일본 병사의 전시 보상요구에 대해서는 아무렇지 않게 'NO' 하는 무신경을 나는 알 수가 없다. 한국이나 대만 출신 병사들은 일제시대에 똑같이 일본인이었으며, 그 때문에 병사가 되었다.

그들이 만주에 간 것은 무장 이민이었으며, 일본인으로서였다. 그리고 현재도 마찬가지로 이들은 법적으로만 중국인인데 일본은 그것을 혈통의 문제로 보고 차별한다. 대만인은 아직 재판으로 해결할 길이 남아 있기 때문에 아직은 괜찮다. 북한에 있는 사람들의 일은 일본인에게는 눈에 들어오지 않았다. 북한도 마찬가지로 식민지 지배를 받았다. 그들도 예전에는 일본인으로 강제되었다. 지금도 일본의 국채(國債)나 우체국 저금, 노동보상 등의 문제가 미해결인 채로 남아 있다. 그 문제와 관련된 2,400만의 사람들이 있다. 일본과 조선의 이런 관계는 사실이다. 그리고 그것은 역사적으로 형성된 것이다. 대다수의 사람들이 이런 사실을 모르기 때문에 이 문제가 해결되지 않은 채 방치되고 있는 것이다. 만일 안다면 이런 일이 용서될 리가 없다.

예컨대 언젠가 14세 어린이에게 지문을 강제한 일이 있는데 그것은 범죄이다. 가령, 일본인 여러분이 자신의 아이가 14세가 되면 날인을 해야 한다고 하면 어떻겠는가. 한국인 아이는 여러분의 제자이거나 아이의 친구일 것이다. 그런 아이가 지문을 누르지 않으면 안 된다면, 어떻게 해서 그런 법률이 생겨났는지를 알아야 한다. 그리고 그런 법률을 만든 일본 정부에 주장을 해야 한다. 그러나 우리는 주장을 할 수가 없다. 선거권이 없기 때문이다. 이 역시 불공평하다. 왜 한국의 아이들이 14세가 되면 예비적 범죄자처럼 지문을 채취당해 상처 입지 않으면 안 되는가. 외국인에 대해서는 전부 그렇게 한다고 하지만, 당시는 90%가 한국인이었다. 이것은 분명 한국인을 치안 대상으로 한 것이다. 결국 이렇게 보면 전후 일본사회는 타자(他者)를 차별하고 배제함으로써 이루어진 '자기들만'의 세계이다. 자기들끼리는 친절하고, 사람들은 이 '이비 동류 가치관'(以非同類價值觀)에 잠겨 있는 듯하다. 그런 사고의 기저에는 전후에 파산될 뻔했던, 일본은 다른 나라와는 다르다는 황국사관(皇國史觀)이 깔려 있다. 그리고 그 전환점에는 반드시 어느 때는 걸림돌이 되기도 하고 어느 때는 각성(覺醒)의 돌이 되기도 하는 '조선 문제'가 있었다. 그것은 법칙적이라고 해도 좋다는 것을 우리는 재확인할 수 있다.

13. 맺음말

그렇다면 현대 일본의 납치소동, 혐한 현상(*Korea bashing*), 애국심의 앙양 등으로 시작한 이 글을 어떻게 매듭지어야 할까? 오늘날 일본에서는 이미 기술한 흐름과는 반대의, 이른바 한류 붐이라는 것이 30~40대 여성들을 중심으로 확산되지 않는가 하고 묻는 자들이 많다. 조선인의 마늘은 악취가 나지만 이탈리아인의 마늘은 향기롭다고 했던 시대를 아는 재일(在日) 한국인 2세의 체험으로 말하자면, 한국인 배우가 텔레비전의 광고에 등장하고 김치가 붐을 이루는 것은 환영할 만한 현상이다. 이렇게 된 배경에는 한국의 민주화, 경제발전, 일본 대중문화의 개방이 있었고 쌍방의 인적 왕래가 이제 한 해에 4백만을 넘기 때문이다.

그러나 한류의 내용을 검증해 보면 시각과 청각, 미각으로 한정되어 있는 것 같다. 예쁘다, 리듬이 좋다, 맛있다고 하는 세계에 한정된다. 지적인 이해가 결여된 것이다. 젊은 사람 중에는 한반도가 일본의 식민지였다는 사실을 모르는 사람도 적지 않다. 한국과 북한이 예전에 하나의 국가였고, 하나의 민족이라는 것을 아는 사람은 더 적은 것이 현실이다.

이는 배우지 않았기 때문이다. 따라서 한국인이 아름다움과 맛의 범주에서 벗어나 독도 문제, 위안부 문제, 강제연행 문제, 야스쿠니 문제, 교과서 문제 등을 말하면, 일본인은 한국은 왜 불만을 말하는가, 몇 번을 사죄하면 좋은 것인가 하고 반발한다. '혐한론'(嫌韓論)이 베스트셀러가 된 것도 하나의 현실이다. 이것이야말로 일본 사회가 과거를 직시하지 않아 생긴 필요 없는 마찰이다.

무지(無知)는 과거를 온존시키므로 수치를 모르는 사람이 과거의 '영광'을 재현하는 데 가담하지 않는다는 보장은 없다. 안다는 것이 마음의 문제로 귀결되는 것임을 생각한다면, 오늘날의 한류 붐을 마냥 기뻐할 수만은 없다. 한류 붐을 지지하는 민중이 '혐한론', '한국 때리기'를 하는 모순된 현상도 보이기 때문이다.

또 하나, 최근 한국과 일본 쌍방에서 고양되고 있는 내셔널리즘을 그르다고 주장하는 사람이 있지만, 내셔널리즘은 그 민족의 역사발전에 따라 성격을 달리 하는 것이다. 일본의 내셔널리즘은 막부 말기와 메이지 이후, 항상 공격적이었다. 한국은 반대로 방위적이었다. '양비론'(兩非論)의 일반화는 역사의 진실을 왜곡함으로써 비로소 성립한다. 김완섭의 '친일파 변호론'이나 오선화의 각종 '문화론'이 한국인 스스로 그런 사실을 말했다 해서 환영받은 것과 마찬가지로, 이런 '양비론'이 일본 사회에서 환영받고 있다는 것을 알아야 할 것이다.

「한일기본조약」과 「청구권협정」*

김창록**

1. 머리말

1910년부터 1945년까지 이어진 일제의 한반도 강점이라고 하는 과거에 대한 청산은, 강점이 끝난 지 60년이 지난 지금도 여전히 해결되지 않은 과제로 남아 있다. 물론 청산이 시도된 적이 없었던 것은 아니다. 1965년 한일 양국은, 14년이라고 하는 오랜 기간 동안 수많은 난항과 파란으로 점철된 교섭을 거듭한 끝에, "양국 국민 관계의 역사적 배경과, 선린 관계와 주권 상호 존중의 원칙에 입각한 양국관계의 정상화에 대한 상호 희망을 고려"하여 「대한민국과 일본국 간의 기본관계에 관한 조약」(이하 「기본조약」으로 줄여 씀)을 체결하고, "양국 및 양국 국민의 재산과 양국 및 양국 국민 간의 청구권에 관한 문제를 해결할 것을 희망"하여 「대한민국과 일본국 간의 재산 및 청구권에 관한 문제의 해결과 경제협력에 관한 협정」(이하 「협정」으로 줄여 씀)을 체결했다.

---

* 이 글은 이전에 발표한 필자의 글("韓日間の過去清算 — 過去, 現在, 未來", 〈朝鮮史研究會論文集〉 44, 2006. 10)을 수정·보완한 것이다.

** 경북대학교 법과대학 교수.

하지만, 그럼에도 불구하고 한일 간의 역사인식과 피해자 구제에 관한 논란은 그 후에도 끊임없이 이어지고 있다. 이것은 곧 1965년의 청산 시도가 충분하지 못했다는 것을 의미하는 것에 다름 아니다. 기존의 연구들[1]이 한결같이 지적하는 것처럼, 「기본조약」과 「협정」은 냉전·안보논리와 경제논리에 의해 좌우됨으로써 과거청산은 소홀히 했다. 그것들은 냉전체제 속에서 한국과 일본을 대공산권 방어기지로 삼고자 했던 미국의 영향 아래, 한국의 공산화 방지와 한국에 대한 경제적 진출을 도모했던 일본과, 1961년 5·16쿠데타로 정권을 잡은 까닭에 부족했던 정당성을 일본으로부터의 자본 도입에 의한 경제개발로 보완하고자 했던 박정희 정권이, 각각의 국가이익을 내세워 과거 청산을 적당히 얼버무리기로 한 담합의 산물에 다름 아니다. 과거에 관한 '문제의 해결'을 통해 '관계정상화'를 이루기 위해 「기본조약」과 「협정」이 체결되었음에도 불구하고, 과거를 둘러싼 논란이 거듭 반복되면서 정상적인 관계를 해치고 있는 상황이 끊임없이 이어지고 있는 것은 바로 이 때문인 것이다.

이 글은 위와 같은 문제의식 아래, 청산해야 할 또 하나의 과거가 되어버린 애매하고도 불충분한 '과거청산'에 관해 재점검해보고자 한다. 「기본조약」과 「협정」은 도대체 무엇이었는가, 그것을 둘러싼 현재의 상황은 어떠한가, 그리고 앞으로 무엇이 요구되는가를 짚어보기로 한다.

---

1) 대표적인 것으로서, 高崎宗司, 《檢證 日韓會談》, 岩波書店, 1996; 이원덕, 《한일 과거사 처리의 원점》, 서울대학교출판부, 1996; 李種元, 《東アジア冷戰と韓米日關係》, 東京大學出版會, 1996; 太田修, 《日韓交涉 — 請求權問題の硏究》, クレイン, 2003; 吉澤文壽, 《戰後日韓關係 — 國交正常化交涉をめぐって》, クレイン, 2005 참조.

2. 「기본조약」 제2조

애매하고도 불충분한 과거청산이라고 하는 관점에서 볼 때, 우선 주목되는 것은 「기본조약」 제2조이다. 「기본조약」 제2조에는 "1910년 8월 22일 및 그 이전에 대한제국과 대일본제국 간에 체결된 모든 조약 및 협정이 *already null and void*[2] 임을 확인한다"라고 규정되어 있다.

이 조문에 관해, 한국 정부는, 1965년 당시부터 "해당되는 조약 및 협정에 관하여는 1910년 8월 22일의 이른바 한·일합병조약과 그 이전에 대한제국과 일본제국 간에 체결된 모든 조약 협정 의정서 등 명칭 여하를 불문하고 국가 간 합의문서는 모두 무효이며 또한 정부 간 체결된 것이든 황제 간 체결된 것이든 무효이다. 무효의 시기에 관하여는 '무효'라는 용어 자체가 별단의 표현이 부대되지 않는 한 원칙적으로 '당초부터' 효력이 발생되지 않는 것이며 '이미'라고 강조되어 있는 이상 소급해서 무효(*Null and Void*) 이다"[3] 라고 해석해왔다. 이러한 해석의 근거는 그 조약들이 "과거 일본의 침략주의의 소산"[4] 이라는 것이다.

이에 대해 일본 정부는, 역시 1965년 당시부터, "'이제는 무효'라고 하는 것은, 현재의 시점에서 이미 무효가 되어 있다고 하는 객관적인 사실을 서술한 것에 지나지 않는다. … 또한, 무효가 된 시기에 관해서는, 병합조약 이전의 조약들은 각각의 조약에 규정된 조건의 성취 또는 병합조약의 발효와 함께 실효했고, 병합조약은 한국의 독립이 이루어진 시기 즉 1948년 8월 15일에 실효했다"[5] 라고 해석해왔다. 이

---

2) 「기본조약」은 한국어, 일본어, 영어로 작성되었으며, 그 모두가 "동등히 정본"이며, "해석에 상위가 있을 경우에는 영어본에 따"르도록 되어 있다.

3) 대한민국정부, 《한일회담백서》, 1965, p. 19.

4) 1965년 8월 8일, 한일 간 조약과 제협정비준동의안 심사특별위원회에서의 이동원 외무부장관의 발언. 高麗大學校 亞細亞問題硏究所 日本硏究室 編, 《韓日關係資料集〈第一輯〉》, 高麗大學校出版部, 1976, p. 252.

러한 해석의 근거는 "정당한 절차를 거쳐 체결되었다"[6] 라는 것, 다시 말해 "대등한 입장에서 또 자유의사에 따라 이 조약이 체결되었다"[7] 라는 것이다.

요컨대, 한일 양국은「기본조약」제 2조에 합의했지만, 그것이 해결하고자 한 문제, 즉 1900년대 초 한일 간 조약들의 효력의 문제 = 35년간의 일제의 한반도 지배의 성격의 문제에 관해, 처음부터 전혀 다른 해석을 했으며, 그 해석의 차이는 지금도 해소되지 않고 있다. 이것은 말할 것도 없이, 위의 문제에 관해 한일 양국 사이에는 합의가 존재하지 않았고 지금도 존재하지 않는다는 것을 의미한다.

1965년 당시 한일 양국 정부가, 서로의 상반된 입장을 좁히는 것을 포기하고, '*already*'라고 하는 이현령비현령의 표현을 삽입함으로써, 각각 다른 주장을 하기로 했다는 것이,「기본조약」제 2조에의 합의의 역사적 실체라는 점을 상기하면,「기본조약」제 2조에의 합의는 곧 '애매성에의 합의' 혹은 '무합의에의 합의'에 불과하다고 해도 과언이 아니다.

"양국관계의 정상화"를 "희망"하여「기본조약」이 체결된 지 40년이 지났음에도 불구하고, 양국관계가 '비정상'의 상태에서 벗어나지 못하

---

5) 谷田正躬 外2編, 《日韓條約と國內法の解說》(〈時の法令〉別冊), 大藏省印刷局, 1966, p. 14. 이 책은 그 '머리말'에서 "해설 중 의견에 관한 부분은 모두 필자의 사견이다"(p. 5) 라고 하고 있지만, 그 편자들이 外務省 外務事務官・法務省 入國管理局參事官・農林省 農林事務官 3인으로 되어 있는 점과, 그와 같은 특수한 직위에 있는 자들이 1965년의「기본조약」및「협정」에 대해 "가능한 한 정확한 이해에 도움이 되도록 개괄적인 해설을 도모"한(p. 5) 것이라고 하고 있는 점을 고려할 때, 당시의 일본 정부의 입장이 반영되어 있는 것이라고 보아 틀림이 없다고 할 것이다.

6) 위의 책, p. 14.

7) 1965년 11월 5일, 일본 중의원 日韓特別委員會에서의 사토 에이사쿠(佐藤榮作) 총리의 발언. 《第50回國會衆議院日本國と大韓民國との間の條約及び協定等に關する特別委員會議錄第10號》(1965. 11. 5), p. 2.

고 있는 것은 바로 이 때문이다. 35년간의 일제의 한반도 지배는 한국에게는 여전히 '불법강점'이며, 일본에게는 여전히 '합법지배'이다. 그리고 이것이 양국 간 '역사전쟁'의 뿌리이다. '새로운 역사교과서를 만드는 모임'의 역사·공민 교과서 문제의 가장 근본적인 원인은, 그것이 '1910년 합병조약은 합법적이었다'라고 하는 일본 정부의 입장을 전제로 기술되어 있다는 것에 다름 아니다.

요컨대, 35년간의 일제의 한반도 지배의 성격이라고 하는 문제는 여전히 미합의, 미해결 상태이다. 그런데, 말할 것도 없이, 양국관계에 있어서 가장 가까운 과거와 관련된 심각한 문제를 해결하지 않고서는 양국관계의 정상화는 요원할 수밖에 없다. 따라서 한일 양국은 이 문제의 해결을 위해 적극 나서지 않으면 안 되는 것이다.

3. 「협정」

다음으로 주목되는 것은 「협정」이다. 「협정」 제1조에는 일본이 한국에 대해 3억 달러에 해당하는 생산물 및 용역을 무상으로 제공한다고 규정되어 있다. 또한 그 제2조 1에는 "양 체약국은 양 체약국 및 그 국민(법인을 포함함)의 재산, 권리 및 이익과 양 체약국 및 그 국민간의 청구권에 관한 문제가 … 완전히 그리고 최종적으로 해결된 것이 된다는 것을 확인한다"라고 규정되어 있고, 제2조 3에는 "일방체약국 및 그 국민의 재산, 권리 및 이익으로서 이 협정의 서명일에 타방체약국의 관할하에 있는 것에 대한 조치와 일방체약국 및 그 국민의 타방체약국 및 그 국민에 대한 모든 청구권으로서 동일자 이전에 발생한 사유에 기인하는 것에 관하여는 어떠한 주장도 할 수 없는 것으로 한다"라고 규정되어 있다.

그리고 일본은 제2조 3의 "조치"와 '관련'하여, 1965년 12월 17일

「재산 및 청구권에 관한 문제의 해결 및 경제협력에 관한 일본국과 대한민국 사이의 협정 제2조의 실시에 수반되는 대한민국 등의 재산권에 대한 조치에 관한 법률」(법률 제144호)을 제정하여, "대한민국 또는 그 국민(법인을 포함)의 재산" 중, 「협정」 제2조 3의 "재산, 권리 및 이익에 해당하는 것"을 "1965년 6월 22일자로 소멸"시키는 조치를 취했다. 그리고 한국은, 1966년 2월 19일에 「청구권자금의운용및관리에관한법률」, 1971년 1월 19일에 「대일민간청구권신고에관한법률」, 1974년 12월 21일에 「대일민간청구권보상에관한법률」을 각각 제정하여, 한국인의 재산, 권리 및 이익에 해당하는 것에 대해 보상조치를 취했다. 다만, 청구권에 해당하는 징용징병 등에 관해서는 "일본국에 의하여 군인・군속 또는 노무자로 소집 또는 징용되어 1945년 8월 15일 이전에 사망한 자"(피징용 사망자)의 유족에게 "사망자 1인당 30만원"을 지급하는 데 머물렀다.

이와 같은 내용의 「협정」에 관한 주된 쟁점은 두 가지이다. 하나는, 일본이 한국에 대해 제공한 무상 3억 달러와 청구권문제의 해결 사이에는 어떤 관계가 있는 것인가, 즉 「협정」 제1조와 제2조 사이에는 어떤 관계가 있는 것인가(문제1) 라는 것이며, 다른 하나는, 「협정」에 의해 한국인 개인의 권리는 어떻게 처리된 것인가(문제2) 라는 것이다. 그런데 이들 문제에 관한 한일 양국 정부의 해석은 서로 다르며, 또 각국의 해석이 시대에 따라 국면에 따라 다르다.

우선, 일본 정부는, 문제1에 관해서는, '「협정」 제1조의 "경제협력의 증진"과 제2조의 "권리문제의 해결" 사이에는 아무런 법률적인 상호관계도 존재하지 않는다, 다시 말해 3억 달러는 권리문제의 해결을 위한 것이 아니다, 그것은 어디까지나 "독립축하금" 혹은 "경제협력자금"이다'라고 해석해왔다. 이것은 「기본조약」 제2조에 관한 일본 정부의 해석과 관련이 있다. '합병조약은 유효였다. 따라서 한반도 지배는 합법 지배였다. 따라서 그것에 대해 책임이 없다. 따라서 책임을 지지 않았다. 3억 달러는 한반도 지배와는 관계가 없는 단순한 "독립 축하금" 혹은 "경제협력자금"이다'라는 것이다.

문제2에 관해서는, 일본 정부는 「협정」 그 자체에 의해 소멸된 것은 국가의 외교보호권만이며, 개인의 권리 중에서 "재산, 권리 및 이익"은 그것에 관한 "국내법적 조치"인 법률 제144호에 의해 소멸했다라고 일관되게 주장해왔다. 하지만, 그 해석에 의하더라도 소멸한 적이 없는 청구권에 관해서는, 시대에 따라 국면에 따라 해석을 바꾸어왔다. 1965년 당시에는 단지 "외교보호권만을 포기했다"라고 하는 데 머물렀을 뿐, 적극적인 언급을 하지 않았다. 이것은, 당시로서는 한국인 개인이 여권을 가지는 것 자체가 일종의 특권이었기 때문에, 가난한 피해자들이 일본까지 가서 일본 정부에 대해 책임을 추궁할 가능성이 거의 없었다고 하는 사정이 반영된 것이라고 생각된다.

그런데, 1990년대에 들어오면서, 냉전의 무게에 눌려있던 각종 권리 주장이 봇물을 이루며 터져 나오고, 그 일부로서 일본군'위안부' 피해자를 비롯한 한국인 피해자들의 피해 구제 요구도 강력하게 제기되고, 국제사회도 그 요구에 호응하여 일본 정부를 압박하게 되자, 일본 정부는 개인의 청구권이 "존재할 수 있"[8] 다라고 하여 청구권이 '존재'한다는 것을 적극적으로 인정하고, 청구권은 "법률적 근거의 유무 자체가 문제가 되고 있다고 하는 클레임을 제기하는 지위"이다라고 하여 청구권의 의미를 구체적으로 제시하고, 청구권 문제가 어떻게 처리될 것인지에 관해서는 "재판소의 판단을 기다리고 있다"[9] 라고 하여 청구권의 실현 여부는 재판소의 판단에 맡겨서 결정할 문제라고 하는 입장을 밝혔다. 이것은 물론 피해자들의 거듭되는 추궁의 결과이기도 했지만, 한편으로는 일본 정부에 의한 '시효'와 '국가무답책의 법리'의 항변

---

8) 日本衆議院, 《豫算委員會會議錄第26號》(1993. 5. 26), p. 37.

9) 日本衆議院, 《豫算委員會會議錄第15號》(1992. 3. 9), p. 11.

을 받아들여 원고 패소 판결을 계속해서 내리고 있던 일본의 재판소를 일본 정부가 믿은 결과이기도 했다고 할 수 있다.

하지만, 2000년대에 들어서면 상황은 다시 변한다. 우선 일본 국내에서는, 하급심재판소를 중심으로 '시효'와 '국가무답책의 법리'의 항변을 배제하는 판결이 나오기 시작하여 일본에서의 한국인 피해자들의 대일과거청산소송에서 일본 정부의 우위가 무너지게 되었다.[10] 또, 2000년부터는 '시효'와 '국가무답책의 법리'의 항변이 통하기 어려운 미국과 한국의 법정에 한국인 피해자들이 소송을 제기하여 일본에 대해 압박을 가하게 되었다. 이 무렵을 경계로, 일본 정부는, "한국 국민이 이 '청구권'에 기초하여 우리나라에 청구를 한다고 해도, 우리나라는 그것에 응할 법적인 의무가 없는 것이 된다"[11] 라고 하는 새로운 해석을 들고 나오게 된다. 이와 관련해서는, 특히 '최대의 해외시장'인 미국에서의 소송이 일본 정부에게 커다란 충격을 주었을 것이라고 추측된다. 당시 미국의 캘리포니아주에서는 입법에 의해 '시효'를 배제하는 헤이든법[12] 이 성립되어, 일본 정부의 시효 항변은 적어도 캘리포니아주의 법원에서는 받아들여지기 어려웠다. 게다가 특수 일본적인 논리인 '국가무답책의 법리'가 미국의 법정에서 통할 가능성은 없었다. 그래서 궁지에 몰린 일본 정부가 이전의 해석을 전면적으로 재검토해서 새로운 주장을 하게 되었다고 생각되는 것이다.

한편, 한국 정부는 문제1에 관해서는, 일본 정부와는 반대로 「협정」 제 1조와 제 2조 사이에 상호관계가 존재한다는 입장을 취해왔다.

---

10) 한국인들에 의한 일본에서의 대일과거청산에 관해서는 김창록, "일본에서의 대일과거청산소송 — 한국인들에 의한 소송을 중심으로", 〈법사학연구〉 35, 2007. 4 참조.

11) "平成11年(ネ)第206號 損害賠償請求控訴事件 第12準備書面", 2003. 9. 19.

12) 전문은 http://info.sen.ca.gov/pub/99-00/bill/sen/sb_1201-1250/sb_1245_bill_19990728_chaptered.html 참조.

이것 또한「기본조약」제 2조에 관한 한국 정부의 해석과 관계가 있다. '병합조약이 무효였다. 따라서 한반도 지배는 불법강점이었다. 따라서 그것과 관련하여 대가를 받을 권리가 있다. 따라서 무상 3억 달러를 받았다'라는 것이다. 다만, 여기에서의 한국 정부의 해석은 반드시 명확한 것이라고는 할 수 없다. 한국 정부에 따르면, 무상 3억 달러는 '배상금'이 아니라 "배상적인 성격을 가진 것"[13]에 머물렀기 때문이다.

문제2에 관해서는, 한국 정부도 일본 정부와 마찬가지로, 시대에 따라 국면에 따라 해석을 바꾸어왔다. 우선, 1965년 당시에는,「협정」에 의해 한국인의 권리는 "모두 완전히 그리고 최종적으로 소멸한 것이 된다"[14]라는 취지의 해석을 했다. 하지만, 1990년대 초부터 일본일본군위안부 문제를 중심으로 한 과거청산 문제가 심각하게 제기되면서 한국 국내로부터 한국 정부의 무위에 대한 지탄이 엄혹해지자,「협정」에 의해 "양국 정부 간에 법적으로는 이미 일단락 되었"다라고, 즉 소멸한 것은 외교보호권만이며 개인의 청구권은 소멸하지 않았다라고 해석하게 되었다. 그러나 2002년 10월에 한국인 피해자 100인이「협정」관련 문서의 공개를 요구하는 소송을 제기하자, "대한민국 정부가 한일청구권협정 체결 후 대일 민간청구권에 대한 보상 입법을 통하여 일본국을 대신하여 일제 강점기 피해자들에 대한 보상을 종료" 했다[15]라고 또 다시 해석을 바꾸었다.

이와 같이,「협정」과 관련해서도, 한일 양국 정부의 해석은 서로 다르며, 또 각각의 해석이 시대에 따라 국면에 따라 다르다. 따라서 "재산 및 청구권에 관한 문제의 해결"에 관해서도, 한일 양국 정부 사이에 명확한 합의가 존재했다고는 할 수 없다.

---

13) 高麗大學校 亞細亞問題硏究所 日本硏究室 編, 위의 책, p. 242.

14) 대한민국정부,《대한민국과 일본국간의 조약 및 해설》, 1965, p. 84.

15) "서울행정법원 2002구합 33943 정보공개거부처분취소사건 준비서면", 2003. 5. 14.

보다 근본적인 문제는, 애당초 「협정」에 의해 해결된 '재산, 권리 및 이익'과 '청구권'이 도대체 무엇인지가 애매하다는 것이다. '재산, 권리 및 이익'에 관해서는, 「합의의사록」에 의해 "법률상의 근거에 의거하여 재산적 가치가 인정되는 모든 종류의 실체적 권리를 말하는 것으로 양해"되었지만, 청구권에 관해서는 아무런 정의 규정도 없다. 좀 더 파고 들어가면, "완전히 그리고 최종적으로 해결"된 것은, "양 체약국 및 그 국민(법인을 포함함)의 재산, 권리 및 이익과 양 체약국 및 그 국민 간의 청구권에 관한 문제"라고 되어 있을 뿐, 그 '재산, 권리 및 이익'과 '청구권'의 원인이 전혀 제시되어 있지 않다. 권리의 원인이 명확하게 제시되어 있지 않다면, 권리 자체가 확정될 수 없는 것이다.

물론 이에 대해서는 '특정을 하지 않았으니 과거의 모든 원인에 의한 권리가 그 대상이다'라는 반론이 있을 수 있다. 하지만 문제는 그 '과거'에 대한 한국과 일본의 이해가 서로 다르다는 것이다. 그 과거는, 한국에게는 '불법강점'이며 일본에게는 '합법지배'이다. 따라서 각각의 해석에 근거한 권리의 내용은 서로 다를 수밖에 없는 것이다. 그렇다면 애당초 '재산, 권리 및 이익'과 '청구권'이 도대체 무엇인지가 애매하다고 하지 않을 수 없는 것이다.

다만, 해결된 권리의 범위를 미루어 짐작하게 해주는 실마리는 있다. 「일본국과의 평화조약」이 그것이다. 우선 「협정」 제2조 1이 "1951년 9월 8일에 샌프란시스코시에서 서명된 일본국과의 평화조약 제4조 (a)에 규정된 것을 포함하여"라고 규정함으로써 '일본국과의 평화조약 제4조 (a)[16]'가 권리의 범위를 결정하는 중요한 기준임을 명

16) Subject to the provisions of paragraph (b) of this Article, the disposition of property of Japan and of its nationals in the areas referred to in Article 2, and their claims, including debts, against the authorities presently administering such areas and the residents (including juridical persons) thereof, and the disposition in Japan of property of such authorities and

시적으로 밝히고 있다.

뿐만 아니라, 「협정」이 「일본국과의 평화조약」을 전제로 하고 있다고 보는 점이야말로, 권리의 범위에 관해 1965년 당시 한일 양국 모두의 이해가 유일하게 일치한 부분이다. 당시 한국 정부는 아래와 같이 주장했다.

> 평화조약 제4조의 대일청구권은 승전국의 배상청구권과는 구별된다. 한국은 불행히도 평화조약의 조인당사국으로 참가하지 못하였으며 따라서 평화조약 제14조의 규정에 의한 승전국이 향유하는 '손해 및 고통'에 대한 배상청구권을 인정받지 못하였던 것이다. 흔히 청구권문제와 관련하여 '일제의 36년간 식민지적 통치의 대가'로서 논의하는 일부의 의견은 이와 같은 한·일 간의 청구권문제에는 배상청구를 포함시킬 수 없다는 근본적 입장을 인식하지 못한 데서 일어나는 개념의 혼동인 것으로 볼 수 있다. 우리가 일본국에 요구하는 청구권을 국제법에 적용해서 보면 영토의 분리·분할에서 오는 재정상 및 민사상의 청구권해결문제인 것이다.[17]

또한 일본 정부도 아래와 같이 주장했다.

> 샌프란시스코 강화조약 제4조 (a)의 규정에 따르면, 한일 간의 청구권의 처리는, 양국 간의 특별협정에 의해 이루어지도록 되어 있

residents, and of claims, including debts, of such authorities and residents against Japan and its nationals, shall be the subject of special arrangements between Japan and such authorities. The property of any of the Allied Powers or its nationals in the areas referred to in Article 2 shall, insofar as this has not already been done, be returned by the administering authority in the condition in which it now exists (The term nationals whenever used in the present Treaty includes juridical persons.).

17) 대한민국정부, 《한일회담백서》, p. 41.

고, … (제 2조) 제 1항은, 샌프란시스코 강화조약 제 2조 (a)[18]에서 규정하는 우리나라에 의한 조선의 분리 독립의 승인에 의해, 한일 양국 간에 있어서 처리할 필요가 있게 된 양국 및 양 국민의 재산, 권리 및 이익과 청구권에 관한 문제가, 앞으로 양국 간에 완전히 그리고 최종적으로 해결된 것이 된다는 것을 확인하고 있다.[19]

요컨대, 1965년 당시 한일 양국 정부는, 「협정」이 「일본국과의 평화조약」에서 말하는 일본과 한반도의 분리·분할에 수반되는 재정상·민사상의 권리문제를 해결하기 위해 체결되는 것이라고 인식하고 있었다는 것이다. 이것은 곧 "일제의 36년간 식민지적 통치의 대가"는 「협정」의 대상이 아니었다는 것을 의미한다. 그리고 이것은 다시 "일제의 36년간 식민지적 통치의 대가"라는 문제는 1965년에도 해결된 적이 없으며, 여전히 한일 간의 과제로서 남아 있다는 것을 의미하는 것이다.[20] 따라서 한일 양국 정부는 양국 간의 과거사 문제에 관해 「협정」에 의해 해결되지 않은 범위의 문제에 대해 책임을 지지 않으면 안 되는 것이다.

---

18) Japan recognizing the independence of Korea, renounces all right, title and claim to Korea, including the islands of Quelpart, Port Hamilton and Dagelet.

19) 谷田正躬 外2編, 위의 책, pp. 61~62.

20) 이와 관련하여, 「협정」 제 2조 1이 "일본국과의 평화조약 제4조 (a)에 규정된 것을 포함하여"라고 규정하고 있다는 점을 어떻게 볼 것인가가 문제가 될 수 있다. 하지만, 이것은 일본측이 밝히고 있는 것처럼, "샌프란시스코 강화조약의 체결 시와 이 협정의 서명 시 사이의 시간적 차이로부터 생기는 대상범위의 상위"를 고려한 규정일 뿐 ("解說·日韓條約", 〈法律時報〉 1965년 9월호, pp. 80~81), 성격이 다른 대상을 포함한다는 취지는 아니라고 볼 것이다.

4. 한일 간 과거청산의 현상(現狀)

지금까지「기본조약」과「협정」에 의한 1965년의 한일 간 과거청산을 검토해서 얻은 결론은, 그들 조약에도 불구하고 해결되지 않은 채 남아 있는 문제의 해결을 위해 한일 양국이 노력하지 않으면 안 된다는 것이다. 게다가, 고령의 피해자들에게 남아 있는 시간이 너무나도 짧다는 점을 생각하면, 이 노력은 지금 당장 기울여지지 않으면 안 된다.

그러나 현상은 이와 같은 당위론과는 크게 동떨어져 있다. 우선, 일본 정부는 한일 간의 과거청산에 대해 매우 소극적이다. '병합조약은 유효이며, 한반도 지배는 합법이었기 때문에, 한반도 지배에 대해 책임이 없다', '청구권문제는「협정」에 의해 해결이 끝났다'라는 주장을 일본 정부는 여전히 고수하고 있다. 그러나 이 주장은 일본 정부의 1995년 이후의 또 하나의 주장과 충돌한다는 점에서 매우 궁색한 것이라고 하지 않을 수 없다.

일본 정부는, 1995년 8월 15일 '종전 50주년'을 맞아 무라야마 토미이치(村山富市) 총리대신이 발표한 담화[21]를 통해서, "식민지 지배와 침략에 의해 많은 나라들, 특히 아시아의 여러 나라 사람들에게 커다란 손해와 고통을 주었"다고 하는 "의심할 수 없는 이 역사적 사실을 겸허하게 받아들여" "통절한 반성의 뜻을 표하고, 마음으로부터의 사과를 표명"했다. 그리고 1998년 10월 8일의 김대중-오부치 케이조(小渕惠三) 공동선언[22]을 통해서는 "과거의 한시기에 한국 국민에 대해 식민지지배에 의해 커다란 손해와 고통을 주었다고 하는 역사적 사실을 겸허하게 받아들이고, 이에 대해 통절한 반성과 사과"를 한다고 밝

21) "戰後50周年の終戰記念日にあたって"(http://www.mofa.go.jp/mofaj/press/danwa/07/dmu_0815.html).

22) "日韓共同宣言―21世紀に向けた新たな日韓パートナーシップ"(http://www.mofa.go.jp/mofaj/kaidan/yojin/arc_98/k_sengen.html).

혔다.[23] 2005년 8월 15일에는 고이즈미 쥰이치로(小泉純一郎) 총리의 담화를 통해, "일찍이 식민지 지배와 침략에 의해 많은 나라들, 특히 아시아의 여러 나라 사람들에 대해 커다란 손해와 고통을 주었"다고 하는 "역사의 사실을 겸허하게 받아 들여, 다시금 통절한 반성과 마음으로부터 사과하는 마음을 표명"[24] 한다고 밝혔다.

그래서 지금 현재 일본 정부에 있어서 35년간의 한반도 지배는, "커다란 손해와 고통을 주었"기 때문에 "통절한 반성의 뜻을 표하고, 마음으로부터의 사과를 표명"해야 할 것인 동시에, '책임을 질 필요가 없는' 것이 되는 것이다. 이 자기모순을 겨우 덮어 가리고 있는 것은, 병합조약 체결 때 강박은 있었지만, 그것이 "교섭당사자, 체결자 개인에 대한, 신체에 대한 강박 혹은 위하"[25] 는 아니었기 때문에, 조약은 "법적으로 유효"[26] 였다고 하는 궁색한 '법률론'뿐이다. 그리고 "통절한 반성과 사과"를 해야 할 "커다란 손해와 고통을 주었"다면, 그것에 대해 책임을 져야 하는 것이 당연한데, 일본 정부는 스스로 「협정」이 이 책임과 아무런 관계도 없다고 주장해왔다. 그렇다면, 그 책임은 여전히 남아 있다고 하지 않으면 안 되며, '해결이 끝났다'라고는 도저히 말할 수 없는 것이다. 또, '권리는 있지만 의무는 없다'라는, 2000년대에 들어온 이후의 일본 정부의 「협정」에 대한 해석도, 권리와 의무라고 하

23) 또한 2002년 9월 17일의 김정일 - 고이즈미 「조일공동선언」을 통해서도, "과거의 식민지지배에 의해, 조선의 사람들에게 커다란 손해와 고통을 주었다고 하는 역사의 사실을 겸허하게 받아 들여, 통절한 반성과 마음으로부터의 사과를 표명했다."

24) "内閣總理大臣談話"(http://www.kantei.go.jp/jp/koizumispeech/2005/08/15danwa.html).

25) 1995년 10월 13일, 일본 중의원 예산위원회에서의 하야시(林暘) 조약국장의 발언. 《第134回國會衆議院豫算委員會議錄第4號》(1995. 10. 13), p. 15.

26) 1995년 10월 5일, 일본 참의원 본회의에서의 무라야마(村山富市) 총리의 발언. 第134回國會參議院會議錄第4號(1995. 10. 5), p. 19.

는 용어의 상식적인 사용법에 반하는 것으로서, 애당초 성립될 수 없는 것이라고 하지 않을 수 없다. 이와 같이, 일본 정부의 한일 간 과거청산에 관한 주장은 궁색한 자기모순으로 가득 찬 것 혹은 비상식적인 것으로서 극복되지 않으면 안 되는 것이다.

한편, 현재의 한국 정부의 태도는 보다 적극적이다. 이것은 1980년대 이후의 민주화의 진전과 관련이 있다. 40년 가까운 권위주의정권의 억압적 지배를 종식시킨 한국은, 그 이후 적극적인 과거청산에 나섰다. 우선, 김영삼 정부와 김대중 정부 기간 중에는, 1980년의 광주민주화항쟁과 관련한「5·18민주화운동 등에 관한 특별법」(1995. 12. 21), 한국전쟁 당시의 민간인 학살과 관련한「거창사건 등 관련자의 명예회복에 관한 특별조치법」(1996. 1. 5)과「제주 4·3사건 진상규명 및 희생자 명예회복에 관한 특별법」(2000. 1. 12), 권위주의정권 당시의 국가기관에 의한 살인과 관련한「의문사진상규명에 관한 특별법」(2000. 1. 15) 등, 국내의 과거청산을 위한 법률이 제정되었다.

그리고 노무현 정부에 들어와서는, 그 청산의 범위가 한일관계에까지 확대되어「일제 강점하 강제동원 진상규명 등에 관한 특별법」(2004. 3. 5),「일제 강점하 반민족행위 진상규명에 관한 특별법」(2004. 3. 22) 등의 법률이 제정되었고, 또 국내의 과거사문제 전반에 걸친 청산과 관련한「진실·화해를 위한 과거사정리기본법」(2005. 5. 31) 등의 법률이 제정되었다. 특히 노무현 대통령은, 2005년 3월 1일의「3·1절 기념사」를 통해, "과거의 진실을 규명해서 진심으로 사과하고 반성하고, 배상할 일이 있으면 배상하고, 그 연후에 화해해야 합니다. 그것이 전 세계가 하고 있는 과거사 청산의 보편적인 방식입니다"[27]라고 명언했고, 8월 26일에는 한일회담 관련문서를 전면 공개하

---

27) "제 86주년 3. 1절 기념사"(http://www.president.go.kr/cwd/kr/archive/archive_view.php?meta_id=speech&page=19&category=&sel_type=1&keyword=&id=015532544807e24c7a9ceeb2).

는 조치를 취했다.

또 같은 8월 26일에 대통령 소속기관인 '한일회담 문서공개 후속대책 관련 민관공동위원회'는, "한일청구권협정의 법적 효력 범위"에 관해, "한일청구권협정은 기본적으로 일본의 식민지배 배상을 청구하기 위한 것이 아니었고, 샌프란시스코 강화조약 제4조에 근거하여 한일양국 간 재정적·민사적 채권·채무관계를 해결하기 위한 것이었"기 때문에, "일본군위안부 문제 등 일본 정부·군(軍) 등 국가권력이 관여한 반인도적 불법행위에 대해서는 청구권협정에 의하여 해결된 것으로 볼 수 없고, 일본 정부의 법적 책임이 남아있"다라는 결정[28]을 내렸다.

하지만, 이러한 결정에도 불구하고 한일 간 과거청산에 관한 한국 정부의 입장이 반드시 명확한 것은 아니다. 위의 민관공동위원회 결정에서는, "일본 정부에 대해 법적 책임 인정 등 지속적인 책임 추궁"을 할 대상은 "일본군위안부 문제"만에 한정되어 있고, 일본과의 관계에서 그 이외의 "일본의 식민지배 배상"에 관한 문제를 어떻게 할 것인가에 관해서는 일체 언급이 없다. 결국, 한국 정부는 상대적으로 적극성을 보이고 있지만, 그것이 충분히 정리된 것이라고는 할 수 없는 상황이다. 진정한 의미에서의 한일 간 과거청산을 이루어내기 위해서는, 이 애매성이 극복되지 않으면 안 된다는 것은 말할 것도 없다.

5. 무엇이 요구되고 있는가?

일본의 소극성과 한국의 애매성을 극복하여, 진정한 의미에서의 한일 간 과거청산을 이루어내기 위해서는 무엇을 해야 할 것인가? '과거'와 '법'의 관점에서 볼 때, 진정한 과거청산을 위해 필요한 것은 '역사

---

28) 국무조정실, "보도자료 한일회담 문서공개 후속대책 관련 민관공동위원회 개최", 2005. 8. 26.

의 사실'과 '정의의 기준'을 한일 양국이 공유하는 것이다. 무슨 일이 있었고 어떤 문제가 있었는가, 그 문제가 어떻게 해결되었는가 혹은 해결되지 않았는가, 남겨진 문제를 해결하기 위한 올바른 기준은 무엇이어야 하는가에 관해, 한일 양국의 정부와 국민이 공통의 생각을 가지는 것이 필요한 것이다.

'역사의 사실'과 '정의의 기준'의 공유는 1965년의 시점에서도 필요했다. 그러나 당시에는, "식민지 지배"에 의해 "커다란 손해와 고통을 주었"다고 하는 것은 '역사의 사실'로서 공유되지 못했다. 그것이 "통절한 반성과 마음으로부터 사과하는 마음을 표명"해야 하는 것이라고 하는 '정의의 기준'도 공유되지 못했다. 지배자와 피지배자로서 각각 경험한 역사는 하나가 아니었으며, 지배자 의식과 피지배자 의식으로부터 벗어나지 못한 '광복/전후 20주년'에는 그 역사에 대한 평가도 공유되지 못했던 것이다.

그 점을 생각하면, '전후 50주년'의 해에 마침내 나타난 일본의 변화는 귀중한 진전이었다. 동시에 그것은 민주화의 진전이라고 하는 한국의 변화에 대응하는 변화이기도 했다. 하지만, 1995년에 확인된 '역사의 사실'과 '정의의 기준'은 아직도 확고하게 뿌리를 내리지 못하고 있다. '자유주의사관'을 내걸고 '역사의 사실'을 왜곡하려고 하는 기도는 집요하다. '현실적인 국가이익'이라는 미명 아래, 1965년의 '애매성'을 매개로 해서, '정의의 기준'은 거부되거나 무시되고 있다. 그래서 한일 간 과거청산은 지금도 지체되고 있다. 게다가 과거청산의 지체는 청산되어야 할 새로운 과거를 만들어내고 있기도 하다.

한일 간 과거청산 없이는 '동북아시아 공동의 집'도 '동아시아공동체'도 요연하다. 1965년의 애매한 과거청산의 경험이 그것을 입증한다. 청산되어야 할 '역사의 사실'을 보다 명확하게 확인하고, 그것을 '정의의 기준'에 따라 함께 청산해가는 노력이 바로 지금 절실하게 요구되고 있다.

냉전체제와 한일관계

기미야 타다시 *

1. 머리말: 이 글의 목적과 의의

한일관계는 통상적인 양국관계로서의 측면은 있으나, 그것만으로는 환원될 수 없는 다음과 같은 세 가지 제약 조건이 있다. 첫째는 일본과 유라시아 대륙 사이의 결절점에 위치한 '반도'라는, 한반도가 지닌 지정학적 조건이다. 20세기 초엽 일본이 한국을 식민지로 한 것은 일본과 한국, 두 나라 간의 귀결이라고 하기 보다는 중국과 러시아간의 대립관계 속에서 한반도를 일본의 세력권에 편입시켜두는 것이 일본의 안전보장에 중요하다고 생각했기 때문이다. 1930년대에 들어와 일본이 중국을 본격적으로 침략할 때, 한국은 병참기지로서 역할을 했다. 이처럼 지정학적 조건으로 보면, 대륙에서 튀어나온 '반도'(半島)의 한국은 '대륙 세력'과 '해양 세력'사이에서 세력의 각축 대상이 되기 쉬운 면이 있다. 두 번째는 일본이 36년에 걸쳐 한국을 지배했다는 점이다. 특히 '인접 식민지'였기 때문에 일본에서의 '이민'이 급증하여, 제 2차 세계대전이 한창인 때에는 군인도 포함하여 75만 명의 일본인이 한국

* 木宮正史, 일본 도쿄대학 대학원 총합문화연구과 교수.

에 '이주'하게 된다.[1] 거꾸로 한국에서 일본으로 온 '이주'도 200만 명에 가까웠다.[2] 이처럼 방대한 인적 교류는 '탈식민지화'과정에서 매우 복잡한 문제를 초래하게 된다. 식민지화 과정에서 이동한 인간이 '탈식민지화'와 동시에 모두 '모국'(母國)으로 돌아갔을 리는 없으며, 실제로 정착하여 무언가 재산을 이룬 경우에는 그 재산을 둘러싼 권리 의무 관계가 생기기 때문이다. 세 번째는 제2차 세계대전 후의 국제관계를 지배한 동서 냉전체제이다. 냉전체제로 인해 한반도는 남북으로 분단되었을 뿐만 아니라 중국과 일본에도 많은 영향을 미쳐, 세계적으로 보아도 동아시아가 냉전체제의 중요한 초점의 하나가 되었다. 그리하여 이 체제는 한일관계를 종래와는 다른 의미에서 접합(接合)하는 역할을 하게 되었다.

이 글에서는 이렇듯 한일관계를 제약하는 조건에 관하여, 특히 가장 후발 조건인 냉전체제가 그 외의 두 가지 제약조건을 어떻게 '변질' 또는 '강화'시켰는가, 그리고 그것이 한일 두 나라 간의 관계 전개에 구체적으로 어떤 영향을 미쳤는가를 분석하는 것을 목적으로 한다.

그러면 냉전체제와 연관 지어 한일관계를 논하는 것이 도대체 어떤 의미가 있는가? 한편에서는 냉전체제가 한일관계를 '접합'해왔다는 측면이 지적되어 왔다. 냉전체제하에서 '반공(反共)자유주의'진영에 속해 미국과의 '동맹'관계를 '공유'하는 한일관계가 '탈식민지화'에 의해 귀결된 한일 이간역학(離間力學)을 '극복'하는 형태로 국교(國交)정상화가 달성되었다. 또한 국교정상화 이후에도 냉전체제하 미국과의 '동맹'관계로 매개된 한일관계가 '역사 인식을 둘러싼 괴리'에 기인한, 갈등에 넘치는 한일관계를 '억누르고' 있었던 것이다.

다른 한편에서는 냉전체제에 의한 제약이 본래의 마땅한 탈식민지

1) 高崎宗司(2002), p. 14.
2) 森田芳夫(1996), p. 17.

화의 방식을 '왜곡'해버렸다고 하는 점도 지적되어왔다. 바람직한 '탈식민지화'가 무엇인가 하는 문제는 논의의 여지가 있지만, 냉전체제로 인한 제약이 없었다면 한국은 적어도 일본으로부터의 '탈식민지화' 과정에서 안이한 타협을 하지는 않았을 것이다. 그러나 냉전체제로 인한 제약, 다시 말하면 '동맹국' 미국에 의한 '동맹' 강화의 압력과 북한과의 경쟁적 대치라는 상황하에서, 한국 정부는 일본으로부터 '경제협력'을 획득하는 일이 급선무라고 생각했다. 그 결과 한국으로서는 반드시 만족할 만한 결과를 얻을 수 없었다는 것이다.

냉전체제와 '탈식민지화'와의 관계에 관한 이런 대조적인 두 평가는 그 전제가 되는, 본래의 바람직한 '탈식민지화'의 내용에 관한 평가에 있어서 다르며, 또한 냉전체제로 인한 제약을 어느 정도 중시하는 가에 의해서도 다르다. 그러나 여기서 공통적인 것은 '탈식민지화'과정에 대한 냉전체제의 제약을 결정적으로 중시하고 있다는 점이다. 이 글도 그런 점을 고려하여 냉전체제와의 관계에 초점을 맞추어 한일관계를 고찰하기로 한다.

어쨌든 한일관계는 일본과 한국의 관계로만 논의되는 일이 많았다. 이는 언어의 의미로만 본다면 당연한 일인지도 모른다. 또한 한편으로는 한일 간의 공통 이익이 상당히 의식되면서도 한국과 일본 두 사회 특히 한국 사회에서 강조된 것은 일본의 식민지 지배라는 역사 경험에 기인한 한일 간 갈등적 측면이었기 때문이다. 특히 냉전기에는 냉전을 '여건'이라고 보았으며 대미(對美) 관계도 가변적 조건으로 보기보다는 '여건'으로 간주하는 경향이 강했기 때문에 '미국이라는 행위자'를 상대화하여 추출, 그것이 한일관계에 어떤 영향을 미쳤는가를 분석하는 작업은 그다지 시도되지 않았다. 예를 들면, 한일 국교정상화 과정에서 한일 양국은 모두 미국이 한일 어느 쪽에 유리 혹은 불리하게 관여하고 있다, 아니면 관여하도록 작용해야 한다고 말했듯이, 미국을 사이에 두고 한일 간 '줄다리기'를 하는 양상이 보이는 경우도 있었다. 그러나 이는 냉전체제가 한일관계를 어떻게 규정했는가 하는 문제의식으로까지 승화된 것은 아니었다.

그러나 냉전의 종언과 함께, 냉전의 제약에서 상당히 해방됨으로써 한국과 일본은 모두 냉전체제가 한일관계를 어떻게 제약해왔는가를 객관적으로 분석할 수 있게 되었다. 그리하여 특히 '미국이라는 행위자'가 적어도 제2차 세계대전 후의 한일관계에 어느 정도 그리고 구체적으로 어떤 형태로 관여해왔는가를 한미(韓美) 두 나라 간의 외교문서 등을 이용하여 실증적으로 분석하는 일이 가능해진 것이다.[3] 최근 그러한 분석을 통해 어찌 보면 냉전체제와는 관계없는 듯 보이는 한일 양국의 여러 문제가, 실은 냉전체제와 깊이 연관되어왔다는 사실들이 밝혀지고 있다. 따라서 한일 간에 가로놓인 여러 문제를 해결하기 위해서는 그런 문제들이 냉전체제와의 연관 하에 어떻게 형성되었는가를 고찰하는 일이 필요불가결해졌다.

2. 냉전 초기의 한일관계: 한일관계의 초기 조건

전후 한일관계의 초기 조건을 규정한 것은 한국이 일본의 식민지배로부터 탈피하기 위해 과거 역사를 '청산'함과 동시에 경제적으로도 자립적인 관계를 달성함으로써 새로 대등한 관계를 구축한다는 한국의 과제의식이었다. 그런 과제에 관해서는 본래 예를 들면, 종주국과 식민지 간 독립전쟁이 있거나 또한 종주국과 탈식민지 독립국가 사이에 무언가 법적인 계약을 맺는 형태로 탈식민지화를 둘러싸고 여러 가지로 문제 해결을 도모하는 것이 통상적 예이다. 그러나 한일 두 나라는 이런 과제를 둘러싸고 직접 부딪치는 일 없이, 사실(事實)로서의 '탈

3) 이 분야의 선구적인 연구로는 기미야 타다시(1996), 이원덕(1996), 李鍾元(1994a; 1994b) 논문을 참조할 것.

식민지화'가 그것도 '남조선'을 분할 점령하여 군정(軍政)을 펼친 미국에 의해 행해졌다는 점이 특징적이다.

한국은 1945년 8월 15일을 경계로 일본의 식민지배에서 '해방'되었으나, 이것이 '독립'을 의미한 것은 아니었다. 여운형을 중심으로 하는 건국준비위원회(建準)가 서울에 기반을 두고 조선인민공화국(인공)의 건국을 선언했지만, 북위 38도선을 경계로 한 미(美)·소(蘇) 분할 점령이 미·소의 합의로 이미 결정되어 있어 미군정이 조선인민공화국(인공)을 부인했기 때문이다. 그 후 남·북한 통일정부의 수립을 지원해야 하는 미·소공동위원회가 결렬되고, 남북 쌍방에 단독 정부를 수립하려는 움직임이 미·소에 의해 지지됨으로써 미·소의 분할 점령은 1948년 8월에서 9월에 걸쳐 대한민국과 조선민주주의인민공화국의 병립(竝立)이라는 남북 분단국가 체제로 귀결되었다.

그 사이 한일관계는 전후 처리의 일환으로 인적 이동 및 무역관계가 GHQ(연합군 총사령부)를 중개로 하여 행해졌으나 탈식민지화를 둘러싸고 한일 간 법적 계약(*de jure decolonization*)이 존재한 것은 아니었다. 환언하자면, 기정사실로서 '탈식민지화'(*de fact decolonization*)가 선행된 것이다. 한국 정부는 일본에 대한 '전승국'의 입장에서 샌프란시스코 강화조약에 참가할 것을 요구했으나, 주로 중국 참가문제를 둘러싼 영·미 간 대립의 여파와 일본 정부의 로비활동 등으로 인해 '전승국'으로서 참가할 수 없었다.[4] 따라서 전승국의 입장에서 일본을 상대하는 것은 불가능해졌다.

일본으로서도 식민지에서 어떻게 '손을 뗄 것인가', 구체적으로는 어떤 식으로 과거를 '청산', 더구나 식민지와 어떻게 새로운 관계를 구축할 것인가의 문제는 본디 자각적으로 몰두하지 않으면 안 되는 것이었다. 일본 정부는 한편에서는 1945년 8월 15일 패전하고부터 샌프란시

---

4) 이 문제에 관해서는 金民樹(2002)를 참조할 것.

스코 강화조약에 의해 강화(講和)되기까지는 그 사이에 적어도 형식적으로는 한반도에 대한 일본의 '주권'을 계속 주장했다.[5] 패전 후까지 식민지 지배를 계속하려는 의도가 있었던 것은 아니지만, 1945년 8월 이후 한일 간에는 일체의 법률적 계약이 없었으므로 법률적 의미에서의 현상 변경은 없었다고도 할 수 있다. 그러나 다른 한편 사실(事實)로서 선행된 '탈식민지화'에 대해 일본이 무언가 명확한 비전을 지니고 있던 것은 아니었다. 다만 재일(在日) 한국인에 대한 대응은 일본 정부로서는 '골칫거리'였으며, 한일 간 어장(漁場)을 어떻게 할당할 것인가 등 긴급한 과제를 안고 있었으므로 한국 정부와 어떤 식으로든 교섭해야 한다는 필요성을 느끼고 있었다.

이와 같이 기정사실로서 '탈식민지화'가 선행된 가운데, 또 하나의 다른 요인이 한일관계를 제약하게 되었다. 바로 냉전체제였다. 미・소 냉전체제가 '탈식민지화'에 법적인 의미를 부여한 것은 아니었으나, 다음과 같은 정치적 역학관계가 '탈식민지화'에 작용하였다.

냉전체제는 한편에서는 한일 두 나라를 똑같은 반공 진영에 귀속시킴으로써 두 나라를 접근시키는 역학으로 작용하였다. 미국의 입장에서는 한일관계를 긴밀히 하는 것이 반공 진영의 결속을 강화할 뿐만 아니라 각각의 경제부흥에 기여하므로 정치적 안정을 확보하는 것과 연결된다고 생각했다. 또한 이는 미국으로서도 한일 양국에 대한 원조라는 무거운 짐을 줄여가기 위한 유효한 방법으로 생각되었다. 다른 한편에서는 반공 진영의 일원으로 북한과 대치하는 냉전체제의 '전초'(前哨: *outpost*)[6]로서의 한국, 중국 혁명 이후 동아시아에서 반공 진

---

5) 일본이 1945년 8월 15일 이후에도 조선에 대한 주권 보유를 주장했다고 하는 사실의 발굴, 그리고 그것이 미국의 대한(對韓)정책에 미친 영향에 관해서는 나가사와 유코(2007)를 참조할 것.

6) '前哨'(*outpost*)라는 개념 및 한국을 전초로 규정한 연구로서는 Lee(1995)를 참조할 것.

영의 중심을 짊어져야 할 냉전체제의 '후배지'(後背地: *hinterland*)로서의 일본, 더구나 이 양자의 반공 보수 세력을 각각 '특별 지원'해주는 일이 필요해졌다. 그러나 양자의 이해가 첨예하게 대립하는 쟁점에 관하여 한쪽만을 편드는 것은 다른 한쪽에 손해를 끼치게 되는 만큼 쟁점에 관한 개입에는 신중하지 않을 수 없었다. 따라서 냉전체제는 적어도 1950년대에는 한일관계의 긴밀화를 촉진하면서 한편으로는 일정한 제약도 있었다고 생각해야 할 것이다.7)

이러한 조건하에서 기정사실로서 선행된 '탈식민지화'에 법적 의미를 부여하는 작업은 한일 간의 직접적인 조약이 아니라 미국을 매개로 하는 형태로 전개되었다. 샌프란시스코 강화조약으로 인해 일본 정부는 한편으로는 한반도에서의 일본 관련 재산에 관한 미군정의 몰수 조치를 추인했으나, 다른 한편으로는 한국 정부와 재산 관계의 처리는 한일 정부 간의 조약에 의한다는 규정을 만들었기 때문에8) 한일 양

7) 李鍾元(1994a).

8) 1945년 이후 1945年 12月 6日 미군정 법령 제33호 제2조는 "1945년 8월 9일 이후 일본 정부, 그 기관 또는 국민, 회사, 단체, 조합, 정부의 기타 기관 혹은 정부가 조직 또는 감독하는 단체가 직접 간접 혹은 그 전부 또는 일부를 소유 또는 관리하는 금, 은, 백금, 통화, 증권, 은행감정, 채권, 유가증권 또는 본 군정청의 관할 내에 존재하는 기타 전 종류의 재산 또는 수입에 대한 소유권은 1945년 9월 25일부로 미 군정청이 취득하고 미 군정청이 그 재산 전부를 소유함"이라고 정했으나, 이에 대해 일본의 전후처리를 목적으로 연합국과 일본 간에 1951년 9월 8일에 조인된 샌프란시스코 강화조약 제4조 (b)에서 "일본국은 제2조 및 3조에 든 지역의 어느 곳인가에 있는 합중국 군정부에 의해 , 또는 그 지령에 따라 행해진 일본 및 그 국민의 재산 처리 효력을 승인한다"고 정하여, 위의 미군정 법령 제33호 제2조에 의한 조치의 법적 효력은 일본 정부가 최종적으로 승인하기로 결정되었다. 그러나 마찬가지로 (a)항에서는 "(a) 이 조의 (b) 규정을 유보하고, 일본과 그 국민의 재산으로 제2조에 든 지역에 있는 것과 함께 일본 및 그 국민의 청구권(채권 포함)에서 현재 이들 지역의 시정을 행하는 당국과 주민(법인 포함)에 대한 처리 및 일본에서 이들 당국과 주민의 재산 그리고 일본과 그 국민에 대한 이들의 당국 및 주민의 청구권(채권 포

정부 사이에 재산 청구권에 관한 조약이 필요하게 되었다. 이 규정의 의미에 관하여 한국 정부는 일본의 식민 지배가 한국 사회에 초래한 피해를 일본 정부가 배상 또는 보상하기 위한 것으로 간주하였다. 그러나 일본 정부는 이 규정을 전혀 다른 의미로 해석했다. 한국에 있다가 일본으로 철수한 자들이 한국에 남겨둔 재산에 관해서는 여전히 권리를 지닌다고 여겼으며, 일본 정부가 그 권리를 주장할 외교 보호권을 지닌다는 인식이었다.[9)]

그러면 샌프란시스코 강화조약에서는 왜 이런 애매한 규정이 만들어졌는가. 다시 말해 일본 정부의 대한(對韓) 청구권을 인정하는 듯한 여지를 남긴 규정이 왜 만들어졌는가 하는 것이다. 만일 종전 직후 구상된 것과 같은 일본에 대한 징벌적인 정책이 채용되었다면 이런 애매한 규정은 없었을 것이다. 한국 및 한반도에 대한 일본의 재산 청구권은 일체 포기한다는 것만을 규정하면 되었을 것이다. 다만 이 경우 한국 정부와 한국 국민의 대일(對日) 청구권을 어떤 법적 근거에 기초하여 인정할 것인가 하는 문제는 남는다. 그 결과 한편으로는 미 군정이 행한 일본 관련 재산의 몰수를 일본 정부가 인정하게 함으로써 전승국으로서 미국의 행위를 승인시켰으나, 구 종주국 일본과 식민지 한국 간의 문제에 관해서는 당사자에게 맡긴다는 태도를 선택한 것이다.[10)]

함) 처리는 일본과 이들 당국과의 특별 취급 주제로 한다(이하 생략)"고 정해져 있으며, 한일 간의 재산 청구권에 관해서는 한일 정부 간의 결정에 의한다는 여지를 남겼다.

이상의 외교문서에 관해서는 아래 데이터를 참조할 것. 데이터베이스 〈世界と日本〉, 戰後日本政治・國際關係データベース, 東京大學東洋文化研究所 田中明彦研究室(文書名), 日本國との平和條約(場所) サンフランシスコ(年月日) 1951年 9月 8日(出典) 日本外交主要文書・年表(1), 419~440頁. 主要條約集, 5~32頁. http://avatoli.ioc.u-tokyo.ac.jp/~worldjpn/documents/texts/docs/19510908.T1J.html.

9) 吉澤(2005), pp. 46~47.

이는 이후 한일관계에 대한 미국의 기본자세를 반영한 것이었다. 한편으로 미국은 자신들의 '중개'로 한일관계를 긴밀히 한다는 일을 시도한 것이지만, 다른 한편으로 그것은 이를 테면 한일 어느 한 쪽의 '편을 드는' 것으로 인식되므로 양국 안에서의 대미(對美) 여론을 악화시키지 않을 정도로 '중개를 자제한다'는 것이었다.[11)]

사실로서 선행된 탈식민지화에 법적 의미를 부여함과 동시에 한일 간의 구체적 현안에 몰두하기 위해 GHQ가 중개하는 예비회담을 거쳐 1951년에 제1차 회담이 개최되었다. 그러나 이런 두 가지 목적을 가진 한일 회담의 우선순위에 관해, 한일 간에는 처음부터 의견이 엇갈렸다. 한국 정부는 '탈식민지화'에 법적·경제적 의미를 부여함으로써 '탈식민지화의 완결'을 우선시킨 데 비해, 일본 정부는 한일 간의 구체적 현안문제의 해결에 주안점을 두었기 때문이다.

1950년대 이승만 정권기의 한일관계는 이 두 가지 접근방식이 '서로 대립하는' 것이 지속되던 시기였다.[12)] 때로는 일본의 식민지 지배의 불가피성을 변명하려 한 결과, 식민지 지배를 '정당화'한 것처럼 받아들여진, 한일회담 수석대표 구보타 칸이치로(久保田貫一郎)의 '구보타 발언' 등이 등장했다. 그리하여 이 발언에 대한 한국측 반발[13)]로 인해 한일 국교정상화 교섭은 어쩔 수없이 중단되기도 했다. 또한 이승만 정권에 의한 '평화선'(이승만 라인)의 일방적 선포와 그 침범 어선에 대한 나포 및 어부 억류는 일본 국내의 반한(反韓)·반(反) 이승만 감정을 북돋았다.[14)] 또한 1959년부터 1961년에 걸쳐 약 9만 명에 이르

10) 吉澤(2005), p. 46.

11) 李鍾元(1994a).

12) 1950년대의 한일 교섭에 관해서는 太田(2003), 吉澤(2005), 박진희(2006)를 참조할 것.

13) 예를 들면, 김용식(1993), pp. 199~219.

14) 1950년대의 한일 어업관계에 대해서는 아래 논문을 참조할 것. 藤井賢二

는 재일(在日) 조선인이 북한에 '귀국'하기를 희망하고 일본 정부도 이를 실질적으로 지원한 일이 한국의 반감을 사 한일 국교정상화 교섭이 다시 한 번 중단되는 사태도 일어났다. 이른바 재일 조선인의 '북송'·'귀환' 사업이다.15)

이러한 제 문제는 일견 냉전체제와는 관계없는 것처럼 보일지도 모른다. 그러나 어느 의미에서 이런 문제가 한일 간에 한편으로 쟁점화되면서도 다른 한편으로 한일 간의 긴장이 필요 이상으로 격화되는 것을 방지한 것은 냉전체제에 의한 제약이 양국 정부의 정책 선택을 제어하고 있었기 때문이다. 한일 모두 냉전체제하에서 미국과 사실상 동맹관계에 있었다. 그러므로 각각 미국을 적극적으로 관여시키기 위해서도 양국 모두 역사인식과 어업 문제 등에서 양보하면서까지 해결을 모색할 필요성은 느끼지 않았다. 한일 간의 긴장 격화가 냉전체제 자체에까지 동요를 초래해서는 안 된다고 생각했기 때문이다.

더구나 재일 조선인의 '북송'(北送)은 냉전체제로 인한 한일관계에 대한 제약의 '틈새를 절묘히 이용하는' 형태로 이루어진 것이었다. 일본 정부의 주목적은 재정 부담과 국내 치안상 '골칫거리'인 재일 조선인을 귀국시키는 데 있었으나, 북한 정부로서는 국교정상화 교섭을 둘러싸고 정체된 한일관계에 쐐기를 박아, 잘 되면 일본과 국교정상화 가능성까지도 사정(射程)거리에 넣은 선택이기도 했다. 이런 선택을 하게 된 배경에는 정권의 정통성을 둘러싼 남·북한 간의 대립이 있었다. 이 사업을 둘러싸고 한국 정부의 대일(對日) 비판이 강해졌을 뿐 아니라 미국 정부도 일본의 정책을 비판했다. 그러나 원래 일본 정부의 목적이 북일 국교정상화를 추진하려고까지 한 것은 아니었으므로 한일 교섭에 치명타가 되지는 않았고, 사업 추진의 '명분'이 '본인이 희

(2005).

15) 재일 조선인의 귀환사업에 관한 다각적인 분석에 관해서는 高崎·朴(2005)을 참조할 것.

망하는 조국으로의 귀환'이라는 인도적 배려에 있었으므로 미국의 비판도 형식적인 데 머물렀다.

이런 한일관계의 '교착상태'를 타파한 것은 경제협력이라는 관점의 '도입'이었다. 이는 냉전체제하에서 반공 자유주의 진영을 강화하기 위해, 한일 경제협력으로 양국이 경제발전이라는 이익을 향유함과 동시에 그것으로 한국의 정치적 안정을 확보함으로써 공산주의의 '간접 침략'을 억지(抑止)하는 것을 목적으로 한 것이었다.[16] 그런 의미에서 경제협력을 매개로 한 한일 결합이라는 발상은 바로 냉전체제하의 제약에 대응하는 것이었다.

3. 한일 국교정상화 교섭의 정치과정: 청구권 문제를 중심으로[17]

일본 정부는 1961년 1월에 시작되는 제 5차 한일회담에 앞서 한국측에 청구권을 포기시키는 대신 상당한 액수의 무상 원조를 제공하는

---

16) 1960년 이전에도 일종의 '지역통합'정책을 염두에 둔 미국의 대(對) 동아시아 정책은 어떤 의미에서는 일본과 한국 간의 국제분업 관계를 '부활'시키려는 의도를 지니고 있었다는 점에서, 냉전하의 한일 경제협력이라는 구상이 1960년대에 비로소 '고안'된 것은 아니었다. 그러나 그 이전에는 무엇보다 '탈식민지화'의 과제를 우선시한 이승만 정권의 저항 때문에 충분히 실현될 수는 없었다. 이 점에 대해서는 李鍾元(1996)을 참조할 것.

17) 이하의 분석은 기미야 타다시(2001)의 논문을 수정 보완한 것이다. 이 논문이 완성된 후 2005년 1월과 2005년 8월에 기밀 해제되어 공개된 한국 정부의 외교문서를 열람했으나 대체로 한일 국교정상화 교섭에 관한 기존의 해석을 크게 변화시킬 필요는 없다고 생각된다. 그러나 기존의 해석과는 다른 새로운 견해도 간간이 보인다. 다만 한국 정부의 외교문서가 상당한 규모로 공개되었음에도 불구하고 한일 국교정상화 교섭과 관련된 일본 정부의 외교문서는 2007년 12월에 부분적으로 공개되었을 뿐이다. 따라서 여전히 한국 정부 외교

'경제협력' 방식으로 청구권 문제를 해결하기로 결단했다.[18] 또한 이 문제에 관해서는 미국 정부와도 사전 합의가 이루어져 있었다.[19]

더구나 공식 루트를 통한 것은 아니지만 한국측에도 이를 전하여 좋은 반응을 얻고 있었다.[20] 제5차 회담은 군사쿠데타로 일시 중단되었으나 그 직후인 6월의 케네디 대통령과 이케다(池田) 총리대신 간의 미·일정상회담에서는 '민정(民政) 이관'을 조건으로 하고 한국의 군사정권을 지지하며, 한일 국교정상화로 한국의 경제발전을 도모함으로써 정치적 안정을 달성한다는 기본 노선에 관한 합의가 형성되었다.[21] 이를 결정적으로 한 것이 11월 박정희 국가재건최고회의 의장

문서와 미국 정부의 외교문서 내용에만 의존하여 한일 국교정상화 교섭을 분석하지 않으면 안 된다는 한계가 있다. 북일 국교정상화 교섭을 앞둔 외교상의 요청에서 한일 국교정상화와 관련된 일본 정부 외교문서를 비밀 해제하기는 곤란하다는 사정은 어느 정도 이해할 수 있다. 그러나 현상적으로는 오히려 그 외교문서를 비밀 해제하여 한미 간 외교문서에만 의존하지 말고 보다 균형 있는 분석을 하는 것이 한일 국교정상화 교섭에 대한 역사적 평가 작업을 진전시키고 나아가 북일 국교정상화 교섭에도 플러스가 된다고 생각하는 편이 좋은 것이 아닌가 생각한다.

18) 日本外務省 "對韓経濟技術協力に關する予算措置について", NHK "NHKスペシャル 調査報告アジアからの訴え 問われる日本の戦後處理", 1992年 8月 14日 방영, 新延明(Niinobe Akira) (1993).

19) Telegram from Department of State to American Embassy Tokyo and Seoul(4/7/61), RG 59, Central Decimal Files(CDF), 694.95B/4-761, National Archives and Records Administration(NARA).

20) Telegram from American Embassy Tokyo to Department of State(4/6/60) RG 59, CDF, 694.95B46/4-660 HBS, NARA. 이 문서에 의하면, 이세키(伊關: 외무성 동북아시아 과장)가 1960년 4월 5일 주일공사(駐日公使) 유태하(柳泰夏)와의 비공식 접촉에서 청구권을 포기하는 대신, 남아시아와 동남아시아 제국(諸國)에 대한 배상(賠償) 협정과 같은 형식의 '경제협력' 방식을 시사한 데 대해, 유태하는 충분히 검토할 가치가 있는 제안이라고 답했다고 한다.

21) 232 Memorandum of Conversation, Washington, June 20, 1961, Subject Korea, Foreign Relations of the United States, 1961~1963, Vol. XXII,

의 방미(訪美) 도중에 있던 방일(訪日)이었다. 군사 정부 안에서 한일 교섭에 가장 적극적이던 김종필 중앙정보부장의 방일로 사전 조정이 이루어진 후, 박정희 의장의 방일을 초청하는 이케다 총리대신의 친서(親書)를 한일 회담 수석 대표인 스기 미치스케(杉道助)가 박정희 의장에게 직접 건네는 절차를 밟고 난 뒤 박정희 의장의 방일은 실현되었다.[22] 이케다 총리대신과의 회담에서 박정희 의장은 청구권이 배상적 성격을 지니는 것이 아니라 법적 근거를 지니는 데 한정된다고 설명하였다. 이케다 총리대신도 청구권이라는 명목만으로 방대한 금액을 지불하기는 어려우므로 법적 근거가 확실한 항목에 대해서는 청구권으로 지불하고, 그 이외의 항목은 무상 원조 또는 장기 저리(低利)의 차관(借款)으로 지불할 것을 시사했다.[23] 이처럼 이케다·박정희 정상회담에서 청구권 문제 해결은 '경제협력' 방식으로 공식적으로 제시된 것이다.

그러나 이런 내용이 일본 언론에 의해 보도되자, 한국 국내에서 박정희 정권이 일본에 타협한 것은 아닌가 하는 비판이 일어났기 때문에, 박정희 의장은 종래의 입장을 바꾼 것이 아니라고 변명하였다. 그 후 시작된 제6차 회담에서도 박정희 의장은 어디까지나 청구권 문제

Northeast Asia, U.S.G.P.O., Washington D.C., 1996, pp.489~490.

22) 이 점에 대해 스기(杉)와 동행했던 마에다 토시가즈(前田利一: 외무성 북동아시아 과장)에 의하면, 송요찬(宋堯讚) 국무총리가 매우 냉담하고 고압적인 태도로 대한 데 비해 김종필은 매우 따듯하게 환대해주었다고 회고한다. 이는 군사정권의 대일(對日) 정책이 반드시 일사불란하게 견고한 것은 아니었다는 사실, 그리고 김종필이 실질적으로는 대일 교섭을 담당하고 있었음을 시사한다(마에다 토시가즈와의 인터뷰).

23) 박의장-"이케다" 회담 회의록 1961년 11월 12일, 韓國外交通商部 外交文書登錄番号 786, 分類番号 724.11JA1961, 롤번호 Re-0013 파일번호 01 〈朴正熙國家再建最高會議議長日本訪問 1961년 11월 11~12〉, 프레임번호 227-231.

와 경제협력은 별개의 문제이며, 전자가 해결되는 것이 후자의 전제조건이라는 입장을 고집했다. 청구권 문제가 유야무야된 채로 경제협력 문제로 치환되는 것을 경계했기 때문이다.[24] 다른 한편으로 일본 정부는 청구권이라는 명목으로 지불 가능한 금액이 한국측이 요구하는 액수와 괴리가 크기 때문에 한국이 청구권을 포기하는 대신 일본이 무상원조 공여라는 명목으로 한국측이 요구하는 금액에 근접할 수 있다는 대안을 제시했다. 한국측도 이 기회에 청구권 순 변제(純辨濟)와 무상원조라는 두 가지를 동시에 해결하고자 했으나 이 경우에도 금액의 괴리는 메워지지 않았다. 이에 일본측은 무상원조를 제공하는 외에도 장기 저리의 차관(*soft loan*) 제공을 덧붙여 한국측이 요구한 액수와 맞추고자 했다. 이 제안에 대해 한국측은 처음에는 경계했으나 미국측의 강한 압력도 있었고 청구권 문제를 무상 제공과 차관이라는 두 가지로 해결함으로써 자신들의 요구액에 근접시키려 했다.

이상과 같은 과정을 거친 한일 간의 실무적 절충으로 인해 쌍방 대립점은 점차 타협의 방향으로 향했다.[25] 예비회담은 당초에는 일본측이 1.5억 달러, 한국측이 6억 달러라는 구체적인 숫자를 제시하는 것으로 출발했으나, 쌍방의 요구 특히 청구권을 포함한 무상 원조에 관해서는 쌍방 모두 금액, 나아가서는 형식에서도 점차 의견의 접근을 보았다. 최종적으로는 김종필 부장과 오히라 마사요시(大平正芳) 외

---

24) "김종필 중앙정보부 부장 방일시 일본 고위층과 행할 교섭원칙", 韓國外交通商部 外交文書登錄番号 795, 分類番号 724.41JA1962, 롤번호 Re-0013 파일번호 06 〈金鍾泌特使日本訪問, 1962.2.19~24〉 프레임번호 6-8.

25) 제6차 회담의 내용에 관해서는 아래 자료를 참조할 것. 韓國外交通商部外交文書登錄番号750, 分類番号723.1JA, 롤번호 Re-0009 파일번호 02 〈第6次韓日會談: 請求權委員會會議錄第1~11次, 1961. 10.27~1962. 3.6〉. 韓國外交通商部外交文書登錄番号 747, 分類番号 723.1JA, 롤번호 Re-0009 파일번호 04 〈第6次韓日會談會議錄第2次政治會談予備折衝: 請求權關係會議〉.

상 간의 회담에 임하면서 한국 정부는 청구권과 무상원조 패키지를 받아들이기로 결단, 3~3.5억 달러가 타협선이라는 인식이 한일 양국 정부사이에 공유되었다.[26] 여기에는 한일 간의 서로 다른 입장을 중개하여 타협을 성립시키고자 한 미국의 의도가 작용하였다. 미국은 한일 쌍방으로부터 계속 정보를 수집하면서 청구권 문제에 관한 양자의 주장을 대체로 3억 달러 정도에서 접근하려는 듯한 시사를 주고 있었기 때문이다.[27] 그리하여 미국은 교섭을 촉진시키기 위해 각각 주일 대사관과 주한 대사관을 통해 금액에 관해서는 일본측에, 형식에 대해서는 한국측에 양보하도록 독촉했다. 미국으로서는 냉전체제하에서 반공 진영을 강화하기 위해서는 한국이 일본으로부터 도입하는 '금액'이 문제이지 그것이 어떤 '명목'으로 행해지는가는 중요하다고 인식하지 않았기 때문이다.

제6차 회담의 실무적 절충에서 이상의 성과에 기초하여 1962년 10월과 11월, 두 차례에 걸쳐 김종필·오히라 회담이 열렸다. 제1차 김종필·오히라 회담에 임하여 한국 정부는 양국사이에 앞으로의 번영 및 극동에서의 평화와 안정 유지, 자유 진영의 일원으로서 반공(反共) 결속을 강화하기 위해 한일 국교정상화가 필요함을 강조함과 동시에,

---

26) 한국 외무부 동북아과, "김부장과 일본수뇌와의 회담, 1962년 10월 12일", 韓國外交通商部外交文書 登錄番号796, 分類番号 724.41JA, 롤번호 Re-0013, 파일번호 07 〈金鍾泌特使日本訪問 1962.10~11〉 프레임번호 6-22.

27) "駐日大使發外務部長官宛電文 1962年 10月 21日", 〈金鍾泌特使日本訪問 1962.10~11〉 프레임번호 90-99. 오히라 외상은 러스크(Dean Rusk) 국무장관과의 회담에서 러스크에게 2억 5천만 달러를 고려하고 있음을 암시했다. 이에 대하여 러스크는 그러면 한국측이 납득하지 않을 것이라고 말했다는 것이다. 또 버거(Samuel D. Berger) 주한 대사가 귀임 도중 일본에 들렀을 때 이세키 외무성 아시아국장에게 3억 달러 정도라면 한국이 납득할 것이라고 이야기했다고 한다.

보다 구체적으로는 한국의 군사력이 집단 안보체제하에서 일본의 국방에 공헌하고 있음을 지적, 일본도 그에 대한 응분의 부담을 짊어져야 한다고 주장했다. 이처럼 한국측은 청구권이라는 명분에만 집착한 것이 아니라 그 후 여러 번 대일(對日) 교섭에서 협상 카드로 제시한, 일종의 '안보경제협력'의 논리를 제시한 것이다.[28] 이에 대하여 오히라는 기선(機先)을 잡아 한국의 방위력은 한국 자체를 지키기 위해 존재하는 것이지 일본을 지키기 위해 존재하는 것이라고 한다면 한국 국민의 자부심이 이를 허락하지 않을 것이라고 반박했다고 한다.[29]

제1차 회담에서 오히라는 3억 달러라는 금액을 제시, 특히 민간 차관에 의한 경제협력을 고려할 것임을 시사하였다. 이에 대해, 김종필은 해외경제협력기금(OECF: *Overseas Economic Cooperation Fund*)에 의한 장기 저리 차관을 고려할 것을 요구, 무상과 유상, 상업 차관이라는 세 가지 형식에 의한 해결 가능성을 재확인하였다.[30] 특히 제2차 회담에서는 보다 구체적인 마무리 작업이 이루어졌다. 제1차 회담 결과에 근거하여 11월 12일에 열린 제2차 회담에서 오히라는 "국교정상화를 축하하여 우호 친선을 염원, 한국의 민정(民政) 안정과 경제 발전에 기여하기 위해 (중략) 일본인의 노역 및 일본의 자본재를 제공하기로 한다는 명목을 이용할 것"을 주장하였다. 이에 대해, 김종필은 "한일 간의 청구권 문제를 해결하여 한일 간의 경제협력을 증진하기 위해 일본 정부는 한국 정부에 (중략) 지불 또는 (중략) 차관을 제공하는 방법으로 해결함과 동시에 이것으로 양국 간의 청구권 문제가 해결된 것으로 간주하자"[31]고 주장했다. 이 명목에 관해서는 향후의 검토

---

28) 한국 외무부 동북아과, "김부장과 일본 수뇌와의 회담, 1962년 10월 12일".

29) 大平正芳 回顧錄 刊行委員會, pp. 222~223.

30) "駐日大使發外務部長官宛電文 1962年 10月 21日".

31) 〈第2次 金部長·大平外相會談錄(11/12)〉(1962年 11月 13日) (주일 대사가 외무부 장관 앞으로 작성) 위의 문서 〈金鍾泌特使日本訪問 1962. 10~11〉

과제로 하기로 합의했다.

다음으로, 양자가 타협한 금액은 무상 3억 달러, 10년 지불(단 6년 또는 10년으로 단축 가능) 유상 2억 달러(연리 3.5%, 10년 지불, 7년 거치, 20년 상환), 민간 차관 1억 달러 이상으로 하기로 합의하였다.[32] 이 가운데 민간 차관은 명목만이라도 금액의 총액을 '늘리고' 싶다는 한국측의 강력한 요구가 있었으므로 최종적으로는 3억 달러 플러스 알파로 '증액'되었다. 그러나 이는 일본 정부로서는 정부가 직접 관여해야 할 성격이 아니며, 이 '증액'에 대해서는 일본 정부측은 그만큼 중요한 의미를 두지 않았다. 또한 이 민간 차관을 청구권 처리와 관련한 협정 항목에 포함시켜야 하는지에 대해서도 일본측은 이에 '편승할 생각'은 없었으나, 한국측의 강력한 요청으로 인해 부속문서로서, 그것도 노력하겠다는 규정으로 협정을 맺는 데 몰두하였다. 이 역시 금액의 '총액'을 고집하는 한국 정부의 자세를 반영한 것이었다.

또한 청구권 명목에 관한 협정문구에 대한 합의가 이루어지지 않았으므로 협정의 최종단계에서는 결국 "일본과 한국은 양국 및 양국 국민 간의 청구권에 관한 문제를 해결하기를 희망하며, 다음과 같이 합의했다"는 표현으로 낙착했다. 이 과정에서도 될 수 있는 한 청구권을 해결한 결과라는 사항을 문구에 넣기를 요구한 한국측과, 어디까지나 경제협력을 한 결과로서 이는 청구권 문제가 해결된 것과 마찬가지의 효과를 초래한 것이라고 해석하려는 일본측이 문구를 둘러싸고 격렬한 공방을 벌였다.[33]

프레임번호 162-7.

32) 外務部長官發駐米大使宛電文(12/1/62) 위의 문서 프레임번호 182.

33) 〈資料101: 請求權経濟協力委員會 第6次會議錄(1965. 5. 20)〉, 이도성(1995), pp. 372~384.

4. 한일 국교정상화 교섭의 귀결

이처럼 김종필·오히라 합의로 인해 청구권 문제가 잠정적으로 결착되었으므로 한일 국교정상화 교섭은 급진전할 것으로 보였다. 그러나 1963년에 접어들어 한국 국내의 '민정 이관'을 둘러싼 국내 정치의 혼란, 그리고 이어진 대통령 선거, 특히 일본 중의원 선거 등으로 인해 한일 국교정상화 교섭은 어쩔 수없이 정체되었다. 한국 정부는 한시라도 빨리 타결되기를 바랐지만 한일 교섭을 주도한 김종필 자신은 군사 정권 내부에서 '김종필파 대(對) 반(反) 김종필파'라는 권력 투쟁에 놓이게 되었다. 더구나 미국 정부 안에서도 한국의 정치적 안정을 저해하는 것이 김종필의 '독주'때문이 아닌가 하는 염려가 높아졌다.[34] 일본 정부로서도 군사정권을 상대로 국교정상화를 달성하는 편이 한국 국내의 반대를 누르는 데는 득책(得策)이라는 견해도 일부 있었지만, '민정 이관'을 둘러싼 한국 국내 정치의 혼란에 직면하여 '민정 이관' 후의 타결을 선택하였다.

한국에서 대통령 선거 결과, 박정희가 당선됨으로써 한일 교섭은 정치적 '복권'을 달성한 김종필을 중심으로 하여 정치 결착을 향한 움직임이 가속화되는 것처럼 보였다. 이 시기 최대의 쟁점은 평화선 철폐를 전제로 한 한일 간 어업협정 및 어업 협력문제에 집약되었다. 그러나 한국에서의 반대 운동이 고조된다는, 주로 국내적 정치상황의 추이가 결국 1964년 '6·3 사태'에 이르렀다. 박정희 정권은 국내에서 국교정상화 반대의 여론이 고양되는 데 직면하여, 교섭 동결을 전제로 한 계엄령을 선포하는 것으로 국내 정치의 수습을 꾀하지 않을 수 없었기

34) EMBTEL(*Telegram from US Embassy in Korea to the Department of State*) 504(1/18/63), EMBTEL529(1/27/63), EMBTEL538(1/30/63), NSF., Box 129, J.F.K. Library.(한국정신문화연구원 현대사연구소 편, 1999, pp.709~714, 731~736, 743~750).

때문에 교섭 타결은 연기될 수밖에 없었다.

이 시기 교섭과정의 특징은 교섭과정에 대한 미국 정부의 개입이 한층 더 노골적으로 되었다는 것이다. 미국은 한국 정부 관계자뿐만 아니라 교섭 타결에 반대하는 야당 지도자와도 접촉하여 그들에 대한 설득을 벌였다. 미국 정부는 처음에는 한일 양국 국내의 반미(反美) 여론을 자극하지 않기 위해 자신들의 노골적인 개입에는 소극적이었으나, 진전 없는 교섭에 조바심을 내게 되었다. 베트남 전쟁의 격화라는 정세 변화로 인해 방침을 전환했기 때문이다.[35] 그 결과 1965년 6월, 한일기본조약이 조인되어 국교를 정상화하였다.

국교정상화 교섭이 성립되는 시기를 전후하여 한국의 국내 여론은 탈식민지화에 필요한 조건이 충족되어 있지 않음을 이유로 국교정상화에 대한 반대가 뿌리 깊었다. 구체적으로 들자면, 식민지 지배의 '대가'로서의 청구권 자금 지불액과 평화선 '철폐' 등에 관해 한국 정부가 일본 정부에 '저자세'인 점, 그리고 식민지 지배에 이르는 역사와 식민지 지배 그 자체의 역사에 관해 일본 정부가 반성하지 않는 점 등을 문제로 제기했다.[36] 이처럼 한국의 반대운동은 한일 국교정상화와 냉전체제와의 연관을 거의 자각하고 있지 않았다. 한국이 냉전체제에 편입되어 있는 것은 자명한 일로, 그 자체를 문제시하는 논리는 뿌리 깊은 반공 이데올로기의 제약하에서는 뚜렷하게 드러나기는 어려웠기 때문이다. 이와는 대조적으로 한일 국교정상화에 대한 일본 국내의 관심은 한국에서의 관심보다 낮았을 뿐만 아니라 한일 국교정상화에 대한

---

35) '*Normalization Agreement with Japan*', Administrative History of State Department, LBJ Library. 한일 교섭에서의 미국의 역할에 관한 한국측 외교문서에 대해서는 아래 문서를 참조할 것. 韓國外交通商部外交文書 登錄番号 764, 分類番号723. 1JA, 롤번호 Re-0012, 파일번호 02 〈한일회담에 대한 미국의 입장 1961~1965〉.

36) 한국 국내의 반대운동의 논리에 대해서는 이재오(1985)를 참조할 것.

반대운동의 논리는 '탈식민지화'로 향한 것이 아니라 거의 배타적으로 '냉전'으로 향했다. 구체적으로는 한반도에 남한과 북한이 존재함에도 불구하고 한일 국교정상화는 한쪽으로 치우친 특별 지원을 의미하므로 남북 분단을 고정화하여 냉전체제에 일본이 한층 더 연루되도록 하며, '일본의 평화를 빼앗는다'는 비판이었다. 이 식민지 지배에 대한 역사의 반성과 그에 대한 '보상'이라는 점에 관해서는 한일 정부 간의 합의에 대신할 만한 명확한 대체안이 있었던 것은 아니었다.[37)]

이와 같이 한일 두 사회에는 냉전체제하에서 각각 '전초'와 '후배지'라는 위치지음의 차이에서 귀결되는 냉전체제에의 관여 정도에 괴리가 있었으므로 그것이 냉전체제와 한일관계와의 연관을 어떻게 보는가의 차이로 이어졌다고 생각된다. 다른 한편으로는 '탈식민지화'를 어떻게 생각하는가 하는 문제에 관해서도, 식민지 지배의 가해자와 피해자로서의 차이가 '탈식민지화'의 내용을 둘러싼 인식의 괴리로 드러났다.

5. 그 후의 '냉전체제와 한일관계'

한일 양국에서 한일관계와 이를 둘러싼 냉전체제에 관한 인식의 괴리는 국교정상화 후에도 냉전시대를 통해 기본적으로는 지속되었다고 볼 수 있다. 1970년대에는 미(美)·중(中) 화해로 인해 한반도를 둘러싼 냉전 상황이 크게 변화하였으므로 일본도 중국과의 국교 정상화를 달성했다. 그러나 그것이 한반도의 냉전에 미친 영향은 매우 한정적이었으며 남북 간의 긴장은 지속되었다. 이런 변화가 한일관계에 미친 영향은 다음과 같이 양의(兩義)적인 것이었다. 그것은 한편으로는 한반도의 냉전에 대한 미국의 관여가 불투명해진 상황 속에서 한국과 일

---

37) 일본 국내의 반대운동에 관해서는 吉澤(2005) "第8章 日本における日韓會談反對運動: 1960年代を中心に"를 참조할 것

본이 그런 상황을 보전(補塡)하기 위해 종래와는 질적으로 다른 보다 직접적인 협력가능성을 모색하게 된다. 한국의 무기산업 육성에 필요한 중화학 공업화에 일본 정부가 적극적 자세를 보인 것은 이를 상징하는 것이었다. 그러나 다른 한편으로 일본 정부는 중(中)·일(日) 국교정상화 이후 이번에는 경제발전을 중심으로 북한과의 관계 개선을 모색한다. 이런 자세는 한국에서 보면 '양다리 외교'이며, 일종의 '배신'으로 인식되었다. 냉전체제에 대한 이런 인식의 차이는 역사인식을 둘러싼 한일 간의 인식차이와 결합하여 마찰의 중요한 원인을 제공하였다. 1970년대에 긴밀해진 한일관계에도 불구하고 1973년 일본에서 전 신민당 대통령 후보인 김대중이 한국 중앙정보부에 의해 납치된 김대중 납치사건, 그리고 다음해인 1974년 재일(在日) 한국인 문세광이 대통령을 저격한 사건 등은 한일 간에 마찰을 야기했다. 이들 사건이 한일 간의 마찰을 증폭시킨 배경에는 위와 같은 한일 간 인식의 괴리가 있는 것이다.

1980년대에 들어서자, 소련의 아프가니스탄 침공에 수반한 '신 냉전'상황으로 인해 냉전에의 관여를 둘러싼 한일 협력의 필요성이 한층 더 높아졌으므로 냉전체제를 둘러싼 한일 간의 괴리가 드러나는 일은 없어졌다. 그러나 역사인식을 둘러싼 한일 간의 괴리는 1982년 역사교과서를 둘러싸고 뚜렷이 드러났다. 다만 한일 간의 이런 마찰이 필요 이상으로 한일관계를 악화시키는 일은 없었다. 냉전이라는 제약 조건이 한일관계의 악화에 일정한 브레이크로 작용했기 때문이다.

그런데 1990년대에 들어와 냉전이 종언을 고하자, 종래 한일관계를 결부시켜 왔던 역학(力學)이 약해졌다. 반공 자유주의 진영으로서 협력해야 할 필요성이 없어짐과 동시에 북한에 대한 한국의 힘의 우위가 확실해짐으로써 한국의 대북(對北) 정책도 종래의 대결에서 '포용'하는 정책으로 방향을 선회하였다. 더구나 냉전기에는 그 현재화(顯在化)가 억제되었던 한일 간의 여러 쟁점이 냉전에 의한 제약으로부터 '해방'됨으로써 한꺼번에 드러났다. 일본군위안부 문제, 역사교과서 문제, 영토 문제 등이 그것이다. 그런 의미에서 양국의 정치 지도자는 이런 문제에 어떻게 대처해야 하는지, 곤란한 선택에 직면하였다. 또한 한국의 민주화에 수반하여 한일 간 시민사회의 교류가 활발해진 것은 이런 쟁점에 관한 한일 간 시민사회 관계가 보다 직접적으로 충돌할 가능성을 높였다. 새삼스레 냉전기의 한일관계가 오히려 '기나긴 평화'의 시기였는지도 모른다는 사실을 재확인시키게 된 것이다.

그러나 냉전의 종언이 한일관계에 마이너스였던 것만은 아니다. 그로 인해 현재화가 억제되어 있던 여러 문제가 분출한 것은 확실하지만, 그런 제 문제를 해결하는 데 필요한 '문제 해결 능력'을 한일 양국 정부뿐만 아니라 양국 사회가 지닐 수 있는 가능성도 열어놓았기 때문이다. 무엇보다 한일 시민사회 간의 자유로운 교류가 활발해지게 된 것이다. 이런 변화는 냉전의 종언에서만 기인하는 것이 아니라 한국의 민주화라는 변화가 크게 기여하였다. 다만 냉전의 종언이 한국 민주화의 직접적 원인이라고 말하기는 어렵지만 그로 인해 민주주의의 공고화가 진행되었음을 고려한다면, 냉전의 종언이 한일 시민사회에 부과하던 제약을 해방시킴으로써 종래와는 다른 새로운 가능성을 열어 놓은 것만은 틀림없다.

참고문헌

太田修(2003), 《日韓交渉請求權問題の硏究》, 東京：クレイン.
大平正芳回顧錄刊行委員會 編(1983), 《大平正芳回顧錄》, 東京：鹿島出版會.
木宮正史(1995), "1960年代韓國の冷戰と経濟開發: 日韓國交正常化と韓國軍のベトナム派兵を中心として", 《法學志林》第 92卷 第 4号, pp. 1~116.
金民樹(2002), "對日講和條約と韓國參加問題", 日本國際政治學會 編, 《國際政治》第 131号, pp. 133~147.
高崎宗司(1996), 《檢証日韓會談》, 東京: 岩波書店.
______(2002), 《植民地朝鮮の日本人》, 東京: 岩波書店.
高崎宗司・朴正鎭 編著(2005), 《歸國運動とは何だったか 封印された日朝關係史》, 東京：平凡社.
新延明(1993), "條約締結にいたる過程", 〈季刊 青丘〉第 16号, 夏季号.
藤井賢二(2005), "李承晩ラインと日韓會談 第一次~第三次會談における日韓對立を中心に", 〈朝鮮學報〉.
森田芳夫(1996), 《數字が語る在日韓國・朝鮮人の歷史》, 東京: 明石書店.
吉澤文壽(2005), 《戰後日韓關係：國交正常化交涉をめぐって》, 東京: クレイン.
李鍾元(1994a), "韓日會談とアメリカ", 日本國際政治學會 編, 《國際政治》第 105号, pp. 163~181.
______(1994b), "韓日國交正常化の成立とアメリカ 1960~1965年", 近代日本硏究會 編, 《年報 近代日本硏究 16 戰後外交の形成》, 東京: 山川出版社.
______(1996), 《東アジア冷戰と韓米日關係》, 東京: 東京大學出版會.

기미야 타다시(1996), "冷戰과 經濟開發", 韓培浩 編, 《韓國現代政治論 2：第三共和國의 形成・政治過程・政策》, 서울: 오름, pp. 342~389.
______(2001), "1960년대 한국의 냉전외교의 3유형: 한일국교정상화, 베트남파병, 아스팍", 오코노기 마사오, 문정인 편, 《한일공동연구총서 4: 시장 국가 국제체제》, 서울: 고대 아연출판부, pp. 95~146.
김용식(1993), 《김용식 외교 33년 새벽의 약속》, 서울: 김영사.
나가사와 유코(2007), "일본의 '조선 주권 보유론'과 미국의 대한정책: 한반도 분단에 미친 영향을 중심으로(1942~1951년)", 고려대학교 대학원 정치외교학과 박사학위논문, 2007년 6월.
박진희(2006), "제 1공화국의 대일정책과 한일회담 연구", 이화여자대학교 대학원

사학과 2005학년도 박사학위논문, 2006년 1월.
이도성(1995), 《실록 박정희와 한일회담: 5 · 16에서 조인까지》, 서울: 한송.
이원덕(1996), 《한일 과거사 처리의 원점》, 서울대학교출판부.
이재오(1985), 《한일관계사의 인식 1: 한일회담과 그 반대운동》, 서울: 학민사.
한국법제연구회 편(1971a), 《미국법령 총람 국문판 1945~1948》, 한국법제연구회.
______(1971b), 《미국법령 총람 영문판 1945~1948》, 한국법제연구회.
한국정신문화연구원 현대사연구소 편(1999), 《5 · 16 박정희 정부의 성립(전문철)》, 한국정신문화연구원 현대사연구소.

Cha, Victor, D. (1999), *Alignment Despite Antagonism: the United States-Korea-Japan Security Triangle*, Stanford: Stanford University Press.
Lee, Chong-Sik (1985), *Japan and Korea: the Political Dimension*, Stanford, Hoover Institution Press.
Lee, Steven Hugh (1995), *Outposts of empire: Korea, Vietnam and the origins of the cold war in Asia*, 1949~1954, Liverpool: Liverpool University Press.

일제 강점하 강제동원 한국인 피해자들의 권리구제 현황과 쟁점

한일수교회담 문서공개 후를 중심으로

최봉태*

1. 머리말

한국에서는 2004년 2월 13일 국회 본회의에서 통과된 「일제 강점하 강제동원 피해 진상규명 특별법」에 따라 국무총리 소속하에 '일제 강점하 강제동원 피해 진상규명 위원회'가 설립되었다. 그리고 이에 근거하여 국가적 차원에서 피해자 신고 및 피해 진상 조사가 진행되고 있다. 이러한 작업은 본래 대한민국이 해방되자마자 이루어졌어야 할 국가적 사업이다. 그럼에도 불구하고 한국전쟁 및 권위주의 정권의 지배로 인해 이런 문제가 한국에서 제대로 사회적 현안으로 등장하지 못하였다. 그 후 대외적으로는 냉전이 종식되고, 대내적으로는 한국 사회의 민주화가 진전되면서, 피해자들은 투쟁을 통해 자신들의 문제를 사회적 문제로 이슈화하는 데 성공하였다. 그 결과 해방 후 60년이 지난 지금에 와서야 국가적 차원에서 피해신고 및 진상 조사가 이루어지게 되었다. 그리고 이러한 신고를 계기로 피해자들의 보상에 대한 관심이 높아지고 있다.

* 법무법인 삼일 대표변호사.

이와 함께 한국에서 일제 피해자들의 투쟁으로 얻은 성과로서 주목할 만한 것은 한일수교회담 문서의 전면 공개에 따른 추가 조치로서 「태평양전쟁 전후 국외 강제동원 희생자 등 지원에 관한 법률」이 2007년 11월 23일 국회 본회의를 통과하였다는 사실이다. 그러나 위 법률은 보상 법률이 아니다. 이 때문에 지원 대상이 되는 피해자와 그렇지 못한 피해자 간에 형평성 문제가 발생했으며, 특히 생존자들의 피해 구제를 둘러싼 갈등이 현재 심각한 사회문제가 되고 있다.

이 글에서는 전술한 「일제 강점하 강제동원 피해 진상규명 특별법」의 실시와 한일수교회담 문서의 공개에 따른 정부의 움직임과 피해자들의 반응을 중심으로 일제 피해자들의 권리 구제 현황과 쟁점에 대해 검토해 보기로 한다.

2. 한일수교회담 문서의 공개와 한국 정부의 움직임

1) 한일수교회담 문서 공개까지의 경위

한일수교회담 특히 한일 청구권 협정문서가 공개되기까지의 경위를 알기 위해서는 2000년 5월 1일 피폭 징용노동자들이 일본의 미쓰비시 중공업 주식회사(이하, 미쓰비시 중공업으로 약칭)를 상대로 부산지방법원에서 제기한 손해 배상 소송부터 설명해야 할 것이다. 이 소송에서 피고인 미쓰비시 중공업은 원고들의 청구권이 1965년 이른바 '한일 청구권 협정'에 의해 소멸된 것이라고 항변하였다. 그러나 정부 행위로 피해자 개인의 권리가 소멸한다는 것에 대한 법리적 설명을 하기 위해서는 협정 체결 과정에 대한 검토가 불가결해졌다. 그리하여 원고들은 재판부를 통해 외교통상부 장관을 상대로 하여 사실 조회 및 문서 제출을 요구하였다. 그러나 외교통상부 장관은 북한과 일본 사이에 외교 관계 수립을 위한 교섭이 진행 중이므로 일본측이 교섭이 끝날 때까지 관련 문서의 비공개를 바란다는 취지를 이유로 거부하였다. 이에 피해자들은 결국 2002년 10월 11일 서울행정법원에 문서 공개 소송을 제기하였고,[1] 그 결과 2004년 2월 13일 서울행정법원에서 일부 원고 승소의 판결이 선고되었다. 그 후 외교통상부 장관이 불복하여 항소심을 계류하던 중에 원고와 피고가 순차적 공개에 대해 합의함에 따라, 외교통상부는 2005년 1월 11일 항소를 취하하였다. 그리하여 2005년 1월 및 8월 두 차례에 걸쳐 한일수교회담 문서가 전면 공개되기에 이르렀다.

2) 한일수교회담 문서 공개로 밝혀진 사실들

우선 한일수교회담 문서 공개로 드러난 사실은 1965년 당시 한일 간에 관계를 정상화할 때 식민지 시대를 보는 역사인식이 양국 간에 전혀 달랐으며 결국 그로인해 조인될 때까지도 양국은 아무런 합의점을 찾지 못했다는 점이다. 아울러 한국과 일본은 국내 정치의 상황논리에 따라 편의적으로 대응해 왔다는 사실도 드러났었다. 즉 과거 구조약의 무효 문제와 관련하여 일본측은 1910년의 한일 병합 조약이 법적으로 유효하다는 입장을 취해왔고, 한국측은 법적으로 원천 무효라는 입장을 취해왔다. 그런데 이것이 명확히 합의되지 못하고 미봉된 채 한일기본조약이 맺어졌던 것이다.[2] 이러한 역사인식의 불일치는 현재까지 교과서 문제를 비롯한 양국 간 기본 관계의 안정성을 해치는 주요 요인으로 작용하고 있다. 식민지 시대에 대한 역사인식에서조차

1) 서울행정법원 2004년 2월 13일 선고 2002 구합 33943호.

2) 이 점에 관해서는 한일회담 문서 공개 이전에도 많은 연구자들이 지적해 왔다. 대표적인 것으로 이원덕, 《한일과거사 처리의 원점: 일본의 전후처리 외교와 한일회담》, 서울대학교 출판부, 1996가 있다.

합의 없이 한일국교정상화가 이루어질 수 있었다는 것은 결국 그것이 냉전에 의해 강요된 부자연스런 관계 정상화였다고 볼 수밖에 없다.

그 다음으로 드러난 사실은 일제 피해자 문제의 해결과 관련된 양국 정부의 책임 문제이다. 우선 한국 정부는 일제 피해자의 보상 문제를 정부가 대신 나서서 주장한 사실이 드러났고, 아울러 일본으로부터 받은 자금원을 통해 국내적 조치로서 보상 문제를 해결하겠다는 협의를 한 사실이 드러났다.[3] 구체적으로 사망자 1인당 1,650달러, 부상자 1인당 2,000달러, 생존자 1인당 200달러로 하여 모두 3억 6천 4백만 달러를 보상으로 요구한 사실이 드러났다.[4] 이러한 사실을 근거로 현재 피해자들은 한국 정부의 책임을 강하게 요구하고, 정부가 준비 중인 위로금 중심의 법률을 수정하려는 원동력으로 삼고 있다.

한편 이러한 한국 정부의 책임과는 별도로, 일본 정부의 피해자에 대한 책임 부분도 여실히 드러났다. 무엇보다 일본 정부는 식민 지배와 그에 따른 피해 문제에 대해 사과와 반성이 전혀 없었다는 점이다. 또한 일본 정부는 피해 보상을 요구하는 한국 정부를 상대로 법적 근거가 없다고 하면서 샌프란시스코 강화조약 제4조의 영토 분리에 따른 청구권 문제만을 논의 대상으로 하겠다는 입장을 굽히지 않았다. 일본 정부는 당시 가지고 있던 피해자 관련 자료를 적극 제공하지 않았는데, 이는 애초부터 피해자 문제에 대해 성실히 교섭할 자세가 없었음을 말해준다. 실제로도 일본 정부는 피해자 구제를 위해 필요한 자료를 끝내 제공하지 않았으며,[5] 피해자 구제 문제를 '경제협력'이라

---

3) 1961년 5월 10일 일본 외무성에서 있었던 제5차 한일회담 제13차 회의 내용을 참조할 것.

4) 1963년 3월 5일 외무부 작성 한일회담(일반청구권문제) 수록 별표 '한국의 대일청구권 8개 항목에 대한 양측 입장 대조표'를 참조할 것.

5) 일본은 피해자 명부 등 피해자 특정에 관한 자료를 협정 체결 때까지 제공한 바가 없다. 채권자 및 채권 금액 특정을 위한 자료 중 대표적인 공탁금 명부도

는 미명으로 탈바꿈시켰다. 동시에 일본은 경제협력 자금으로 제공되는 금원(金員)의 사용에 대한 한국 정부의 재량권조차 부인하여 결국 피해자들이 구제받지 못하는 원인을 제공하였다.[6] 아울러 문서 공개로 함께 밝혀진 사실은 원폭피해 문제나 일본군위안부 문제[7], 한국인 B·C급 전범에 관한 문제 등 중대한 인권 침해 사건에 대해 아무런 협의가 이루어지지 않았다는 사실이다.

정부 간의 협상을 통해 개인의 권리 등이 함부로 처분될 수 있는 것인지에 대해서는 법리(法理)적으로 많은 문제점을 지니고 있다. 가령 정부 간의 협상을 통해 개인의 권리 등을 처분할 수 있다 하더라도 협상 당사자들은 피해자 문제의 해결을 목적으로 성실히 협의해야 한다. 그런데도 1965년 당시에는 이러한 성실한 협의가 전혀 존재하지 않았고, 피해자 구제는커녕 오히려 한일 양국 정부가 피해자를 서로 협상의 카드로 이용했다는 것이 이번 문서 공개를 통해 밝혀졌다.

3) 한일수교회담 문서 공개에 따른 정부의 움직임

한국 정부는 한일수교회담 문서의 공개에 앞서 문서 공개 대책반을 만들어 문서 공개가 가져올 사회적 파장에 대해 신중히 검토하였다. 아울러 관계 부처 장관과 각계 인사 등 총 21명으로 구성된 민관(民

제공하지 않아 양국 정부 간에 협의가 진행되고 있는 상태이다. 그 결과 군인 군속 관련 공탁금 명부는 제공받았으나 노무자 부분은 제공받지 못하고 있다.

6) 1965년 4월 30일 일본 외무성에서 열린 제7차 한일회담 청구권 및 경제협력위원회 제3차 회의에서 일본측은 자금의 사용계획에 대해 질의하면서 무상자금과 유상자금에 대해 국내 대책 상 필요하므로 경제협력자금으로 사용할 것을 요구하였다. 1965년 5월 14일 위 위원회 제6차 회의에서는 한국측의 자금 사용처에 대한 재량을 부정하기도 하였다.

7) 위안부에 대한 호칭은 현재 성노예로 바뀌는 경향이나, 여기서는 종래대로 위안부로 표기했다.

官) 공동위원회를 두어 사회적 합의에 의한 대책 방안을 마련하기로 하였다. 민관공동위원회는 2005년 3월 14일 제1차 회의를 시작으로 2006년 3월 8일 제4차 회의까지 약 1년간 논의를 거듭하면서 피해자 대책을 마련하기에 이르렀다.[8] 그 핵심은 한일청구권 협정을 통해 일본으로부터 받은 무상 3억 달러에는 강제동원 피해보상 문제해결 성격의 자금이 포괄적으로 감안되어 있는 것이므로, 그 자금 중의 상당 부분을 피해자들을 위해 사용해야 하는 책임을 이행하겠다는 것이다. 한편 일본군위안부나, 원폭 피해 등 반(反)인도적 불법행위에 대해서는 한일청구권협정에 의해 해결된 것으로 볼 수 없고 일본 정부의 법적 책임이 남아 있으므로 그에 대해서는 일본 정부를 상대로 외교적 노력을 하겠다는 것이다.[9]

그 후 한국 정부는 1975년 조치 당시의 일제 피해자 구제가 미흡했음을 인정하면서[10] 정부 입법으로 지원 법안을 만들 것임을 발표하였고, 드디어 2006년 9월 25일 「일제 강점하 국외 강제동원 희생자 등 지원에 관한 법률안」이 정부에 의해 국회에 상정되었다. 이 법률안은 1945년 8월 15일 이전의 사망자나 행방불명자의 유족에게는 2,000만원의 위로금을, 부상자에게는 1,000만 원에서 2,000만 원 사이의 위로금을, 미불금에 대해서는 당시 1엔당 1,250원으로 환산한 구제금을 지급하는 것을 핵심으로 한다. 그러나 피해자측 입장으로서는 위로금의 금액이 너무 미흡했고, 미불금의 배율에 대해서도 납득할 수가 없었다. 무엇보다 이 법률안에는 생존자 및 생환 후 사망자에 대한 지원이 거의 없었으므로 생환자 및 그 유족들의 강한 반발을 불렀다.

---

8) 제2차 회의는 2005년 4월 27일, 제3차 회의는 같은 해 8월 26일에 개최되었다.

9) 2005년 8월 26일 국무조정실의 보도자료 참조.

10) 1975년 우리 정부의 국내조치 및 그 적정성에 대해서는 2006년 12월 6일 국회 행정자치위원회 공청회의 정부측 진술자료를 참조할 것.

정부의 설명에 의하면, 사망자나 부상자 등에 대한 위로금은 일본 정부의 대만인에 대한 지급 사례를 참조하였다고 한다. 그리고 생환자를 제외한 이유로는 재정상의 이유 및 한일 회담 협상 당시 일본측이 생환자를 제외했다는 것을 든다. 아울러 정부는 미불금의 구제 비율에 대해서도 일본의 대만인에 대한 지급 기준을 모델로 하였다고 밝혔다.[11]

그러나 이러한 정부안에 대해 피해자들은 만족하지 못했고 법안 심사는 진전을 보지 못했다. 결국 법안 심사의 공전을 염려한 피해자들이 양보한 끝에 2007년 4월 25일 상임위원회인 행정자치위원회에서 위로금 대상자에 손자를 포함시키고, 구제금의 지원 비율을 1엔당 금 2,000원으로 상향 수정한 행정자치위원회 대안법이 통과되었다. 2007년 6월 28일에는 이 대안법이 법제사법위원회에서 통과되었다. 그러나 국회에서는 생존자들에 대한 위로금이 없고 시간적으로 생존자에게 남은 시간이 얼마 없다는 것을 이유로 생존자에게 위로금 금 500만 원을 지급하는 수정 의안 「태평양전쟁 전후 국외 강제동원 희생자 등 지원에 관한 법률안」이 제출되었고, 이 의안은 2007년 7월 3일 국회 본회의에서 통과되었다.[12]

이 수정 법률안이 통과되자, 정부는 정부와 충분한 협의가 없었다는 점을 들어, 또한 생존자에게 금 500만 원의 위로금을 지급하게 되면 금 2,000억 원의 추가 예산이 필요할 뿐만 아니라[13] 생환 후 사망자들과의 형평성에 문제가 발생한다는 이유를 들어 반발하였다. 그 후 정부는 대통령에게 거부권 행사를 제청하여[14] 결국 2007년 8월 2일

---

11) 2006년 12월 6일. 국회 행정자치위원회 공청회의 정부측 진술자료 참조.

12) 2007년 7월 3일 제268회 임시국회 제10차 본회의에서 찬성 114, 반대 20, 기권 53명으로 가결되었다. 이 법안은 2004년 6월 21일. 여야 국회의원 117명의 공동 발의한 '태평양전쟁희생자에 대한 생활안정지원법안'의 연장선에서 대안으로 제시된 것이다.

13) 국회 수정의안 제출시의 비용 추계서에 의하면 820억 원.

14) 정부의 거부권 행사 이유에 대해서는 〈한겨레신문〉 2007년 8월 7일자 29면을

노무현 대통령이 거부권을 행사하기에 이르렀다. 이에 수정 법률안은 다시 국회로 돌아와 2007년 11월 23일 재심의 투표 결과, 수정 법률안은 폐기되고 말았다. 당일 행정자치위원회 법률안은 「태평양전쟁 전후 국외 강제동원 희생자 등 지원에 관한 법률안」으로 본회의를 통과하였다.

3. 문서 공개 후 피해자들의 움직임

현재 한국의 피해자들은 한일수교회담 문서의 공개가 가져온 한국 사회의 변화를 긍정적으로 받아들이면서도 정부 대책에 대해서는 문제 제기를 함께 하는 상황이다. 현재 피해자들과 한국 정부 사이의 근본적 갈등은 피해자들이, 한일수교회담 문서의 전면 공개로 밝혀진 바에 따라 한국 정부가 책임 있는 부분에 대해서는 정정당당하게 책임져 줄 것을 요구하는 데 비하여,[15] 한국 정부는 이에 대해 충분한 답변을 내놓지 못하기 때문이다.

피해자들은 한국 정부가 피해자를 위하여 사용할 총액과 관련하여 한일 청구권 협정 체결 당시 일본 정부에게 피해자 몫으로 주장한 부분을 한도로 하여 이를 피해자에게 돌려 줄 것을 주장한다. 그리고 만일 피해자들의 몫으로 정부로부터 출연(出捐)된 몫이 적다면 일본 정부와 기업에 여전히 남아 있는 반인도적 불법행위에 대한 책임을 추궁하겠다고 한다. 즉 개인의 청구권을 주장함으로써 모자라는 부분은 받아 내겠다는 것이다.[16] 이에 대해 한국 정부는 한일회담 당시 무상 자금 안에 피해자 몫이 들어 있는 것은 사실이지만 그 금액을 특정할 수

참조.

15) 2006년 12월 6일 국회 행정자치위원회 공청회의 참고인 진술자료 참조.

16) 윗글.

는 없다고 주장한다. 정부의 이런 논리가 피해자들을 설득하지 못하는데 근본적인 문제가 있는 것이다.

이런 상황에서 피해자들은 몇 가지 대안을 내놓으며 투쟁하고 있다. 그 중 하나가 일본 시민들과 함께 일본의 동경지방재판소에 한일수교회담 문서 공개소송을 제기한 것이다. 이는 일본 정부측의 입장을 명확히 밝히려는 것으로, 자세한 것은 일본에서의 최근 동향 부분에서 언급하기로 한다. 그 외에 몇 가지 주목할 점은 다음과 같다.

첫째, 공탁금 및 미불금 정당 환수위원회의 구성과 활동이다. 지난 2006년 11월 2일 서울중앙지방법원 기자실에서 피해자들은 공탁금 및 미불금을 현재 가치로 환산하여 받자는 취지에서 정당(正當) 환수위원회를 결성하였다. 그리고 한국은행 등 권위 있는 기관에서 산정한 물가 상승률을 고려한 정당한 배율을 기초로 정부가 입법 추진 중인 법률안의 관련 조항을 수정할 것을 결의하여 현재 국회의원을 상대로 서명활동을 벌이고 있다. 그 결과 2006년 11월 27일 현재 약 62명의 국회의원이 찬성 서명했다. 이 위원회는 아울러 일본 정부가 가지고 있는 공탁금 및 미불금 관련 자료를 조속히 전면 공개해 줄 것을 요구한다.

둘째, 한국의 청구권 자금 사용 기업을 상대로 한 투쟁이다. 한국의 피해자들은 지난 2006년 6월 22일 한일협정 체결 41주년을 맞이하여 한일 양국의 책임 있는 기업들의 책임과 반성을 이끌어 내자는 취지에서 '한국의 청구권 자금 수혜 기업과 일본의 강제 동원 전범 기업 등 한일협정 책임기업 피해자 선정위원회'를 구성하기로 하였다. 그 후 이 위원회는 관련 자료를 분석한 후에 같은 해 8월 11일 책임 기업을 발표하였다.[17] 한국의 책임 기업 1호로는 포스코가 선정되었고, 일본의 책임 기업 1호로는 미쓰비시 중공업이 선정되었다. 그 후 피해자들은 포스코를 상대로 재산 환수 투쟁과 아울러 소송을 제기하였다. 그

17) www. truelaw. net 참조.

리고 피해자들은 미쓰비시 중공업이 책임을 이행하지 않을 경우 한국을 떠나도록 압력을 가하는 운동에 돌입하고 있다.[18] 포스코를 상대로 한 소송의 청구 원인은 청구권 자금의 사용에 대한 책임 부분도 있지만, 신(新)일본제철주식회사와의 제휴에 대한 정신적 위자료 부분도 들어가 있다. 예를 들어 한국의 삼성전자주식회사의 경우, 강제동원에 대한 책임이 남아 있다고 여겨 재판에 계류 중인 후지코시(不二越)사와 협력 관계를 지속함에 있어서 피해자들의 요구를 성실히 배려했다.[19] 그런데 포스코는 피해자들의 요구를 배려하기는커녕 오히려 무시해 왔다. 지난 2007년 8월 17일 서울중앙지방법원 재판부는 포스코를 상대하여 소를 제기한 원고들의 청구를 기각하였다. 그러나 한편 재판부는 포스코가 청구권 자금을 통해 설립된 회사로서 일제 피해자들에게 사회적 책임이 있고, 그 책임을 이행하는 것이 마땅하다는 취지를 권고하였다.[20]

셋째, 한국 정부를 상대로 한 피해자들의 헌법 재판이다. 한일수교회담의 문서공개를 통해 일본군위안부 문제가 법적으로 해결되지 않았다는 사실이 밝혀지자, 피해자들은 한국 정부를 상대로 피해자들이 살아 있는 동안에 협상하도록 촉구하여 왔다. 그리하여 피해자들은 한일청구권협정 제3조[21]에 규정된 절차를 통해 한국 정부가 일본 정부와

18) www.truelaw.net 참조.

19) 삼성전자주식회사의 경우, 태평양전쟁 한국인 희생자 유족회의 요청에 따라 후지코시사를 방문하여 면담하였고 문제 해결에 노력하겠다는 답변을 받아 그 면담 결과를 유족회에 통보하는 등 유족회에 최대한의 협력을 약속하였다.

20) 서울중앙지방법원 2007년 8월 17일 선고 2006 가합 42288호.

21) 본 협정의 해석과 실시에 관한 양 체양국간의 분쟁은 우선 외교상의 경로를 통하여 해결하되, 해결되지 않을 경우 분쟁의 중재를 요청하는 공한을 접수한 날로부터 30일 안에 각 체약국의 중재위원이 30일 안에 합의하는 제3의 중재위원과 3인의 중재위원회의 결정에 회부하여 위 위원회의 결정에 양 체약국 정부가 따르게 되어 있다.

해석상의 다툼을 해결할 것을 요구하였다. 그러나 한국 정부는 이를 거부하고 여전히 소극적 입장에서 벗어나지 못하고 있다. 그리하여 한국의 생존 피해자들 109명은 2006년 7월, 한국 정부를 상대로 부작위(不作爲) 위헌확인을 구하며 헌법소원을 제기하였고, 이러한 움직임은 원폭 피해자 등으로 확산될 조짐을 보인다.

4. 일본의 주목할 만한 최근 동향

1) 일본 최고재판소의 니시마츠 건설 판결

일본에서는 그 동안 전후 보상을 요구하며 피해자들이 수많은 소송을 제기하였다[22]. 그러나 강제동원 피해와 관련하여 최종적으로 승소한 것은 없다. 피해자들이 항소심에서 승소하여 최고재판소에 계류 중이던 니시마츠 건설주식회사(이하, 니시마츠 건설로 약칭)에 대한 상고심 사건의 선고가 2007년 4월 27일 일본 최고재판소에서 있었다. 일본 최고재판소는 원고들과 같은 피해자인 중국인 강제노동 피해자들이 니시마츠 건설을 상대로 제소한 사건에서 소멸 시효의 원용을 주장한 니시마츠 건설측의 주장을 권리남용으로 보고 받아들일 수 없다고 배척한 항소심 판결을 부분 인용하였으나, 항소심 판결과는 달리 피해자들의 요구를 물리쳤다. 그리고 결론적으로 재판부는 전쟁 배상을 포기한 중국 정부의 중일(中日)공동선언의 법적 효력에 대해, 그것이 피해자 개인이 가지는 청구권을 실체적으로 소멸시키는 것은 아니라 하더라도, 재판상 소구(訴求)할 권능은 잃게 하는 것이라고 최종 판단하였다. 아울러 재판소는 피해자 개인이 가지고 있는 청구권의 실현을 위

22) 일본에서의 소송에 대한 분석은 김창록, "일본에서의 대일 과거청산소송", 〈법사학연구〉 제35호, 한국법사학회, 2007 참조.

해 피고 니시마츠 건설측에게 피해 구제를 위한 노력을 하도록 촉구하는 판단을 내린 바 있다. 이러한 판결의 사정(射程) 범위가 어디까지인가에 대해서는 의문의 여지가 있지만 위 판결은 샌프란시스코 강화조약의 틀 안에서 전후 처리가 이루어진 것에 대한 법적 평가이다. 그러므로 한일 청구권 협정 역시 평화조약의 틀 안에서 이루어진 것인 이상 당연히 영향을 미친다고 보는 것이 타당할 것이다.

위 판결이 나온 후인 2007년 5월 31일 나고야 고등재판소도 근로정신대 피해자들이 피고를 상대로 낸 손해배상 등의 소송에서 위 최고재판소의 판결을 이어 받았다. 그리하여 재판소는 "본건 청구권 협정 제 2조 1항, 3항에 의해 항소인들이 이에 대해 어떠한 주장도 할 수 없다고 되어 있다는 취지의 주장을 하는 이상 그 이행을 명할 수는 없다"[23]고 한 것을 보면 결국 재판상 소구할 수 없음을 인정한 것으로 보인다. 따라서 위 최고재판소 판결 이후 비록 일본 사법부를 통한 권리 구제의 길은 막혀 있다 할지라도 피해자들의 청구권 실현을 위한 노력을 어떻게 담보해 낼 것인가 하는 문제가 현재 한일관계에서의 현안인 것이다.

2) 일본에서의 한일수교회담 문서 정보 공개 소송

(1) 일본측 문서 공개의 필요성 제기

한일수교회담 문서가 공개된 이후 한국 정부와 한국의 피해자들 사이에 새로운 갈등이 생겨나고 있다. 한국의 피해자들과 정부 사이의 최대의 갈등 원인은 1965년 당시 일본 정부가 피해자 문제를 해결하기 위해 어떤 명목으로 얼마나 한국 정부에 제공하였는지에 대해 일본측이 명확히 밝히지 않은 데 기인한다. 일본 정부가 1965년 당시 피해자 문제를 해결하기 위해 금원을 제공한 적이 있는지, 그리고 있을 경우

---

23) http://www.geocities.jp/teisintainagoya/index.html 참조.

어느 정도인지를 명확히 밝힌다면, 한국사회에서의 현재 갈등은 그 문제해결의 실마리를 쉽게 찾을 수 있을 것이다. 그런 점에서 일본 정부의 책임 있는 태도가 요구된다. 일본의 책임 있는 태도를 이끌어 내려면 일본으로 하여금 한일수교회담 관련 문서를 전면 공개하도록 해야 할 것이다.

일본 정부는 피해자들의 문제가 한일 청구권 협정에 의해 끝났다고 주장하지만, 그런 주장에는 일관성이 없다. 일본 정부는 어떤 때는 한일 청구권 협정을 통해 한일 양국 정부의 외교적 보호권만이 해결되었으며 개인의 청구권은 무관하다고 주장하는가 하면, 어떤 때는 개인 청구권도 해결되었다는 모순된 발언을 해왔다. 따라서 이번에 한국측의 문서 공개에 맞추어 일본측도 관련 문서를 공개하고 법적 견해 및 이를 입증할 수 있는 근거를 최종적으로 밝혀야 할 것이다.

법치주의 국가에서 피해자로 하여금 누구를 상대로 자신의 권리를 주장해야 하는지 애매하게 만드는 것은 중대한 인권 침해이다. 그런 관점에서 한일 수교 과정에서의 피해자 문제 처리 방식을 보면, 피해자가 누구를 상대로 어떤 권리를 주장할 수 있는지를 모호하게 하고 있으므로 적어도 피해자 문제에 관한 한, 한일 양국에서는 법치주의와 민주주의가 나락에 빠진 상황이다. 그리고 현재의 애매한 상황은 일본 정부가 문서 공개를 거부하고 있기 때문에 더욱 심화되고 있다.

(2) 피해자들과 일본 시민들의 소송 제기

한국측에서 한일수교회담 문서가 공개된 것을 기화로 피해자들과 일본시민들은 일본측에서도 작성된 지 30년이 넘는 문서는 공개하는 것이 타당하다고 주장한다. 이에 피해자들과 일본 시민들은 한일수교회담 각 시기의 본회의 및 위원회의 회의록 관련 자료, 일본 정부가 작성한 공문서 등을 공개할 것을 요청하였다. 그러나 일본측은 문서 공개를 거부하였다. 이 때문에 피해자들과 일본 시민들은 2006년 12

월 18일 동경지방재판소에 제 4차 한일수교회담 회의 의사록 일부 불개시 처분 취소 소송을 제기하였다. 이로써 2007년 3월 6일 제 1차 구두 변론 기일이 진행된 후 심리가 거듭되다가 2007년 12월 26일 선고기일에 원고 일부승소의 판결이 있었다.[24] 따라서 일본에서도 한일수교회담 문서가 공개되어야 할 것이다. 위 문서가 공개되어 현재 한국에서 논란이 되는 부분에 대해 어느 쪽이 사실에 부합하며 일본 정부의 법적 입장은 무엇인지 공적으로 밝혀지는 것이 한국의 피해자문제 해결에 중요한 열쇠가 될 것으로 보인다.[25]

5. 향후 쟁점에 대하여

1) 북일 수교 과정과 관련하여

앞서 본 바와 같이 한일수교회담 문서는 작성된 지 40년이 훨씬 넘었다. 이미 한국에서 공개가 되었으므로 일본에서도 이를 공개하고 법적 견해를 양국 정부가 밝힌 뒤 그에 따라 문제가 있는 부분은 한일간에 처리를 하되, 미흡한 부분은 북·일과의 수교 과정을 통해 피해자 문제를 제대로 법리적으로 처리하는 것이 바람직하다. 그러나 일본에서는 한일수교회담 문서의 공개조차 거부한다. 그러면서도 2002년 9월 17일 평양 선언에 따라 한일수교회담 방식에 따른 과거사 청산할 것을 합의하였다. 그러나 북측이 별도로 주장하는 강제 동원 피해자 등에 대한 보상 문제에 대해 일본측은 이를 거부하고 있다. 이러한 상황에서는 한일수교회담 당시 발생한 법적 문제가 그대로 남아 있을 위

24) http://www7b.biglobe.ne.jp/~nikkan/index.html 참조.

25) 2008년 5월 약 6만 페이지의 문서가 공개되었으나 상당 부분이 가려진 채 공개되어 완전 공개 여부가 현안이 되고 있다.

험이 있다.

2) 핵심적으로 해결되어야 할 부분에 대해

(1) 한일기본조약 제3조의 한국 정부의 관할권 및 지위에 관련된 조항

한일기본조약 제3조에 의하면, 대한민국 정부가 국제연합 총회의 결의 제195호(III)에서 명시된 바와 같이 한반도에서 유일한 합법 정부임을 확인한다고 되어 있다. 그리고 이 조항과 관련하여 일본측은 기본관계 조약의 적용 범위를 정한 것이 아니라 단지 한국 정부의 성격만을 밝힌 것에 불과하다고 주장한다.[26] 한반도에서 유일한 합법 정부임을 확인한다고 한 의미에 대해 한국측은 다른 해석을 해 왔다. 예를 들어 이동원 전 외무부장관은 국회에서 "대한민국은 한반도에서 유일한 합법 정부라는 사실을 일본 정부가 정식으로 기본조약에서 인정했다"고 답변을 하기도 했고, 아울러 이와 같은 일본의 기본조약 정신은 일본이 장래 어떤 외교 관계나 그 외의 관계도 북한과 맺지 않겠다는 것을 공약한 것이라고 말한 사실을 들어 일본 국회에서 그 약속에 대해 추궁을 하였다.[27] 또한 그는 위 제3조의 해석에 대해 양국간에 합의 의사록이나 교환 공문이 없었던 것은 완전한 합의에 이르렀기 때문이라고 말하였다.[28]

(2) 한일기본조약 제2조의 '이미 무효' 조항

한일수교 당시는 물론이고 현재 진행 중인 북일 수교에서 양 당사자간에 가장 첨예하게 대립하고 있는 것이 일제강점기의 역사인식에 관

26) 일본 외무성 조약국 조약과, 일한 조약 국회 심의 요지(1966년 7월 편집), pp. 103, 129.

27) 위 책, p. 134.

28) 일본 외무성 조약국 조약과, 일한 조약 국회 심의 요지(1966년 7월 편집), p. 133.

한 부분이다. 한일기본조약 제2조에 의하면 '1910년 8월 22일 및 그 이전에 대한제국과 대일본제국 간에 체결된 모든 조약 및 협정이 이미 무효임을 확인한다'는 조항이 있는바, 이 조항의 무효 시점과 관련하여 한일 양국 정부의 주장은 일치하지 않는다.

일본의 주장처럼 구 조약들이 체결 당시 유효하다는 입장을 취한다면 그 무효 혹은 실효의 시점이 문제가 된다. 일본 정부는 주로 1948년 8월 15일 한국 정부가 성립된 시점으로부터 구 조약이 무효가 되었다고 주장하지만, 북한이 1948년 9월 9일 성립되었음을 고려한다면 구 조약이 한국 간의 관계에서는 1948년 8월 15일을 기점으로, 북한과의 관계에서는 1948년 9월 9일을 기점으로 하여 무효가 되었다는 것이므로, 하나의 구 조약이 지역에 따라 분리 무효가 될 수 있다는 것인지 근본적인 의문이 대두된다.

한편 샌프란시스코 강화조약 발효로 인하여 구 조약이 무효가 된다면 샌프란시스코 강화조약 발효 이전인 1948년 8월 15일 수립된 대한민국 정부의 국제법적 지위는 무엇인가 하는 문제가 발생한다. 더 나아가 우리 헌법에는 대한민국 정부가 1919년 3·1운동으로 건립된 임시정부의 법통을 계승했다고 선언되어 있는바, 헌법적 가치 체계하에서 이를 부정하는 정부와 맺은 협정에 대하여 헌법 질서상 그 효력을 인정할 수 있는가의 문제가 발생한다.

(3) 한일 청구권 협정의 완전 최종 해결 조항과 청구권 주장 금지 조항

한일 청구권 협정 제2조 1항의 완전 최종 해결 확인 조항과 3항의 청구권 주장 금지 조항의 해석과 관련하여 그 내용과 범위에 대해 양국은 서로 다른 해석을 해왔다.

특히 2005년 한국 정부의 문서 공개에 따른 법적 견해의 표명 시에, 한국 정부는 한일 청구권 협정은 기본적으로 식민 지배 배상을 청구하기 위한 것이 아니라 한일 양국 간에 민사적, 재정적 채권 채무 관계를 해결하기 위한 것으로 반인도적 불법행위[29]에 대해서는 해결된 것이 아니라는 견해를 밝혔다.

이에 대해 일본 정부는 현재까지 외교적 보호권 소멸론에서 시작하여 여러 가지 다양한 입장을 취해 왔고, 특히 사법부는 최근 피고들이 한일 청구권 협정 제2조 1항과 3항을 주장하는 이상 재판부가 피고들에게 그 이행을 명할 수는 없다는 입장을 취한다. 여기에는 2007년 4월 27일의 일본 최고재판소의 니시마츠 건설 판결의 영향이 큰 것으로 보인다. 즉 국가 간의 행위에 의해 개인 청구권이 실체적으로 소멸되는 것까지를 의미하지는 않지만 재판상 소구(訴求)할 수 있는 권능은 소멸되었다는 입장이다.

그렇다면 개인의 청구권은 실체적으로 남아 있다는 것을 의미한다. 그러나 과연 일본 행정부가 이를 받아들일지는 의문이다. 만약 남아 있다면 어떻게 해결할 것인가. 남아 있다면 일본 정부는 남·북한 정부와 함께 해결해야 한다. 특히 일본은 한일수교회담의 문서 공개에 즈음하여 개인 청구권과 관련된 법적 견해를 발표한 남한 정부와의 해석상의 불일치를 반드시 해결해야 할 것이다.

6. 맺음말

현재 한일 간의 피해자를 둘러싼 문제는 냉전이라는 시대적 상황에서 한일 양국의 피해자 문제를 법과 인권이라는 원칙에 따라 처리하지 못한 데서 기인하는 측면이 많다. 필자는 이런 피해자 문제에 대하여 한일 양국 정부는 함께 해결해야 할 책임을 공유한다고 생각한다.[30]

---

29) 이는 한센병 환자들의 인권 침해 사안에 대해 일본 정부가 보상을 하고 있다는 점을 고려하면 설득력을 가진다. 아울러 원폭 피해자에 대한 보상적 성격의 수당이 지급되는 점에서도 그러하다.

특히 앞으로 있을 북·일 수교 과정에서도 이러한 문제점이 해결되지 못한다면 과거사 특히 피해자 문제가 그대로 한일 간에 미해결 과제로 남아 통일 이후로 넘어갈 위험이 있다.

피해자들의 권리 회복 문제는 한일 간에 누가 유리하고 불리한가를 따져야 할 정략적 문제가 아니다. 한국의 피해자들은 피해자 문제를 사회적 현안으로 만드는 과정에서 국적 포기 투쟁을 하면서까지 한국 정부와 싸워왔다. 이 문제는 한일 양국에 국한된 문제가 아니라 동아시아의 민주주의 및 법치주의 문제이기도 하다.

따라서 양국은 앞으로 한일수교회담의 문서를 공개하고 양국이 피해자에게 책임져야 할 부분에 대해 명확히 법적 견해를 밝혀야 할 것이다. 만약 양국의 해석이 다르다면 청구권 협정 제3조에 규정된 절차에 따라 해결하거나 새로운 교섭을 통해 해결하는 것이 바람직하다. 이 점에서 남겨진 과제와 관련하여 세 가지 새로운 접근법에 대해 언급하며 필자의 글을 마치고자 한다.

첫째는 한일 양국의 책임 있는 기업들이 동참하는 것이다. 과거 한일 정부 간의 피해자 문제 처리로 인하여 피해자들은 구제받지 못하였고 현재도 고통 받고 있다. 그러나 이런 양국 정부의 처리방식으로 인해 이익을 본 주체들 특히 기업들도 엄연히 존재한다. 국제화시대에 기업들은 한 국가의 논리를 넘어선 보편적 규범을 준수하고 만들어 나가야 할 책임이 있다. 앞에서 설명한 바와 같이 한국의 피해자들은 한국 정부뿐만 아니라 청구권 자금을 사용한 기업들에 대해서도 책임을 추궁한다. 그 중 피해자들은 포스코에 대해서도 사회적 책임을 이행할 것을 촉구하였고, 포스코는 1심에서 사회적 책임을 인정받은 바가 있

30) 이런 점에서 2008. 7. 현재 시행중인 '태평양전쟁 전후 국외 강제동원 희생자 등 지원에 관한 법률' 역시 일본 정부의 협력이 없으면 피해자 특정 및 구제금원의 확정 등 그 시행이 어려운 상황이므로 자료제공 등 일본측의 적극적 협력이 요망된다.

다. 그런데 주목할 것은 청구권 자금을 사용한 것으로 인해 한국 법정에서 사회적 책임을 인정받은 포스코는 신일본제철의 주주이기도 하다는 점이다. 신일본제철은 일본에서 한국인 피해자들이 제기한 전후보상 소송에서 최초로 화해를 통해 해결한 선례가 있는 기업이다. 이 점에서 포스코가 어떠한 노력을 보여줄 것인지 그 귀추가 주목된다.

아울러 일본 최고재판소도 니시마츠 건설에 관계 당사자들에 의한 피해자 구제 노력을 하도록 촉구한 적이 있다. 그리고 이러한 판시 취지에 따라 한국의 피해자들은 미쓰비시 중공업의 한국 사무소에서 최고재판소의 판시 취지를 따르라는 시위를 하기도 했다. 피해자들은 이러한 변화된 상황에 맞게 양국의 책임 있는 기업들이 동참하여 포괄적 보상 기금을 설립하기를 바란다. 이것이 가능하다면 한일수교회담 방식이 남겨둔 문제에 대한 새로운 대안으로서 평가받을 수 있을 것이다.

둘째, 일본군위안부 문제 해결에 일본 정부가 적극적으로 나서는 것이다. 한일수교회담 문서의 전면 공개를 통해 밝혀진 바와 같이, 일본군위안부 피해나 원폭 피해와 같은 반(反)인도적 불법행위에 대해서는 한일 청구권 협정을 통해 해결된 것이 하나도 없다. 일본군위안부 문제는 가해자인 일본 정부가 해결할 수밖에 없다. 한국 정부가 어떤 지원 법안을 만들고 지원을 한다 해도 결코 해결될 수 없는 문제라는 것은, 한국에서 피해자 지원법을 시행하는 이 시점에도 16년이 넘게 매주 수요일이면 일본 대사관 앞에서 시위가 벌어지고 있다는 사실이 이를 입증한다. 따라서 일본 정부가 한센병 환자들에 대한 보상법의 적용을 통해 한국의 한센병 피해자의 피해를 보상해 주었듯이, 현재 일본 국회에 계류 중인 법률안을 조속히 통과시켜 일본 정부의 책임을 다해야 할 것이다. 만약 일본군위안부 문제에 대해 일본 정부가 한일 청구권 협정을 통해 법적 책임이 해결되었다는 입장을 취한다면, 이는 한국 정부와 법적 견해가 명백히 다른 것이다. 따라서 일본은 이런 경우를 예상하여 만들어 놓은 한일 청구권 협정 제3조에 따른 평화적 해결 절차를 성실히 이행하여야 할 것이다. 설령 한일 청구권 협정에 관한 일본측의 주장을 최대한 받아들인다 하더라도 일본이 북한의 일본군위안부 피해자들에 대한 법적 책임을 부정하는 것은 아무런 근거가 없다. 더욱이 북한측은 일본과 수교협상 중인 과정에서 일본군위안부 문제에 대해 경제협력방식이 아니라 사죄와 보상을 통한 방식으로 해결할 것을 주장한다. 따라서 일본 입장에서도 이 기회를 놓치지 말고 국내 입법을 통해 자율적으로 해결하는 명예로운 결단을 내려야 할 것이다.

마지막으로 원폭 피해자 문제 해결을 위해 한일 양국의 시민사회가 합심하여 노력하는 것이다. 필자는 원폭 피해에 대해서는 일본의 피폭자(被爆者)들도 국적과 상관없이 제국주의 전쟁의 피해자로서 가해자로부터 사죄와 배상을 받아야 한다고 생각한다. 원폭 피해자들에게 정의가 실현되지 않는 한 핵무기 없는 세상은 도래할 수 없다고 생각한다. 일본 최고재판소의 2007년 4월 27일 판결은 샌프란시스코 강화조약으로 개인의 청구권이 소멸된 것이 아님을 인정하였다. 이에 대해 핵무기를 사용한 국가에서 원폭 피해자 개인의 청구권에 대해 어떤 입장을 취할 것인지 관심이 모아진다. 만약 샌프란시스코 강화조약에 의해 개인의 청구권이 소멸되었다는 입장을 취한다면, 한국의 원폭 피해자들의 경우 그런 논리를 돌파하는 데 법률적으로 중요한 원군이 될 수 있다. 따라서 반인도적 불법행위의 희생자인 한일 양국의 피폭자들이 가해자로부터 법적 사죄와 배상을 받을 수 있도록 한일 양국의 시민사회가 함께 노력해야 할 것이다.

이 글을 마무리 하면서 전쟁 피해자들의 처리 문제가 가지는 미래지향적 가치를 다시 한 번 되새겨 본다. 우리가 전쟁을 혐오하고 막고자 하는 이유는 전쟁으로 인해 피해자가 발생하기 때문이다. 그리고 전쟁 피해자야말로 전쟁의 부조리와 부정의를 온몸으로 설득력 있게 보여주는 중요한 존재이다. 따라서 전쟁 피해자들에게 정의를 돌려주는 것이야말로 전쟁 재발 방지를 위한 가장 확실한 방법일 것이다.

이런 면에서 전쟁 피해자들이 자신의 피해에 대해 목소리를 높이고 정의를 회복해 달라고 하는 것은 전쟁 피해자들의 권리인 동시에 의무이기도 하다. 그런 점에서 현재 한일 양국의 원폭피해자들에게 정의가 회복되지 못하고 있는 것은 심각한 문제가 아닐 수 없다.

아울러 위에서 언급한 바와 같이 한일 간에는 일제 강점기를 둘러싼 역사인식과 개인의 청구권 문제 등에 대해 기본적으로 제대로 합의를 하지 못한 채 냉전에 의해 강요된 관계 정상화를 이루었기 때문에 그 최대의 피해자는 결국 일제 피해자이다. 아직도 한일 간에는 '평화 인프라'가 그지없이 취약하다. 한국과 일본 양국은 포스트 냉전의 새로운 한일관계를 만들어 나가야 한다. 한일수교회담 문서 공개 이후 한국측에서 일어나는 피해자 구제의 움직임이 발전하여 한일 간에 튼튼한 '평화 인프라'가 구축되길 빌어마지 않는다.

총체적인 한일관계의 경영을 위하여
한일관계의 가시인 독도 문제

공로명*

1. 당위와 현실의 괴리 속에서

이명박 정부에서 주일(駐日) 대사로 임명된 권철현 대사가 부임 직후 동경특파원들과 가진 인터뷰에서 밝힌 바에 의하면, 이명박 대통령은 주일 대사로 부임하는 그에게 과거에 속박당하지도 작은 것에 집착하지도 말라는 당부를 했으며, 낡은 현안인 독도 문제와 교과서문제는 일본 쪽에서 도발하는 경우가 있더라도 호주머니에 넣어두고 드러내지 말라고 했다고 한다.

비슷한 이야기는 노무현 대통령도 말한 적이 있다. 2004년 7월 제주도에서 열린 한일정상회담 공동기자회견에서 노대통령은 자신의 임기 동안에는 한국 정부가 한일 간 과거사문제를 공식적인 의제나 쟁점으로 제기하지 않을 것임을 밝혔던 것이다.

그러나 2005년 2월 시마네현이 독도를 일본 영토로 편입한 날을 '다케시마의 날'이라 하여 기념일로 제정한 사건을 계기로 한국의 여론이 비등하게 되자, 대통령은 3월 23일 '한일관계 국민에게 드리는 글'에서 경화된 태도를 천명하였다. 그리고 이번 7월 일본이 중학교과서 학습

* 동서대학교 석좌교수, 동아시아재단 이사장.

지도요령 해설서에 독도 영유권 주장을 담아 파동이 야기되자, 미래지향적 관계로 눈을 돌리려던 한국 정부 지도자들은 크게 발목이 잡히고 말았다.

1964년 '제 7차 한일회담' 때부터 한일문제에 관계해온 필자의 경험에 의하면, 한일 간의 과거사문제에 관련되는 문제와 독도 문제는 양국관계의 지뢰밭이라고 해도 과언이 아니다. 왜냐하면 과거사 문제와 독도 문제는 쉽게 국민감정으로 비화하기 때문이다.

독도 문제가 양국 간의 민감한 문제임은 예나 지금이나 다름이 없다. 14년 넘게 걸린 긴 한일 국교정상화 교섭이 마무리되어 1965년 6월 22일, 한일 양측이 동경 힐튼 호텔의 조인식장에 들어가 식이 시작되기를 기다리던 최후의 순간에도 일본측이 독도의 처리문제를 들고 나와 조인식이 몇 시간 지연된 일이 있었다. 이 때 한국측은 끝까지 독도는 한일 간의 현안문제가 될 수 없다고 버티었고, 일본측은 독도의 처리문제에 합의가 되지 않으면 일본 국회의 비준을 얻기가 어렵다고 하여 결국 '분쟁해결에 관한 교환공문'을 교환하는 것으로 타협했다. 그러나 우리측은 어디까지나 그 '분쟁해결에 관한 교환공문'은 한일 간의 재협정 운영상에 일어나는 분쟁의 해결 절차를 의미하는 것이라는 입장을 고수했고, 일본측은 한일 간의 모든 분쟁을 의미하는 것이라는 설명을 자국 국회에 하였다.

2. 역사적 사실 인식의 결여

필자는 2년 전 여름 일본 시모노세키에서 개최된 한일포럼(제 14차 회의)에서 '한일관계의 가시인 독도 문제를 어떻게 할 것인가' 하는 데 대하여 아래와 같은 졸견을 피력한 적이 있다.

> 독도 문제는 영토의 귀속권에 관한 문제로서 국민감정에 직결되는 문제라는 데 그 심각성이 있다. 그런데 이 문제는 한일 양국의 정부나 국민들이 독도를 자국 영토라고 알고는 있으나 어떻게 해서 그것이 자국의 영토인지에 대해서는 대부분 모르고 있다는 데 문제 해결의 어려움이 있다.

일례로 일본에서 한국 전문가로 저명한 시즈오카 현립대학의 이즈미 하지메(伊豆見元) 교수는 2006년 7월호 〈중앙공론〉(中央公論)에 기고한 글에서 독도에 관하여 "일본이 집중적으로 할 일은 '다케시마'(독도)가 역사적 경위로도 국제법상으로도 일본 고유의 영토라는 것을 한국 국민에게 여러 가지 수단을 통해 끈질기게 설득해 나가는 일이다"라고 했는데, 일본 유수의 한국 전문가가 일본의 교과서나 외무성 홈페이지에 실린 지식을 갖고 말하고 있다는 사실이다.

또 같은 〈중앙공론〉에서 일본의 외교 평론가로 널리 알려진 오카자키 히사히코(岡崎久彦) 대사는 "역사적 사실을 들여다본다면, '다케시마'는 에도(江戶)시대부터 일한 양국이 자국의 영토라고 주장해왔지만, 무인도였으며 정식으로 어느 쪽이든 실효적 지배를 한 일은 없다. 다만, 정식으로 일본령으로 된 것은 일로전쟁 중이었으며, 그 사실이 한국측으로서는 이 문제를 정치화하는 이유가 되고 있다…"고 한다. 왜 그는 에도시대에 이 문제에 대해 양국 정부가 합의하여 한국 땅이라고 천명한 사실에 대해서는 침묵하는 것인가?

3. '다케시마 일건'(1696년)과 태정관 지령(1877년)

일본 외무성이나 식자들은 왜, 에도 막부시대인 겐로쿠 9년(1696년) 1월 28일, 3년에 걸친 교섭 끝에 도쿠카와막부(德川幕府)가 조선 정부의 항의에 승복하여 울릉도에 대한 영유권을 인정하고 돗토리번(鳥

取藩)에 일본인의 도해를 금지한, 유명한 '다케시마 일건'(竹島一件)과 메이지 10년(1877년)에 태정관(太政官, 당시의 국가최고기관)이 내린 독도에 관한 지령을 외면하는 것일까?

일본에서 '다케시마'(독도)에 대한 실증적 논거의 전거(典據)가 된 것이 가와카미 켄조(川上健三)의 《다케시마의 역사지리학적 연구》(1966년)라는 것은 널리 알려진 사실이다. 일본에서 이 가와카미의 연구에 대하여 일본인으로서 학문적 메스를 가한 것은 교토(京都)대학의 호리 카즈오(堀和生) 교수가 효시인 것으로 필자는 이해하고 있다. 그는 1987년에 《조선사연구회논문집》에 기고한 "1905년 일본의 다케시마 영토편입"이라는 논문에서 일본이 독도를 무주지(無主地)라 하여 시마네현에 편입한 경위를 소상히 밝히고 있다.

이에 따르면 외무성 정무국장 야마자 엔지로(山座圓二郎), 해군성 수로부장 기모쓰키 카네유키(肝付兼行), 농상무성 수산국장 마키 나오마사(牧朴眞) 3인이 내무 관료들의 주저를 무릅쓰고 "일로전쟁의 중요한 시기에 '다케시마'를 편입하여 망루와 무선기지를 건설하면 결정적으로 유리하다"고 하여 시네마현의 어업종사자인 '나카이 요자부로'(中井養三郎)의 다케시마 대여(貸與)청원서를 영토편입원으로 변경시켜 시마네현으로 편입시킨 것이 그 진상이다.

위에 언급한 태정관 지령은 1876년, 시마네현이 〈일본해 내 죽도 외 일도 지적 편찬 방사〉(日本海內竹島外一島地籍編纂方伺)를 내무성에 품의했을 때, 내무성이 검토한 결과 울릉도(竹島)와 그 외 1도는 에도시대의 경위로 보아 '조선령이며 일본령이 아니다'는 결론을 내리고, '판도(版圖)의 취사(取捨)는 중대사건'이므로 1877년 3월 17일 당시 최고의 국가기관이던 태정관의 판단을 앙청(仰請)하여 내린 것이다.

이 내무성 품의에 대하여 태정관은 품의한 섬들은 '본방(일본)과는 관계가 없다'고 결론 내렸다. 1950년대에 한일 양국이 논쟁하는 과정에서 당시 일본이 조선령으로 인정한 것은 다케시마(竹島= 울릉도)이지 마쓰시마(松島)가 아니었다고 일본측이 강변한 일이 있으나, 내무성 이 품의한 서류에는 위의 '다케시마' 외 1도가 마쓰시마(松島, 지금의 독도)임을 지도에 명시하고 있다.[1)]

메이지 10년(1877년) 당시, 일본 신정부가 이런 인식을 지녔던 사실을 가와카미(川上)는 그의 저서 《다케시마의 역사지리학적 연구》에서 언급하지 않음으로써 일본에게 불리한 사료는 피해갔으나, 그가 이 서류를 열람했던 사실이 관계 사료관에 기록되어 있다고 호리 교수는 밝혔다.

4. 에도막부의 도항금지 조치

에도시대(江戶時代), 울릉도와 독도를 한국령으로 본 막부의 인식이 1696년의 결정 즉 '다케시마 일건' 이후 확고한 것이었음은 이마즈야 하치에몽(今津屋八右衛門) 사건을 보면 알 수 있다(아이즈야에 대해서는 이마즈야가 옳다는 설이 있었으나 1950년대 논쟁에서 아이즈야로 부르기로 했으므로 이를 따른다). 1950년대 한일 양 정부 간에 왕래한 문서(1954년)에서 거론된 하마다번(浜田藩)의 이마즈야 하치에몽 사건(1836년)을 보더라도 도쿠카와막부(德川幕府)가 울릉도에 대한 도해금지령을 엄격히 지켰음을 알 수 있다. 하마다번의 울릉도에서의 밀무역이 탄로나자 하마다번을 위해 밀무역에 종사했던 선박 운송업자 이마즈야 하치에몽은 에도 막부에 의해 사형되고, 밀무역을 지시한 하마다번의 주석가로(主席家老) 오카다 타노모(岡田賴母)는 할복자결〔割腹自決, 사실은 증거 인멸을 위해 죽인 것이라고 〈갑자야화〉(甲子夜話)와 하마다번의 향토사는 적고 있다고 함〕을 하였다. 또한 번주(藩主)인 마

---

1) 堀和生, "一九〇五年日本の竹島領土編入", 〈朝鮮史硏究會論文集〉 第24號, 1987, p. 103.

쓰다이라 스와노가미 야스토(松平周防守康任)는 막부의 로쥬(老中)직을 치사(致仕)하고 영구 칩거(蟄居)에 처해진 후 동북 지방의 다나구라(棚倉)로 전봉(轉封) 당하게 되었다. 이런 사실이야말로 일본에서 울릉도 도해금지령이 19세기까지 지속되었음을 말해준다.

5. '다케시마' 명칭 혼용 문제

시마네대학 명예교수인 나이토 세이츄(內藤正中) 씨는 일본이 독도에 대한 명확한 영토의식이 없었음을 독도에 대한 일본 명칭의 변천을 들어 아래와 같이 설명한다.2)

> 일본은 에도시대의 독도 명칭인 마쓰시마(松島)를 메이지(明治) 중간에 와서는 버리고, 불란서 포경선이 명명한 '리양꼬'(Liancourt)로 불렀다가, 시마네현 영토로 편입하는 1905년에는 '시볼트'가 잘못 인지하여 붙인 '다케시마'(울릉도)를 독도에다 붙였다. 이는 이른바 "신도(新島) '다케시마'에 대한 인식이 시마네 현지에서 얼마나 희박했는가를 말해 주는 것인데, 이를 어찌 고유영토라고 할 수 있겠는가?"

6. 《은주시청합기》 문제

1950년대 한일 양국 정부 간의 왕복문서 속에서 일본측이 울릉도가 일본영토였음을 증명하는 역사적 문헌으로 든 것이 《은주시청합기》(隱州視聽合記)였다. 이에 그 문서 중의 한 구절이 논쟁의 초점이 된 적이 있다. 그것은 일본의 북서쪽 한계가 일본의 '오키노구니'(隱岐國)를 가리키는 것인지, 아니면 울릉도를 가리키는 것인지 하는 것이었다. 즉,

---

2) 內藤正中, "竹島は日本固有領土か", 〈世界〉, 2005年 6月號 참조.

'日本之乾地以此州爲限矣'의 '此州'가 울릉도를 말하는지 아니면 '인슈'(隱州) 인 '오키노구니'(隱岐國) 를 말하는지가 문제였다.

이케우치(池内) 교수는 《대군외교와 '무위'》(大君外交と武威) 에서, 문제의 구절 '차주'(此州) 가 무엇인가에 대해 한일 쌍방 연구가들의 해석을 광범위하게 비교한 후 다음과 같이 결론을 맺고 있다.

> 이상의 논증에 따른다면 문맥, 용어법, 본문 중에 그렇게 명기된 사실 및 동시대인에 의하여 읽혀진 어느 것을 보더라도 차주(此州) 는 '오키노구니'(隱岐國) 로 밖에는 읽을 수가 없다. 그럼에도 불구하고 계속 문제된 부분만은 '島'로 바꾸어 읽을 수밖에 없다고 말하는 것은 학문적으로는 전혀 성립될 수 없는 감정론에 지나지 않는다. 《은주시청합기》는 어디까지나 오키노구니(隱岐國) 의 지지(地誌) 이며, '마쓰에번'(松江藩) 에 제출된 보고서이다. 보고서의 문장이 66개소에 있는 '州'를 전부 '나라'(國) 의 뜻으로 읽을 수 있음에도 불구하고, 딱 한군데에서만 '섬'(島) 의 뜻으로 무리하게 읽어야 이해될 수 있는 것이라면 그러한 보고서를 왜 새로 쓰지 않았을까? 《은주시청합기》는 지지(地誌) 종류이지, 사색(思索) 의 책은 아니다. 누가 읽어도 읽는 내용이 명확하지 않다면 보고서로서는 쓸모가 없다. 이상을 감안해본다면, 《은주시청합기》에 의거한 '오키노구니'(隱岐國) 는 일본 북서의 끝이 되지 않을 수 없다. 그런 만큼 다케시마(竹島)=독도(獨島) 는 당시 일본의 판도(版圖) 에서 벗어나 있던 것으로 인식되었다.[3]

이케우치 교수는 "《은주시청합기》의 해석을 둘러싸고"라는 상기 논고의 첫머리에서 "일본의 북서의 한계를 말하는 차주(此州) 의 해석을 둘러싸고 일본 정부측은 그것이 울릉도라 하고 한국 정부측은 오키국(隱岐國) 이라고 하여 대립한 일이 있어 해석에 정치적 요소가 작용하

3) 池内敏, 《大君外交と'武威': 近世日本の國際秩序と朝鮮觀》, 名古屋大學出版會, 2006, p. 351.

여 엄밀한 해석이라기보다는 자의(恣意)에 흐르는 경향이 전무했다고 할 수 없다. 더욱이 감정적 응수도 혼재하여 사료(史料) 해석으로서는 텍스트 자체에서 벗어나는 경향도 보였다. 따라서 본장(本章)에서는 정치적 의도에서 벗어나 텍스트로 되돌아가 사료에 따른 해석을 한다면 어떻게 읽어야 할 것인지 재검토하겠다"라는 뜻을 밝히고 있는 것을 특기한다.

7. 독도 문제의 해결방안은 무엇인가?

위에 소개한 일본 학자들의 독도 영유권 문제에 관한 연구내용이 좀 더 일본 내에서 확산된다면 일본측에 의한 도발이 자제되거나 억제되는 효과가 있을 것으로 보인다. 문명국가 간에 서로의 분쟁을 해결하는 방식은 제3자가 절충하는 중재의 방식, 국제사법재판소에서 시비를 가리는 사법적 해결방법, 당사자 간의 절충을 통해 해결하는 외교적 해결 방법이 있다. 물론 이러한 평화적 방법이 통하지 않을 경우 국제사회에서는 무력에 의한 해결방법에 의존해온 경우가 있었음을 전쟁사를 통해 우리는 많이 보아왔다.

한일 간에 독도 문제를 놓고 제3자를 개입시키는 중재나 사법적 해결방식은 분쟁 당사자 간의 합의가 있어야 가능하다. 그러나 우리는 우리가 1953년 이래 실효적으로 지배한 독도 문제를 국제사법재판소나 중재에 가져갈 의사는 조금도 없다. 또한 한일 양국 간에 외교적 절충에 의해 독도의 귀속 문제를 해결한다는 것은 한국이나 일본의 정치적 상황에서는 불가능한 일이다. 일본도 그들이 실효적으로 관할하는 센카쿠 열도(尖閣列島)를 중국이 국제사법재판소에 가지고 가자고 하는 제안에 대해서는 응하지 않고 있다.

따라서 독도 문제는 앞으로도 상당기간 한일 양국간 현안 문제로 남아 있을 것이다. 사람의 질환에 비유한다면 급성질환이 아니라 만성질환인 것이다. 그러므로 우리는 이에 슬기롭게 대처해 나가야 한다. 독도 문제는 한일관계상 하나의 문제이지, 그것이 한일관계의 전부는 아니라는 인식과 균형감각을 가질 필요가 있다.

8. 장기적 과제로 관리되어야 한다

2007년에 작고한 고 백충현 전 서울대학교 법대 학장은 독도 문제를 국제법적 입장에서 논증한 고 이한기 교수의 제자로서 다년간 독도 문제를 진지하게 연구해 온 학자였다. 그는 2005년 한일포럼에서 "한일 선린관계를 위한 현안의 쟁점과 과제"라는 제하의 보고서에서 '독도 영유권 문제의 실체와 해결책'으로서 "금후에도 양국이 합의하여 제3자의 판단에 위임하여 국제소송에 의뢰할 가능성은 없다. 그렇다고 외교교섭으로 절충하거나 타결할 가능성도 보이지 않는다. 외교마찰은 현재의 수준을 반복하면서 역사적 증거와 국제법의 논리가 상대방을 설득할 때까지 계속될 것으로 본다"는 견해를 개진한 적이 있다.

이렇듯 당장 해결책이 있는 문제가 아닌 만큼, 우리는 한일관계 전반을 관리하는 테두리 속에서 장기적 해결책을 도모하는 여유와 마음가짐을 지녀야 한다. 한일 양국의 뜻있는 학자들의 진지한 탐구로 상호 이해를 깊이 해나가는 가운데 해결의 실마리를 풀어가는 것이 바람직하다. 그런 노력의 일환으로 양국 정부나 미디어는 독도 연구의 성과에 대해 허심탄회하게 널리 알리는 노력을 지속할 필요가 있다.

1950년대 양국 정부가 논쟁해 오던 독도에 관한 많은 사항들이 그 후 양측의 많은 연구에 의해 새로운 사실들이 밝혀지고 있다는 사실 또한 간과해서는 안 될 것이며, 앞으로 양국 연구자들의 연구에 성원과 지원을 아끼지 말아야 할 것이다.

9. 일본은 우리에게 어떤 나라인가?

필자는 독도 문제나 역사교과서 문제는 한일관계의 일부이지, 전부가 아니므로 균형감각을 잃어서는 안 된다는 이야기를 하였다. 우리가 생존하는 한반도는 동북아시아의 동북단에 위치한 반도이며 동쪽에는 세계 제2의 경제력과 기술력을 가진 인구 1억 2천만의 일본이 있고, 서쪽에는 인구 13억이며 세계 경제력의 3위로 부상한 중국이 있으며, 북쪽에는 세계 제1의 자원 보유국이며 세계 제2의 군사력과 인구 1억 4천만을 지닌 러시아가 있다. 우리는 이러한 대국의 틈새에서 자원도 별로 없고, 남북으로 대치한 상황에서 생존해 가야 한다는 사실을 잊어서는 안 될 것이다.

이런 지정학적 환경에서 일본은 우리에게 어떤 나라인가를 생각해 볼 필요가 있다. 19세기 제국주의 세력이 각축하던 국제사회에서 우리는 우리보다 한 발 앞서 개화한 일본에 의해 주권을 빼앗기고 식민통치라는 굴욕을 당했다.

그러나 1945년 연합국의 승리로 우리는 일본제국주의의 사슬에서 해방되었고, 패전 후 민주주의 국가로 새로 탄생한 일본과 14년여의 긴 국교 정상화 교섭 끝에 1965년 국교를 맺게 되었다. 동서 냉전시대에 양국은 자유민주주의와 시장경제를 공유하는 국가로서, 그리고 미국의 동맹국으로서 양국관계를 발전시켜왔다.

1960년대에 시작된 우리나라의 산업화에 일본의 자본과 기술이 적지 않게 기여한 것을 부인할 수는 없다. 최근 수년 사이 한국이나 일본에게 중국과의 경제 관계가 크게 부상하고 있는 것은 사실이지만, 한국경제가 일본과 깊고 넓게 연관되어 있다는 사실을 우리는 간과할 수 없다. 작년 우리나라의 총 수출액이 3,225억 달러인데 이를 위해 일본에서 원자재를 들여옴으로써 생긴 대일(對日) 무역적자 폭이 299억 달러라는 사실을 보더라도 알 수 있다.

일본이 독도 문제나 역사교과서 문제로 우리의 국민감정을 건드리기는 하지만, 작년 말 한국을 찾은 일본인은 220만 명이 넘으며 260만 명의 한국인이 일본을 방문했다. 2~3년 전에 있었던 한류 붐의 여파 덕분에 일본인의 대한(對韓) 인식과 호감도는 크게 개선되었다.

1950~1953년 한국전쟁에서 일본은 유엔군의 후방기지로 커다란 기여를 했고, 현재도 주한미군의 후방지원 기지 역할을 담당하고 있다. 한·미·일 3국간의 협력관계가 동북아시아의 국제관계에서 중요한 역할을 하는 것은 분명하다. 미국 CSIS의 하와이 Pacific Forum의 대표 Ralph A. Cossa 박사는 한·미·일 협력관계 구축의 중요성을 언급하면서 "한반도가 오늘날 서울에서 행해지는 정치·경제적 체제하에 언젠가 통일되는 것은 불가피한 일일 것이다. 조심스럽게 조절된 미·일·한의 정책이 이러한 바람직한 결과의 평화로운 실현을 보장하는데 도움이 될 것이다. 그러한 3자간의 협력은 미국, 일본, 한국간의 '실질적 동맹'(*virtual alliance*)의 가능성을 높일 것이다. 이 전략적 파트너십은 3국의 안보이익에 기여할 뿐만 아니라 동북아시아의 평화와 안전에도 도움이 될 것이다"[4] 라고 했다.

우리는 한반도의 평화적 통일을 위해서도 일본과 협력해 나가지 않으면 안 된다. 한·미·일 3국간의 동맹적 협력관계 구축에 대해서는 중국에 대한 고려 때문에 소극적 견해를 갖는 사람이 있을지 모르겠으나, 중국 입장에서는 한·미·일 동맹체제 속의 한국이 중국에게 우호적인 것이 보다 매력적이라는 것을 잊어서는 안 될 것이다. 중국의 영향권 아래 있는 한국(9.8㎢)이라는 존재는 북경 정부의 눈에는 국토의 크기로 보나 인구 면에서나 산동성(17만㎢)의 2분의 1밖에 안 되는 조그마한 성(省)으로 밖에는 안 보일 것이다.

---

4) 'Building Toward a Virtual Alliance', 1999.

10. 요구되는 정치 지도력

미국과 각각 동맹관계에 있는 한국과 일본이 상호 협력하는 것이 서로의 국익에 도움이 될 것임은 말할 필요도 없다. 양국은 이념적으로 같은 자유민주주의를 신봉하고 있고, 경제적으로 상호 깊이 관련되어 있는 만큼, 동맹국에 버금가는 선린우호 협력관계를 유지하는 것이 서로에게 이익이 될 것임은 분명하다.

한일관계가 함축하는 의의가 이런 만큼, 우리 정치 지도자들은 양국관계를 원활히 발전시키도록 관리해 나가는 노력을 의식적으로, 그리고 일관성 있게 해야 할 것이다. 더구나 아직 강대국의 대열에 들기에는 미흡한 우리 한국은 대외 정책에 신중해야 하며, 상대국가들이 신뢰하는 국가가 되도록 해야 한다는 사실을 잊어서는 안 된다.

처칠이나 드골, 대처 총리대신의 지도력을 높이 평가하는 이유는 그들이 대의(大義)를 위해서는 대중에 영합하지 않고 난국을 헤쳐 나갔기 때문이다. 국민들도 우리 지도자들이 포퓰리즘에 좌우되지 않고 국가적 이익을 위해 지도력을 발휘할 수 있도록 지지해야 할 것이다.

부록

한국과 일본의 역사인식 연표

(연표의 날짜는 한국과 일본관계 모두 1872년까지
음력, 일본은 1873년부터 양력, 한국은 1896년부터 양력)

연도	한국
512	**6월** 신라 이찬伊飡 이사부異斯夫, 우산국을 정벌
930	**8월 15일** 우릉도芋陵島 사자使者 백길白吉과 토두土豆, 방물方物을 진상
1032	**11월 8일** 우릉성주羽陵城主의 아들 부어잉다랑夫於仍多郎, 토물土物을 진상
1145	김부식, 《삼국사기》 편찬
1157	**5월 12일** 울릉도에 파견되었던 명주도감창 전중내급사溟州道監倉 殿中內給事 김유립金柔立, 복명
1392	조선 건국
1416	**9월 2일** 조선 정부, 김인우金麟雨를 무릉등처 안무사武陵等處按撫使에 임명
1417	**2월 5일** 무릉등처 안무사 김인우, 우산도于山島에서 귀환 **2월 8일** 태종, 공조판서工曹判書 황희黃喜의 건의를 받아들여 공도정책을 확정
1425	**8월 8일** 조선 정부, 김인우를 우산무릉등처 안무사于山武陵等處按撫使에 임명, 파견 **10월 20일** 우산무릉등처 안무사 김인우, 복명. 역役을 피해 무릉도에 피신해 있던 남녀 20명을 수포하여 귀환

연도	일본
1004	고려인 11인, 이나바(因幡, 현재의 돗토리현 동부지역)에 표류. 울릉도가 우루마 섬으로 알려짐《權記》
1379	**7월** 왜倭, 무릉도武陵島에 침입
1407	**3월 16일** 대마도 수호守護 소 사다시게宗貞茂, 무릉도에 옮겨 살기를 요청

연도	한국
1432	**1월 19일** 〈신찬 팔도지리지新撰八道地理志〉《세종실록》 지리지 찬진撰進
1451	**8월 25일** 《고려사》 찬진
1486	**12월** 《동국여지승람東國輿地勝覽》 찬진
1530	**8월** 《신증 동국여지승람新增東國輿地勝覽》 찬진
1614	**7월** 동래부사東萊府使 윤수겸尹守謙, 대마도로 서계書契를 보내 기죽도磯竹島가 조선령 울릉도임을 설명하고 경고 **9월 2일** 동래부사 박경업朴慶業, 대마도로 서계書契를 보내 기죽도가 조선령 울릉도임을 설명하고 경고
1656	유형원柳馨遠, 《여지지輿地志》 저술
1693	**3월** 안용복安龍福과 박어둔朴於屯, 울릉도에서 오야大谷 가家의 어부들에게 잡혀 일본으로 끌려감
1694	**9월 19일** 삼척영장三陟營將 장한상張漢相 일행, 울릉도를 향해 삼척三陟을 출발 **10월 6일** 장한상, 울릉도 심찰審察결과를 복명

연도	일본
1592	**4월 14일** 일본군, 부산포 상륙. 임진왜란 시작
1598	**11월** 일본군, 조선 반도에서 패퇴. 왜란 종료
1603	도쿠가와 이에야스德川家康, 에도江戶에 막부 설치. 에도시대 시작 (~1868)
1617	오야 쿠에몽大谷九右衛門, 울릉도에 표착 〈竹島渡海由來記拔書控〉 이케다 미츠마사池田光政, 돗토리번鳥取藩, 因幡·伯耆에 입부入府
1625	**5월 16일** 에도 막부, 호키국伯耆國 태수太守에게 오야大谷·무라카와村川 양가兩家의 죽도(울릉도) 도해를 면허
1635	에도 막부, 쇄국령을 내림
1650년경	돗토리鳥取의 상인 이시이 요시무네石井宗悅, 오야 미치요시大谷道喜에게 서장書狀을 보내, 무라카와 이치베村川市兵衛가 마쓰시마(독도)에서 강치를 잡고 있다고 전함 《新修鳥取市史》
1667	이즈모국出雲國, 번사藩士 사이토 토요노부齋藤豊宣, 《은주시청합기隱州視聽合紀》를 저술
1692	**3월 26일** 무라카와村川 가家의 어부들, 울릉도에서 조선 어부들과 조우

연 도	한 국
1696	**5월 15일** 안용복 등, 울릉도에 출어한 일본 어선을 추격하여 쫓아버리고 자산도(독도)에 정박 **5월 18일** 안용복 등, 오키 섬에 도착 **5월 20일~22일** 안용복 등, 돗토리번 역인役人들의 조사를 받음. 안용복, 〈조선팔도지도朝鮮八道之図〉를 보이면서 다케시마竹島와 마쓰시마松島는 조선 강원도 소속의 울릉도와 자산도임을 밝힘
1702	**5월 28일** 삼척영장 이준명李浚明, 울릉도를 수토하고 돌아와 울릉도의 지도와 토산물을 바침
1756	신경준申景濬, 《강계고疆界考》를 저술
1770	**8월 5일** 《동국문헌비고東國文獻備考》 찬진
1787	**5월 27일(양)** 프랑스 해군 대령 라 뻬루즈La Pe'rouse가 이끄는 부솔Boussole호, 울릉도 발견 **5월 28일(양)** 라 뻬루즈, 새로 발견한 섬(울릉도)을 첫 목격자 다쥬레Lepaute Dagelet 교수의 이름을 따라 다쥬레Isle Dagelet 섬으로 명명
1789	영국의 탐험가 제임스 콜넷James Colnett, 울릉도를 발견, 아르고노트Argonaut 섬으로 명명
1794	**5월 8일** 월송포 만호越松浦萬戶 한창국韓昌國, 울릉도를 수토하고(4월 21일 출발) 귀환

연도	일본
1695	**12월 24일** 에도 막부, 다케시마(울릉도) 도해면허와 관련하여 돗토리번鳥取藩에 죽도竹島와 죽도 외에 이나바因幡·호키伯耆에 부속한 섬이 있는지 질문서 〈御尋の御書付〉를 보냄 **12월 25일** 돗토리번鳥取藩, 막부에 죽도竹島·송도松島는 이나바·호키에 부속한 섬이 아니라고 회답 〈亥十二月二十四日, 竹島の御尋書の御返答書〉
1696	**1월 28일** 에도 막부, 다케시마(울릉도) 도해금지령竹島渡海禁止令을 쓰시마번과 돗토리번에 통달
1724	돗토리번, 막부의 명령에 따라 오야·무라카와 양가의 죽도 도해 어업을 보고 《竹島考圖說》 〈竹島松島之図〉
1726	쓰시마번對馬藩, 1696년 안용복의 활동을 기록한 다케시마 기사 《竹嶋紀事》 편찬
1751~63	죽도도설 《竹島図說》, 독도를 오키隱岐의 마쓰시마松島로 기술
1779	나가쿠보 세키스이長久保赤水, 〈개정 일본노정여지전도改正日本路程輿地全圖〉 제작
1785	하야시 시헤이林子平, 〈조선팔도지도朝鮮八道之図〉와 〈삼국접양지도三國接壤之圖〉 등 제작
1800	이노 타다타카伊能忠敬, 실측 일본지도 작성을 위한 제1차 측량을 개시

연 도	한 국
1808	《만기요람萬機要覽》 찬진撰進
1842	**8월 28일** 청, 남경조약으로 홍콩을 영국에 할양
1849	**1월 27일** 프랑스의 포경선 리앙쿠르Liancourt호, 독도를 발견. 리앙쿠르암Liancourt Rocks으로 명명
1854	**4월 6일** 러시아 군함 올리부차Olivoutza호, 독도를 발견. 서도를 올리부차Olivoutza, 동도를 메넬라이Menelai로 명명 러시아 군함 팔라다Pallada호, 울릉도의 위치를 측정
1855	**4월** 영국 군함 호넷Hornet호, 독도를 측정 관찰하고 호넷 락스Hornet Rocks로 명명
1876	**2월 2일** 조일수호조규(朝日修好條規, 강화도조약) 성립

연도	일본
1801	이즈모 대사出雲大社(神社)의 신관神官 야다 타카마사矢田高当의 《장생죽도기長生竹島記》, 마쓰시마(松島, 현재의 독도)를 일본 서해西海의 한계로 기술
1821	이노 타다타카의 제자들에 의해 〈대일본 연해여지전도大日本沿海輿地全図〉 완성, 막부에 헌상. 울릉도와 독도는 빠져 있음
1828	돗토리번 사무라이 오카지마 마사요시岡嶋正義, 江石梁, 《죽도고竹島考》 편술
1836	에도 막부, 하마다번濱田藩의 아이즈야 하치에몽會津屋八右衛門을 울릉도에 밀항한 죄로 처형 〈竹嶋渡海一件記 全〉
1837	**2월** 에도 막부, 다케시마(울릉도) 도해금지령竹島渡海禁止令을 내림
1840	시볼트의 일본도日本図, 아르고노트(울릉도) 섬을 다케시마, 다쥬레 섬을 마쓰시마로 기록 오카지마 마사요시岡嶋正義, 《인부년표因府年表》 편찬. 안용복에 관한 기술 있음
1867	가츠 카이슈勝海舟, 〈대일본연해략도大日本沿海略圖〉 제작. 울릉도를 송도, 독도를 리앙코르도 암으로 표기
1868	명치유신
1869	**6월 29일** 일본, 동경 초혼사(東京招魂社, 야스쿠니 신사의 전신) 창립
1870	**4월** 조선에 파견되었던 일본 외무성 출사出仕 사다 하쿠보佐田白茅·모리야마 시게루森山茂·사이토 사카에齋藤榮, 외무성에 《조선국 교제시말 내탐서朝鮮國交際始末內探書》를 제출. 그 중에 죽도(울릉도)와 송도(독도)가 조선령이 된 사정 "竹島松島朝鮮附屬ニ相成候始末"이란 제목으로 독도와 울릉도에 대해 기술, 그러나 독도에 대해서는 자세한 언급 없음

연도	한국
1881	**6월** 조선 정부, 일본인의 울릉도 도항금지를 요구
1882	**4월 29일** 울릉도 검찰사 이규원李奎遠 일행, 울릉도로 향함 **6월 5일** 이규원李奎遠 복명. 울릉도 개척과 일본 정부에 항의할 것 등을 건의

연도	일본
1874	**1월 27일** 메이지明治천황, 동경 초혼사 참배
1876	**7월** 아오모리青森현의 무토 헤이가쿠武藤平學, 〈송도개척지의松島開拓之儀〉를 외무성에 제출. 울릉도의 거목을 벌채해 블라디보스토크에 수출하거나 시모노세키에 보내 판매할 계획을 밝힘 **7월 13일** 고다마 사다아키兒玉貞陽, 마쓰시마(울릉도) 개척 건의서를 외무성에 제출 **10월 5일** 일본 내무성 지리료地理寮에서 시마네현 앞으로 다케시마(울릉도)의 소속에 관한 질의서를 보냄 **10월 16일** 시마네현, 〈일본해 내 죽도 외 일도 지적편찬 방사〉를 내무성에 회답 **12월** 치바千葉현의 사이토 시치베齋藤七郎兵衛, 마쓰시마(울릉도) 개척 원서松島開拓願書並建言를 외무성에 제출
1877	**1월** 시마네현의 사족士族 도다 타카요시戶田敬義, 죽도(울릉도) 도해원서竹島渡海之願를 제출 **3월 17일** 일본 내무성, 〈일본해 내 죽도 외 일도 지적편찬 방사〉를 태정관에 제출하고 그 소속에 대한 판단을 요청 **3월 29일** 일본 태정관太政官 우대신右大臣 이와쿠라 토모미岩倉具視, 지적 편찬상 문제가 된 다케시마(竹島, 울릉도)와 그 밖의 한 섬, 즉 마쓰시마(松島, 독도)가 일본령이 아님 〈竹島外一島之儀本邦關係無之儀ト可相心得事〉을 내무성內務省에 지령 **4월 9일** 내무성, 태정관 결정을 시마네현에 지령

연도	한국
1883	**3월 16일** 조선 정부, 김옥균金玉均을 동남제도개척사東南諸島開拓使에 임명
1884	**6월 22일** 조일통상장정朝日通商章程 체결
1889	**9월 19일** 독판교섭통상사무 민종묵閔種默, 일본 공사관에 일본 어민들의 울릉도에서의 불법 행위를 항의하고 그 처벌과 배상을 요구 **10월 20일** 조일통어장정朝日通漁章程 성립. 22조, 어업허가증을 가진 일본 어선은 전라·경상·강원·함경 4도 근해에서의 어업을 허가
1893	조선 정부, 조종성趙鍾成을 수토관搜討官에 임명, 울릉도에 파견
1894	**12월 27일** 조선 정부, 울릉도 수토제도를 폐지

연도	일본
1878	**8월 15일** 시모무라 린하치로下村輪八郎와 사이토 시치베齊藤七郎兵衛, 마쓰시마(울릉도) 개척 원서松島開拓願를 외무성에 제출
1879	**6월 4일** 동경 초혼사, 야스쿠니 신사로 개칭
1880	**9월** 일본 군함 아마기天城, 송도松島 측량 조사. 송도를 울릉도, 죽도를 죽서로 판단
1881	**8월 20일** 일본 외무성 관원 기타자와 마사나리北澤正誠, 한국·일본·중국의 문헌과 군함 아마기天城의 현지 조사결과를 검토하여 《죽도고증竹島考證》상·중·하을 작성, 송도는 울릉도로 일본 판도 밖에 있는 땅임을 밝힘. 기타자와, 〈죽도판도소속고竹島版圖所屬考〉를 외무성에 제출
1883	**1월 9일** 일본공사 다케조에 신이치로竹添進一郎, 예조판서 이병문李秉文에게 일본인의 울릉도에서의 벌목 금지를 약속 **3월 1일** 일본 태정대신太政大臣 산죠 사네토미三條實美, 일본인의 울릉도 도항금지령을 내림 **3월 16일** 일본 해군성 수로국水路局, 《환영 수로지寰瀛水路誌》 제 2권(노한편〈露韓編〉)을 간행. 송도(松島, 울릉도)와 함께 리앙코르도 열암독도을 포함
1889	**10월 30일** 일본, 교육칙어教育勅語 발포
1894	**6월 23일** 일본 해군, 서해 풍도豊島 해상의 청국 군함을 공격 **8월 1일** 일본, 청국에 선전포고

연도	한국
1897	**10월 12일** 고종, 국호를 대한제국으로 변경. 황제로 즉위
1899	울릉도도감 배계주裵季周, 밀반출된 목재를 찾고자 일본으로 건너가 시마네현 마츠에松江에서 재판
1900	**10월 27일** 대한제국, 광무光武 4년 칙령勅令 제41호 제정 반포함. 칙령 제2조, 울도군鬱島郡의 관할 구역으로 울릉전도鬱陵全島, 죽도竹島와 함께 석도石島를 규정
1903	**1월 26일** 대한제국 정부, 심흥택沈興澤을 울도군수鬱島郡守에 임명 **4월 20일** 울도군수 심흥택, 부임
1904	**2월 23일** 한일의정서韓日議定書 체결 **8월 22일** 제1차 한일협약第1次 韓日協約 체결
1905	**11월 17일** 을사조약(乙巳條約, 제2차 한일협약) 체결. 일본이 한국의 외교권을 접수, 통감統監 파견이 주요 내용

연도	일본
1894	**9월 17일** 청국 북양함대와 일본 연합함대, 황해해전. 연합함대가 승리 일본 해군, 《조선 수로지朝鮮水路誌》를 간행 울릉도, 독도를 수록
1895	**4월 17일** 청일 강화조약, 시모노세키下關 조약 체결 **5월 4일** 일본, 삼국간섭에 의해 요동반도遼東半島 환부 결정
1899	일본 해군, 《조선 수로지朝鮮水路誌》를 간행 울릉도·독도를 수록
1902	**1월 30일** 영일동맹 성립. 영국, 한국에 대한 특수권익을 일본에 승인
1903	**5월** 시마네현 기업인 나카이 요자부로中井養三郎, 울릉도에서 독도로 출어出漁
1904	**2월 8일** 일본군, 여순旅順을 기습 공격. 러일전쟁 시작 **7월 5일** 일본 해군, 울릉도 망루望樓 건설을 결정 나카이 요자부로, 강치海驢, 可支魚 잡이를 위해 울릉도에서 독도로 출어 **9월 2일** 울릉도 동망루, 서망루 활동 개시

연도	한국
1906	**1월 17일** 대한제국, 외부外部 폐지. 사무는 의정부에 설치된 외사국外事局으로 넘어감 **2월 1일** 통감부統監府·이사청理事廳 사무를 개시 **3월 29일** 울도군수 심흥택, 강원도관찰사서리 춘천군수 이명래李明來에게 3월 28일, 일본 관인官人 일행이 군아를 방문하여 본군 소속 독도獨島가 일본영지日本領地로 편입되었음을 알려왔다는 사실을 보고 **4월 29일** 이명래, 의정부 참정대신에게 보고서호외報告書號外로 울도군수 심흥택의 보고를 송부 **5월 1일** 〈대한매일신보大韓每日申報〉 207호, "잡보雜報"란에 울도군수 심흥택沈興澤의 보고와 이를 부인하는 내부의 지령을 보도 **5월 7일** 강원도관찰사서리 춘천군수 이명래李明來의 〈보고서 호외報告書號外〉, 의정부 외사국外事局에 접수 **5월 9일** 〈황성신문皇城新聞〉 2175호, "잡보"란에 5월 1일자 〈대한매일신보〉 "잡보"란의 기사와 같은 내용을 보도 **5월 20일** 의정부 참정대신, 강원도관찰사에게 지령 제3호로 독도의 일본 '영지지설領地之說'을 부인하고 독도의 형편과 일본인들이 어떻게 행동하였는지 다시 조사 보고할 것을 지령
1908	《증보 문헌비고增補文獻備考》 찬진. 우산도芋山島가 울도군鬱島郡 소속으로 기록
1910	**8월 22일** 한일병합조약 체결. 29일 공포

연도	일본
1904	**9월 25일** 일본 해군, 죽변만竹邊灣과 울릉도 망루를 연결하는 해저 전선 부설 완성 일본 군함 니타카新高의 《행동일지》, 독도에 대해 '한인들은 독도獨島라 쓰고, 일본 어부들은 량코 섬이라 부른다'고 기록 **9월 29일** 나카이 요자부로, 〈량코 섬 영토편입 및 대하원リヤンコ島領土編入並二貸下願〉을 내무·외무·농상무農商務상 앞으로 제출
1905	**1월 10일** 일본 내무성內務省, 내각에 〈무인도無人島 소속에 관한 건〉 제출. 독도를 일본 영토로 편입, 다케시마竹島로 명명하여 시마네현島根縣 오키도사隱岐島司의 소관으로 할 것을 청의請議 **1월 28일** 일본 각의閣議, 내무성에서 청의한 〈무인도無人島 소속에 관한 건〉을 승인 **2월 15일** 일본 내무성, 시마네현 지사에게 훈령 제87호로 각의의 결정을 관내에 고시할 것을 지령 **2월 22일** 일본 시마네현 지사 마쓰나가 타케요시松永武吉, 시마네현 고시 제40호로 량코 섬의 영토편입을 고시 **5월 27일** 일본 함대, 대마도對馬島 동북해 해전東北海 海戰에서 러시아 함대를 대파 **6월 5일** 시마네현 지사, 나카이 요자부로 외 3명에게 독도에서의 강치 어업을 허가

연도	한국
1919	4월 10일 대한민국 임시정부 수립(상해)
1939	**9월 1일** 독일, 폴란드 침공. 2차 세계대전 개전
1940	**9월 17일** 한국 임시정부, 중국 중경에 광복군 총사령부 설치. 총사령, 이청천. 참모장, 이범석
1941	**12월 8일** 미국, 대일 선전포고
1943	**11월 27일** 카이로 선언. 제1차 세계대전 후 일본이 타국으로부터 약탈한 영토를 원래의 소속국가에 돌려줄 것과 한국 인민이 노예상태하에 있음을 유의하여 한국을 자유 독립국가로 할 것을 선언
1945	**7월 26일** 포츠담 선언. 제8항에서 "카이로 선언의 모든 조항은 이행되어야 하며, 일본의 주권은 혼슈本州·홋카이도北海道·규슈九州·시코쿠四國와 장래 연합국이 결정하는 작은 섬들에 국한될 것"으로 명시
1946	**1월 29일** GHQ지령 SCAPIN 677 '약간의 주변지역을 정치상 행정상 일본으로부터 분리하는 데 대한 각서', 독도를 일본에서 분리 **6월 22일** GHQ지령 SCAPIN 1033 '일본의 어업 및 포경업을 위한 인가구역의 설정', 이른바 맥아더 라인이 설정됨. 독도를 일본의 조업허가 구역에서 제외
1947	**3월 20일** 미국, 대일평화조약 제1차 초안, 독도를 한국령으로 기술 **8월 5일** 미국, 대일평화조약 제2차 초안, 독도를 한국령으로 기술

연도	일본
1905	**7월 22일** 일본 해군 작업인부 38명, 독도에 상륙, 가설 망루를 건설 **8월 19일** 시마네현 지사 마쓰나가 타케요시, 수행원 3명과 해군 용선海軍用船 교토京都호에 승선, 독도 시찰 **9월 5일** 러시아와 일본, 포츠머스 조약 체결
1906	**3월 27일** 시마네현 사무관 진자이 요시타로神西由太郎가 인솔하는 독도 조사대, 독도를 조사 **3월 28일** 진자이 요시타로 등 일본 조사대, 울릉도에 상륙 울도군수 심흥택沈興澤을 방문하여 독도가 일본 영토로 편입되었음을 통보
1931	**9월 18일** 일본 관동군, 봉천(현재의 심양) 교외 류조호柳條湖 부근의 남만주 철도를 폭파. 만주사변 발생
1938	**4월 1일** 일본, 국가 총동원법 공포 **5월 5일** 총동원법 제13조 발동, 전쟁준비를 위한 물자의 통제, 징용, 언론 제한 등 통제에 관한 권한을 정부에 위임할 것을 규정
1939	**4월 24일** 시마네현 오키군隱岐郡 고카무라五箇村 의회, 독도를 고카무라 구역에 편입할 것을 의결 **7월 8일** 일본, 국민징용령 공포
1941	**12월 7일** 일본, 하와이 진주만 기습공격

연도	한국
1948	**1월 12일** 미국, 대일평화조약 제3차 초안, 독도를 한국령으로 기술 **6월 8일** 미군 공군기, 독도폭격. 한국 어민이 다수 희생 **8월 5일** 대한민국 정부수립
1949	**10월 13일** 미국, 대일평화조약 제4차 초안, 독도를 한국령으로 기술 **11월 2일** 미국, 대일평화조약 제5차 초안, 독도를 한국령으로 기술 **11월 14일** 윌리엄 시볼드 GHQ 외교국장, 딘 애치슨 국무장관에게 독도를 일본령으로 하도록 초안의 수정을 건의 **12월 29일** 미국, 대일평화조약 제6차 초안, 독도를 일본령으로 기술
1950	**6월 25일** 한국전쟁 발발 **8월 7일** 미국, 대일평화조약 제7차 초안, 독도에 대한 기술 삭제 **9월 11일** 미국, 대일평화조약 제8차 초안 및 대일강화 7원칙 발표
1951	**2월 28일** 영국, 대일평화조약 제1차 초안, 제주도, 울릉도, 독도를 일본령으로 기술 **3월 23일** 미국 최종 초안, 독도 기술 삭제, 한국에 제시 **3월** 영국, 대일평화조약 2차 초안, 제주도, 울릉도, 독도를 한국령으로 기술

연도	일본
1943	**8월 1일** 일본, 한국에 징병제 시행
1944	**4월 1일** 일본, 한국에서 제1회 징병검사 실시(8월 20일까지 수검자 총수 약 20만 6천 명)
1945	**8월 15일** 일본 포츠담 선언 수락하고 항복. 한국, 식민지에서 해방 **11월** 쇼와昭和 천황, 야스쿠니 신사 참배 **12월 15일** 연합군 총사령부GHQ, 신도지령〔神道指令〈國家神道(神社神道)ニ對スル政府ノ保証支援,監督並ニ弘布ノ廢止ニ關スル件〉〕을 내려, 국가신도 폐지 **12월 31일** GHQ, 도덕修身, 역사, 지리 수업의 정지, 교과서 회수를 지령
1946	**1월 1일** 쇼와 천황, 자신이 신神임을 부정하고, 인간임을 선언
1948	**6월 19일** 일본 국회, 교육칙어·군인칙어 등의 실효를 결의
1950	**10월 17일** 일본 문부성, 경축일에 국기·국가(기미가요)를 장려하는 통달을 내림

연도	한국
1951	**4월 7일** 영국 최종 초안, 제주도, 울릉도, 독도를 한국령으로 기술 **5월 3일** 미영 합동 제1차 초안, 독도 기술 탈락 **6월 1일** 미영 합동초안의 미국 주석서, 독도에 관한 언급 없음 **6월 14일** 미영 합동 제2차 초안, 독도와 일본 북방4도의 기술 탈락 **7월 12일** 한국, 미 국무성에 연합국으로 참가 등 10항목을 요구 **7월 13일** 미 국무성 정보조사국 지리담당관 보그스Samuel W. Boggs, 대일평화조약 준비중 극동아시아과 로버트 피어리Robert A. Fearey에게, 독도는 한국 영토이므로 영토 분쟁을 방지하기 위해 대일평화조약 본문에 독도 명칭을 넣을 것을 제언 **7월 19일** 양유찬 주미대사, 미 국무성에 일본이 포기하는 영토에 독도를 포함할 것 등 5항목을 요구 **7월 26일** 한국, 맥아더 라인의 존속 등 3항목 요구 **8월 10일** 미국, 양유찬 주미대사에게 국무차관보 딘 러스크 Dean Rusk의 서간 송부, 한국의 독도 관련 영토조항 수정요구를 거부 **8월 16일** 대일평화조약 최종 초안, 독도와 북방4도의 기술 탈락 **9월 8일** 대일평화조약(샌프란시스코 강화조약) 조인
1952	**1월 18일** 한국 〈인접해양에 대한 주권 선언〉, 이른바 평화선 설정 **2월 15일** 제1차 한일회담 개최(4월 21일 폐회)

연도	일본
1952	**1월 28일** 일본 외무성, 〈인접해양에 대한 주권선언〉에 항의, 독도에 대한 한국의 영유권을 부정 **7월 26일** 미일 안전보장조약의 실시를 위해 설립된 미일합동위원회, 독도를 미군의 폭격훈련구역으로 지정 **10월 3일** 주일 미 대사관 서간, 한일 쌍방의 독도 영유권 주장을 용인 **10월 16일** 쇼와 천황, 야스쿠니 신사 참배

연도	한국
1952	**4월 25일** 맥아더 라인 폐지 **4월 28일** 대일평화조약(샌프란시스코 강화조약) 발효
1953	**4월 15일** 제2차 한일회담 개최(7월 23 폐회) **4월 20일** 독도의용수비대, 독도에 상륙 **7월 7일** 한국 국회, 일본 관헌의 독도 불법점거에 관한 결의안 가결 **7월 12일** 한국, 일본측이 세운 표주를 철거. 한국 경관이 독도에 700미터 정도 접근한 일본 해상보안청 순시선 헤쿠라 호의 퇴거를 요청, 총격 **7월 23일** 제2차 한일회담 종료(4월 15일). 청구권, 어업문제 대립으로 자연 휴회 **9월 7일** 한국 군함, 평화선 침범 일본어선 3척을 나포 **9월 9일** 한국, 일본의 독도영유권 문제에 관한 제1회 견해에 대해 반론하는 구상서 송부 **10월 1일** 한미상호원조조약 조인(워싱턴) **10월 6일** 제3차 한일회담 개최(21일 폐회) 일본 해상보안청 순시선, 독도에 세 번째 일본 영토표식 **10월 21일** 구보타 발언으로 인한 분규로 제3차 한일회담 폐회(6일)

연도	일본
1953	**3월 19일** 미일합동위원회, 독도를 연습구역에서 제외
	5월 28일 시마네현의 수산 시험선 시마네호, 독도 부근에 출몰. 한국인 어부 약 30인이 독도에 상륙한 것을 발견
	6월 2일 일본 외무성, 독도 문제에 관해 관계성청 회의를 주최 5일, 9일도 개최. '다케시마 문제 대책요강' 결정
	6월 27일 시마네현과 일본 해상보안청, 독도 합동조사. 한국인 어부 6명에 대하여 퇴거명령. '일본 시마네현 오키군 고카무라 다케시마'라고 표주를 세움
	7월 13일 일본, 독도 영유권 문제에 관해 제1회 견해 송부
	8월 7일 일본 해상보안청 순시선, 독도에 두 번째 일본 영토 표식
	10월 15일 제3차 한일회담 청구권 분과위원회 석상에서 일본 대표의 구보타 칸이치로久保田貫一郎, 일본의 조선 통치는 조선인에게 은혜도 주었다고 발언
	10월 23일 일본 해상보안청 순시선 2척, 독도에 상륙해서 한국의 영토표식을 철거하고, 네 번째 일본 영토표식
	11월 30일 주일 미국 대사관 공사참사관 윌리엄 터너William T. Turner 조서 〈독도논쟁에 관한 각서Memorandum in regard to the Liancourt Rocks(Takeshima Island) Controversy〉, 미국이 독도 문제에서 중립적 정책을 유지할 것과 한국에 대하여, 일본과의 사이에서 해결을 희망. 만약 한국이 러스크 서간으로 표명된 견해를 받아들일 수 없다면 중재재판이나 국제사법재판소 부탁 조치를 취해야 할 것이라고 전달했음을 보고

연도	한국
1954	**1월 18일** 한국, 독도에 영토표식을 설치
	3월 8일 미국과 일본, 상호방위원조MSA협정 조인
	5월 23일 한국, 일본 어선에 의한 영해 침범에 항의
	6월 17일 한국 내무부, 독도에 연안경비선을 파견할 것을 발표
	7월 29일 한국 내무부, 독도에 경비대를 상주시킬 것을 발표
	8월 10일 독도 등대 운용 시작
	8월 15일 제임스 반 플리트James Van Fleet 특명대사, 아이젠하워 대통령에게 4월부터 8월 7일까지 한국, 일본, 타이완, 필리핀을 방문한 보고서 〈반·플리트 보고서〉 제출. 독도는 평화조약에서 일본이 포기한 영토에 해당되지 않아 일본 영토에 부속한다는 것이 미국의 견해이나, 한일 간의 영토 분쟁에 미국이 개입할 의사는 없으며, 비공식적으로 독도 문제는 국제사법재판소를 통해 해결되기를 바란다는 미국의 의향을 한국에 전달한 것 등을 대통령에게 보고
	9월 15일 한국, 독도 도안의 우표 발행
	9월 25일 한국, 일본의 독도 영유권 문제에 관한 제2회 견해에 대해 반론하는 구상서 송부
	10월 28일 한국 정부, 일본측의 국제사법재판소 제의를 거부
1955	**8월 17일** 한국 정부, 일본과의 경제관계 전면단절 발표

연도	일본
1954	**2월 10일** 일본, 독도 영유권 문제에 관해 제2회 견해 송부 **8월 23일** 독도에 접근한 일본 해상보안청 순시선 오키, 총격받음. 일본 외무성, 26일, 27일 항의 **9월 25일** 일본 정부, 독도 영유권 문제의 국제사법재판소 부탁을 한국측에 제의 **11월 29일** 일본 정부, 한국의 독도 우표 발행에 항의
1956	**9월 20일** 일본, 독도 영유권 문제에 관해 제3회 견해 송부
1957	**12월 31일** 후지야마 외상과 김용식 주일공사에 의한 한일회담, 억류자와 불법 입국자의 상호석방·송환에 합의. 일본 정부는 쿠보타 발언을 전면적으로 취소. 대한 자산의 청구권을 포기한다고 발표

연도	한국
1956	**1월 23일** 주일 한국 대표부, 대일무역 재개 발표 **3월** 덜레스John Foster Dulles 미 국무장관, 한일 양국을 방문. 한일회담의 재개를 조정 **10월 10일** 문부성, 검정강화를 위해 교과서 조사관을 설치 **12월 30일** 독도의용수비대, 경북 경찰청에 독도 경비업무 인계
1958	**4월 15일** 제4차 한일회담 개회(1960년 4월 19일 폐회), 제3차 회담 결렬부터 4년 반 만의 재개
1959	**1월** 한국, 제4차 한일회담의 무기한연기를 결정
1960	**4월 19일** 제4차 한일회담 폐회(1958년 4월 15일 개회) **9월 7일** 정일형鄭一亨 외무부 장관과 고사카 젠타로小坂善太郎 외상이 공동성명. 한일회담 재개에 합의 **10월 25일** 제5차 한일회담 개회(1961년 5월15일 폐회)
1961	**5월 15일** 제5차 한일회담 중단(1960년 10월 25일 개회). 다음날 발생한 5·16 쿠데타로 인한 회담 중단 **5월 16일** 박정희 소장이 이끄는 청년 장교들, 군사쿠데타 **10월 20일** 제6차 한일회담 개회(1964년 4월 폐회)

연도	일본
1962	**7월 13일** 일본, 독도 영유권 문제에 관해 제4회 견해 송부 **9월 3일** 한일 회담 제6차 회담 예비교섭에서 일본 외무성 이세키 유지로伊關祐二郎 아시아국장, "독도를 폭파해서 없애면 문제가 없어질 것이다", "국제사법재판소에 제소할 것을 결정하고 싶다" 등을 발언
1963	**1월 9일** 자민당 부총재 오노 반보쿠大野伴睦, 독도 한일 공유론을 제창
1965	**6월 12일** 일본 고등학교 역사교과서 《신일본사新日本史》 삼성당三省堂판의 집필자 이에나가 사부로家永三郎, 교과서검정에 대해 위헌違憲판단과 국가배상 청구소송을 제기(이에나가 교과서 재판 제1차 소송)
1967	**6월 23일** 이에나가 사부로, 1966년의 검정에서 《신일본사新日本史》가 불합격한 것에 대해 불합격 처분 취소를 요구하는 행정소송 제기(이에나가 교과서 재판 제2차 소송)
1968	**6월 26일** 미국, 오가사와라小笠原 제도를 일본에 반환
1969	**6월 30일** 일본 자민당, 야스쿠니 신사 법안을 국회에 제출(제1회) **10월 20일** 쇼와 천황, 야스쿠니 신사 참배

연도	한국
1962	**7월 13일** 김종필, 딘 러스크 미 국무장관에게 독도 폭파를 언급 **10월 20일** 김종필 중앙정보부장 방일. 오히라 마사요시大平正芳 외상과 회담 **10월 22일** 김종필 부장, 이케다 하야토池田勇人 수상과 회담 **11월 12일** 제2회 김종필 오히라 회담. 청구권자금(일본 측에서는 경제협력 자금)의 금액에 합의
1963	**12월 17일** 박정희, 제5대 대통령에 취임
1964	**6월 3일** 한일회담 반대 학생데모. 비상계엄령 공포 **9월 11일** 한국군, 베트남 파병 개시 **12월 3일** 제7차 한일회담 개최(1965년 6월 22일 조인)
1965	**2월 7일** 미국, 북부 베트남 폭격을 시작 **4월 3일** 한일 양국 정부, 어업, 재일 한국인의 법적지위, 청구권의 3안건에 합의 **6월 22일** 한일기본조약 조인 **12월 18일** 한일기본조약 발효
1969	**3월 2일** 중국과 소련, 전바오 섬(珍宝島, 소련 명 다만스키 섬)을 둘러싼 국경분쟁으로 대규모 군사충돌. 7월과 8월에도 충돌

연도	일본
1971	**6월 16일** 미국과 일본, 오키나와 반환협정 조인
1972	**5월 15일** 오키나와, 일본에 복귀 **9월 29일** 중국과 일본, 국교 수립
1975	**8월 15일** 미키 타케오三木武夫 수상, 야스쿠니 신사 참배. 개인 자격의 참배임을 언명 **11월 21일** 쇼와 천황, 야스쿠니 신사 참배
1977	**3월 19일** 시마네현 의회, 독도의 영토권 확립 및 안전조업의 확보에 대해서 결의
1978	**8월 15일** 후쿠다 타케오福田赳夫 수상, 야스쿠니 신사 참배. 공용차 사용, 방명록에 '내각총리대신'의 직함을 기재
1980	**8월 18일** 스즈키 젠코鈴木善幸 수상 등 각료 18인, 야스쿠니 신사 참배
1982	**6월 26일** 일본 신문 각사, 1983년도용 고교 사회과 교과서의 검정에서, 문부성이 '침략'을 '진출'로 고쳐 쓰게 했다고 보도 **7월 29일** 오가와 헤이지小川平二 문부상, 참의원 문교위원회에서 "침략을 진출이라고 고쳐 쓰게 한 사실은 없다"라고 답변 **8월 26일** 미야자와 키이치宮澤喜一 관방 장관, 역사교과서 문제에 대한 정부견해 발표. "정부 책임으로, 교과서의 기술을 시정한다. 금후는 근린국가와의 우호, 친선이 충분히 실현되도록 배려한다"라고 표명

연 도	한 국
1974	**1월 30일** '대한민국과 일본국 간의 양국에 인접한 대륙붕의 북부구역의 경계획정에 관한 협정' 체결
1982	**11월 16일** 유엔해양법협약(UNCLOS) 채택
1984	**12월 19일** 영국과 중국, 홍콩 반환에 관한 공동선언
1985	**9월 20일** 중국, '야스쿠니 공식 참배는 중국 인민의 감정에 상처를 입히는 행위'라는 담화 발표

연도	일본
1982	**9월 26일** 스즈키 수상, 방중. 자오쯔양趙紫陽 수상과의 회담에서, 정부책임에 의한 교과서 기술 시정을 조기 실행할 것을 표명 **11월 24일** 오가와 헤이지小川平二 문부상, 교과서 검정 기준에 "근린의 아시아 제국의 근현대의 역사적 사실을 다룰 때, 국제이해와 국제협조상 필요한 배려를 한다"는「근린국가 조항」추가를 고시
1984	**1월 5일** 나카소네 야스히로中曾根康弘 수상, 현직수상으로는 처음으로 야스쿠니 신사 춘계대례제 참배 **1월 19일** 일본 고등학교 역사교과서《신일본사新日本史》삼성당三省堂판의 집필자 이에나가 사부로家永三郎, 1982년의 검정에 불복하여 국가배상청구 소송 제기(이에나가 교과서 재판 제3차 소송)
1985	**8월 15일** 나카소네 수상, 야스쿠니 신사 공식참배. 공용차 사용, 헌화료를 공비로 지출
1986	**9월** 후지오 마사유키藤尾正行 문부상,〈문예춘추〉에서 "한일병합은 형식적으로도 사실상으로도 양국의 합의로 성립되었다", "한일병합은 한국 측에도 다소의 책임이나, 생각해야 할 점은 있다"고 발언. 나카소네 수상, 근린국가와의 관계악화를 걱정하여 후지오 장관을 파면. 고토다 마사하루後藤田正晴 관방 장관, 근린 국가에 무용한 오해를 초래한 후지오 발언을 유감이라고 발언. '근린 국가와의 우호관계를 유지 전진시키는 외교자세에 변경 없음'이라는 담화를 발표
1987	**3월 11일** 시마네현, 다케시마·북방영토 반환요구운동 시마네현민회의 설립

연 도	한 국
1990	**10월 29일** 태평양전쟁 중에 일본군에 군인·군속으로서 종군한 한국인과 그 유족 22명, 일본 정부에 대해 손해배상 의무의 확인 등을 구하는 재판을 동경 지방재판소에 제소
1991	**5월 16일** 중소 동부국경협정 체결. 전바오 섬(珍宝島, 소련명 다만스키 섬)의 중국 귀속에 합의 **8월 14일** 김학순 여사, 한국인으로서는 처음으로 일본군위안부였음을 공개. 일본군위안부의 실상을 증언 **12월 6일** 한국인 일본군위안부 피해자 35명, 일본 정부에 총액 7억 엔의 보상을 요구, 동경 지방재판소에 제소
1992	**1월 21일** 한국 정부, 일본군위안부 문제로 일본 정부에 공식적으로 진상규명과 적절한 보상을 요구할 것을 결정 **4월 13일** 한국의 일본군위안부 피해자 6명, 일본 정부를 상대로 총액 1억 2,000만 엔의 보상을 요구하며 동경 지방재판소에 제소 **8월 21일** 유엔인권위원회에서 한국 대표, 구 일본군에 의한 일본군위안부 문제에의 보상을 요구
1993	**3월 13일** 김영삼 대통령, 일본군위안부 문제에 대해서 일본에 대하여 진상규명은 요구하나, 물질적 보상은 추구하지 않는다는 방침 표명 **3월 29일** 한국 정부, 일본군위안부 피해자에게 생활보호기본금을 지급하는 등의 생활지원대책을 결정

연도	일본
1988	**5월 9일** 오쿠노 세이스케奧野誠亮 국토청 장관, 각료의 야스쿠니 신사참배를 문제시하는 경향을 비판. 중일전쟁에 대해 "당시 일본에 침략의 의도는 없었다"고 발언. 5월 13일, 사임
1989	**3월 30일** 다케시다 노보루竹下登 수상, 중의원 예산위원회에서, 한반도에 대한 과거 일본의 책임에 대해, 북한에 처음으로 '깊은 반성과 유감의 뜻'을 표명
1990	**7월 5일** 전쟁중에 군인·군속으로서 일본군에 동원된 한국인의 명부가 일본 후생성의 지하창고에 보관되어 있다는 것이 판명
1991	**11월 10일** 일본 센다이仙台고등법원, '천황이나 수상의 야스쿠니 신사 공식 참배는 위헌違憲'이라고 판결
1992	**7월** 가토 코이치加藤紘一 관방장관, 일본군위안부 문제에 관한 일본 정부의 조사결과 발표. "조선인 여성의 강제연행을 뒷받침하는 자료는 발견되지 않았다"라고 하면서도, "위안소의 설치나 운영·감독 등으로 정부가 관여하고 있었다"는 것을 최초로 공식 인정
1994	**5월 4일** 나가노 시게토永野茂門 법무상, 〈마이니치 신문〉과의 회견에서 태평양전쟁에 대해서 '남경대학살은 날조'라고 발언한 것이 밝혀짐. 6일 발언을 철회해 사과. 7일 사임 **8월 12일** 사쿠라이 신櫻井新 환경청장관, 태평양전쟁에 대해서 "일본은 침략전쟁을 하려고 생각하고 있었던 것은 아니다" 등 발언. 한국 정부, 일본 대사에게 유감의 뜻을 전달. 무라야마 토미이치村山富市 수상도 발언은 부적절하다고 논평. 사쿠라이 장관, 발언을 철회, 14일 인책 사임

연 도	한 국
1993	**4월 10일** 한국 정부, 일본군위안부 피해자의 생활을 지원하기 위해 생활보호기본금 지급 등을 담은 원조법안을 책정
1994	**1월 28일** 중국, 몽고, 러시아, 3국 국경이 교차하는 지역의 경계선 협정 조인(울란바토르) **8월 8일** 미국, 중국, 러시아, 중러 국경의 우수리 강 유역의 공동개발 협정 조인 **10월 25일** 한국 외무부가 유감의 뜻을 표명. 무라야마 수상, "문제 없다"라고 발언. 한국 외무부, 24일의 하시모토 통산상의 태평양전쟁에 관한 국회답변에 대해 유감이라고 논평 **11월 16일** 유엔해양법협약 발효
1995	**4월 7일** 한국 정신대문제대책협의회, 일본 정부가 일본군위안부를 대상으로 삼는 '여성을 위한 아시아평화우호 기금'(가칭)의 개요를 발표한 것에 대해 반대 입장을 표명 **10월 12일** 공로명 외무부장관, 야마시타 신타로山下新太郎 일본 대사에게 "조약은 우리 국민의 의사에 반해 강압적으로 체결되어, 원래 무효" 라는 한국 정부의 공식견해를 전달하며 공식 항의 **11월 8일** 《동아일보》, 10월의 일본인 기자와의 간담에서 에토 다카미江藤隆美 총무청장관이 오프 더 레코드로 "식민지 시대, 일본은 한국에 좋은 일도 했다"라는 발언을 했다고 보도. 에토 장관은 비공식 발언을 취소했지만 외교문제로 발전

연도	일본
1994	**10월 24일** 하시모토 류타로橋本龍太郎 통산상, 중의원 세제개혁특별위원회 답변에서 제2차 세계대전에 대한 역사인식에 대해 "당시 일본은 미국 혹은 영국, 네덜란드와 전쟁을 행한 것은 사실이지만, 침략전쟁이라고 말할 수 있는지는 의문이 남는다"라고 발언 **10월 27일** 이가라시 코조五十嵐廣三 관방장관, "하시모토 발언은 일본 정부가 공식적으로 말해온 입장과 일치"라고 설명
1995	**8월 9일** 시마무라 요시노부島村宜伸 문부상, 첫 등청 후의 기자회견에서 제2차 세계대전 때 일본의 행위에 대해서 "침략전쟁이라고 하는 것은 사고방식의 문제. 일일이 사죄하는 것은 문제가 있다" 등 발언 **8월 11일** 시마무라 문부상, 발언을 철회 **8월 15일** 무라야마 수상, 종전終戰 50주년 기념일 담화를 발표. 2차 대전에서 "국책을 그르쳐 식민지 지배와 침략에 의해 많은 나라, 특히 아시아 여러 국가의 민중에 대해 다대한 손해와 고통을 주었다"고 사죄. 일본 국가의 전쟁책임을 명확히 하고 공식적으로 사죄. 한국과 필리핀 등의 일본군위안부를 대상으로 일시금 지급 등의 사업을 행하는 '여성을 위한 아시아평화 국민기금', 종전 기념일에 본격적인 모금활동을 시작 **10월 5일** 무라야마 수상, 참의원 본회의 답변에서 "한일병합조약은 법적으로 유효하게 체결"이라고 발언 **10월 11일** 오사카 지방재판소, 군속으로서 징용되어 오른팔을 잃어버린 재일 한국인이 "국적을 이유로 장해연금을 급부하지 않는 것은 위헌違憲"이라며, 「전상병자 전몰자유족 등 원호법」에 근거하는 장해연금 청구각하처분의 취소 등을 요구한 소송에서, "위헌의 의심"이 있다는 견해를 제시. 국가에 시정을 추구하는 판단을 내렸지만, 배상청구는 기각

연 도	한 국
1996	**2월 7일** 한국 정부, 독도에 경비정과 어선을 위한 접안시설 건설계획 발표 **3월 2일** 김영삼 대통령과 하시모토 수상, 방콕에서 개별회담. 독도의 영유권 문제와는 별도로 유엔해양법협약의 배타적 경제수역 설정에 따르는 새로운 어업협정교섭을 빠른 시기에 시작하는 것에 합의 **3월 29일** 제4회 아시아여성 연대회의 폐막(28일~, 마닐라). 일본 정부가 한국, 중국, 필리핀의 일본군위안부에게 개별로 사죄, 배상해야 한다는 결의를 채택 **4월 18일** 한국, 북한, 필리핀, 타이완의 5개국 일본군위안부 피해자단체, '여성을 위한 아시아평화 국민기금'으로부터의 일시금 수취 거부를 제네바의 유엔인권위원회에서 선언 **4월 29일** 독도 항만시설 공사 착공 **10월 1일** 한국 정부, 자민당이 총선거 공약에 독도를 '일본의 영토'라고 주장하고, 야스쿠니 신사 공식참배의 실현을 공약한 것에 대해 "받아들일 수 없다. 앞으로도 단호하게 대처해 간다"라는 논평을 발표, 철회를 요구
1997	**7월 1일** 홍콩 반환 **11월 7일** 독도 접안시설의 낙성, 기념비 제막식 개최

연도	일본
1995	**10월 13일** 무라야마 수상, 중의원 예산위원회에서 5일의 발언에 대해 "설명이 모자랐다"라고 해명 **10월 17일** 무라야마 수상, 참의원 예산위원회에서 한일병합조약에 대해 "형식적으로는 존재하고 있었지만, 평등, 대등하게 맺어진 것이 아니다"라는 통일 견해를 표명 **11월 10일** 무라야마 수상, 에토 장관을 엄중 주의. 한국 정부, 주말에 예정하고 있던 고노 요헤이河野洋平 외상의 방한을 거부 **11월 13일** 에토 장관, 사표를 제출 **11월 14일** 무라야마 수상, 김영삼 대통령에게 친서를 보내, 한일병합조약은 '민족의 자결, 존엄을 인정하지 않는 제국주의시대의 조약'이라는 인식을 전달 **11월 18일** 무라야마 수상, APEC(아시아 태평양 경제협력) 비공식 수뇌회의에서 김영삼 대통령, 강택민 중국 국가주석과 회담. 역사인식 문제로 사죄하고, 미래로 눈을 돌려 관계를 쌓는 것을 확인. 한중 수뇌는 일본측의 일련의 역사인식 발언에 불쾌감을 표명
1996	**2월 9일** 이케다 유키히코池田行彥 외상, 독도는 "일본 고유의 영토"이며, 한국의 독도에서의 접안시설공사는 "일본의 주권을 침해하는 것"이라고 강조. 상주 경비대의 즉시 철퇴도 요구 **2월 14일** 이케다 외상, 김태지 주일대사와 회담. 유엔해양법협약의 배타적 경제수역 설정에 따르는 어업 문제는, 독도 영유권 문제와는 별도로 협의로 해결을 모색하는 것에 합의

연도	한국
1998	**4월 21일** 한국 정부, 생존중인 한국인 일본군위안부 152명에게 1명당 3,800만 원의 지불을 결정 **4월 29일** 김대중 대통령, 일본의 각 언론사와 회견. 일본군위안부 문제에 대한 일본의 책임 명확화를 요청 **7월 6일** 한국 정부, '여성을 위한 아시아평화 국민기금'으로 일본군위안부에게 지급하는 '보상금'을 중지하도록 요구. 일본 정부, 의료시설 제공 등 대체안 검토의 방침을 결정 **9월 25일** 한일신어업협정. 독도 주변의 잠정수역을 '동경 135도 30분 이서, 양국 연안으로부터 35해리'로 설정하고, 공동 자원관리 등을 기본합의 **10월 8일** 김대중 대통령과 오부치 케이조小渕惠三 수상, 한일 정상회담. 회담 후 '21세기를 향한 새로운 한일 파트너십' 공동선언과 행동계획에 서명. 오부치 수상, 공동선언에서 한국 국민에 대하여 과거 식민지 지배의 '반성'과 '사과'를 표명 **10월 20일** 한국 정부, 영화, 비디오, 출판부문에서의 일본 대중문화를 단계적으로 개방할 것을 발표
1999	**1월 22일** 신한일어업협정 체결 **4월 6일** 제2차 세계대전중, 한반도에서 일본의 군수공장에 동원되어, NKK의 공장 내에서 린치를 받아 부상당한 한국인 노동자가 NKK에 손해배상과 사죄를 요구한 소송에서 화해 성립. 외국인의 전후 보상을 둘러싼 재판으로, 피해자 생존중에 기업이 화해에 따른 것은 처음

연도	일본
1996	**4월 17일** 미국과 일본, 미일안보공동선언 발표 **6월 4일** 일본 정부 제창의 '여성을 위한 아시아평화 국민기금(아시아 여성기금)'이사회, 한국과 필리핀 및 타이완의 일본군위안부에 대하여 200만 엔 이상의 일시지급을 결정 **7월 29일** 하시모토 류타로 수상, 취임 후 처음으로 야스쿠니 신사를 참배. 한국, 중국, 타이완이 불쾌감을 표명 **8월 12일** '여성을 위한 아시아평화 국민기금', 일본군위안부를 위한 보상금 지불을 필리핀에서 먼저 시행할 것을 결정. 국가 보상을 요구하는 한국과 타이완에 대해서는 동시 시작을 단념 **9월 9일** 동경 지방재판소, 한국 BC급 전범 피해자와 유족이 "전쟁책임을 대신 지게 했다"라고, 일본 정부에 보상과 사죄를 요구한 소송에서, "구제는 입법정책의 문제"라고 원고의 청구를 기각
1997	**1월 11일** '여성을 위한 아시아평화 국민기금'의 하라 분베原文兵衛 이사장, 한국에서 7명의 일본군위안부에게 200만 엔 등 보상금 지급의 절차 개시 발표. 한국 외무부, "지급을 강행한 것은 유감"이라고 논평 **1월 30일** '새로운 역사교과서를 만드는 모임' 설립총회 개최. 회장에 니시오 칸지西尾幹二 취임 **4월 2일** 일본 최고재판소, 에히메愛媛현이 야스쿠니 신사에 다마쿠시료玉串料를 봉납한 것을 위헌違憲으로 판결

연 도	한 국
1999	**9월 10일** 한국 정부, 제2차 일본 대중문화 개방정책을 발표. 일본 가요의 실내공연을 조건부 인정
2001	**5월 8일** 한승수 외교통상부 장관, 검정합격한 일본의 중학 역사교과서에 대해서 "사실이 왜곡되어 있다"라고 지적하고, 35군데를 재수정하도록 일본 정부에 정식으로 요구 **5월 12일** 한국 정부, 일본의 역사교과서 검정에 항의, 일본 대중문화 개방정책의 중단을 발표 **7월 18일** 한국 국회, 일본의 역사교과서 문제와 관련, 1998년에 발표한 한일 공동선언의 파기를 포함, 대일관계의 전면 재검토를 한국 정부에 촉구하는 결의를 만장일치로 채택 **11월 1일** 한국인 유족을 포함한 원고단 약 900명, 고이즈미 수상의 야스쿠니 신사 참배는 위헌違憲으로 보고 정부, 수상, 야스쿠니 신사를 상대로 참배의 위헌 확인과 금후의 참배금지 등을 요구해 제소
2002	**4월 22일** 한국 외교통상부, 항의와 유감의 뜻 표명
2003	**6월 7일** 노무현 대통령과 고이즈미 수상, 한일수뇌회담(동경)
2004	**1월 1일** 한국, 일본 대중문화 제4차 개방 실시. 일본 드라마, 케이블과 위성TV 등을 통해 전면개방. 지상파TV와 라디오에서는 부분개방 **1월 2일** 윤영관 외교통상부 장관, 유감의 뜻을 전달 **1월 16일** 한국, 독도우표를 발행

연도	일본
1997	**8월 29일** 일본 최고재판소, 1984년 1월 19일. 이에나가 사부로家永三郎가 1982년의 검정에 불복하여 제기한 국가배상 청구소송(이에나가 교과서 재판 제3차 소송) 판결. 검정제도는 합헌, 그러나 검정에서의 재량권 일탈에 대해 7건 중 4건을 인정. 남경대학살, 731부대의 기술 등에 관한 검정을 위법으로 인정, 국가에 40만 엔의 배상을 명령
1998	**7월 13일** 동경 고등법원, 제2차 세계대전중, 구일본군의 포로수용 감시원으로서 연합국군 포로를 학대했다는 죄로, 사형이나 구금형을 받은 한국의 BC급 전범 피해자와 유족이 일본국을 상대로 보상과 사죄를 요구한 소송의 공소심 판결. "적절한 입법조치를 기대한다"라고 하면서도 공소 기각 판결 **7월 31일** 나카가와 쇼이치中川昭一 농림수산상, 취임 직후의 기자회견에서, 한국의 일본군위안부 문제를 둘러싸고 "대부분의 전문가가 납득할 수 있는 역사적 사실로서 교과서에 싣는 데에는 의문을 느낀다"라고 발언. 당일 정오의 회견에서 발언을 철회
1999	**7월 22일** 일본 중의원, 국기 및 국가에 관한 법안이 본회의 통과 **8월 9일** 일본 참의원, 국기 및 국가에 관한 법안 가결, 성립. '국기는 일장기' '국가는 기미가요', 13일 시행
2000	**5월 9일** 일본 외무성, 2000년판 외교청서에서 독도가 일본의 고유영토임을 주장 **9월 19일** 모리 요시로森喜朗 수상, KBS와의 단독 인터뷰에서 '독도는 일본의 고유영토'라고 발언
2001	**4월 3일** '새로운 역사교과서를 만드는 모임'의 주도로 만들어진 중학교

연도	한국
2004	**10월 14일** 중국의 후진타오胡錦濤 국가주석과 러시아의 푸틴 대통령, 중러 동부국경협정의 보충협정 체결. 2005년 6월 2일 비준서批准書 교환 완료
2005	**3월 17일** 한국 국가안전보장회의NSC, 대일정책기조 성명 발표 **4월 18일** 한국 정부, 대통령 직속 역사·영토 문제 전담기구인 '동북아평화를 위한 바른역사정립기획단' 설립 **5월 3일** 한국 국회, 「진실화해를위한과거사정리기본법안」 가결 **5월 18일** 한국, 「독도의지속가능한이용에관한법률」 제정
2006	**1월 27일** 한국 국립 해양조사원, 7월 3일에서 17일 사이에 독도 부근 수역의 해류관측 실시를 항행통보에 공시 **4월 14일** 한국 정부, 일본 해상보안청이 한국측 배타적 경제수역EEZ 내에서 수로측량을 실시할 계획임을 확인하고 항의 **4월 22일** 유명환 외교통상부 1차관과 야치 쇼타로谷內正太郎 일본 외무성 사무차관, 일본측은 계획된 해저지형 조사 철회, 한국측은 국제수로기구IHO 회의에 동해상 해저지형의 한국명 등록 추진을 잠정 보류, 중단된 한일 배타적 경제수역EEZ 경계획정 협상재개 등 3개 항에 합의 **4월 25일** 노무현 대통령, '한일관계에 대한 특별담화문' 발표. "일본이 독도에 대한 권리를 주장하는 것은 제국주의 침략전쟁에 의한 점령지 권리, 나아가서는 과거 식민지 영토권을 주장하는 것"이라며, 강경 대응방침을 천명

연도	일본
2001	역사와 공민교과서, 문부과학성의 검정에 합격. 검정의견이 붙은 역사 137항목, 공민 99항목은 모두 수정. 한국·중국 정부와시민단체, 강한 유감의 뜻을 표명 **8월 13일** 고이즈미 쥰이치로小泉純一郎 수상, 현직 수상으로는 5년 만에 야스쿠니 신사를 참배. 종전 기념일인 15일 참배를 명언해 왔지만, 예정을 앞당김. 역사에 대한 '반성'과 한중 양국에 정상회담을 요청하는 내용의 담화를 발표
2002	**4월 9일** 일본 문부과학성, 한국이 시마네현의 다케시마에 대해 영유권을 주장한다는 기술이 있는 명성사판明成社版 고교 역사교과서 《高校 日本史 B》 검정 통과 **4월 21일** 고이즈미 수상, 야스쿠니 신사 참배 **4월 23일** 중국 정부, 나카타니 겐中谷 元 일본 방위청 장관의 중국 방문을 당분간 거부하기로 결정
2003	**1월 14일** 고이즈미 수상, 야스쿠니 신사 참배. 수상으로서의 참배는 3년 연속, 3회째
2004	**1월 1일** 고이즈미 수상, 야스쿠니 신사 참배. 4년 연속, 4회째. 고이즈미 수상, 사적인 참배라고 설명 **10월 25일** 시마네현, '다케시마의 날' 제정을 중앙 정부에 요청
2005	**3월 16일** 시마네현, 2월 22일을 '다케시마의 날'로 하는 조례 제정 **4월 5일** 일본 문부과학성, 중학교 교과서 검정결과 발표

연도	한국
2006	**6월 12일** 제5차 한일 배타적 경제수역EEZ 경계획정 협상 개최(~13일) **7월 5일** 한국 국립 해양조사원, 독도 인근 수역의 해류조사 **9월 4일** 제6차 한일 배타적 경제수역EEZ 경계획정회담 개최(~5일, 서울) **10월 7일** 한국과 일본, 구소련이 블라디보스토크 근해에 핵폐기물을 불법 투기한 데 따른 방사능 오염여부를 한일 배타적 경제수역 내에서 공동조사(~15일)
2007	**3월 5일** 제7차 한일 배타적 경제수역EEZ 경계획정회담 개최(동경) **6월 18일** 제8차 한일 배타적 경제수역EEZ 경계획정회담 개최(서울)
2008	**2월 29일** 「독도의지속가능한이용에관한법률」 일부 개정. 독도 지속가능 이용위원회의 참여범위와 기능을 확대·강화하고, 독도의용수비대 지원법을 제정 **7월 21일** 양제츠楊潔篪 중국 외교부장과 세르게이 라브로프 러시아 외무장관, 동부국경획정에 관한 의정서에 서명(북경). 4,300㎞에 이르는 중러 국경획정 완결

연도	일본
2005	**9월 17일** 고이즈미 수상, 야스쿠니 신사 참배. 5년 연속, 5회째
2006	**2월 23일** 다카노 토시유키高野紀元 일본 대사, 외신기자 클럽 초청의 기자 간담회에서, 독도는 일본 영토라고 주장 **3월 29일** 일본 문부과학성, 고교 교과서 검정결과 발표 **4월 21일** 야치 쇼타로谷內正太郎 일본 외무성 사무차관, 독도 근해에서의 수로조사 문제로 빚어진 외교마찰 해소를 위해 방한. 당일, 외무차관 협의 **8월 15일** 고이즈미 수상, 취임 이래 처음으로 8·15에 야스쿠니 신사 참배. 현직 수상으로서는 1985년의 나카소네 수상 이래 21년 만의 8·15 참배
2007	**4월 20일** 해양기본법 제정. 27일 공포 **5월 28일** 시마네현 다케시마문제연구회, 최종보고서를 시마네현 지사에게 제출 **7월 12일** 시마네현 다케시마문제연구회, 최종보고서를 일본 외무성에 제출 **7월 20일** 내각에 종합해양정책본부 설치 31일 제1회 회합 개최
2008	**3월 18일** 내각, 해양기본계획을 결정 **7월 14일** 일본 문부성, 중학교 사회과 학습지도요령 해설서에 독도 영유권 문제 명기

찾아보기

용어

ㄱ

ㄴ

ㄷ

ㄹ

ㅊ

ㅋ·ㅌ

찾아보기

인명

ㄱ

ㄴ

ㄷ · ㄹ · ㅁ

ㅂ · ㅅ

ㅇ

ㅈ · ㅊ · ㅋ · ㅌ

ㅎ

약력

(게재순)

현대송(玄大松)

한국외국어대학 정치외교학과 졸업
일본 도쿄대학 대학원 법학정치학연구과 박사과정 수료, 박사(법학)
일본 도쿄대학 동양문화연구소 교수 역임
현재 국민대학교 일본학연구소 연구교수

주요 논저:
"일본의 해양정책-태평양도서국과의 관계를 중심으로", *Ocean and Polar Research*, 35-4, 2013
《領土ナショナリズムの誕生: 獨島/竹島問題の政治學》(ミネルヴァ書房)
"한국인의 독도의식의 형성과정과 그 구조", 김영작·이원덕 편, 《일본은 한국에게 무엇인가?》(한울 아카데미)
"Korea: Lives and Civic Virtue in Transition", Takashi Inoguchi et al eds., *Human Beliefs and Values in Striding Asia*(Akashishoten)

호리 카즈오(堀和生)

일본 교토대학 대학원 문학연구과 박사과정 수료, 박사(경제학)
현재 일본 교토대학 대학원 경제학연구과 교수

주요 논저:
《일본 자본주의와 한국·대만》(전통과 현대)
《한국근대의 공업화: 일본 자본주의와의 관계》(전통과 현대)
"양차 대전 사이 일본제국의 경제적 변용: 세계시장에서의 위치", 中村哲·박섭 편, 《근대 동아시아 경제의 역사적 구조》(일조각)
"양차 대전 사이 동아시아에서의 공업적 분업", 中村哲·박섭 편, 《동아시아 근대경제의 형성과 발전》(신서원)
"조선의 무역통계", 김낙년 편, 《한국의 경제성장 1910~1945》(서울대학교 출판부)

나이토 세이추(內藤正中)
일본 교토대학 대학원 졸업
일본 시마네대학 교수 역임
2012년 작고

주요 논저:
《竹島(鬱陵島)をめぐる日朝關係史》(多賀出版)
《竹島・獨島: 史的檢証》(共著, 岩波書店)
"島根縣竹島報告書に異議あり", 〈鄕土石見〉 71号, 2006
"竹島は日本固有領土か", 〈世界〉, 2005
"隱岐の安龍福", 〈北東アジア文化硏究〉 22号, 2005

와다 하루키(和田春樹)
일본 도쿄대학 문학부 졸업
일본 도쿄대학 사회과학연구소 교수 역임
현재 일본 도쿄대학 명예교수

주요 논저:
《동북아시아 영토문제, 어떻게 해결할 것인가》(한국어판, 사계절)
《日露戰爭; 起源と開戰》(岩波書店)
《ある戰後精神の形成 1938~1965》(岩波書店)
《テロルと革命: アレクサンドル二世暗殺前後》(山川出版社)
《東北アジア共同の家》(平凡社, 2003), (一潮閣, 2004)
《朝鮮戰争全史》(岩波書店)
《北方領土問題: 歷史と未來》(朝日新聞社)

다카하시 테쓰야(高橋哲哉)
일본 도쿄대학 대학원 인문과학연구과 박사과정 수료, 박사(철학)
현재 일본 도쿄대학 대학원 총합문화연구과 교수

주요 논저:
《국가와 희생》(한국어판, 책과 함께)
《역사인식 논쟁》(편저, 한국어판, 동북아역사재단)
《야스쿠니 문제》(한국어판, 역사비평사)
《전후책임론》(한국어판, 역사비평사)
《내셔널 히스토리를 넘어서》(공편저, 한국어판, 삼인)

윤 명 숙(尹明淑)
일본 도쿄외국어대학 일본어학과 졸업
일본 히토쓰바시대학 대학원 사회학연구과 박사과정 수료, 박사(사회학)
현재 충남대학교 국가전략연구소 연구원

주요 논저:
《日本の軍隊慰安所制度と朝鮮人軍隊慰安婦》(明石書店)
《패전 전후 일본의 마이너리티와 냉전》(공저, 제이앤씨)
《共同硏究 日本軍慰安婦》(共著, 大月書店)
"일본군 '위안부'문제에 대한 일본사회의 인식: 1990년대를 중심으로", 〈한일민족문제연구〉, 2004
"조선인 군위안부와 일본의 국가책임", 〈한국독립운동사연구〉, 1997
"日中戰爭期の朝鮮人軍隊慰安婦の形成", 〈朝鮮史硏究會論文集〉 32号, 1994

정 재 정 (鄭在貞)
서울대학교 사범대학 역사교육과 졸업
서울대학교 대학원 국사학과 박사과정 수료, 박사(문학)
동북아역사재단 이사장 역임
현재 서울시립대학교 교수

주요 논저:
《주제와 쟁점으로 읽는 20세기 한일관계사》(역사비평사)
《교토에서 본 한일통사》(효형출판)
《일제침략과 한국철도, 1892~1945》(서울대학교출판부)
《한국의 논리: 전환기의 역사교육과 일본인식》(현음사)
《일본의 논리: 전환기의 역사교육과 한국인식》(현음사)

강 덕 상 (姜德相)
일본 와세다대학 제1문학부 졸업
일본 메이지대학 대학원 문학연구과 박사과정 수료, 박사(역사학)
일본 히토쓰바시대학 사회학부 교수
일본 시가현립대학 교수
현재 시가현립대학 명예교수

주요 논저:
《呂運亨評伝 2: 上海臨時政府》(新幹社)
《關東大震災・虐殺の記憶》(青丘文化社)
《呂運亨評伝 1: 朝鮮三・一獨立運動》(新幹社)
《朝鮮人學徒動員: もう一つのわだつみのこえ》(岩波書店)
《朝鮮獨立運動の群像: 啓蒙運動から三・一運動へ》(青木書店)

김창록 (金昌祿)
서울대학교 대학원 법학과 박사과정 수료, 박사(법학)
현재 경북대학교 법과대학 교수

주요 논저:
《로스쿨을 주장하다》(유니스토리)
"한국의 법조시험", 〈사회와 역사〉 77, 2008
"한국과 일본에서의 '로스쿨' 논의", 〈법학연구〉 48-1, 2007
"일본에서의 대일과거청산소송: 한국인들에 의한 소송을 중심으로", 〈법사학연구〉 35, 2007
"制令에 관한 연구", 〈법사학연구〉 26, 2002
"한일관계와 과거청산: '한일 신파트너십'을 실마리로", 〈국제지역문제연구〉 17-1, 1999

기미야 타다시 (木宮正史)
고려대학교 대학원 정치외교학과 박사과정수료, 박사(정치학)
현재 일본 도쿄대학 대학원 총합문화연구과 교수

주요 논저:
《國際政治のなかの韓國現代史》(山川出版社)
《韓國: 民主化と経濟發展のダイナミズム》(筑摩書房)
"한일관계의 역학과 전망: 냉전기의 다이너미즘과 탈냉전기의 구조변용", 《일본은 한국에게 무엇인가?》(한울 아카데미)
"한국외교의 역학: 특히 1970년대 초의 변화를 중심으로", 전후 한일 관계의 전개》(고대 아연출판부)
"1960년대 한국의 냉전외교의 세 유형: 한일국교정상화, 베트남 파병, 아시아태평양이사회", 《시장 · 국가 · 국제체제》(고대 아연출판부)
"한일시민사회 관계구축을 위한 조건", 《한국과 일본: 새로운 만남을 위한 역사인식》(나남)

최 봉 태 (崔鳳泰)
서울대학교 법과대학 졸업
일본 도쿄대학 대학원 석사과정 수료, 석사(법학)
일제강점하강제동원피해진상규명위원회 초대 사무국장 역임
현재 법무법인 삼일 대표변호사

공 로 명 (孔魯明)
서울대학교 법과대학 졸업
주러시아대사, 주일대사, 외무부장관, 세종재단 이사장 역임
현재 동서대학교 석좌교수, 동아시아재단 이사장

주요 논저:
"조용한 외교의 실상과 과제", 《독도가 우리 땅인 이유》(제이엔시)
"한일관계의 미래: 풀 수 없는 역사의 굴레인가, Virtual Alliance인가", 《위기극복의 국가학》(기파랑사)
"北朝鮮と對日關係, 東北アジア", 《東大 VS.》(朝日新聞社)

역 자

유 미 림 (柳美林)
이화여대 대학원 정치외교학과 박사과정 수료, 박사(정치학)
일본 도쿄대학 대학원 법학정치학연구과 수학
현재 한아(韓亞) 문화연구소 소장

주요 논저:
《우리사료 속의 독도와 울릉도》(지식산업사)
《〈울릉도〉와 〈울릉도 사적〉 역주 및 관련기록의 비교연구》(한국해양수산개발원)
《조선 후기의 정치사상》(지식산업사)
"일본의 '석도=독도'설 부정에 대한 비판적 고찰", 〈해양정책연구〉 23, 2008
"'우산도=독도'설 입증을 위한 논고", 〈한국정치외교사논총〉 29, 2008
"독도 자료집의 현황과 과제", 〈한국정치외교사논총〉 28, 2006

일본 최악의 시나리오
9개의 사각지대
일본 최악의 시나리오에서
우리는 무엇을 배워야 하는가?
나남